孟子新说

（上）

秦学智 ◎ 著

中国传媒大学出版社
·北京·

自 序

记不得最早什么时候听到孟子的大名,但依稀记得是孟子的名言警句让我对孟子肃然起敬。例如,"权,然后知轻重;度,然后知长短"①"居天下之广居,立天下之正位,行天下之大道;得志,与民由之;不得志,独行其道。富贵不能淫,贫贱不能移,威武不能屈,此之谓大丈夫"②"故天将降大任于是人也,必先苦其心志,劳其筋骨,饿其体肤,空乏其身,行拂乱其所为,所以动心忍性,曾益其所不能"③"生于忧患而死于安乐也"④"古之人,得志,泽加于民;不得志,修身见于世。穷则独善其身,达则兼善天下"⑤"君之视臣如手足,则臣视君如腹心;君之视臣如犬马,则臣视君如国人;君之视臣如土芥,则臣视君如寇仇"⑥"夫人必自侮,然后人侮之;家必自毁,而后人毁之;国必自伐,而后人伐之"⑦"仁者无敌"⑧"仁义礼智,非由外铄我也,我固有之也,弗思耳矣"⑨"鱼,我所欲也,熊掌亦我所欲也;二者不可得兼,舍鱼而取熊掌者也。生亦我所欲也,义亦我所欲也;二者不可得兼,舍生而取义者也"⑩"仁

---

① 杨伯峻.孟子译注:简体字本[M].北京:中华书局,2008:12.
② 杨伯峻.孟子译注:简体字本[M].北京:中华书局,2008:105.
③ 杨伯峻.孟子译注:简体字本[M].北京:中华书局,2008:231.
④ 杨伯峻.孟子译注:简体字本[M].北京:中华书局,2008:231.
⑤ 杨伯峻.孟子译注:简体字本[M].北京:中华书局,2008:236.
⑥ 杨伯峻.孟子译注:简体字本[M].北京:中华书局,2008:142.
⑦ 杨伯峻.孟子译注:简体字本[M].北京:中华书局,2008:127.
⑧ 杨伯峻.孟子译注:简体字本[M].北京:中华书局,2008:8.
⑨ 杨伯峻.孟子译注:简体字本[M].北京:中华书局,2008:200.
⑩ 杨伯峻.孟子译注:简体字本[M].北京:中华书局,2008:205.

者爱人,有礼者敬人。爱人者,人恒爱之;敬人者,人恒敬之"①"人皆可以为尧舜"②"老吾老,以及人之老;幼吾幼,以及人之幼"③,等等。孟子的这些片言只语后来成为我学习、工作和生活的精神动力源泉之一。近几年来,我有了系统整理和研究传统文化典籍的兴趣,在完成撰写《论语新说(上)》《论语新说(下)》《老子新说》之后,我搜集和阅读了三十余本关于孟子的注解和传记方面的文献资料,终于找到撰写《孟子新说(上、下)》的信心、思路和方法。我相信,《孟子新说(上、下)》将会给有缘阅读到的人带来满意的精神收获和悦享。

1. 孟子的生平

孟子大约出生于公元前 372 年,去世于公元前 289 年。④ 他是姬姓,孟氏,名轲,战国中期邹国(今山东省邹城市)人。孟子是仅次于孔子的儒家代表人物,其信守的思想学说与孔子的思想学说一起被称为"孔孟之道"。《史记·孟子荀卿列传》对于孟子的生平事迹和所处时代背景如此记述道:"孟轲,邹人也,受业子思之门人。道既通,游事齐宣王,宣王不能用。适梁,梁惠王不果所言,则见以为迂远而阔于事情。当是之时,秦用商君,富国强兵;楚、魏用吴起,战胜弱敌;齐威王、宣王用孙子、田忌之徒,而诸侯东面朝齐。天下方务于合从连衡,以攻伐为贤,而孟轲乃述唐、虞、三代之德,是以所如者不合。退而与万章之徒序《诗》《书》,述仲尼之意,作《孟子》七篇。其后有邹子之属。"⑤

战国中期,周天子已经彻底失去其天子的威严和权势,诸侯国之间不断爆发掠夺和兼并的战争。原先的一百多个诸侯国只剩下了齐、楚、燕、韩、赵、魏、秦、越几个大国和周、宋、卫、中山、鲁、滕、邹等小国。小国在大国的绝对实力面前不堪一击,它们的命运不得不受大国的摆布,而大国之间则充

---

① 杨伯峻.孟子译注:简体字本[M].北京:中华书局,2008:152.
② 杨伯峻.孟子译注:简体字本[M].北京:中华书局,2008:214.
③ 杨伯峻.孟子译注:简体字本[M].北京:中华书局,2008:12.
④ 董洪利《孟子研究》推断说,孟子当出生于公元前 380 年或稍早一些,大约去世于公元前 300 年前后,终年八十余岁。刘亚丹《孟子通译》认为,孟子大约出生于周安王十七年(公元前 385 年),去世于周赧王十一年(公元前 304 年)前后。我赞同杨泽波《孟子评传》关于孟子主要活动轨迹和出生、去世时间的推断。参见:董洪利.孟子研究[M].南京:江苏古籍出版社,1997:9-10,37;刘亚丹.孟子通译[M].北京:北京理工大学出版社,2009:出版说明 3;杨泽波.孟子评传[M].南京:南京大学出版社,1998:107-108.
⑤ 司马迁.史记 全四册[M].萧枫,主编.哈尔滨:北方文艺出版社,2007:611.

满着各种的算计。在内忧外患面前,那些真心改革、开放发展的大国就先富强起来,并直接威逼其他国家也不得不改革和发展起来。这当中,谁改革得最深入,谁的政策最得当,谁的决策最正确和失误最少,谁坚持到最后,谁就会在最后的争斗中胜出。历史证明,秦国笑到了最后,最终一统天下。

孟子大致的学习、授徒讲学、求官轨迹如下:孟子15岁时(公元前358年)受业于子思的门人;30岁时(公元前343年),孟子开始在邹国授徒讲学;40岁时(公元前333年),孟子在邹国开始做官;43岁时(公元前330年),孟子听说齐威王招贤就辞去邹国官职,第一次游历齐国(谒见齐威王),与匡章交游,在这一次游齐期间获得了大夫职位①;46岁时(公元前327年),孟子母亲去世,孟子将母亲归葬于鲁国,并行三年丧;49岁时(公元前324年),孟子服完三年丧之后返回齐国,不久后离开齐国到宋国;50岁时(公元前323年),孟子离开宋国,经过薛地,返回邹国;51岁时(公元前322年),孟子到了鲁国,因不受重用而去滕国见滕文公,在滕国长住了三年之久;53岁时(公元前320年),孟子因梁惠王招贤而去了梁国,在梁国和梁惠王深入交流其仁政思想,次年梁惠王不幸去世,梁襄王继位,孟子看到梁襄王无人君之相就离开梁国,第三次游历齐国。孟子到齐国时,齐威王刚去世不久,齐宣王也刚刚继位,这一次游历齐国,孟子共用了七年之久(自公元前319年至公元前312年)。此时,孟子已经声名远播,到齐国时声势浩大,"后车数十乘,从者数百人"②,齐宣王给了孟子客卿的礼遇;57岁时(公元前316年),孟子答沈同私问伐燕;59岁时(公元前314年),孟子劝说齐宣王不要攻伐燕国;61岁时(公元前312年),孟子第三次离开齐国,路遇宋牼;62岁时(公元前311年),孟子回到邹国,一边授徒讲学,一边与万章、公孙丑等学生专心著述《孟子》,直至去世。公元前289年,孟子去世,享年84岁。③

2. 孟子及《孟子》的历史地位

孟子一生的主要言论和活动集中地记录在《孟子》一书中,后人主要是通过《孟子》这本书而认知孟子的。于是,孟子的历史地位和命运也与《孟子》的历史地位和命运紧密联系在一起。历史地看,孟子及《孟子》的历史地位有一个从低到高的发展过程。

---

① 杨泽波.孟子评传[M].南京:南京大学出版社,1998:69.
② 杨伯峻.孟子译注:简体字本[M].北京:中华书局,2008:109.
③ 杨泽波.孟子评传[M].南京:南京大学出版社,1998:107-108,84-85.

《孟子》是儒家的经典著作之一,为战国中期的孟子及其弟子万章、公孙丑等所著,它记述了孟子一生的主要言论、活动和思想学说,涉及政治、哲学、经济、教育、军事、伦理等领域。现存《孟子》总计7篇14卷,260章,35384字。"每篇以篇首的人名或有代表意义的几个字命名。分别为:梁惠王、公孙丑、滕文公、离娄、万章、告子、尽心。篇名并无概括本篇内容之意,篇与篇之间亦无严密的逻辑关系。但篇中内容相对集中于某一个论题。"①《孟子》一书的篇章结构和布局类似于《论语》,而不同于《墨子》《庄子》《荀子》。东汉学者赵岐推断说,《孟子》是模仿《论语》的体裁和样式而创作的作品。②

　　《孟子》一书,起初只是一般性的儒家著作,未列入"经"部著作。班固《汉书·艺文志》将《孟子》列入《诸子略》;汉文帝时,朝廷为《孟子》设立"传记博士"之职。从唐代韩愈提出"道统论"开始,《孟子》的地位渐渐提高。到宋代,《孟子》正式升格为"经"。③ 北宋神宗熙宁四年(1071年),王安石实行变法,改革科举考试内容,把《孟子》和《论语》一起列为"兼经",定为考试科目。

　　随着《孟子》被列入科举考试科目,孟子的历史地位也不断被官方提升。北宋元丰六年(1083年),孟子首次被宋神宗追封为"邹国公",翌年五月被批准配享孔庙。宣和年间(1119—1125年),《孟子》一书首次被刻成石经,成为"十三经"之一。南宋孝宗(1127—1194年)的时候,朱熹把《论语》《孟子》和从《礼记》中单抽出来的《大学》《中庸》合编在一起,称为"四书"。朱熹又花费大量心血为"四书"做注解,写成《四书章句集注》。

　　南宋宁宗嘉定五年(1212年),国子司业刘爚奏准将朱熹的《论语孟子集注》作为官方之学。几乎与此同时,目录学家陈振孙撰《直斋书录解题》,正式从目录学上把《孟子》由"子部"升格至"经部"。到元朝至顺元年(1330年)元文宗加封孟子为"邹国亚圣公"④,明朝嘉靖九年(1530年)明世宗追封孟子为亚圣,罢公爵,至此孟子被称为"亚圣",地位仅次于孔子。在明清两代,官方规定,科举考试的八股文题目必须从"四书"中选取。于是,《孟子》

---

① 刘培桂,主编.孟子志[M].济南:山东人民出版社,2009:132.
② 蒋国保,余秉颐,李季林.孟子外传 孟子百问[M].合肥:安徽人民出版社,2001:292.
③ 金良年.孟子译注[M].上海:上海书店出版社,2009:前言2.
④ 李有光.孟子解读[M].贵阳:贵州人民出版社,2009:序言2-3.

在明清时期成为官方规定的必读书。

3. 孟子的性善论和王道仁政思想

孟子继承和发展了孔子的德政礼治思想,提出了王道仁政思想学说。为了论证王道仁政学说的合理性和科学性,孟子提出了"性善论"。性善论是孟子王道仁政学说架构的根基,也是他劝说君主施行王道仁政的理论依据。

客观地讲,人性本无善恶,如同一张白纸,它既有向善发展的可能性,也有向恶发展的可能性。孟子极力强调人有四心:恻隐心、羞恶心、辞让心和是非心,而这四心分别是仁、义、礼、智四善端,"人之有是四端也,犹其有四体也"①。这就是孟子的性善论,由此可见,孟子的性善论实质上是"四善端论"。与孟子正好相反,荀子提出的是"性恶论",即"四恶端论"。荀子认为,"人之性恶,其善者伪也。今人之性,生而有好利焉,顺是,故争夺生而辞让亡焉;生而有疾恶焉,顺是,故残贼生而忠信亡焉;生而有耳目之欲,有好声色焉,顺是,故淫乱生而礼义文理亡焉。然则从人之性,顺人之情,必出于争夺,合于犯分乱理,而归于暴。故必将有师法之化、礼义之道,然后出于辞让,合于文理,而归于治。用此观之,然则人之性恶明矣,其善者伪也"②。孟子强调人有向善的巨大可能性,所以走向自我修养、学校教育和仁政礼治;荀子强调人有向恶发展的巨大可能性,所以走向通过学校教育、礼法制度来预防和杜绝人的主观恶性。事实上,孟子和荀子都犯了各执一端的错误,他们的思想学说应当有机结合起来才对。

孟子相信性本善,又像孔子那样相信求仁得仁,所以他自然就得出人皆可以为尧舜的结论。"人皆可以为尧舜"的思想中,蕴含着人人人格尊严上平等(但有亲疏远近和身份贵贱之别)、民为邦本、止于至善等思想。

孔子向往君君、臣臣、父父、子子,"君使臣以礼,臣事君以忠"③的人伦关系,终其一生从不敢突破传统的君臣关系。如果君主不以礼节待他,他能想到的解决办法就是远离或彻底离开。而孟子却在"君使臣以礼,臣事君以忠"方面更进一步,他提出"君之视臣如手足,则臣视君如腹心;君之视臣如

---

① 杨伯峻.孟子译注:简体字本[M].北京:中华书局,2008:59.
② 张觉.荀子译注[M].上海:上海古籍出版社,2012:336.
③ 安德义.论语解读[M].北京:中华书局,2007:71.

犬马,则臣视君如国人;君之视臣如土芥,则臣视君如寇仇"①。也就是说,孟子将君臣之间的责任和义务视为对等、相互的关系,如果君不君,那臣就可以不臣。甚至对于夏桀、商纣那样的暴君,孟子也不把他们视为君主,而是视为"残贼之人"或"一夫"。他直言不讳地说:"贼仁者谓之'贼',贼义者谓之'残'。残贼之人谓之'一夫'。闻诛一夫纣矣,未闻弑君也。"②

百姓处在社会的底层,是社稷的根基,也是"君主"作为社会最高管理者得以产生的根源。从性善论和人皆可以为尧舜出发,孟子提出"民为贵,社稷次之,君为轻"的命题。这个命题以及"贼仁者谓之'贼',贼义者谓之'残'。残贼之人谓之'一夫'。闻诛一夫纣矣,未闻弑君也"之类的言语令君主们惶恐不安。例如,朱元璋阅读了《孟子》之后就对其中的许多字句感到讨厌和恐惧,于是命令翰林学士刘三吾对《孟子》进行删节。刘三吾删节后,形成《孟子节文》一书。"刘三吾一共删掉的是八十九条。《孟子》全文的总字数是35512字,被删掉的字数达到了16659字,原文只剩下了18054字。被删掉的字数占原文总字数约47%,也就是说近一半《孟子》的内容被删掉了。"③

孟子提出性善论是为他的王道仁政学说服务的。孟子反对霸道,赞成王道,希望君主是圣王明君,以仁政治国。反对霸道,就是反对动辄使用武力,反对攻伐、战争和杀戮;以仁政治国,就是提倡仁、义、礼、智,反对严刑峻法,主张"制民之产""井田制""薄税敛""与民同乐""尚贤使能""明人伦""亲亲""长长""父亲有亲,君臣有义,夫妇有别,长幼有序,朋友有信""仁民""老吾老以及人之老,幼吾幼以及人之幼""谨庠序之教",等等。

孟子说:"人皆有不忍人之心。先王有不忍人之心,斯有不忍人之政矣。以不忍人之心,行不忍人之政,治天下可运之掌上。"④从不忍人之心出发,施行不忍人之政,以平治天下,是孟子深信不疑的信念。换言之,王道仁政是不忍人之心在政治上的投射。

南宋陆九渊继承和发展了孟子的不忍人之心和"万物皆备于我"的理

---

① 杨伯峻.孟子译注:简体字本[M].北京:中华书局,2008:142.
② 杨伯峻.孟子译注:简体字本[M].北京:中华书局,2008:31.
③ 鲍鹏山.鲍鹏山说孟子[M].杭州:浙江古籍出版社,2012:185.
④ 杨伯峻.孟子译注:简体字本[M].北京:中华书局,2008:59.

论,他将心视为天理,认为:"人皆有是心,心皆具是理,心即理也。"①"宇宙便是吾心,吾心即是宇宙。千万世之前,有圣人出焉,同此心同此理也。千万世之后,有圣人出焉,同此心同此理也。东南西北海有圣人出焉,同此心同此理也。"②明代王守仁又进一步发展了陆九渊的心学,他提出"心外无理,心外无事"③,"无善无恶是心之体,有善有恶是意之动,知善知恶是良知,为善去恶是格物"④。总之,在陆九渊和王守仁看来,心外无物,天地万物都在我心中,人同此心,心同此理,心即理,无论是修养自身还是称王天下,其目的就是"致良知"、追求仁心或不忍人之心。

很明显,孟子的思想学说有其缺陷和局限性,从其问世以来,就不断受到质疑和批评。当时的君主觉得孟子的仁政思想"迂远而阔于事情";司马谈《论六家要旨》认为"儒者以《六艺》为法。《六艺》经传以千万数,累世不能通其学,当年不能究其礼,故曰'博而寡要,劳而少功'"⑤,显得迂腐;北宋庆历之际的李觏作《常语》,旨在推崇天子、正君之义、彰显孔子之道、强调君臣父子之人伦秩序和防止社会秩序紊乱,他批评孟子背叛孔子、怀疑《六经》、不尊天子、排斥功利,等等⑥;北宋熙丰之际(宋神宗熙宁、元丰年间),司马光著《疑孟》,对孟子的一些方面进行批评,"就现在所能掌握的文献来看,司马光对孟子的攻击集中在几个问题上:第一是孟子不尊君,第二是孟子对王霸的看法不对,第三是孟子对人性的看法有偏失"⑦;南宋中期的叶适撰写《习学记言》,批评孟子专言心性,政治思想不切实际,"开德广,语治骤,处己过,涉世疏"⑧;还有的学者认为,孟子的"君子远庖厨"⑨思想属于假仁假义,既不忍心看到厨师杀鱼切肉,又想享受鱼肉之美味,这本身就是五十步笑百步,自欺欺人而已;还有的认为,孟子的思想学说很大程度上是主观唯心主义的东西,等等。但瑕不掩瑜,孟子的思想学说中也有许多值得后人学习、

---

① 陆九渊.陆九渊集[M].钟哲,点校.北京:中华书局,1980:149.
② 陆九渊.陆九渊集[M].钟哲,点校.北京:中华书局,1980:273.
③ 王阳明.传习录[M].于自力,孔薇,杨骅骁,注译.郑州:中州古籍出版社,2008:67.
④ 王阳明.传习录[M].于自力,孔薇,杨骅骁,注译.郑州:中州古籍出版社,2008:376.
⑤ 司马迁.史记 全四册[M].萧枫,主编.哈尔滨:北方文艺出版社,2007:1004.
⑥ 李觏.李觏集[M].王国轩,点校.北京:中华书局,2011:383-396.
⑦ 夏长朴.司马光疑孟及其相关问题[J].台大中文学报,1997(9):123.
⑧ 黄宗羲.宋元学案:第三册[M].全祖望,补修.陈金生,梁运华,点校.北京:中华书局,1986:1747.
⑨ 杨伯峻.孟子译注:简体字本[M].北京:中华书局,2008:11.

继承、借鉴和发展的东西,如对仁义礼智的追求,大丈夫人格,浩然之气,持志养气,磨炼心智,尊贤使能,制民之产,上下级责任和义务要对等,尽心、知性和知天,乐天知命,舍生取义,人皆可以为尧舜,穷则独善其身、达则兼济天下的理想和信念,等等。

近几年来,学界和网络上有一些人士,不分青红皂白,全盘否定孔孟思想学说,他们认为孔孟思想是维护统治阶级统治的工具,一无是处。这样走极端,显然是矫枉过正,也是鼠目寸光,一叶障目不见泰山,只见树木不见森林。中国传统文化可以说是儒、释、道三足鼎立。说释家佛教和道家道教里面有大量封建迷信,不能普及,情有可原,又说儒家思想学说也已经落后于时代不能大力讲,那还有什么传统文化可以继承和发展呢?我们对自己的传统文化自信又如何建立呢?

一个国家和民族的文化,从时间尺度上讲,有过去文化、现在文化和未来文化之分。过去文化,是我们的祖先以及伟大的思想家、政治家、军事家、教育家等创造出来的,现在文化是在过去文化的基础上不断发展和进步的,而未来文化则需要在过去文化和现在文化的基础上不断创造、开放和进步才能形成。因此,文化本身是一个动态的扬弃过程。我们不能因噎废食,不能因为我们现在的文化有些缺陷、弊端或不足,就彻底否定我们的过去文化,这不就是典型的削足适履吗?过去文化是过去时代的产物,里面肯定有落后于时代的东西,我们为什么不扬弃呢?去其糟粕,取其精华不就可以了?全盘否定,推倒重来,怎么可能做到?又如何建立文化自信呢?以孔、孟为例,孔子和孟子生活在多少年之前?其思想中肯定有过时的东西,但也有不会过时的东西。把现代人的一切罪过和不幸归于两千多年前的人,这类人自己不觉得可悲吗?不埋怨自己不努力,不争气,却埋怨几千年前自己的祖先不争气?醒醒吧!如果我们怀着去其糟粕、取其精华、创新开放的态度学习,何愁我们的时代文化不能进步?过去的人们为我们创造了可观的文化财富,现在的时代要求我们在已有的文化财富基础上,更加努力开拓和创造我们的现在文化,并为未来文化的产生创造切实有效的文化条件。所以,全盘否定或全盘肯定前人的文化思想都是不对的,也是没有出路的。否定糟粕性的东西,吸取精华性的东西,古为今用,洋为中用,开拓进取,开放发展,才是搞好文化建设和发展的必由之路。想想看,把我们过去的文化思想都一一否定了,那我们自己的文化还能剩下什么?

总之,"对一切文化遗产,既要继承,又要批判,二者辩证统一。只批判不继承,就叫文化虚无主义;只继承不批判,就叫文化保守主义。这两种偏向,都要不得"①。我们需要对我们的文化采取扬弃的科学态度。所谓扬弃,就是既继承,又批判,又创新。继承、批判、创新,"三位一体,相互渗透,不可割裂。继承是肯定,批判是否定,创新是否定之否定。这是文化发展和建设中辩证统一的全过程"②。

4.《孟子新说》各篇基本大意

《孟子新说》分为《孟子新说(上)》和《孟子新说(下)》。《孟子新说(上)》包含《梁惠王章句》《公孙丑章句》《滕文公章句》《离娄章句》四篇,《孟子新说(下)》包含《万章章句》《告子章句》《尽心章句》三篇。七篇总计二百六十章,每章的体例结构包括原文、引言、释解、译文和拓展五个部分。

《梁惠王章句》共计二十三章,分为《梁惠王章句上》和《梁惠王章句下》两部分。《梁惠王章句上》共计七章,前五章都是孟子与梁惠王的对话交流记录,第六章是孟子与梁襄王的对话交流记录,最后一章是孟子与齐宣王的对话交流记录。本篇主要涉及重义轻利的义利观、君主应与民同乐、为政要以民为本、反对暴政、仁者无敌、减刑减税、道德教育、王道仁政等内容。《梁惠王章句下》共计十六章,第一章至第十一章都是孟子与齐宣王的对话交流记录,第十二章是孟子与邹穆公的对话交流记录,第十三章至第十五章是孟子和滕文公的对话交流记录,最后一章是记录孟子与鲁平公之间的事情(鲁平公本来打算会见孟子,但受到宠臣臧仓的诋毁和制止而作罢)。本篇主要涉及与民同乐、与民同享、与民同忧、外交之道、行王政、追责、选贤与能、君臣关系、因攻伐燕国而征求意见、小国自保之道、乐天知命等内容。

《公孙丑章句》共计二十三章,分为《公孙丑章句上》和《公孙丑章句下》两部分。《公孙丑章句上》共计九章,前两章是孟子与学生公孙丑之间的对话记录,后七章都是孟子自发的言语或评论。本篇主要涉及孟子的仁政志向、不动心、浩然之气、圣人品格、王道和霸道之不同、仁政好处、仁政政策、性善论、仁的概念阐释、身心修养、人物评论等内容。《公孙丑章句下》共计

---

① 降大任.论毛泽东的"文化扬弃论"[J].哲学研究,1994(2):5.
② 降大任.论毛泽东的"文化扬弃论"[J].哲学研究,1994(2):6.

十四章,第一章是孟子的语录,第二章是孟子与公孙丑、景丑氏等人之间的对话,第三章是孟子与陈臻之间的对话,第四章是孟子和孔距心、齐王之间的对话,第五章是孟子和蚔蛙等人之间的对话,第六章、第十四章是孟子和公孙丑之间的对话,第七章、第十三章是孟子和充虞之间的对话,第八章是孟子和沈同等人之间的对话,第九章是齐宣王和陈贾、陈贾和孟子之间的对话,第十章是齐宣王和时子、孟子等人之间的对话,第十一章是孟子和一位不速之客之间的对话,第十二章是孟子和高子、尹士之间的对话或传话。本篇记述孟子的雄心壮志、人格尊严、自尊心、离开齐国前后的情形,以及他在时局、办理丧事、官员作风、治国理政、如何对待赠金和薪水等问题上的一些看法。

《滕文公章句》共计十五章,分为《滕文公章句上》和《滕文公章句下》两部分。《滕文公章句上》共计五章,第一章是滕文公做太子时在宋国路遇孟子所作的对话交流,第二章是滕文公在父亲去世后通过然友作传话中介与孟子所作的问答,第三章是滕文公和孟子之间以及滕文公派毕战去向孟子请教的对话记录,第四章主要是孟子和陈相之间的辩论和交锋,第五章是墨者夷之通过孟子的学生徐辟作传话中介和孟子进行的对话交流,前三章记述孟子和滕文公关于性善论、丧制和王道仁政思想的交流,后两章分别记述孟子的社会分工和爱有差等的思想。《滕文公章句下》共计十章,第一章是孟子和陈代之间的对话,第二章是孟子和景春之间的对话,第三章是孟子和周霄之间的对话,第四章是孟子和彭更之间的对话,第五章是孟子和万章之间的对话,第六章是孟子和戴不胜之间的对话,第七章是孟子和公孙丑之间的对话,第八章是孟子和戴盈之之间的对话,第九章是孟子和公都子之间的对话,第十章是孟子和匡章之间的对话。本篇主要涉及孟子的仁政思想、为官之道、理想志向、大丈夫人格思想、人物评论和历史观等内容。

《离娄章句》共计六十一章,分为《离娄章句上》和《离娄章句下》两部分。《离娄章句上》共计二十八章,第十七章是孟子和淳于髡之间的辩论,第十八章是孟子和公孙丑之间的对话,第二十四章是孟子和乐正子之间的对话,其余各章均是孟子的语录。本篇主要涉及王道仁政、君主自身修养、君主的作用、仁义的作用、民心民意、治国理政、为人处世、观人方法、教育、事亲之道等内容。《离娄章句下》共计三十三章,第三章是孟子和齐宣王之间的对话，第十八章是孟子和徐辟之间的对话，第二十四章是孟子和公明仪之间的对话，第二十七章是孟子和王驩之间的对话，第三十章是孟子和公都子之间的对话，第三十一章是孟子对曾子和子思曾经做过的事情所发的评论，第三十二章是孟子和储子之间的对话，第三十三章是孟子所讲的一则意味深长的寓言故事，其余各章均是孟子的语录。本篇主要涉及治国之道、对等义务君臣关系观、君主自身修养对于国家或天下的作用、道德修养的重要性、学习之道、为人处世之道、对热衷于名利和虚荣的人和事进行批评，以及对子产、孔子、大禹、商汤、周文王、周武王和周公等历史人物进行评论等内容。

《万章章句》共计十八章，分为《万章章句上》和《万章章句下》两部分。《万章章句上》共计九章，除了第四章是孟子与学生咸丘蒙之间的对话，其余皆是孟子与学生万章之间的对话，主要涉及舜的孝心和亲情、舜拥有天下的天命决定观以及孟子对关于伊尹、孔子和百里奚的谣言的驳斥等内容，从中可以看出舜的孝悌观念、孟子的天命决定观和圣王贤臣的理想社会观。《万章章句下》共计九章，第一章、第五章是孟子的语录和孟子对一些历史人物及问题发表的见解，第二章是卫国大夫北宫锜和孟子之间的对话，第九章是齐宣王和孟子之间的对话，其余各章是孟子和学生万章之间的对话。本篇主要涉及历史人物评论、历史知识问答、交友之道、交际之道、为官之道、君主待贤之道以及贤士如何对待诸侯馈赠问题等内容。

《告子章句》共计三十六章，分为《告子章句上》和《告子章句下》两部分。《告子章句上》共计二十章，第一章至第四章记录的是告子与孟子之间的对话，第五章是孟季子与公都子、公都子与孟子之间的对话，第六章和第十五章是公都子和孟子之间的对话，其余各章是孟子关于人心皆同、养护本心、一曝十寒、仁心义路等见解的语录。本篇主要涉及人性论、仁义关系、人心论、身心修养、仁心义路、天爵人爵、专心致志、舍生取义、王道仁政等内容。《告子章句下》共计十六章，第一章是一位任国人和屋庐子、屋庐子和孟子之间的对话，第二章是曹交和孟子之间的对话，第三章、第十三章是公孙丑和孟子之间的对话，第四章是宋牼和孟子之间的对话，第五章是屋庐子和孟子之间的对话，第六章是淳于髡和孟子之间的对话，第八章是慎子和孟子之间的对话，第十章、第十一章是白圭和孟子之间的对话，第十四章是陈臻和孟子之间的对话，其余各章都是孟子的语录。本篇主要涉及通权达变、人皆可为尧舜、亲情关系、仁义之道、礼节之道、历史观、事君之道、税收、纳谏、为政、身心修养、教育等内容。

《尽心章句》共计八十四章，分为《尽心章句上》和《尽心章句下》两部分。《尽心章句上》共计四十六章，第九章是孟子和宋勾践之间的对话，第三十一章、第三十二章、第三十九章、第四十一章是孟子和公孙丑之间的对话，第三十三章是孟子和王子垫之间的对话，第三十五章是孟子和桃应之间的对话，第四十三章是孟子和公都子之间的对话，其余各章都是孟子的语录。本篇主要涉及尽心知性知天、正命观、个人追求、反身而诚、对不良现象进行议论和批评、羞耻心、尊贤使能、身心修养、王道仁政、为人处世之道、为官之道、君子之道、交往之道、人物评论、君臣关系、环境教育、丧礼、教育方式、学道等内容。《尽心章句下》共计三十八章，第一章、第三十六章是孟子和公孙丑之间的对话，第十九章是孟子和貉稽之间的对话，第二十二章是孟子和高子之间的对话，第二十三章是孟子和陈臻之间的对话，第二十五章是孟子和浩生不害之间的对话，第二十九章是孟子和一位学生之间的对话，第三十章是孟子和一位陌生人之间的对话，第三十七章是孟子和万章之间的对话，其余各章都是孟子的语录。本篇主要涉及对不义战争和不良现象进行批评、"春秋无义战"历史观、自主批判思维能力、仁者无敌、努力与成功、人物评论、仁义之道、治国之道、身心修养之道、历史故事、学道、税收观、民本思想、教育理念、历史辨惑、儒家道统等内容。

《孟子新说(上、下)》是在充分借鉴、吸收和消化众多学者的有关研究成果的基础上独立思考、辛苦撰写而成。本著对注解《孟子》研究的贡献或新意主要表现在以下几点：①给每章列出标题，每章标题是从每章原文中精选出来的具有代表性、典型性或高度概括性的话语或词句；②每章写作的内容构架分为原文、引言、释解、译文和拓展五个部分，其中拓展部分除了我个人的评论和概括之外，还引用了朱熹《孟子集注》(上海古籍出版社2013年版)和杨治国《小人物评〈孟子〉》(中国工人出版社2007年版)等著作相关的注解和评论，以拓展和丰富对《孟子》章节内容的理解；③完善和丰富了《孟子》的注解，并纠正了一些解说《孟子》的著作中出现的注解或理解错误；④使用更加通俗易懂、生动活泼的文字语言进行解说和著述，更有利于现代人读懂《孟子》，也更能使他们被孟子的高尚人格和强大精神所激励和鼓舞，使他们在现在和未来的生活中有可能做到"素其位而行""富贵不能淫，贫贱不能移,威武不能屈",做到"居仁由义"①"行有不得者皆反求诸己"②"求其放心"③,做到"穷则独善其身,达者兼善天下""老吾老以及人之老,幼吾幼以及人之幼"。

　　我热切希望《孟子新说》成为当代注解《孟子》的佳作之一,也志愿为传承、弘扬和发展我国优秀的传统文化贡献微薄之力。

秦学智于北京陋室
2024 年 8 月 5 日

---

① 杨伯峻.孟子译注:简体字本[M].北京:中华书局,2008:247.
② 杨伯峻.孟子译注:简体字本[M].北京:中华书局,2008:125.
③ 杨伯峻.孟子译注:简体字本[M].北京:中华书局,2008:206.

目 录

梁惠王章句 ·· 1
- 1.1 梁惠王章句上 ··· 1
  - 1.1.1 王何必曰利？亦有仁义而已矣 ······································ 2
  - 1.1.2 古之人与民偕乐,故能乐也 ·· 9
  - 1.1.3 以五十步笑百步,则何如 ·· 13
  - 1.1.4 始作俑者,其无后乎 ·· 17
  - 1.1.5 仁者无敌,王请勿疑 ·· 20
  - 1.1.6 天下恶乎定？定于一 ·· 24
  - 1.1.7 老吾老以及人之老,幼吾幼以及人之幼 ··························· 27
- 1.2 梁惠王章句下 ··· 36
  - 1.2.1 独乐乐,与人乐乐,孰乐 ·· 37
  - 1.2.2 寡人之囿方四十里,民犹以为大,何也 ····························· 42
  - 1.2.3 乐天者保天下,畏天者保其国 ·· 44
  - 1.2.4 乐民之乐者,民亦乐其乐;忧民之忧者,民亦忧其忧 ··········· 49
  - 1.2.5 当是时也,内无怨女,外无旷夫 ······································ 53
  - 1.2.6 四境之内不治,则如之何？王顾左右而言他 ···················· 58
  - 1.2.7 见贤焉然后用之,见不可焉然后去之 ······························ 60
  - 1.2.8 闻诛一夫纣矣,未闻弑君也 ·· 63
  - 1.2.9 今有璞玉于此,虽万镒,必使玉人雕琢之 ························· 65
  - 1.2.10 箪食壶浆,以迎王师,岂有他哉 ···································· 67

1.2.11	天下固畏齐之强也,今又倍地而不行仁政,是动天下之兵也	70
1.2.12	君行仁政,斯民亲其上、死其长矣	73
1.2.13	与民守之,效死而民弗去,则是可为也	75
1.2.14	君子创业垂统,为可继也	77
1.2.15	仁人也,不可失也	79
1.2.16	吾之不遇鲁侯,天也	82

公孙丑章句 86

2.1 公孙丑章句上 86

2.1.1	虽有智慧,不如乘势	87
2.1.2	我知言,我善养吾浩然之气	92
2.1.3	以德服人者,中心悦而诚服也	100
2.1.4	仁则荣,不仁则辱	102
2.1.5	尊贤使能,俊杰在位,则天下之士皆悦而愿立于其朝矣	104
2.1.6	以不忍人之心,行不忍人之政,治天下可运之掌上	106
2.1.7	发而不中,不怨胜己者,反求诸己而已矣	108
2.1.8	君子莫大乎与人为善	110
2.1.9	隘与不恭,君子不由也	112

2.2 公孙丑章句下 115

2.2.1	得道者多助,失道者寡助	116
2.2.2	故将大有为之君,必有所不召之臣	118
2.2.3	焉有君子而可以货取乎	123
2.2.4	知其罪者,惟孔距心	125
2.2.5	我无官守,我无言责也	128
2.2.6	孟子为卿于齐,出吊于滕	130
2.2.7	君子不以天下俭其亲	132
2.2.8	为天吏,则可以伐之	134
2.2.9	古之君子,过则改之;今之君子,过则顺之	137
2.2.10	人皆以为贱,故从而征之	140
2.2.11	孟子去齐,宿于昼	143

2.2.12 千里而见王,是予所欲也;不遇故去,岂予所欲哉 ········· 145
2.2.13 如欲平治天下,当今之世,舍我其谁也 ················· 148
2.2.14 孟子去齐,居休 ································· 150

滕文公章句 ··· 152
3.1 滕文公章句上 ····································· 152
3.1.1 孟子道性善,言必称尧舜 ·························· 153
3.1.2 上有好者,下必有甚焉者矣 ························ 155
3.1.3 有恒产者有恒心,无恒产者无恒心 ···················· 159
3.1.4 劳心者治人,劳力者治于人 ························ 165
3.1.5 爱无差等,施由亲始 ····························· 173
3.2 滕文公章句下 ····································· 178
3.2.1 志士不忘在沟壑,勇士不忘丧其元 ···················· 178
3.2.2 得志与民由之,不得志独行其道 ····················· 182
3.2.3 父母之心,人皆有之 ····························· 185
3.2.4 非其道,则一箪食不可受于人 ······················ 188
3.2.5 苟行王政,四海之内皆举首而望之 ···················· 191
3.2.6 一齐人傅之,众楚人咻之 ·························· 195
3.2.7 古者不为臣不见 ································ 197
3.2.8 如知其非义,斯速已矣,何待来年 ···················· 200
3.2.9 天下之生久矣,一治一乱 ·························· 202
3.2.10 若仲子者,蚓而后充其操者也 ······················· 207

离娄章句 ··· 212
4.1 离娄章句上 ······································· 212
4.1.1 不以规矩,不能成方圆 ···························· 213
4.1.2 殷鉴不远,在夏后之世 ···························· 217
4.1.3 三代之得天下也以仁,其失天下也以不仁 ················ 218
4.1.4 行有不得者,皆反求诸己,其身正而天下归之 ············ 220
4.1.5 天下之本在国,国之本在家,家之本在身 ··············· 222
4.1.6 为政不难,不得罪于巨室 ·························· 223

- 4.1.7 顺天者存,逆天者亡 ... 225
- 4.1.8 夫人必自侮,然后人侮之;家必自毁,而后人毁之 ... 227
- 4.1.9 桀纣之失天下者,失其民也 ... 229
- 4.1.10 仁,人之安宅也;义,人之正路也 ... 231
- 4.1.11 人人亲其亲、长其长而天下平 ... 233
- 4.1.12 是故诚者,天之道也;思诚者,人之道也 ... 234
- 4.1.13 诸侯有行文王之政者,七年之内,必为政于天下矣 ... 236
- 4.1.14 争地以战,杀人盈野;争城以战,杀人盈城 ... 238
- 4.1.15 听其言也,观其眸子,人焉廋哉 ... 240
- 4.1.16 恭者不侮人,俭者不夺人 ... 241
- 4.1.17 天下溺,援之以道 ... 243
- 4.1.18 古者易子而教之 ... 245
- 4.1.19 守身,守之本也 ... 246
- 4.1.20 君仁莫不仁,君义莫不义 ... 248
- 4.1.21 有不虞之誉,有求全之毁 ... 250
- 4.1.22 人之易其言也,无责耳矣 ... 251
- 4.1.23 人之患,在好为人师 ... 252
- 4.1.24 乐正子从于子敖之齐 ... 253
- 4.1.25 我不意子学古之道,而以餔啜也 ... 255
- 4.1.26 不孝有三,无后为大 ... 256
- 4.1.27 仁之实,事亲是也;义之实,从兄是也 ... 257
- 4.1.28 不得乎亲,不可以为人;不顺乎亲,不可以为子 ... 259

4.2 离娄章句下 ... 260
- 4.2.1 得志行乎中国,若合符节 ... 262
- 4.2.2 故为政者,每人而悦之,日亦不足矣 ... 263
- 4.2.3 君之视臣如手足,则臣视君如腹心 ... 265
- 4.2.4 无罪而戮民,则士可以徙 ... 268
- 4.2.5 君仁,莫不仁 ... 269
- 4.2.6 非礼之礼,非义之义,大人弗为 ... 269
- 4.2.7 中也养不中,才也养不才,故人乐有贤父兄也 ... 270

- 4.2.8 人有不为也,而后可以有为 ... 272
- 4.2.9 言人之不善,当如后患何 ... 273
- 4.2.10 仲尼不为已甚者 ... 274
- 4.2.11 言不必信,行不必果,惟义所在 ... 275
- 4.2.12 大人者,不失其赤子之心者也 ... 276
- 4.2.13 养生者不足以当大事,惟送死可以当大事 ... 276
- 4.2.14 君子深造之以道,欲其自得之也 ... 278
- 4.2.15 博学而详说之,将以反说约也 ... 279
- 4.2.16 以善养人,然后能服天下 ... 280
- 4.2.17 言无实,不祥 ... 281
- 4.2.18 原泉混混,不舍昼夜 ... 282
- 4.2.19 由仁义行,非行仁义也 ... 284
- 4.2.20 仰而思之,夜以继日;幸而得之,坐以待旦 ... 285
- 4.2.21 《诗》亡然后《春秋》作 ... 287
- 4.2.22 君子之泽,五世而斩 ... 289
- 4.2.23 取,伤廉;与,伤惠 ... 290
- 4.2.24 抽矢扣轮,去其金,发乘矢而后反 ... 292
- 4.2.25 西子蒙不洁,则人皆掩鼻而过之 ... 295
- 4.2.26 天下之言性也,则故而已矣 ... 296
- 4.2.27 公行子有子之丧,右师往吊 ... 298
- 4.2.28 爱人者人恒爱之,敬人者人恒敬之 ... 300
- 4.2.29 禹、稷当平世,三过其门而不入 ... 302
- 4.2.30 好勇斗很,以危父母,五不孝也 ... 305
- 4.2.31 曾子居武城,有越寇 ... 307
- 4.2.32 尧舜与人同耳 ... 310
- 4.2.33 齐人有一妻一妾而处室者 ... 311

参考文献 ... 315

后　记 ... 317

梁惠王章句

《梁惠王章句》共计二十三章,分为《梁惠王章句上》和《梁惠王章句下》两部分。《梁惠王章句上》共计七章,前五章都是孟子与梁惠王的对话交流记录,第六章是孟子与梁襄王的对话交流记录,最后一章是孟子与齐宣王的对话交流记录。本篇主要涉及重义轻利的义利观、君主应与民同乐、为政要以民为本、反对暴政、仁者无敌、减刑减税、道德教育、王道仁政等内容。《梁惠王章句下》共计十六章,第一章至第十一章都是孟子与齐宣王的对话交流记录,第十二章是孟子与邹穆公的对话交流记录,第十三章至第十五章是孟子和滕文公的对话交流记录,最后一章是记录孟子与鲁平公之间的事情(鲁平公本来打算会见孟子,但受到宠臣臧仓的诋毁和制止而作罢)。本篇主要涉及与民同乐、与民同享、与民同忧、外交之道、行王政、追责、选贤与能、君臣关系、因攻伐燕国而征求意见、小国自保之道、乐天知命等内容。

1.1 梁惠王章句上

《梁惠王章句上》共计七章。具体而言,第一章,孟子劝说梁惠王要在全国倡导重义轻利、先义后利,必要时可以杀身成仁、舍生取义的思想。第二章,孟子劝说梁惠王把自己拥有的池园等休闲娱乐设施与民分享、与民同乐。第三章,孟子劝说梁惠王为政要以民为本,亲民爱民。第四章,孟子劝说梁惠王要认识到暴政、恶政杀人与用刀杀人之间没有什么区别。第五章,孟子劝说梁惠王要认识到仁者无敌的道理,要施行仁政,减轻刑罚和赋税,抓农业生产和发展孝悌、忠信、礼义、廉耻教育。第六章,孟子劝说梁襄王施行仁政、不嗜杀人以安定天下,梁襄王不感兴

趣,孟子认为梁襄王"不似人君",从而决然离开梁国。第七章,孟子给齐宣王宣讲王道仁政之术,但齐宣王只对使用霸道称霸天下感兴趣,对王道仁政则不感兴趣。

1.1.1 王何必曰利?亦有仁义而已矣

【原文】

孟子见梁惠王。王曰:"叟不远千里而来,亦将有以利吾国乎?"

孟子对曰:"王何必曰利?亦有仁义而已矣。王曰:'何以利吾国?'大夫曰:'何以利吾家?'士庶人曰:'何以利吾身?'上下交征利而国危矣。万乘之国,弑其君者,必千乘之家;千乘之国,弑其君者,必百乘之家。万取千焉,千取百焉,不为不多矣。苟为后义而先利,不夺不餍。未有仁而遗其亲者也,未有义而后其君者也。王亦曰仁义而已矣,何必曰利?"

【引言】

这一章,孟子劝说梁惠王要在全国倡导重义轻利、先义后利,必要时可以杀身成仁、舍生取义的思想。

孟子觐见梁惠王。梁惠王一见到孟子就直接问孟子能给魏国带来什么好处。孟子晓以利害,回答说梁惠王作为一国之主应该以仁义为先、以自我利益为后。以仁义为导向,则国家利益、个人利益都在其中了;以利益为导向,则人人会因追逐利益、贪得无厌、你争我夺、钩心斗角而自危。孟子的这种"王何必曰利?亦有仁义而已矣"以及杀身成仁、舍生取义等思想,是孔子"君子喻于义,小人喻于利"[1]"不义而富且贵,于我如浮云"[2]"见利思义,见危授命"[3]等思想的继承和发展,它直接导致了董仲舒、程颢、程颐、朱熹等后世儒者"正其谊不谋其利,明其道不计其功"[4]"天理人欲,不容并立"[5]等重义轻利的思想偏向。

在孔子那里,强调道德仁义是君子做人的核心标准。他并不反对个人

---

[1] 安德义.论语解读[M].北京:中华书局,2007:97.
[2] 安德义.论语解读[M].北京:中华书局,2007:197.
[3] 安德义.论语解读[M].北京:中华书局,2007:442.
[4] 班固.汉书[M].赵一生,点校.杭州:浙江古籍出版社,2002:801.
[5] 孟子[M].朱熹,集注.上海:上海古籍出版社,2013:65.

利益,只是强调见利思义、"不以其道得之,不处也"①。也就是说,孔子赞成人们追求合乎道德的利益,反对人们追求违背道德仁义的利益。而孟子继承和发展了孔子的义利观思想,他在义利观问题上与孔子所持的观点是根本一致的。尽管说孟子的"王何必曰利?亦有仁义而已矣"思想是后儒重义轻利思想的源头,但这是后儒错解或曲解孟子义利观思想的结果。孟子在这一章中谈话的对象是身为一国之主的梁惠王。梁惠王衣食不缺、养尊处优,还一心挂念更多的物质利益。这引起孟子的不满。孟子认为,梁惠王这样的一国之主,这样的统治者,应该先义后利,即应该以道德仁义为导向,不应该以物质利益为导向。统治者先义后利,就不会与民争利,老百姓的生活就会变好,社会风气也会变得风清气正。反之,统治者满脑子都是物质利益,不仅会与民争利,使得民不聊生,而且会导致社会各个阶层争相逐利,那样就会"上下交征利而国危""后义而先利,不夺不餍",甚至发生弑君、遗弃父母等严重危害国家稳定和社会安全的动乱和行为。可见,在义利关系上,孟子持有的是先义后利、义利有机统一,必要时可以杀身成仁、舍生取义的思想。

【释解】

(1)梁惠王:即魏惠王(公元前400年—公元前319年),姬姓,魏氏,名䓨,战国时魏国第三任国君,公元前369年至公元前319年在位。他是魏武侯之子,魏文侯之孙,魏襄王之父。惠王九年(公元前361年),魏惠王从安邑(今山西省夏县西北)迁都大梁(今河南省开封市),从此魏国也被称为梁国,魏惠王也被称为梁惠王。魏惠王于公元前335年开始称王,于次年改元。

(2)叟:老先生,老头儿。

(3)亦将有以利吾国乎:也将有(什么)可用来利益我国的(办法)吗。以:用来。

(4)亦有仁义而已矣:只要有仁义就足够了。亦:只,仅仅。已:足够,完事,可以。

(5)大夫曰"何以利吾家":大夫说"如何利益我的采邑"。大夫:官职名。家:指大夫的封邑或采邑。

---

① 安德义.论语解读[M].北京:中华书局,2007:86.

(6)士庶人:士贵族和无官爵的平民。庶人:无官爵的平民,拥有自由身份的百姓。

(7)上下交征利:从上到下都互相争夺利益。上下:上上下下,从上到下。交:相互。征:争夺,追逐。利:利益,私利。

(8)乘(shèng):古代一辆由四匹马拉的兵车。

(9)弑:古时对臣杀君、儿女杀父母的措辞。

(10)万取千焉,千取百焉:在拥有一万辆兵车的国家里就拥有一千辆兵车,在拥有一千辆兵车的国家里就拥有一百辆兵车。取:取得,得到,占有,拥有。焉:表示肯定的语气词。

(11)不为不多矣:不能算是不多了。为:是,算是。

(12)苟为后义而先利:如果重利轻义,如果先利后义。苟为:如果,假如。

(13)不夺不餍:(大夫)不夺取一切是不会满足的。餍(yàn):满足。

(14)未有仁而遗其亲者:从来没有有仁德却遗弃自己父母的人。未有:从来没有。

(15)未有义而后其君者:从来没有有君臣大义却先考虑自己利益而后考虑其君主利益的人。后:后考虑……的利益。

(16)王亦曰仁义而已矣:大王只要讲仁义就足够了。

【译文】

孟子觐见梁惠王。梁惠王问道:"老先生不远千里而来,也将有什么可用来利益我国的办法吗?"

孟子回答说:"大王何必一开口就谈利益呢?(岂不知)只要有仁义就足够了。大王说:'如何利益我的国家?'大夫说:'如何利益我的封邑?'士贵族和无官爵的平民说:'如何利益我自身?'这样从上到下都在相互争夺利益,那国家就危险了。在拥有一万辆兵车的国家,杀害其国君的人必定是拥有一千辆兵车的大夫;在拥有一千辆兵车的国家,杀害其国君的人必定是拥有一百辆兵车的大夫。大夫在拥有一万辆兵车的国家里就拥有一千辆兵车,在拥有一千辆兵车的国家里就拥有一百辆兵车,(这样的占比)不能算是不多了。如果重利轻义,那(大夫)不夺取一切是不会满足的。从来没有有仁德却遗弃自己父母的人,也没有有君臣大义却先考虑自己利益而后考虑其君主利益的人。大王只要讲仁义就足够了,何必一开口就谈说利益呢?"

【拓展】

梁惠王为什么一见到孟子就问孟子有什么办法能利益梁国呢?这显然与魏国(梁国)所处的外患严重和由强转弱的历史背景有关,也说明梁惠王是一位忧虑国事的君主。

梁惠王在位时间是公元前369年至公元前319年,处于战国(公元前403年—公元前221年)初期阶段。

公元前453年,在晋阳之战中韩、赵、魏三家尽灭智氏宗族,并瓜分了智氏宗族的土地,为日后"三家分晋"奠定了基础。公元前375年,韩、赵、魏三家瓜分了晋侯剩余的土地,晋国彻底灭亡。周威烈王二十三年(公元前403年),在韩、赵、魏三家的强烈要求下,周威烈王封三家为诸侯。韩、赵、魏三家分晋并被封为诸侯,拉开了战国群雄兼并的序幕。此后,发生了一连串的大事,如公元前386年田氏代齐,公元前356年商鞅变法,公元前344年魏惠王和齐威王双双称王,公元前325年秦惠文王称王,公元前316年秦国灭蜀,等等。

梁惠王是魏国第三任国君,公元前369年正式继位。梁惠王继位之后面临着东西两方面的巨大压力。西面是强邻秦国。在秦献公之前,因长期内乱、国政不稳、内忧外患,秦国国势衰微。而魏国魏文侯、魏武侯先后任用李悝、吴起等人,改革政治,奖励耕战,兴修水利,发展经济,使魏国成为中原霸主。魏国强盛之后,采取积极扩张政策,北灭中山国,西取秦国河西之地,南夺楚国在中原的许多土地,并与齐国、韩国、赵国等国争夺势力范围。在秦孝公继位之后,秦孝公励精图治,效法魏国,积极推进社会改革。

秦献公先后采取禁止人殉、迁都栎阳、在蓝田和蒲等地设县、将居民以伍为单位编制起来、实行按田亩征税等政治和经济管理措施,为后来商鞅在秦国推行县制、什伍制、土地私有制等改革措施奠定了基础。秦献公的改革大大增强了秦国的综合国力。秦献公二十一年(公元前364年,魏惠王六年),秦国在与魏国展开的石门(今山西运城西南)大战中大获全胜,斩首六万,使国际社会刮目相看。赵国出动军队救援魏国,秦国退兵。公元前362年,也就是梁惠王继位后的第7个年头,秦献公去世。公元前361年,秦孝公继位,年仅21岁。

尽管秦献公励精图治，使秦国军事实力大增，但秦国在秦献公时期还不足以彻底战胜魏国，以收回被魏国占领的河西之地，更不用说要成为天下的霸主。秦孝公继承秦献公不断强大秦国的遗志，发布求贤令。商鞅在求贤令的感召下来到秦国，三次分别给秦孝公讲论帝道、王道和霸道之术，秦孝公采纳其依法治国理政的霸道之术。于是，秦孝公和商鞅一起开启了秦国轰轰烈烈、史无前例的变法运动。变法运动分为两个阶段。第一个阶段开始于公元前356年，第二个阶段开始于公元前350年，直到公元前338年秦孝公去世、秦惠文王继位才结束。这场持续18年之久的变法运动，彻底废除了秦国的井田制、旧世卿世禄制以及私斗等旧俗陋习，根本上确立了土地私有制、按军功赏赐的二十等爵、依法治国等新制度，普遍推行县制管理制度，加强中央集权，奖励耕织使农业经济获得大发展，奖励军功打破了贵族世袭特权、大大凝聚和提升了秦军战斗力，使秦国一跃成为战国七雄中实力最强的国家，为秦始皇统一天下奠定了坚实基础。

秦国强大起来以后，就开始谋划东进，并取得节节胜利。孝公八年（公元前354年），秦军在元里击败魏军。孝公十八年（公元前344年），秦军攻占魏国固阳。孝公二十二年（公元前340年），秦军收回之前被魏国攻占的河西之地。

公元前338年，秦孝公去世，公元前337年，秦惠文王嬴驷继位。因为宗室公子虔等人诬陷商鞅谋反，商鞅被车裂。秦惠文王继承孝公遗志，继续东进攻魏。公元前329年，秦军攻取魏国的汾阳、皮氏、曲沃等地。次年，秦军又攻取魏国蒲阳及上郡等地。秦军不仅夺回河西之地，还全部吞并了魏国原有的黄河以西的地盘，并攻占了魏国许多黄河以东的地盘。公元前325年，秦惠文王称王，并改元为更元元年。秦惠文王当政期间，北扫义渠，西平巴蜀，东出函谷，南下商於，在西面给魏国形成了泰山压顶之势。

在魏国的东面，是风头正盛的东方强国齐国。当时在齐国当政的是齐威王（公元前378年—公元前320年）。齐威王是田氏齐国的第四代国君，公元前356年至公元前320年在位。

齐国、韩国、赵国、魏国之间是恃强凌弱、巧取豪夺的关系，几国之间时而打打杀杀，时而结盟和好。齐威王是个喜欢安逸享受又善于纳谏和悔悟的君主，在位的大多数时候，能够选贤任能，慧眼识才，礼贤重士，奋发图强。譬如,他先后重用邹忌、田忌、孙膑、匡章等治国理政人才和军事人才。

公元前353年,齐军为救援被魏军围困的赵国而与魏军在桂陵(今河南省长垣县西南)发生战争。齐军以田忌为主将,以孙膑为军师,在桂陵设伏,击败了轻敌冒进的魏军,并俘获了魏军主将庞涓。公元前352年,齐国与魏国讲和。公元前351年,魏国与赵国讲和,魏军撤出赵国首都邯郸,魏军主将庞涓被释放回国。

公元前342年,魏国与韩国发生战争。韩军接连五次战败,于是向齐国求救。齐威王命田忌、田盼为主将,田婴为副将,孙膑为军师,率军救援韩国。孙膑再次采用围魏救赵、诱敌深入和半路伏击敌人的战术,在马陵一举击败轻敌冒进的魏军,魏军主将庞涓自知败局已定,遂拔剑自刎。齐军乘胜追击,歼灭魏军十万人并俘获魏军主将太子申。魏国从此元气大伤,齐国取代魏国而成为东方霸主。

魏国在西面面临着秦国的强大攻势和压力,在东面、北面和南面不得不与齐国、赵国和韩国缓和关系。公元前334年,梁惠王到徐州(今山东滕州市东南)和齐威王会盟。齐威王和梁惠王相互承认对方为王,史称"徐州相王"。同年,梁惠王改年号为后元。也就是说,对于魏国来说,公元前334年为后元元年。

公元前320年(齐威王三十六年),齐威王去世,享年59岁,其子田辟疆继位,即齐宣王。同年,梁惠王发布招贤令,邹衍、淳于髡等人先后来到魏国大梁献计献策,一展所长。这一年,孟子53岁,为了寻找可能的为政机会,也来到梁国,并与梁惠王做了深入的交流。梁惠王最后都有点接受孟子的仁政主张了,但不幸的是,公元前319年,梁惠王去世,梁襄王继位。看着梁襄王不似人君,与其话不投机,孟子转身离开梁国,而开始第二次前往新君继位不久的齐国,以寻找施展才华和政治抱负的机会。

秦国从秦献公继位施行改革以来,开始由弱转强,石门大战是秦国变强、魏国转弱的一个重要标志。自公元前356年起,秦孝公和商鞅推动的商鞅变法,更是一个秦国持续走强、魏国持续走弱的重要标志。如果说,在位50年的魏文侯雄才大略,慧眼识人,任人唯贤,聚集了李悝、吴起、西门豹、子夏、翟璜、魏成、乐羊等名臣名将,积极变法图强,开疆扩

土(向西攻占秦国河西地区,向北攻灭中山国,向东打败齐国),与韩国和赵国交好,使魏国成为中原霸主,并在公元前403年使魏国、韩国和赵国三国君主被周天子正式封为诸侯,盛极一时,那么,在位25年的魏武侯在继位初期和中期能够延续魏文侯时期发展的良好势头,但在执政末期由于骄傲自满、任人唯亲、任人唯贵、识人不明、用人不当、听信谗言逼走吴起、与赵国同盟关系失和、长年征战、四面树敌等原因,使魏国的霸业开始呈现衰弱之势。

公元前370年,魏武侯去世。公元前369年,梁惠王继位。梁惠王在位50年之久。在位期间,他励精图治,重用庞涓、公叔痤、惠施、龙贾等人,采取一些比较切合时宜的措施,使魏国国力又大大增强。这些措施包括建立选拔武卒制度、修筑长城、迁都大梁、兴修水利、开凿运河、引水灌溉农田发展生产、开放山林川泽施惠于民,以及恢复与韩国、赵国传统的盟友关系等。公元前356年,鲁、宋、卫、韩等国的国君到魏国朝见魏惠王,是魏国国力再次强大的标志之一。但这一年,秦国开始商鞅变法,秦国综合国力开始越来越超越魏、齐、楚、赵等强国。公元前353年,魏军在桂陵之战中败于齐军,公元前342年,魏军在马陵之战中又大败于齐军,由此可见,至晚从公元前342年起,魏国在齐国和秦国东西两面的夹击下开始走向衰退。

处于齐、楚、秦、赵等国的包围之中,晚年的梁惠王面对着魏国日益走衰的颓势,自然心急如焚。商鞅、范雎等唾手可得的卓越人才的流失,使梁惠王对于可能的优秀人才寄予着非同一般的厚望。所以,接见孟子时,梁惠王就情不自禁地脱口问孟子怎么做才能有利于魏国的复兴。而孟子能带给梁惠王的策略和办法就是施行仁政。实事求是地讲,施行仁政,以儒术治国,适合于大一统的时代,不适合兼并之风愈演愈烈的战国时期。在弱肉强食、你死我活的兼并年代,法家(依法治国,特别是奖励耕战)的思想反而比儒家的德政或仁政思想更加有利于国家的生存与强盛。历史事实也证明,是依法治国理政的秦国而不是其他国家最终实现了天下大一统。当然,秦国实现大一统之后,应该及时调整治国理政的方略,尽快让人民休养生息、生活安定下来,而不是不顾民力和民意究竟如何,好大喜功,急着劳师远征、大修陵墓和长城,结果耗尽民力,导致民怨沸腾,官逼民反,二世而亡。

1.1.2 古之人与民偕乐,故能乐也

【原文】

孟子见梁惠王。王立于沼上,顾鸿雁麋鹿,曰:"贤者亦乐此乎?"

孟子对曰:"贤者而后乐此。不贤者虽有此,不乐也。《诗》云:'经始灵台,经之营之。庶民攻之,不日成之。经始勿亟,庶民子来。王在灵囿,麀鹿攸伏。麀鹿濯濯,白鸟翯翯。王在灵沼,於牣鱼跃。'文王以民力为台为沼,而民欢乐之,谓其台曰灵台,谓其沼曰灵沼,乐其有麋鹿鱼鳖。古之人与民偕乐,故能乐也。《汤誓》曰:'时日害丧?予及女偕亡!'民欲与之偕亡,虽有台池鸟兽,岂能独乐哉?"

【引言】

这一章,孟子劝说梁惠王把自己拥有的池园等休闲娱乐设施与民分享、与民同乐。

有一天,孟子又去觐见梁惠王。他们见面的地点是在王宫花园的鱼池边上。看到花园里大雁自由地飞翔,麋鹿安闲地散步,梁惠王情不自禁地问孟子一个贤德的人是否也会享受大自然的快乐。孟子自然地引用《诗经·大雅·灵台》中的诗句和《汤誓》中的故事给梁惠王讲了一番与民同乐的道理。孟子认为,因为能够与民同乐,有贤德的人才能享受到大自然的真正快乐;反之,没有贤德的人因为自私狭隘,不愿与民同乐,所以他们也无法享受到大自然的真正快乐。他举例说,周文王聪明睿智,勤政爱民,谦虚礼让,仁义有贤德。他建造高台和池塘,人民踊跃参与,乐此不疲。这是因为周文王所建造的这些高台和池塘等游乐设施,人民都可以自由地去享受。相反,夏桀残酷暴虐,穷奢极欲,荒淫无道,不关心人民疾苦,对百姓敲骨吸髓,人民苦不堪言,恨不得与他同归于尽。像夏桀这样残忍暴虐的君主,完全不顾人民死活和民怨沸腾,那这样的快乐和享受岂能长长久久?他又怎能心安理得呢?

【释解】

(1)王立于沼上:梁惠王站立在水池边上。王:指梁惠王。沼:水池,池塘。

(2)贤者而后乐此：只有有贤德的人才能享受到这种快乐。贤者：有贤德的人。

(3)经始灵台,经之营之：(周文王)开始筹划(营建)灵台,筹算又筹算。经始：开始筹划(营建,经营等)。经：测量,筹划。营：测量,筹算。

(4)庶民攻之,不日成之：百姓齐心协力来建造,不久便建成。攻：专心从事营建,齐心协力建造。不日：不久,要不了几天。

(5)经始勿亟,庶民子来：(周文王)开始筹划的时候,想着不急于建成,百姓却像儿子为父亲做事那样踊跃而来。勿：不。亟：急切,急于求成。子来：像儿子为父亲做事那样踊跃而来。

(6)王在灵囿,麀鹿攸伏：周文王来到养动物的园地,母鹿安逸地伏卧在地上而未受惊扰。王：指周文王。灵囿：周文王蓄养动物的园地或园林。麀(yōu)鹿：牝鹿,母鹿。攸：所。伏：伏卧在地上。

(7)麀鹿濯濯,白鸟鹤鹤：母鹿体态肥硕、毛发光亮,白鸟羽毛洁白又润泽。濯濯(zhuó)：肥硕而有光泽。鹤鹤(hè)：白而有光泽,羽毛洁白而润泽的样子。

(8)王在灵沼,於牣鱼跃：周文王来到水池边,满池子的鱼争相跳跃。灵沼：周文王拥有的水池。於(wū)：感叹词,不译。牣(rèn)：充满的样子。

(9)《汤誓》：《尚书》篇名,商汤讨伐夏桀的檄文或誓师词。

(10)时日害丧：这太阳何时才毁灭呢。时：这,这个。日：太阳,指夏朝末代君主夏桀。害(hé)：通"曷",何。这里指何时,什么时候。丧：毁灭,灭亡。

(11)予及女偕亡：我(宁愿)和你同归于尽。予：我。及：和。女(rǔ)：同"汝",你。亡：死掉,灭亡。

【译文】

孟子觐见梁惠王。梁惠王站立在水池边上,一边观看着大雁和麋鹿,一边问道："有贤德的人也以此为乐吗？"

孟子回答说："只有有贤德的人才能享受到这种快乐。没有贤德的人即使拥有这样的条件,也无法享受到这种快乐。《诗》上说：'周文王开始筹划营建灵台的时候,筹算了又筹算。没想到,百姓齐心协力来建造,不久便建成了。周文王开始筹划的时候,想着不急于建成,百姓却像儿子为父亲做事那样踊跃而来。周文王来到养动物的园地,母鹿安逸地伏卧在地上而未受惊扰。母鹿体态肥硕、毛发光亮,白鸟羽毛洁白又润泽。周文王来到水池边,满池子的鱼争相跳跃。'尽管周文王使用民力来建造高台和池沼,百姓却乐此不疲,并称周文王的高台为灵台,称周文王的池沼为灵沼,还为周文王能拥有那么多的麋鹿和鱼鳖而高兴。古代的贤君能与民同乐,所以才能感受到真正的快乐。《汤誓》说:'这太阳何时才毁灭呢?我宁愿和你同归于尽!'百姓想要和夏朝末代君主夏桀一同灭亡,即使拥有台、池、鸟、兽,他又岂能独自享受到其中的快乐呢?"

【拓展】

这一章涉及以下几个问题:个人能否独享快乐?个人独享快乐好还是与民同乐、与众人分享快乐好?物质快乐和精神快乐哪个更好?

首先,个人能否独享快乐?

答案是肯定的。快乐是一种心理的自我满足感和幸福感。有的人喜欢动物,到动物园里看到许多自己想要看到的或意想不到的动物,就会感到高兴或快乐;有的人喜欢爬山,成功地爬完一座山,回到家里,即使身体很疲劳,他也感到无比快乐;梁惠王看到自己王家园林中的麋鹿和大雁,以及优美的自然景观,就感到高兴和快乐;等等。显而易见,这些都是属于快乐的范畴。这些事实说明,作为个体而言,无论是谁,只要他觉得做什么事或者拥有什么东西好,他就能够拥有属于他自己的快乐。孟子在这一章中说"贤者而后乐此。不贤者虽有此,不乐也",认为没有贤德的人享受不到观赏麋鹿和大雁等动物之美或自然之美的快乐,显然是不成立的。但孟子岂不知这个小小的道理?根据孟子在后面部分提出的"与民偕乐"的思想主张,可见孟子这样转移话题是为了劝说梁惠王,作为一国之主,不应当只满足于个人的物质的和心理的快乐满足,应当着眼于满足广大臣民的物质的、心理的和精神的快乐满足。因为在孟子心中,君主施行仁政,惠及全国的百姓,与民同乐才是最大的快乐。这种快乐不仅是物质上的,更是精神上的;不仅是个人的,还是大众的快乐。

其次,个人独享快乐好还是与民同乐、与众人分享快乐好?

严格地说,百人百性,因人而异。有的人喜欢独处,喜欢享受内心的平静、环境的静谧和个人的深思;有的人喜欢热闹,喜欢享受大家的激情、环境

热烈的氛围和集体的活动;等等。此外,不同的职业对于人有不同的要求,如科学家研究问题或做实验,需要静谧的环境;歌唱家举办演唱会需要歌迷去捧场;作家写作或创作则更是需要独处和深思;等等。但有时候,快乐越分享就会越多,悲伤与人越分享就会越少。当然,有时候又不尽然。譬如,相声、小品的分享往往会给他人带来不少欢乐,但有时候把自己的快乐和成功分享出来,却会引起某些人的嫉妒和眼红。所以,独乐乐不如众乐乐,也真的不一定如此。

对于特定职业或身份的人,社会对他们有着合情合理的期待和要求。譬如,做国君的,做领导的,做官的,做人民公仆的,就不能只顾自己和家庭成员的物质满足和快乐,必须将个人利益、家庭利益、家族利益和国家利益、集体利益、社会利益有机统一起来。此所谓"当官不为民做主,不如回家卖红薯"。梁惠王是一国之君,所以孟子婉转地批评他不能只顾自己享受和快乐,要能够与民同乐。"在其位,谋其政"。与民同乐,以及"先天下之忧而忧,后天下之乐而乐",才是做国君、做领导、做官的人应该履行的职责和义务。对于这些"高高在上"的人而言,的确是"独乐乐不如众乐乐"。

最后,物质快乐和精神快乐哪个更好?

马斯洛需求层次理论把需求分成生理需求、安全需求、爱和归属感需求、尊重需求和自我实现需求五类。这五类需求依次由较低层次到较高层次排列。越低的层次需求物质快乐越多,越高的层次需求精神快乐越多。

物质是精神的基础,精神又对物质有反作用。没有物质的生活,不可能有高质量的精神生活;同样地,优秀的精神生活反过来会改变人们对物质生活的观念和看法。孔子曰:"饭疏食,饮水,曲肱而枕之,乐亦在其中矣。不义而富且贵,于我如浮云。"[1]又曰:"贤哉,回也!一箪食,一瓢饮,在陋巷,人不堪其忧,回也不改其乐。贤哉,回也!"[2]"朝闻道,夕死可矣"[3],这就是孔颜乐处。

饱暖思淫欲,这些肉体感官的快乐充其量是初级的或低级的快乐。自私自利的快乐,对于整个社会或集体来说也是初级的或低级的快乐。高级的、精神的和灵魂的快乐,必然是以国际、国家、人民、社会、集体、奉献、创

---

[1] 安德义.论语解读[M].北京:中华书局,2007:197.
[2] 安德义.论语解读[M].北京:中华书局,2007:156.
[3] 安德义.论语解读[M].北京:中华书局,2007:90.

新、团结、公平、合作、互利共赢等积极向上品格和追求为价值取向的快乐。人类和人性不应被物化和异化。只有学会拥有高级的精神快乐，以及追求不断超越自我，才能正确地理解物质生活的真正内涵，也才能正确和科学地把握物质快乐和精神快乐二者之间的辩证关系，并以此科学地、正确地指导我们物质文明和精神文明的双丰收。

1.1.3 以五十步笑百步，则何如

【原文】

梁惠王曰："寡人之于国也，尽心焉耳矣。河内凶，则移其民于河东，移其粟于河内。河东凶亦然。察邻国之政，无如寡人之用心者。邻国之民不加少，寡人之民不加多，何也？"

孟子对曰："王好战，请以战喻。填然鼓之，兵刃既接，弃甲曳兵而走。或百步而后止，或五十步而后止。以五十步笑百步，则何如？"

曰："不可。直不百步耳，是亦走也。"

曰："王如知此，则无望民之多于邻国也。不违农时，谷不可胜食也；数罟不入洿池，鱼鳖不可胜食也；斧斤以时入山林，材木不可胜用也。谷与鱼鳖不可胜食，材木不可胜用，是使民养生丧死无憾也。养生丧死无憾，王道之始也。五亩之宅，树之以桑，五十者可以衣帛矣。鸡豚狗彘之畜，无失其时，七十者可以食肉矣。百亩之田，勿夺其时，数口之家可以无饥矣。谨庠序之教，申之以孝悌之义，颁白者不负戴于道路矣。七十者衣帛食肉，黎民不饥不寒，然而不王者，未之有也。狗彘食人食而不知检，涂有饿莩而不知发；人死，则曰：'非我也，岁也。'是何异于刺人而杀之，曰：'非我也，兵也。'王无罪岁，斯天下之民至焉。"

【引言】

这一章，孟子劝说梁惠王为政要以民为本，亲民爱民。

为政者当以民为本，彻底施行王道仁政。在亲民爱民的问题上，要在根本问题上下功夫，不能只在枝节问题上想办法；要标本兼治，不能治标不治本。梁惠王给孟子讲述了自己如何在灾年应对灾民问题（移民、移粟、赈灾等），并抱怨自己比邻国的君主更用心于治国理政，却未能使本国百姓的人

口数量多起来。孟子不仅没有同情梁惠王,还婉转地批评梁惠王的做法和邻国君主的做法不过是"五十步笑百步"而已。孟子建议梁惠王要施行王道和仁政,耕种季节让百姓放心地耕种,鼓励百姓种植农作物和饲养家畜,用网捕鱼和砍伐树木都要有所节制和留有生长空间,不能竭泽而渔,杀鸡取卵。在百姓基本生存和温饱问题解决之后,就应该兴办学校和教育,让国人懂得忠、孝、仁、爱、诚、信、恭、敬、礼、义、廉、耻之道,还要建立必要的法律法规,违法必究,执法必严,让不作为、敷衍塞责、犯下严重过错的官员得到合理的惩戒。如果所有的君主和官员都能担当,敢于负责,全心全意为百姓利益着想,那就不用担心邻国的百姓不来本国生活和发展了,也不用担心本国的人口数量不增多了。家有梧桐树,何愁凤不至?

【释解】

(1)寡人之于国也,尽心焉耳矣:我对于国家,真的尽心费力了。寡人:古代君主的谦称、自称,这里指梁惠王。之:助词,用在主谓结构之间,不译。焉耳矣:同"矣",了。焉、耳、矣三个句末助词用在一起,起加强语气的作用。

(2)河内凶,则移其民于河东:河内闹饥荒,就把那里的百姓迁移到河东。河内:泛指黄河以北,太行山以东,漳河水以南地区,约相当于今天的河南豫北地区。凶:发生灾荒,闹灾荒,收成坏。河东:黄河以东的地区(今山西西南部临汾、运城一带)。

(3)不加少:不更少。加:更。

(4)填然鼓之,兵刃既接:咚咚地擂起战鼓,刀枪剑戟等兵器的锋刃一接触。填然:象声词,形容鼓声充满的样子。鼓之:击鼓进军,擂鼓进军。接:接触。

(5)弃甲曳兵而走:丢盔弃甲,拖着兵器逃跑。甲:铠甲,盔甲。曳:拖曳,拖着。兵:兵器。走:奔逃,逃跑。

(6)或百步而后止:有的士兵跑了一百步后才停下来。或:有的,有的人。

(7)直不百步耳,是亦走也:只不过没跑到一百步罢了,但这也是逃跑。直:只是,不过。不百步:不满百步。耳:罢了,而已。是:这。亦:也,同样。

(8)谷不可胜食也:粮食吃不完。谷:谷类作物的总称,泛指粮食。胜:尽。食:吃,食用。

(9)数罟不入洿池:细密的渔网不入池塘,即不用细密的渔网在池塘中捕捞。数罟(cù gǔ):细密的渔网。洿(wū)池:水池,池塘。

(10)斧斤以时入山林:斧斤按一定的时令进入山林,即按一定的时令进山采伐林木。斧斤:泛指各种斧形的伐木工具。

(11)养生丧死无憾也:养家糊口、办理丧事没有什么遗憾了。养生:养活生命,养家糊口。丧死:安葬死者,办理丧事。

(12)五亩之宅,树之以桑,五十者可以衣帛矣:五亩大的宅地,(房前屋后)种上桑树,五十岁的人就可以穿上丝织的衣服了。宅:宅院,宅地。树:种植,培养。衣:穿上。帛:丝织品的统称。

(13)鸡豚狗彘之畜,无失其时:畜养鸡、猪、狗之类的家畜,不错失它们的繁殖和生长季节。豚:小猪,泛指猪。彘:大猪,泛指猪。畜:畜养,养育,培育。无:不。

(14)谨庠序之教,申之以孝悌之义,颁白者不负戴于道路矣:用心搞好学校教育,向学生反复申明孝敬父母尊长、友爱兄弟姐妹的道理,头发花白的人就不必再受背负和头顶着重物在道路上行走之苦了。庠(xiáng)序:古代的地方学校,后泛指学校。申:申明,说明,反复强调。义:大义,道理。颁白:(头发)斑白,花白。负戴:背负和头顶着东西。

(15)不王者,未之有也:不能君临天下,是从未有过的事情。王(wàng):君临天下,统一天下,拥有天下。

(16)狗彘食人食而不知检,涂有饿莩而不知发:狗猪吃着人吃的食物而不知道去约束和限制,道路上有饿死的人却不知道开仓放粮救济灾民。检:约束,限制,检点。涂:通"途",道路,路途。莩(piǎo):通"殍",饿死的人。发:开仓放粮,赈灾,赈济灾民。

(17)非我也,岁也:这不是我的责任,而是年成不好的缘故。岁:年成,一年中农作物的收获情况。

(18)非我也,兵也:这不是我的责任,而是兵器的缘故。

(19)王无罪岁,斯天下之民至焉:如果大王不把道路上饿死人的事情归罪于年成不好,那么天下的百姓就会迁徙到您的国家来定居生活。无:不。罪岁:归罪于年岁,归罪于年成。斯:连词,则,那么,就。至:到来,指来定居生活。

【译文】

梁惠王说:"我对于国家,真的尽心费力了。河内闹饥荒,我就把那里的百姓迁移到河东,并把河东富余的粮食运到河内。河东发生了灾荒,也是这样做。观察邻国的治理,都不如我这么用心。但是,邻国的百姓也没有减少,我国的百姓也没有增多,这是为什么呢?"

孟子回答说:"大王喜好战争,就让我用战争来打比方吧。战场上咚咚地擂起战鼓,刀枪剑戟等兵器的锋刃一接触,士兵就丢盔弃甲,拖着兵器逃跑。有的士兵跑了一百步后才停下来,有的士兵跑了五十步后就停下来。让逃跑了五十步的士兵讥笑逃跑了一百步的士兵,行不行?"

梁惠王说:"不行。跑了五十步的士兵只不过没跑到一百步罢了,但这也是逃跑。"

孟子说:"大王如果知道这个道理,那就不要希望您的百姓比邻国的多了。不违背农时,粮食就吃不完;不用细密的渔网在池塘中捕捞,鱼鳖就吃不完;按一定的时令进山采伐林木,材木就用不尽。粮食和鱼鳖吃不完,材木用不尽,这就能使百姓养家糊口、办理丧事没有什么遗憾了。百姓养家糊口、办理丧事没有什么遗憾,这就是王道仁政的开始。五亩大的宅地,(房前屋后)种上桑树,五十岁的人就可以穿上丝织的衣服了。畜养鸡、猪、狗之类的家畜,不错失它们的繁殖和生长季节,七十岁的人就可以吃上肉了。一百多亩的田地,不夺占种田人的农时(妨碍他们的正常生产),几口之家就可以不遭受饥饿了。用心搞好学校教育,向学生反复申明孝敬父母尊长、友爱兄弟姐妹的道理,头发花白的人就不必再受背负和头顶着重物在道路上行走之苦了。七十岁的老人有丝织的衣物穿,有肉吃,黎民百姓不会挨冻受饿,做到这样还不能君临天下(使天下百姓归顺),是从未有过的事情。狗猪吃着人吃的食物而不知道去约束和限制,道路上有饿死的人却不知道开仓放粮救济灾民;人饿死了,却说:'这不是我的责任,而是年成不好的缘故。'这和把人刺死了却说'这不是我的责任,而是兵器的缘故'又有什么区别呢?如果大王不把道路上饿死人的事情归罪于年成不好,那么,天下的百姓就会迁徙到您的国家来定居生活。"

【拓展】

这一章,孟子婉转地批评梁惠王和其他诸侯国的国君一样,为了兼并邻国的土地、资源和人口,频繁地发动战争,结果给百姓生产生活带来极大的危险和不安。尽管梁惠王在关心本国人口数量增长和赈济灾民的事情上比邻国的君主更用心一点,但也只是五十步笑百步。

发动战争,影响了农业生产的正常进行,违背了农作物生长的时令和规律,是年成歉收、发生灾荒、饿死人的罪魁祸首。但像梁惠王这些喜好战争的君主却将百姓挨冻受饿完全归罪于灾荒年农作物歉收。这明显是推责诿过、敷衍塞责。孟子劝说梁惠王要多从自己身上找原因,要按照农业生产、渔业生产、林木生产、生态平衡等规律管理、组织和安排农作物种植、渔业发展、林木开采等事项,不能违背农时、竭泽而渔和滥伐滥采。这样才能确保百姓基本生产生活安全,使他们不至于遭受饥寒交迫。

在以民为本、保障人民基本生产生活的基础上,还要搞好学校教育和社会教育。孟子特别强调了"申之以孝悌之义"的庠序之教,这是因为孟子相信"其为人也孝弟,而好犯上者,鲜矣;不好犯上,而好作乱者,未之有也。君子务本,本立而道生。孝弟也者,其为仁之本与"①。孟子继承了孔子的"庶、富、教"思想,主张统治者首先应该制定和出台合情合理的保障百姓基本生产生活的政策和措施,使人们安居乐业,这样才能够吸引其他国家和地区的人口来本国定居安业。其次,要出台激励和限制措施鼓励百姓通过劳动致富,适度利用自然资源,以实现可持续发展。最后,要搞好学校教育和社会教育,以巩固和提升社会的精神文明。百年大计,教育为本。建国君民,教学为先。"兴学治教,仁政之基,王道之要。古圣先贤,莫不重教。农桑养人躯体,庠序育人德才。兴学治教,天下根本。"②

1.1.4 始作俑者,其无后乎

【原文】

梁惠王曰:"寡人愿安承教。"

---

① 安德义.论语解读[M].北京:中华书局,2007:4.
② 杨治国.小人物评《孟子》[M].北京:中国工人出版社,2008:13.

　　孟子对曰:"杀人以梃与刃,有以异乎?"
　　曰:"无以异也。"
　　"以刃与政,有以异乎?"
　　曰:"无以异也。"
　　曰:"庖有肥肉,厩有肥马,民有饥色,野有饿莩,此率兽而食人也。兽相食且人恶之,为民父母,行政不免于率兽而食人,恶在其为民父母也?仲尼曰:'始作俑者,其无后乎!'为其象人而用之也。如之何其使斯民饥而死也?"

【引言】

　　这一章,孟子劝说梁惠王要认识到暴政、恶政杀人与用刀杀人之间没有什么不同。
　　统治者应该以民为本,时刻关照和体恤百姓的疾苦和愿望,不应该高高在上,唯我独尊,只管自己衣食无忧或奢侈享受,不顾人民的死活和憧憬。孔子错误地认为用人俑来给死人陪葬是用活人殉葬习俗的肇端,所以他说"始作俑者,其无后乎",痛恨不把人当人的用活人殉葬的制度和习俗。历史事实恰恰相反,用人俑代替活人陪葬发生于人殉制度和习俗之后,是历史进步的表现。到了现代,人殉制度,还有人俑陪葬现象都几乎绝迹。

【释解】

　　(1)愿安承教:愿意诚心诚意地接受你的教诲。安:安心,安静,引申为诚心诚意。承教:接受教导,接受教诲。
　　(2)梃与刃:棍棒和刀子。梃(tǐng):棍,棒。刃:指刀子。
　　(3)有以异乎:有什么不同吗。以:助词,不译,或译成"什么""何"。乎:吗。
　　(4)刃与政:刀子和暴政。政:指暴政、恶政。
　　(5)庖有肥肉,厩有肥马:(为政者)厨房里有肥肉,马厩里有肥马。庖(páo):厨房。厩(jiù):马厩,马棚,泛指牲口棚。
　　(6)此率兽而食人也:这是率领野兽来吃人。率:率领,带领。
　　(7)兽相食且人恶之:野兽互相撕咬残杀吞食,人类尚且厌恶。且:尚,尚且,还。恶:厌恶,憎恶。之:指"兽相食"。

(8)恶在其为民父母也:他们作为百姓父母的意义何在。恶(wū):何,哪里。其:他们,指统治者、当官者。

(9)仲尼:孔子的字。孔子,子姓,孔氏,名丘,字仲尼。

(10)始作俑者,其无后乎:最先发明制作人俑的人,大概会断子绝孙吧。俑:古代陪葬用的类人木偶、土偶或陶制偶。

(11)为其象人而用之也:因为它们像人形而使用它们。其:它们,指人俑。象:同"像",类似,仿照。

(12)如之何其使斯民饥而死也:怎么可以使百姓因饥饿而死呢。如之何:如何,怎么。其:可,可以,能。

【译文】

梁惠王说:"我愿意诚心诚意地接受你的教诲。"

孟子于是问道:"用棍棒杀人和用刀子杀人,有什么不同吗?"

梁惠王答道:"没有什么不同。"

孟子继续问道:"用刀子杀人和用暴政杀人,有什么不同吗?"

梁惠王又回答说:"没有什么不同。"

孟子接着说:"(为政者)厨房里有肥肉,马厩里有肥马,而百姓却面带饥色,野外还有饿死的人,这是率领野兽来吃人。野兽互相撕咬残杀吞食,人类尚且厌恶,而百姓的父母官治国理政却不免于率领野兽来吃人,他们作为百姓父母的意义何在?孔子说:'最先发明制作人俑的人,大概会断子绝孙吧!'因为人俑像人形,所以人们使用它们代替活人陪葬。(这些为政者)怎么可以使百姓因饥饿而死呢?"

【拓展】

权力、责任和义务要相当。为政者掌握着国家权力,关系着一个国家命运兴衰、人民生活好坏的命脉,因此,为政者对于国家和百姓的福祉具有非同小可的价值和意义。

就君、国家和百姓三者的辩证关系而言,孟子提出"民为贵,社稷次之,君为轻"①。"为了警醒惠王,孟子引用了孔子的一句名言:'始作俑者,其无

---

① 杨伯峻.孟子译注:简体字本[M].北京:中华书局,2008:258.

后乎!'孔子认为,用人俑作为陪葬都不可原谅,那么率兽食活人就是罪大恶极了。孟子这番话的中心,就是教育惠王,作为国君,心里要装着百姓,把百姓当人看。这只是初步。孟子在以后谈论自己的政治思想时,提出了'民为贵,社稷次之,君为轻'的观点。这一观点,即是儒家在政治上的民本思想。"①

李氏曰:"为人君者,固未尝有率兽食人之心。然徇一己之欲,而不恤其民,则其流必至于此。故以为民父母告之。夫父母之于子,为之就利避害,未尝顷刻而忘于怀,何至视之不如犬马乎?"②要说一个君主真的把自己国家的百姓视作犬马,那应该是不多见的。但是,如果这个君主一心只为了贪图个人物质享受,骄奢淫逸,作威作福,不仅不体恤百姓,还不顾百姓死活,变本加厉剥削压榨百姓,那么其结果必然类同于率兽而食人。

《尚书·泰誓中》上说:"天视自我民视,天听自我民听。"③为政者手中的权力是人民给的。所以,权要为民所用,情要为民所系,利要为民所谋。权力就是责任。权力越大,责任就越大。为政者要恪守做官之道,在其位谋其政,谋好政,不做昏官、贪污腐败官、平庸官、懒政官和糊涂官。要能先天下之忧而忧,后天下之乐而乐,不为酒色名利所惑。

为政者要能为官一任,造福一方;要以诚信为本,恪尽职守,严以律己,宽以待人。为政者还要慎用权力,公平执政,亲民爱民。"政犹兵杖,为之不当,杀人远胜兵杖。赵岐曰:王者为政,生民为首。以政伤人,民乐其亡。为政者不可不知其权乃刃,动则可杀人,万不可不正、不慎、不仁也。"④总之,做官不为民做主,不如回家卖红薯。

1.1.5 仁者无敌,王请勿疑

【原文】

梁惠王曰:"晋国,天下莫强焉,叟之所知也。及寡人之身,东败于齐,长子死焉;西丧地于秦七百里;南辱于楚。寡人耻之,愿比死者一洒之,如之何则可?"

---

① 刘建生.孟子精解[M].北京:海潮出版社,2012:10.
② 孟子[M].朱熹,集注.上海:上海古籍出版社,2013:6.
③ 尚书[M].王世舜,王翠叶,译注.北京:中华书局,2012:436.
④ 杨治国.小人物评《孟子》[M].北京:中国工人出版社,2008:15.

孟子对曰:"地方百里而可以王。王如施仁政于民,省刑罚,薄税敛,深耕易耨,壮者以暇日修其孝悌忠信,入以事其父兄,出以事其长上,可使制梃以挞秦、楚之坚甲利兵矣。彼夺其民时,使不得耕耨以养其父母。父母冻饿,兄弟妻子离散。彼陷溺其民,王往而征之,夫谁与王敌?故曰:'仁者无敌。'王请勿疑!"

【引言】

这一章,孟子劝说梁惠王要认识到仁者无敌的道理,要施行仁政,减轻刑罚和赋税,抓农业生产和发展孝悌、忠信、礼义、廉耻教育。

在这一章的对话中,梁惠王回忆了过去晋国在"三家分晋"之前成为天下霸主以及"三家分晋"之后魏国在魏文侯和魏武侯在位时军力强大的辉煌成就,又向孟子述说了自己继位的这几十年间被东边的齐国、西面的秦国和南面的楚国欺凌的屈辱、抗争和不甘心,希望孟子为他指点迷津,助他一雪前耻。孟子给梁惠王讲了"仁者无敌"道理,建议他一方面"施仁政于民,省刑罚,薄税敛,深耕易耨",另一方面兴办教育,使百姓养成孝悌、忠信等优良品质,这样当秦、楚等国挑起战争的时候就能同仇敌忾、战胜敌人。此外,还可等待这些敌国国将不国、民不聊生、失去民心的时候,替天行道,前往征讨,这样不仅能够洗刷以前的屈辱,而且能够拯救敌国百姓于水火。当然,孟子的仁政主张,在战火纷飞、兼并激烈的战国时期,是难以行通的。孔子的德政礼治政治主张,在春秋时期都行不通,更不用说在战国时期了。毋庸讳言,儒家的政治思想主张便于守成,不利于攻取。这就是为什么儒家的思想主张在统一的和平时期容易受到统治者的青睐,在大争之世却很难被统治者接受的原因。

【释解】

(1)晋国(公元前1033年—公元前349年):周朝的诸侯国之一,首任国君唐叔虞为周武王姬发之子,周成王姬诵之弟。国号初为唐,唐叔虞之子燮即位后改为晋。晋国在晋献公、晋文公、晋襄公、晋景公、晋厉公、晋悼公当政时期国力强盛,独霸中原,为春秋五霸之一。晋平公以后,晋国卿大夫之间内斗不断,范氏、中行氏、智氏先后败亡,土地被韩、赵、魏三家瓜分。公元前403年,周威烈王册封韩、赵、魏为诸侯,史称"三家分晋"。公元前349

年,晋国末代君主晋静公被韩侯派去的刺客韩玘杀害,晋国被韩、赵、魏彻底取代,退出历史舞台。这里的晋国指"三家分晋"之前的晋国,同时也指"三家分晋"之后魏文侯和魏武侯时期的魏国。

(2)天下莫强焉:天下没有哪个国家比它强大。莫:没有哪个国家。焉:于是,于它,于此。

(3)及寡人之身:等到我继位以后。及:等到。

(4)东败于齐:公元前341年,齐军以田盼为主将、孙膑为军师,魏军以太子申为上将军、庞涓为将,在马陵打了一仗,史称"马陵之战"。魏军战败,庞涓战死,太子申被俘虏。经此一战,魏国元气大伤,失去了中原霸主地位。

(5)西丧地于秦七百里:梁惠王十七年(公元前353年),秦国攻取魏国少梁(今陕西省韩城市南)之地,后又多次打败魏国,迫使魏国割掉河西之地和上郡十五城(约七百里地)给秦国。为躲避秦国之威胁,梁惠王迁都大梁。丧:丧失,失去。

(6)南辱于楚:梁惠王后元十一年(公元前324年),楚军将领昭阳统兵攻打魏国,在襄陵(今河南睢阳西部)大破魏军,夺取魏国八个城池。

(7)愿比死者一洒之:愿意给所有牺牲的人洗刷耻辱(报仇雪恨)。比:给,为,代替。一:全部,全都。洒:洗刷(耻辱),雪(耻)。之:耻辱。

(8)省刑罚,薄税敛:减免刑罚,减轻赋税。税敛:税收,赋税。

(9)深耕易耨:深耕土地,整治和清除杂草。易:整治,治理。耨(nòu):锄草,除草。

(10)以暇日修其孝悌忠信:利用闲暇时间修习孝悌、忠信等优良品质。

(11)入以事其父兄,出以事其长上:进入家里侍奉好父兄,出门在外侍奉好尊长和上级。长上:尊长和上级。

(12)可使制梃以挞秦、楚之坚甲利兵矣:可使他们制作棍棒来打击秦国和楚国的坚甲利兵了。梃:棍棒。挞:击打,打击。甲:甲胄,盔甲。兵:兵器。

(13)彼夺其民时:他国侵夺了百姓的农业生产时间。彼:他国,敌国。夺:侵夺,夺占。

(14)彼陷溺其民:他国(施行暴政、倒行逆施)使百姓陷入水深火热的苦难之中。陷溺:使陷入和沉入……之中。

(15)夫谁与王敌:谁还能与大王您对抗。夫:发语词,不译。王:大王,指梁惠王。敌:对抗,抵抗,为敌。

【译文】

梁惠王对孟子说:"(晋献公、晋文公、晋襄公、晋景公、晋厉公、晋悼公当政时期的)晋国以及魏文侯、魏武侯当政时期的魏国,天下没有哪个国家比它强大。这是老先生您所知道的。等到我继位以后这么多年里,在东面被齐国打败,我的长子太子申被俘虏和杀害了;在西面被秦国打败,割地求和,失去了七百里的土地;在南面又被楚国打败,受尽屈辱。我深以为耻,愿意给所有牺牲的人洗刷耻辱(,报仇雪恨),如何才可以做到呢?"

孟子回答说:"拥有方圆百里的土地就可以称王。大王您如果对百姓施行仁政,减免刑罚,减轻赋税,使百姓深耕土地,整治和清除杂草,并使青壮年百姓利用闲暇时间修习孝悌、忠信等优良品质,使他们进入家里能够侍奉好父兄,出门在外能够侍奉好尊长和上级,这样就可以使他们制作棍棒来打击秦国和楚国的坚甲利兵了。他国侵夺了百姓的农业生产时间,使百姓不能耕作土地和清除杂草来养活他们的父母。父母挨冻受饿,兄弟妻子离散。他国(施行暴政、倒行逆施)使百姓陷入水深火热的苦难之中,大王发兵去征讨,谁还能与您对抗呢?所以说:'施行仁政的人和国家,天下无敌!'请大王不要再怀疑仁政的作用和好处了!"

【拓展】

这一章,孟子明确提出"仁者无敌"的思想和口号。朱熹解释说:"'仁者无敌',盖古语也。百里可王,以此而已。恐王疑其迂阔,故勉使勿疑也。孔氏曰:'惠王之志,在于报怨;孟子之论,在于救民。所谓惟天吏则可以伐之,盖孟子之本意。'"[1]

孟子怀着强烈的救民济世之心,坚定相信仁者无敌。但仁者果然无敌于天下吗?我认为,儒家的德政、仁政思想更加适合于大一统的时代,不太适合大争之世。所以我同意杨治国如下的评论:"仁为天下之至理、天地之正道、百姓之本心、世道之伦常,本当通行天下。然而,春秋战国,执其政者

---

[1] 孟子[M].朱熹,集注.上海:上海古籍出版社,2013:7.

皆不仁之君,其陷溺其民,置百姓于水火之中,仁反而难行于天下。是时之君实质上皆以仁为敌,故仁反难无敌于天下。以此看来,天下之仁,首在君国,次在百姓。国不行仁,民只能望仁而不可仁,则世道无仁,仁者自难以无敌!"①

概括孟子在这一章里提出的"仁政"思想,主要有四点:第一,抓好农业生产,解决好百姓的穿衣吃饭问题。民以食为天。穿衣吃饭问题,也就是温饱问题和基本生存问题。第二,抓好孝、悌、忠、信、礼、义、廉、耻等伦理道德教育。孔子的学生有子说:"其为人也孝弟,而好犯上者,鲜矣;不好犯上,而好作乱者,未之有也。君子务本,本立而道生。孝弟也者,其为仁之本与!"②由此可见,儒家德政思想是家国同构性的。个人孝悌忠信等品质修好,家庭就和睦;家家和睦,社会就和谐,国家就安定。第三,抓好军事教育。军事技能是一种特殊的技能,需要通过专门的训练才可以掌握。所以军事训练和教育是不可或缺的。第四,讨伐不义。孟子认为,当他国出现暴政虐民致使民不聊生、百姓生活在水深火热之中时,仁义之君就可以替天行道,诛伐无道了。

显而易见,孟子生活在农业社会,他提出的思想主张明显带着他那个时代的烙印。现在,我们处于工业文明社会和信息化时代,国家和社会生活涉及的方面要远远多于孟子生活的时代。农、林、牧、渔、政治、军事、能源、广播电视、交通运输、食品加工、医药卫生、机械加工、金融证券等各行各业、各门学科知识,都需要抓好和学好,与时偕行,与时俱进。

1.1.6 天下恶乎定?定于一

【原文】

孟子见梁襄王。出,语人曰:"望之不似人君,就之而不见所畏焉。卒然问曰:'天下恶乎定?'吾对曰:'定于一。''孰能一之?'对曰:'不嗜杀人者能一之。''孰能与之?'对曰:'天下莫不与也。王知夫苗乎?七八月之间旱,则苗槁矣。天油然作云,沛然下雨,则苗浡然兴之矣。其如是,孰能御之?今夫天下之人牧,未有不嗜杀人者也。如有不嗜杀人者,则天下之民皆引领而

---

① 杨治国. 小人物评《孟子》[M]. 北京:中国工人出版社,2008:17.
② 安德义. 论语解读[M]. 北京:中华书局,2007:4.

望之矣。诚如是也,民归之,由水之就下,沛然谁能御之?'"

【引言】

这一章,孟子劝说梁襄王施行仁政、不嗜杀人以安定天下,梁襄王不感兴趣,孟子认为梁襄王"不似人君",从而决然离开梁国。

公元前319年,梁惠王不幸去世。第二年,梁襄王继位。这一章内容正是梁襄王继位后召见孟子时对话的记录。梁襄王所问的问题是天下如何才能安定下来。孟子回答说只有不嗜杀人的人才能统一安定天下。梁襄王听了之后不置可否,也没有再问孟子如何发展魏国的问题。也就是说,梁襄王对孟子的仁政治国理念不怎么感兴趣,也不像他的父亲梁惠王那样不仅一心想要一雪前耻,还想使魏国再次强大起来。梁襄王没有远大的志向和追求,也缺乏足够的自信。孟子发现梁襄王不是想有所作为的君主,"望之不似人君",于是决然离开魏国,前往新君(齐宣王)初立的齐国,碰碰运气。

【释解】

(1)梁襄王:姬姓,魏氏,名嗣,战国时期魏国第四任国君,梁惠王之子,公元前318年至公元前296年在位。

(2)语人曰:告诉人说。语(yù):告诉。

(3)望之不似人君:从远处看他(指梁襄王),他不像个君主。人君:君主,国君。

(4)就之而不见所畏焉:走近他,觉察不到他有什么值得敬畏的地方。就:接近,靠近,走近。

(5)卒然:突然,猝然。卒(cù):同"猝",突然。

(6)恶乎定:怎么安定下来。恶乎(wū hū):如何,怎么。

(7)孰能一之:谁能统一天下呢。一:统一。之:它,指天下。

(8)孰能与之:谁能跟从他呢。与:跟从,随从。

(9)王知夫苗乎:大王知道那禾苗吗。王:大王,指梁襄王。夫:彼,那。苗:禾苗,庄稼苗。

(10)油然:(形容云气)上升的样子,自然而然地。

(11)沛然:(形容下雨)充沛的样子,盛大的样子。

(12)浡然:(形容禾苗)蓬勃生长的样子,迅速兴起的样子。浡:同"勃",兴起,发展迅速。

(13)其如是,孰能御之:如果像这样,谁能抵御他呢。其:如果,假设。如是:像这样。御:抵御,抵挡。

(14)人牧:人君,国君,牧养百姓的君主。

(15)引领而望之:伸长脖子而殷切盼望着他。领:脖子,脖颈。望:远望,盼望。

(16)由水之就下:犹如水往低处流一般。由:同"犹",犹如,如同。

【译文】

孟子觐见梁襄王。出来后告诉人说:"从远处看,他不像个君主;走近他,觉察不到他有什么值得敬畏的地方。他突然问我说:'天下怎么才能安定下来?'我回答说:'天下统一后才能安定下来。'他又问我说:'谁能统一天下呢?'我回答说:'不嗜杀人的人才能统一天下。'他又问我说:'谁能跟从他呢?'我回答说:'天下没有不跟从他的。大王知道那禾苗吗?七、八月之间天气大旱,禾苗就会枯槁;但如果天上油然地兴起云气,接着下起充沛的大雨,那禾苗又会蓬勃生长起来。如果像这样,谁能抵御他呢?当今天下的君主,没有不嗜杀人的。如果有不嗜杀人的君主,那天下的百姓都会伸长脖子而殷切盼望着他。果真如此的话,百姓归顺他,犹如水往低处流一般,激流汹涌,浩浩荡荡,谁能阻挡得住呢?'"

【拓展】

孟子在这一章表达了两个观点:一是,天下统一才能安定;二是,有仁德、不嗜好杀人的君主才能得到百姓的拥护。

孟子看梁襄王,远看不像人君,近看没有威严。人君应该是什么样子?在孟子眼里,一个合格的君主应该具备仁、智、孝、悌、忠、信、礼、义、廉、耻等美德。这样的君主会以仁为本,以民为本,时刻为百姓的生活和利益着想。但孟子看到的梁襄王显然不够格。这正如杨治国所评论的那样,"襄王外无正仪,内无仁德,何似人君?非人君者,纵取天下于一时,必难治天下于长久。内修仁德,外修正仪,为君之要"①。

飘风不终朝,骤雨不终日。暴君暴政如同飘风骤雨,无法长久。仁君仁政如同冬天里的太阳,暖人心扉,必然受到百姓的爱戴和拥护。苏氏曰:"孟子之言,非苟为大而已。然不深原其意而详究其实,未有不以为迂者矣。予观孟子以来,自汉高祖及光武,及唐太宗,及我宋太祖皇帝,能一天下者四君,皆以不嗜杀人致之。其余杀人愈多,而天下愈乱。秦、晋及隋,力能合之,而好杀不已,故或合而复分,或遂以亡国。孟子之言,岂偶然而已哉?"②由此可见,孟子告诉梁襄王"不嗜杀人者能一之",并非虚言、大话、空话和套话,而是看透社会问题本质的远见卓识。

1.1.7 老吾老以及人之老,幼吾幼以及人之幼

【原文】

齐宣王问曰:"齐桓、晋文之事可得闻乎?"

孟子对曰:"仲尼之徒无道桓、文之事者,是以后世无传焉。臣未之闻也。无以,则王乎?"

曰:"德何如则可以王矣?"

曰:"保民而王,莫之能御也。"

曰:"若寡人者,可以保民乎哉?"

曰:"可。"

曰:"何由知吾可也?"

曰:"臣闻之胡龁曰,王坐于堂上,有牵牛而过堂下者,王见之,曰:'牛何之?'对曰:'将以衅钟。'王曰:'舍之!吾不忍其觳觫,若无罪而就死地。'对曰:'然则废衅钟与?'曰:'何可废也?以羊易之。'不识有诸?"曰:"有之。"曰:"是心足以王矣。百姓皆以王为爱也,臣固知王之不忍也。"

王曰:"然。诚有百姓者。齐国虽褊小,吾何爱一牛?即不忍其觳觫,若无罪而就死地,故以羊易之也。"

曰:"王无异于百姓之以王为爱也。以小易大,彼恶知之?王若隐其无罪而就死地,则牛羊何择焉?"

---

① 杨治国.小人物评《孟子》[M].北京:中国工人出版社,2008:17.
② 孟子[M].朱熹,集注.上海:上海古籍出版社,2013:8.

王笑曰:"是诚何心哉?我非爱其财而易之以羊也,宜乎百姓之谓我爱也。"

曰:"无伤也,是乃仁术也,见牛未见羊也。君子之于禽兽也,见其生,不忍见其死;闻其声,不忍食其肉。是以君子远庖厨也。"

王说,曰:"《诗》云:'他人有心,予忖度之。'夫子之谓也。夫我乃行之,反而求之,不得吾心。夫子言之,于我心有戚戚焉。此心之所以合于王者,何也?"

曰:"有复于王者曰:'吾力足以举百钧,而不足以举一羽;明足以察秋毫之末,而不见舆薪。'则王许之乎?"

曰:"否。"

"今恩足以及禽兽,而功不至于百姓者,独何与?然则一羽之不举,为不用力焉;舆薪之不见,为不用明焉;百姓之不见保,为不用恩焉。故王之不王,不为也,非不能也。"

曰:"不为者与不能者之形何以异?"

曰:"挟太山以超北海,语人曰'我不能',是诚不能也。为长者折枝,语人曰'我不能',是不为也,非不能也。故王之不王,非挟太山以超北海之类也;王之不王,是折枝之类也。老吾老以及人之老,幼吾幼以及人之幼,天下可运于掌。《诗》云:'刑于寡妻,至于兄弟,以御于家邦。'言举斯心加诸彼而已。故推恩足以保四海,不推恩无以保妻子。古之人所以大过人者,无他焉,善推其所为而已矣。今恩足以及禽兽,而功不至于百姓者,独何与?权,然后知轻重;度,然后知长短。物皆然,心为甚。王请度之。抑王兴甲兵,危士臣,构怨于诸侯,然后快于心与?"

王曰:"否。吾何快于是?将以求吾所大欲也。"

曰:"王之所大欲可得闻与?"王笑而不言。

曰:"为肥甘不足于口与?轻暖不足于体与?抑为采色不足视于目与?声音不足听于耳与?便嬖不足使令于前与?王之诸臣皆足以供之,而王岂为是哉?"

曰:"否。吾不为是也。"

曰:"然则王之所大欲可知已。欲辟土地,朝秦、楚,莅中国而抚四夷也。以若所为求若所欲,犹缘木而求鱼也。"

王曰:"若是其甚与?"

曰："殆有甚焉。缘木求鱼，虽不得鱼，无后灾。以若所为求若所欲，尽心力而为之，后必有灾。"

曰："可得闻与？"

曰："邹人与楚人战，则王以为孰胜？"

曰："楚人胜。"

曰："然则小固不可以敌大，寡固不可以敌众，弱固不可以敌强。海内之地，方千里者九，齐集有其一。以一服八，何以异于邹敌楚哉？盖亦反其本矣。今王发政施仁，使天下仕者皆欲立于王之朝，耕者皆欲耕于王之野，商贾皆欲藏于王之市，行旅皆欲出于王之涂，天下之欲疾其君者皆欲赴愬于王。其若是，孰能御之？"

王曰："吾惛，不能进于是矣。愿夫子辅吾志，明以教我。我虽不敏，请尝试之。"

曰："无恒产而有恒心者，惟士为能。若民，则无恒产，因无恒心。苟无恒心，放辟邪侈，无不为已。及陷于罪，然后从而刑之，是罔民也。焉有仁人在位，罔民而可为也？是故明君制民之产，必使仰足以事父母，俯足以畜妻子，乐岁终身饱，凶年免于死亡。然后驱而之善，故民之从之也轻。今也制民之产，仰不足以事父母，俯不足以畜妻子，乐岁终身苦，凶年不免于死亡。此惟救死而恐不赡，奚暇治礼义哉？王欲行之，则盍反其本矣。五亩之宅，树之以桑，五十者可以衣帛矣。鸡豚狗彘之畜，无失其时，七十者可以食肉矣。百亩之田，勿夺其时，八口之家可以无饥矣。谨庠序之教，申之以孝悌之义，颁白者不负戴于道路矣。老者衣帛食肉，黎民不饥不寒，然而不王者，未之有也。"

【引言】

这一章，孟子给齐宣王宣讲王道仁政之术，但齐宣王只对使用霸道称霸天下感兴趣，而对王道仁政不感兴趣。

公元前319年，似乎就要被孟子说服的梁惠王不幸去世。公元前318年，梁襄王正式继位。孟子在与梁襄王会谈之后，觉得梁襄王不似人君，话不投机，就索性离开魏国，开始了其第三次齐国之旅。他到齐国时，齐宣王继位没多久。这一章内容就是孟子与齐宣王对话的实录。齐宣王有着称霸天下的想法，所以，他和孟子会谈时一开口就问齐桓公和晋文公成就霸业的

情况。孟子不想和齐宣王谈论有关霸道的事情,就借机给齐宣王宣讲王道仁政之术。"孟子劝他说,齐国只不过是九国之一,仅仅凭借军事力量统一中国是很困难的。然后又说,如果通过真正王者的手段,也就是王道,让人民的生活安定下来,然后使善政口口相传,其他国家的人民、学者、商人等都移居齐国的话,国力就会增强,自然就比敌国更有优势,统一天下也就能够实现了。"①

平心而论,齐宣王身上还是有"不忍人之心"的。齐宣王看到祭祀用的牛,就不忍牛被杀掉,于是吩咐手下把牛换成羊。孟子看到了这一点,就劝谏齐宣王施行仁政,把他的不忍人之心扩展到齐国百姓身上。事实证明,齐宣王并没有采纳孟子的仁政主张。齐宣王并不是王道之君,在合纵攻秦、齐楚联盟、齐燕矛盾等问题上也昏招不断。但他在执政期间,相对来说还比较开明,使齐国发展生机勃勃。特别是他大力扶持和资助稷下学宫发展,尊崇饱学之士,聚集儒家、墨家、道家、法家、兵家、阴阳家、农家、杂家等各学派的学者、思想家,如邹衍、淳于髡、田骈、接予、慎到、环渊、孟子、荀子等人,给有名者以上大夫之禄,让他们敞开议论国事,广泛开展学术辩论和交流,最终形成百花齐放、百家争鸣的局面,为先秦文化的繁荣作出了贡献。稷下先生最盛时期约有一千多人。

【释解】

(1)齐宣王:妫姓,田氏,名辟疆,齐威王之子,战国时期齐国国君,公元前319年至公元前301年在位。

(2)齐桓:即齐桓公,姜姓,名小白,为春秋五霸之一,齐僖公之子,春秋时期齐国第十五位君主,公元前685年至公元前643年在位。

(3)晋文:即晋文公,姬姓,晋氏,名重耳,为春秋五霸之一,晋献公之子,春秋时期晋国第二十二任君主,公元前636年至公元前628年在位。

(4)无以,则王乎:不得已(非要让我说),那我就讲讲王道,好吗。以:同"已"。无以即不得已。王:指王道。

(5)胡龁(hé):齐宣王的宠臣,生卒事迹不详。

(6)衅钟:古代宗庙中新钟铸成启用前,杀牲以血涂钟行祭的仪式。

---

① 贝冢茂树.孟子读本:诸子的精神[M].李斌,译.北京:北京联合出版公司,2019:77.

(7)觳觫(hú sù):恐惧发抖的样子。

(8)百姓皆以王为爱也,臣固知王之不忍也:百姓听说此事后都认为大王您是出于吝啬的缘故,而我却坚定地知道大王您是因为不忍心。爱:吝啬,不舍得。固:坚定地。

(9)王若隐其无罪而就死地,则牛羊何择焉:大王如果可怜它是因为没有罪过而被宰杀,那牛和羊又有什么区别呢。隐:可怜,怜悯。就:走向,走近。择:区别。

(10)王说:大王高兴。说:同"悦",高兴,愉快。

(11)有复于王者曰:(假如)有人向大王禀告说。复:报告,禀告,告诉。于:向。

(12)挟太山以超北海:用胳膊夹住泰山跨越北海。挟:用胳膊夹住,把……夹在腋下。太山:即泰山。北海:指渤海。

(13)老吾老以及人之老,幼吾幼以及人之幼:尊爱我自己的老人,(推己及人)继而也尊爱别人家的老人;爱护我自己的小孩子,(推己及人)继而也爱护别人家的小孩子。第一个"老"是尊老、爱老的意思;第二、第三个"老"是老人的意思。第一个"幼"是爱护幼儿或小孩子的意思;第二、第三个"幼"是幼儿、小孩子的意思。

(14)刑于寡妻,至于兄弟,以御于家邦:先给妻子做好榜样,然后再给兄弟做好榜样,以便齐家治国。这三句引自《诗经·大雅·思齐》。刑:同"型",示范,做榜样。寡妻:嫡妻,正妻。御:上级对下级的管理或支配。

(15)抑为采色不足视于目与:还是因为五光十色的色彩不够您的眼睛看呢。抑:抑或,还是。采色:彩色。与:同"欤",呢。

(16)便嬖不足使令于前与:能说会道、供使唤的小臣不够您在身前使唤呢。便嬖(pián bì):君主身边能说会道、善于迎合的宠臣、亲信。使令:使唤,役使,驱使。前:身前,身边。

(17)欲疾其君者皆欲赴愬于王:各国想要痛恨他们国君的人都想要赶到大王您面前来控诉。疾:痛恨,记恨。愬:同"诉",控诉,控告,诉苦。

(18)吾惛,不能进于是矣:我头脑昏乱,不能达到您这个水平了。惛:同"昏",(头脑)昏乱,迷糊,不清楚。于是:到这个地步,到这个水平。

(19)放辟邪侈,无不为已:就会放荡不羁,行为乖张,邪里邪气,肆意作恶,为所欲为。放:放荡,放纵。辟(pì):同"僻",性情古怪,乖僻,乖张,不合

群。邪:邪里邪气,品行不正,不正派。侈:放纵邪行。无不为:为所欲为,肆意妄为。已:语气词,表示确定语气。

(20)此惟救死而恐不赡,奚暇治礼义哉:这恐怕连救命保命都做不到(这只有先救命保命了,但恐怕连救命也做不到),哪还有空闲去修习礼仪和仁义等知识和品德呢。惟:同"唯",唯有,只有。救死:救命,保命。赡(shàn):足够,满足。奚(xī):何,什么,哪里。暇:空闲,有空。治礼义:修习礼仪和仁义等知识和品德。

【译文】

齐宣王问孟子:"齐桓公、晋文公以前称霸诸侯的事迹,可以给我讲讲吗?"

孟子回答说:"孔子的学生们没有谈论过齐桓公、晋文公称霸诸侯的事迹,所以后世没有流传下来。我也未曾听说过。大王非要让我讲一些的话,那我就讲讲王道,好吗?"

齐宣王问道:"要具备怎样的德行才能够一统天下呢?"

孟子回答说:"保护百姓而称王天下,就没有谁能够阻挡。"

齐宣王又问道:"像我这样的人,可以保护百姓吗?"

孟子回答说:"可以。"

齐宣王又问:"你凭什么知道我可以呢?"

孟子说:"我从大王您的宠臣胡龁那里听说这么一件事。有一次,大王您坐在殿堂上,有人牵着牛从堂下经过,被大王看到了。大王看到后问那人:'牵牛往哪里去?'那人回答说:'将用它来祭钟。'大王说道:'放了它吧!我不忍心看到它恐惧发抖的样子,好像没有什么罪过却要走向死地。'那人问道:'这样,那就不祭钟了吗?'大王您接着说:'怎么可以不祭钟呢?用羊代替牛来祭钟。'不知道有这回事吗?"

齐宣王说:"有这回事。"

孟子说:"有这种不忍心就足以一统天下了。百姓都认为大王您是吝啬您的财富,我却坚定地认为大王您这是不忍心。"

齐宣王说:"是这样的。确实有百姓这么议论。齐国虽然狭小,我怎么会舍不得一头牛呢?我真的是不忍心看到它恐惧发抖的样子,好像无罪却要被处死,因此才用羊取代了牛。"

孟子说:"大王您也不要奇怪为什么百姓会认为大王舍不得一头牛。用小的羊替代大的牛,他们哪能知道您的不忍心?大王如果可怜它是因为没有罪过而被宰杀,那牛和羊又有什么区别呢?"

齐宣王不好意思地笑着说:"这真的是什么样的心理呢?我真的不是因为舍不得财富而用羊代替了牛。怪不得百姓都说我吝啬。"

孟子说:"这(百姓的误解)不大要紧。大王您的不忍心是仁德的一种表现。不过,您只看到了那头牛而没有看到那只羊。君子对于飞禽走兽,看到它们活着,便不忍心看到它们死去;听到它们的声音,便不忍心吃它们的肉。因此,君子总是远离厨房。"

齐宣王高兴地说:"《诗》中说:'他人有什么心思,我就猜得到。'说的就是先生您啊。我做了这件事,反思推断我为什么会那么做,怎么也搞不明白。先生剖析了那样做的原因之后,对我很有启发。这种不忍心之所以符合王道,又是为什么呢?"

孟子说:"假如有人向大王禀告说:'我的力气足以举起三千斤重的东西,却不能够举起一根羽毛;我的视力足以明察秋毫的末端,却无法看到一车柴火。'大王您能相信这话吗?"

齐宣王说:"不能。"

孟子接着说:"现在大王您的恩德足以施予禽兽,却无法惠及百姓,单单是为什么呢?显而易见,一根羽毛举不起来,是因为不肯用力;一车柴火看不到,是因为不肯用眼力;百姓得不到保护,是因为君主不肯施恩给他们。所以大王您不推行王道仁政,是不肯去作为,而不是做不到。"

齐宣王问道:"不肯去作为和做不到两者表现有何不同?"

孟子回答说:"用胳膊夹住泰山跨越北海,给人说'我做不到',这是真的做不到。替年长者折取树枝,给人说'我做不到',这是不肯去作为,而不是做不到。所以,大王您不推行王道仁政,不是'用胳膊夹住泰山跨越北海'之类的事情,而是'替年长者折取树枝'之类的事情。尊爱我自己的老人,(推己及人)继而也尊爱别人家的老人;爱护我自己的小孩子,(推己及人)继而也爱护别人家的小孩子,这样整个天下的运行就能掌握在您手掌中。《诗》上说:'先给妻子做好榜样,然后再给兄弟做好榜样,以便齐家治国。'这说的就是把这种不忍心的仁德推广到其他人身上而已。所以,把恩德推广出去足以保有天下,不推广恩德甚至连自己的妻子和儿女都无法保有。古代的

圣贤之所以大大超越一般人,没有其他的妙招,只不过善于把自己的好作为推广出去罢了。现在大王您的恩德足以施予飞禽走兽,却尚未惠及百姓,这单单是因为什么呢?用秤称一下东西,然后才能知道其轻重;用尺子量一量东西,然后才能知道其长短。所有的东西都是这样,我们的心更是如此。大王您权衡一下吧。还是发动战争,兴起刀兵,危及将士的生命,和其他诸侯结怨,然后心里才痛快吗?"

齐宣王说:"不是的。我对此有什么可痛快的呢?我不过是为了追求我的理想。"

孟子问道:"大王的理想能说给我听听吗?"齐宣王笑而不答。

孟子继续问道:"是因为肥美甘甜的食物不够吃吗?是因为轻软暖和的衣服不够穿吗?还是因为五光十色的色彩不够您的眼睛看呢?还是悦耳动听的音乐不够您听呢?还是能说会道、供使唤的小臣不够您在身前使唤呢?这些事情,大王您的各个臣子都能够为您办到,难道大王真的是因为这些原因吗?"

齐宣王说道:"不是的,我不是因为这些原因。"

孟子说:"那么大王您的理想我可以知道了。您的理想是想要开疆扩土,使秦国和楚国来朝贡,做中原各诸侯国的霸主,同时统治和安抚周边的少数民族。但以您这样的行为来追求和实现您的愿望,犹如缘木求鱼。"

齐宣王问道:"有这么严重吗?"

孟子回答说:"恐怕比这还严重。缘木求鱼,虽然捉不到鱼,但没有灾难性的后果。以您这样的行为来追求和实现您的愿望,用尽您的心力去做,不但无法成事,还一定有灾祸在后头。"

齐宣王说:"能详细说给我听听吗?"

孟子问道:"邹国人与楚国人发生战争,大王您认为哪方能够获胜?"

齐宣王回答说:"楚国人获胜。"

孟子接着说道:"由此可见,小的一方不可以与大的一方为敌,人数少的一方不可以与人数多的一方为敌,势力弱的本来就不可以与势力强的为敌。四海之内,方圆千里的国家有九个,齐国只是其中的一个。以一个国家和其他八个国家相抗,使他们屈服,这与邹国和楚国为敌有什么两样呢?为什么不回到治国的根本上去呢?现在如果大王发布政令,全国施行仁政,使天下的做官者都想到大王您的朝廷做官,耕田的人都想到大王您的土地上耕作,商人都想到大王您的市场上做生意,旅行的人都想从大王您齐国的道路上进出,各国痛恨他们国君的人都想要赶到大王您面前来控诉。果真能做到如此,普天之下谁又能与您相抗衡呢?"

齐宣王说:"我头脑昏乱,达不到您这个水平了。希望先生能辅佐实现我的志向,明白地教我。我虽然不聪敏,但请让我尝试尝试。"

孟子说道:"没有稳定的产业收入却有着对社会道德和法律思想的坚守,只有士人才能做得到。至于百姓,如果没有稳定的产业收入,他们随之也就没有了对社会道德和法律思想的坚守。如果他们没有了对社会道德和法律思想的坚守,他们就会放荡不羁,行为乖张,邪里邪气,肆意作恶,为所欲为。等到他们犯了罪,然后再用刑法处置他们,这就等于欺骗和陷害百姓。哪有仁人做了君主,在位执政,却做着这种欺骗和陷害百姓的事情呢?所以贤明的君主要合理规制百姓的产业收入,务必使他们上足以奉养父母,下足以养活妻子和儿女,遇上好的年成一年里能吃饱饭,遇到不好的年成也能免于饿死。然后鞭策百姓学习向善,他们也就容易听从了。可是现在呢,给百姓规制的产业收入,上不足以奉养父母,下不足以养活妻子和儿女,遇上好的年成一年到头还是很辛苦,遇到不好的年成更不能免于饿死。这恐怕连救命保命都做不到,哪还有空闲去修习礼仪和仁义等知识和品德呢?大王您要施行仁政,为什么不返回到治国理政的根本上来呢?五亩大的宅地,(房前屋后)种上桑树,五十岁的人就可以穿上丝织的衣服了。畜养鸡、猪、狗之类的家畜,不错失它们的繁殖和生长季节,七十岁的人就可以吃上肉了。一百多亩的田地,不夺占种田人的农时(不妨碍他们的正常生产),八口之家就可以不遭受饥饿了。用心搞好学校教育,向学生反复申明孝敬父母尊长、友爱兄弟姐妹的道理,头发花白的人就不必再受背负和头顶着重物在道路上行走之苦了。老人有丝织的衣物穿,有肉吃,黎民百姓不会挨冻受饿,做到这样还不能君临天下(使天下百姓归顺),是从未有过的事情。"

【拓展】

这一章比较长,思想也比较丰富,涉及孟子的施行仁政、"制民之产""保民而王""老吾老以及人之老,幼吾幼以及人之幼"等思想,也涉及齐宣王的称王天下、"以羊易牛""愿夫子辅吾志,明以教我。我虽不敏,请尝试之"等心理和思想活动。

齐宣王有着"王天下"的远大志向,这是难能可贵的。他也有着看到牛要被宰杀而产生的不忍心,这也很可贵。但是,他的做法是用一只羊来代替那头牛来祭钟。这种心理就很奇怪。牛是个生命,羊也是个生命,为什么齐宣王想不到羊的可怜呢?事实上,现代人有时也会出现这样的困惑。譬如,有的人对某种动物有着亲近感,但对其他动物却比较厌恶。

民以食为天。如果粮食不稳,民心就不会稳定,社会就可能发生动乱。基于此,孟子希望君主能够制民之产、保民而王。孟子还希望通过激发君主的同理心,使君主能够做到老吾老以及人之老,幼吾幼以及人之幼,从而"使天下可运于掌"。

"九层之台起于累土,千里之行始于足下。"很多时候,不是我们没有能力筑起九层高台,也不是我们走不了千里之路,而是因为我们压根儿不想去筑,不想去走。包括齐宣王在内的诸多战国时期的君主,把实践王道、施行仁政看作"挟泰山以超北海"之类的事情,而在孟子看来,实践王道、施行仁政是"为长者折枝"之类的事情,易如反掌。历史事实证明,对于战国时期的君主和百姓来说,实践王道、施行仁政真的是"挟泰山以超北海"之类的事情。

1.2 梁惠王章句下

《梁惠王章句下》共计十六章。具体而言,第一章,孟子给齐宣王讲解"独乐乐不若与人乐乐""与少乐乐不若与众乐乐"的道理,劝说齐宣王要与民同乐。第二章,齐宣王向孟子请教为什么百姓嫌自己的园林大而嫌周文王的园林小,孟子告诉他如果把自己的园林拿出来和百姓分享,百姓就不会嫌他的园林大了。第三章,孟子给齐宣王讲论如何搞好外交的策略,作为大国,对待小国要用仁;作为小国,与大国处理好关系要用智。第四章,孟子借着齐宣王的发问给齐宣王讲解与民同乐、与民同忧的道理。在孟子看来,"乐以天下,忧以天下,然而不王者,未之有也"。第五章,孟子建议齐宣王保留周天子举行宣明政教、祭祖祭天、诸侯朝会等大典活动的泰山明堂建筑,齐宣王听从了,孟子借机劝说齐宣王施行仁政,齐宣王却百般推托。第六章,孟子主张如果官员的职责没有履行好,应当追责,齐宣王表示同意,但当讨论追究齐国没有治理好的责任的时候,齐宣王却"顾左右而言他"。第七章,孟子给齐宣王讲说如何选人用人的策略和原则,那就是不要倾听亲信之人的意见,也不要听信大夫大臣的意见,而是要听取百姓的意见。第八章,孟子向齐宣王提出新的不同于传统的君臣关系:即"君之视臣如手足,则臣视君如腹心;君之视臣如犬马,则臣视君如国人;君之视臣如土芥,则臣视君如寇仇",这让齐宣王感到恐惧和震惊。第九章,孟子觐见齐宣王的时候,向他讲说木匠、玉石匠有自己的专业能力和本领,应该放手让他们去施展,而不要总是外行指导内行,其目的是劝谏齐宣王要善于倾听有治国理政能力的人的意见和建议,而不要总是根据自己的好恶来做取舍。第十章,齐宣王就是否长期占领燕国而向孟子征求意见。孟子认为,如果燕国百姓欢迎占领,那就占领;如果燕国百姓不高兴被占领,那就不要占领,最终齐宣王选择长期占领燕国。第十一章,燕国军队和百姓纷纷反抗齐军的占领,其他诸侯国也准备出兵干涉,在内忧外患之际,齐宣王向孟子请教应对之策,孟子建议尽快撤兵罢战。第十二章,孟子劝说邹穆公施行仁政,纠正官员"上慢而残下"的现象以赢得民心,邹穆公不听。第十三章,滕文公向孟子请教小国如何自保之道,孟子表示自己无能为力,他勉强建议说,一方面施行仁政,赢得民心,另一方面发展军事,做好军事斗争准备,其他的就只有听天由命了。第十四章和第十五章仍然是滕文公为了滕国的生存和安全而向孟子请教保全之策,孟子除了建议滕文公做好自己、赢得民心、发展经济和做好军事准备以及听天由命之外,还建议他效法古公亶父迁移到足够安全的地方。第十六章,鲁平公本来要会见孟子但受到宠臣臧仓的阻止,孟子将结果归因于天意。

1.2.1 独乐乐,与人乐乐,孰乐

【原文】

庄暴见孟子,曰:"暴见于王,王语暴以好乐,暴未有以对也。"曰:"好乐何如?"

孟子曰:"王之好乐甚,则齐国其庶几乎!"

他日见于王,曰:"王尝语庄子以好乐,有诸?"

王变乎色,曰:"寡人非能好先王之乐也,直好世俗之乐耳。"

曰:"王之好乐甚,则齐其庶几乎! 今之乐犹古之乐也。"

曰:"可得闻与?"

曰:"独乐乐,与人乐乐,孰乐?"

曰:"不若与人。"

曰:"与少乐乐,与众乐乐,孰乐?"

曰:"不若与众。"

"臣请为王言乐:今王鼓乐于此,百姓闻王钟鼓之声,管籥之音,举疾首蹙頞而相告曰:'吾王之好鼓乐,夫何使我至于此极也?父子不相见,兄弟妻子离散。'今王田猎于此,百姓闻王车马之音,见羽旄之美,举疾首蹙頞而相告曰:'吾王之好田猎,夫何使我至于此极也?父子不相见,兄弟妻子离散。'此无他,不与民同乐也。今王鼓乐于此,百姓闻王钟鼓之声,管籥之音,举欣欣然有喜色而相告曰:'吾王庶几无疾病与?何以能鼓乐也?'今王田猎于此,百姓闻王车马之音,见羽旄之美,举欣欣然有喜色而相告曰:'吾王庶几无疾病与?何以能田猎也?'此无他,与民同乐也。今王与百姓同乐,则王矣。"

【引言】

这一章,孟子给齐宣王讲解"独乐乐不若与人乐乐""与少乐乐不若与众乐乐"的道理,劝说齐宣王要与民同乐。

这一章的对话大约发生在公元前314年或公元前314年至公元前312年之间的某个时间。当时,秦、楚、韩、赵、魏、燕、齐"战国七雄"争霸,齐国与秦国、楚国、燕国、韩国、赵国和魏国都有矛盾。公元前314年(齐宣王六年),燕国国内发生"子之之乱",齐宣王乘人之危,出兵干涉。齐国出动十万大军,以匡章为大将,进攻燕国。燕国人痛恨与燕太子平争夺王权的国相子之,纷纷开城迎接齐军,齐军五十天之内就攻占了燕国都城蓟(今北京)。齐军平息燕国内乱之后,按理应该撤军。但是齐军打算长期占领,并没有自觉撤军,不仅未撤军,且军纪涣散,士兵欺凌百姓的事情屡有发生。于是燕国人纷纷起来反抗,加入驱逐齐军的队伍。公元前312年,秦国联合韩、魏进攻齐国,在濮水之上大破齐军。齐军腹背受敌,不得不从燕国撤回所有军队。齐宣王派兵干涉燕国内乱,为公元前284年燕昭王联合多国军队伐齐埋下祸根。公元前284年,燕昭王以乐毅为将,率燕、赵、魏、韩、秦五国联军攻打齐国,攻陷齐国七十余座城,只有莒和即墨两城没有攻下。公元前279年,燕昭王去世,太子惠王即位。燕惠王和乐毅关系不睦,听信谣言用骑劫为将,取代乐毅。同年,齐国将领田单用火牛阵大败燕军,并杀死骑劫,恢复齐国七十余城。

可以说,齐宣王攻燕之举,加速了齐国的衰落。公元前314年,59岁的孟子劝谏齐宣王不要攻打燕国,齐宣王不听。公元前312年,因腹背受敌,伤亡惨重,驻守燕国的齐国军队被齐宣王无奈撤回。61岁的孟子对齐宣王做了力所能及的劝谏之后,带着遗憾第三次离开齐国。公元前311年,62岁的孟子回到邹国,从此不复出游他国。①

【释解】

(1)庄暴(pù):齐宣王的近臣,生平事迹不详。

(2)则齐国其庶几乎:那齐国(的治理)大概差不多吧。其:大概,或许。庶几:差不多。

(3)王变乎色:齐宣王脸色变了。色:脸色,面部表情。

(4)好先王之乐:喜好先王时候的那种古典正统的音乐。好(hào):喜好,喜爱。乐:音乐。

(5)独乐(yào)乐(lè),与人乐(yào)乐(lè),孰乐(lè):一个人欣赏享受的快乐和与他人一起欣赏享受的快乐相比,哪种更快乐。独:独自,单独,一个人。乐(yào):喜好,欣赏,引申为享受、娱乐。乐(lè):"独乐乐"和"与人乐乐"中的乐(lè)为名词,意思是快乐、欢乐;"孰乐(lè)"中的乐是形容词,意思是快乐、欢乐。有的学者把"独乐乐"和"与人乐乐",以及文中"少乐乐"和"众乐乐"中的第一个"乐"解释为音乐,我认为是不正确的。

(6)管籥(yuè):两种乐器名,泛指各种乐器。管是像笙一类的乐器,籥是像箫或笛子一类的乐器。

(7)举疾首蹙頞而相告:都头疼地皱着鼻梁(或皱着眉头)相互转告。举:皆,都。疾首:头疼,头痛。蹙(cù):皱,收缩。頞(è):鼻梁,鼻根,眉心。疾首蹙頞与疾首蹙额意思相同,都是形容心里十分讨厌、痛苦和烦恼的样子。

(8)夫何使我至于此极也:为什么使我(的生活)到了这么不堪忍受的地

---

① 此处孟子的年纪按其生于公元前372年计算。

步呢。夫：发语词，不译。何：为何，为什么。此极：这等地步，这么不堪忍受的地步。

(9)田猎：打猎。

(10)羽旄(máo)：用雉鸡的羽毛或旄牛尾装饰的旌旗或旗帜，这里指齐宣王出游打猎时车上所插立的旌旗。

(11)此无他：这没有别的原因。

(12)举欣欣然：都兴高采烈地，都欢欢喜喜地。

(13)吾王庶几无疾病与：我们的大王身体大概没什么疾病吧。庶几：大概，或许。

(14)则王矣：就可以称王天下了。王(wàng)：称王天下，统治天下。

【译文】

庄暴遇见孟子，对孟子说："我被大王召见，大王告诉我他喜欢音乐，我不知道该如何回答。"庄暴问道："喜欢音乐会怎么样？"

孟子回答说："大王非常喜好音乐，那齐国的治理应大概差不多吧！"

过了一些时日，孟子被齐宣王召见，孟子就问齐宣王说："大王您曾告诉庄暴先生说您喜欢音乐，有这回事吗？"

齐宣王听到孟子这么问，脸色大变，不好意思地说："我不是喜欢先王时候的那种古典正统的音乐，只是喜欢现代世俗的音乐罢了。"

孟子说："如果大王真的非常喜欢音乐，那齐国的治理应大概差不多吧！现代的音乐和古代的音乐都差不多。"

齐宣王说："能把其中的道理讲给我听吗？"

孟子趁机问道："一个人欣赏享受的快乐和与他人一起欣赏享受的快乐相比，哪种更快乐？"

齐宣王回答说："与他人一起欣赏享受的快乐更快乐。"

孟子接着问道："与少数人一起欣赏享受的快乐和与许多人一起欣赏享受的快乐相比，哪种更快乐？"

齐宣王回答说："与许多人一起欣赏享受的快乐更快乐。"

孟子趁机向齐宣王说："请让我为大王谈谈什么才是真正的快乐；假如现在大王在这里击鼓奏乐，百姓听到大王击鼓敲钟、吹笙吹箫的声音，都头疼地皱着鼻梁(或皱着眉头)相互转告说：'我们大王那么喜欢击鼓奏乐,却为何使我(的生活)到了这么不堪忍受的地步呢?父子不能相见,兄弟妻儿离散。'假如现在大王在此打猎,百姓听到大王车马的声音,看到大王车队旌旗的华美,都头疼地皱着鼻梁(或皱着眉头)相互转告说:'我们大王那么喜欢打猎,却为何使我(的生活)到了这么不堪忍受的地步呢?父子不能相见,兄弟妻儿离散。'这没有别的原因,只是因为大王不能与百姓一起共享欢乐。假如现在大王在这里击鼓奏乐,百姓听到大王击鼓敲钟、吹笙吹箫的声音,都兴高采烈地、面带喜色地相互转告说:'我们的大王身体大概没什么疾病吧?要不然怎么能够击鼓奏乐呢?'假如现在大王在此打猎,百姓听到大王车马的声音,看到大王车队旌旗的华美,都兴高采烈地、面带喜色地相互转告说:'我们的大王身体大概没什么疾病吧?要不然怎么能够打猎呢?'这没有别的原因,只是因为大王能与百姓一起共享欢乐。如果大王现在能与百姓一起共享欢乐,那就可以称王天下了。"

【拓展】

朱熹注解说:"好乐而能与百姓同之,则天下之民归之矣,所谓齐其庶几者如此。范氏曰:'战国之时,民穷财尽,人君独以南面之乐自奉其身。孟子切于救民,故因齐王之好乐,开导其善心,深劝其与民同乐,而谓今乐犹古乐。其实今乐、古乐,何可同也?但与民同乐之意,则无古今之异耳。若必欲以礼乐治天下,当如孔子之言,必用《韶舞》,必放郑声。盖孔子之言,为邦之正道;孟子之言,救时之急务,所以不同。'杨氏曰:'乐以和为主,使人闻钟、鼓、管、弦之音而疾首蹙頞,则虽奏以《咸》《英》《韶》《濩》,无补于治也。故孟子告齐王以此,姑正其本而已。'"①

战国七雄争霸,不仅仅是为了扩张领土,更是为了伺机吞并对方。所以各国尔虞我诈,时而联合攻伐他国,时而分裂相互攻打。战争频仍,导致士兵和百姓死伤不断,白发人送黑发人、家庭聚少离多,甚至生死两隔的现象屡见不鲜。孟子看在眼里,急在心里,希望能够劝谏齐宣王以百姓福祉为重,以百姓之欢乐为欢乐,与民同乐,而不是只管自己欢乐和高兴,不顾百姓死活。孟子听说齐宣王有喜欢音乐的爱好之后,就利用齐宣王这一个爱好

---

① 孟子[M].朱熹,集注.上海:上海古籍出版社,2013:16.

和同齐宣王见面的机会,给齐宣王讲了与民同乐的道理。

1.2.2 寡人之囿方四十里,民犹以为大,何也

【原文】

齐宣王问曰:"文王之囿方七十里,有诸?"

孟子对曰:"于传有之。"

曰:"若是其大乎?"

曰:"民犹以为小也。"

曰:"寡人之囿方四十里,民犹以为大,何也?"

曰:"文王之囿方七十里,刍荛者往焉,雉兔者往焉,与民同之,民以为小,不亦宜乎?臣始至于境,问国之大禁,然后敢入。臣闻郊关之内有囿方四十里,杀其麋鹿者如杀人之罪。则是方四十里为阱于国中,民以为大,不亦宜乎?"

【引言】

　　这一章,齐宣王向孟子请教为什么百姓嫌自己的园林大而嫌周文王的园林小,孟子告诉他如果把自己的园林拿出来和百姓分享,百姓就不会嫌他的园林大了。

　　周文王拥有的园林方圆七十里,齐宣王拥有的园林方圆四十里。周文王的园林比齐宣王的园林大一些,而百姓却嫌周文王的园林小,嫌齐宣王的园林大。这是为什么呢?在对话中,孟子给齐宣王做了解惑释疑。

【释解】

　　(1)文王之囿方七十里:周文王狩猎的园林方圆七十里。囿:古代供君主狩猎、游玩的园林。方:方圆,周围,半径。

　　(2)有诸:有这回事吗。诸:之乎。

　　(3)于传有之:在历史文献记载中有这回事。传(zhuàn):传记,记述历史事实的文献。

　　(4)若是其大乎:真有这么大吗,它的大真像这样吗。若是:像这样。

　　(5)刍荛者往焉:割草打柴的人能自由地去那里。刍荛(ráo):割草打

柴。焉:那里。

(6)雉兔者:猎取野鸡和兔子的人,泛指打猎者。

(7)与民同之:和百姓共同享有使用那片园林。之:指周文王狩猎的园林。

(8)不亦宜乎:不也应当吗。宜:应当,当然。

(9)臣始至于境:我刚到(齐国)国境。臣:我,指孟子。境:边境,国境。

(10)大禁:性命攸关的禁令或道德、习俗禁忌。

(11)郊关之内:指齐国国都近郊关门之内。郊关:古代城邑四郊起拱卫防御作用的关门。

(12)为阱于国中:是国中的陷阱。为:是。阱(jǐng):捕野兽用的陷阱。

【译文】

齐宣王问孟子:"听说周文王狩猎的园林方圆七十里,有这回事吗?"

孟子回答说:"在历史文献记载中有这回事。"

齐宣王又问:"真有这么大吗?"

孟子回答说:"百姓还嫌它小呢。"

齐宣王接着问:"我狩猎的园林方圆只有四十里,百姓还嫌它大,这是为什么呢?"

孟子回答说:"周文王狩猎的园林方圆七十里,割草打柴的人能自由地去那里,猎取野鸡和兔子等野兽的打猎人也能自由地出入那里,和百姓共同享有和使用那片园林,百姓嫌它小,不也应当吗?我刚到齐国国境,问清楚齐国性命攸关的禁令或道德、习俗禁忌之后才敢进入,我听说齐国国都近郊关门之内有个方圆四十里的王家狩猎园林,凡是在狩猎园林里杀死一只麋鹿的,都以杀人罪论处。那这方圆四十里真的就是国中的陷阱,百姓嫌它大,不也当然吗?"

【拓展】

周文王和齐宣王各自狩猎的园林在百姓心目中的大小程度对比,让我想起了我国现代文学史上一位著名诗人,有着"农民诗人"称誉的臧克家于1949年10月写了《有的人——纪念鲁迅有感》这首诗。"有的人活着,他已经死了;有的人死了,他还活着。有的人,骑在人民头上:'呵,我多伟

大!'有的人,俯下身子给人民当牛马。有的人,把名字刻入石头想'不朽';有的人,情愿作野草,等着地下的火烧。有的人,他活着别人就不能活;有的人,他活着为了多数人更好地活。骑在人民头上的,人民把他摔垮;给人民作牛马的,人民永远记住他!把名字刻入石头的,名字比尸首烂得更早;只要春风吹到的地方,到处是青青的野草。他活着别人就不能活的人,他的下场可以看到;他活着为了多数人更好地活着的人,群众把他抬举得很高,很高。"①

  这首诗简要地说明了一个深刻的社会道理,那就是百姓心中有杆秤。河南豫剧院三团曾编创大型现代戏《焦裕禄》。2014年,该剧荣获第十三届中宣部"五个一"工程奖;2016年参加第十一届中国艺术节,荣获"文华大奖"。在现代戏《焦裕禄》的《老百姓心里有杆秤》选段里,歌词唱道:"老百姓心里有杆秤,知道你是重还是轻。老百姓心里有面镜,知道你是浊还是清。老百姓是天,老百姓是地,老百姓是千万条树根把大树撑。咱自己也曾是老百姓,怎能忘了百姓的苦与疼,多担点责任不算啥,为的是百姓脸上少愁容。咱吃的是百姓饭,穿的是百姓衣,咱就该为百姓分忧解难报恩情。咱心中想着老百姓,就不会只为脸面争虚名。心中想着老百姓,就不会贪图虚名把百姓坑。心中想着老百姓,就不怕冷风和邪风。心中想着老百姓,就能够他与你同心同德同分心,共担风雨把船撑。"这个选段的戏词把县委书记的榜样、人民的好公仆焦裕禄"心中装着百姓,一切为了人民""始终把人民放在心中最高位置"的为民服务精神表现得淋漓尽致。

  为什么齐国百姓嫌齐宣王狩猎的园林大?显然,齐宣王没有孟子"民为贵,社稷次之,君为轻"的民本主义思想,他心中装着自己的欲望和利益,却没有装着最应该为之着想的老百姓。他高高在上,唯我独尊,自私自利,因此出台"杀其麋鹿者如杀人之罪"这样的禁令,也就不是什么难以理解的事了。

1.2.3 乐天者保天下,畏天者保其国

【原文】

  齐宣王问曰:"交邻国有道乎?"

---

① 臧克家.臧克家[M].刘增人,冯光廉,编选.北京:人民文学出版社,1994:221-222.

孟子对曰："有。惟仁者为能以大事小,是故汤事葛,文王事昆夷;惟智者为能以小事大,故太王事獯鬻,勾践事吴。以大事小者,乐天者也;以小事大者,畏天者也。乐天者保天下,畏天者保其国。诗云:'畏天之威,于时保之。'"

王曰："大哉言矣!寡人有疾,寡人好勇。"

对曰："王请无好小勇。夫抚剑疾视,曰:'彼恶敢当我哉!'此匹夫之勇,敌一人者也。王请大之!《诗》云:'王赫斯怒,爰整其旅,以遏徂莒,以笃周祜,以对于天下。'此文王之勇也。文王一怒而安天下之民。《书》曰:'天降下民,作之君,作之师,惟曰其助上帝宠之。四方有罪无罪,惟我在,天下曷敢有越厥志?'一人衡行于天下,武王耻之。此武王之勇也。而武王亦一怒而安天下之民。今王亦一怒而安天下之民,民惟恐王之不好勇也!"

【引言】

这一章,孟子给齐宣王讲论如何搞好外交的策略,作为大国,对待小国要用仁;作为小国,与大国处理好关系要用智。

齐宣王想就如何与邻国搞好外交而向孟子请教。孟子告诉齐宣王需要具备仁和智两种品质。仁者拥有大国,可以平等对待小国,不欺凌弱小;智者拥有小国,可以凭借智慧与大国搞好关系,让自己能够在大国夹缝中生存下来。当然,如果一位君主既拥有仁又拥有智、勇等优良品质,就更能在国际关系中纵横捭阖、游刃有余了。

【释解】

(1)交邻国有道乎:与邻国交往有原则和方法吗。道:原则和方法。

(2)以大事小:以大国的身份平等对待小国。大:指大国。事:侍奉,伺候,这里指平等对待、小心对待。

(3)汤事葛:成汤平等对待葛伯。汤:成汤,商朝开国君主。葛:夏朝的诸侯国,故城在今河南宁陵县北。葛伯是葛国的君主。传说葛伯不祀鬼神,成汤曾派人帮助他祭祀。

(4)文王事昆夷:周文王平等对待昆夷国。文王:周文王姬昌,周武王之父。昆夷:也写作"混夷",商末周初的西戎国名。

(5)以小事大:以小国的身份小心对待大国。

(6)太王事獯鬻:太王小心对待獯鬻。太王:即古公亶父,姓姬,名亶,周族首领,周文王的祖父。其后裔周武王姬发建立周朝后,追谥他为"周太王"。獯鬻(xūn yù):又称"獯粥""薰育"或"薰粥",商末周初时的北方少数民族,周朝时称作"猃狁"(xiǎn yǔn),秦汉时称作匈奴。

(7)勾践事吴:勾践小心对待吴王夫差。勾践(约公元前520年—公元前465年):春秋末年越国国君,姒姓,名勾践。公元前494年,越国被吴国打败后,勾践俯首向吴国称臣。勾践被带到吴国做了吴王夫差的马夫。两年后,勾践表现良好,被放回国。勾践回国后,重用范蠡、文种,开始卧薪尝胆,秣马厉兵,奋发图强。公元前473年,经过十年生聚、十年教训,越国终于攻灭吴国。吴:指吴王夫差(?—公元前473年),吴王阖闾之子,春秋时吴国末代国君,公元前495年至公元前473年在位。公元前473年(夫差二十三年),越王勾践兴兵灭吴,夫差自杀,吴国灭亡。

(8)乐天者保天下,畏天者保其国:乐天知命、豁达乐观的人足以安定天下,敬畏天命、谨慎小心的人足以安定自己的国家。保:保护,安定。

(9)畏天之威,于时保之:畏惧上天的神威,因此才能安定下来。时:是。这一句出自《诗·周颂·我将》。全篇共十句,原文如下:"我将我享,维羊维牛。维天其右之。仪式刑文王之典,日靖四方。伊嘏文王,既右享之。我其夙夜,畏天之威,于时保之。"①大意是,周武王在用牛、羊祭祀上天,祈求上天保佑周朝。周武王发誓将效法周文王确立的典章制度,遵循天道,夙兴夜寐,治国安民,让周朝江山永固。

(10)抚剑疾视:手按剑柄,怒目而视。

(11)彼恶敢当我哉:他怎敢阻挡我呢。彼:那个人,他。恶:怎么。当:同"挡",抵挡,阻挡。

(12)匹夫之勇:没有智谋、单凭个人蛮力鲁莽蛮干的勇敢。匹夫:指有勇无谋、鲁莽蛮干的人。

(13)王请大之:请大王您(勿逞匹夫之勇,)要有大智大勇。王:大王,指齐宣王。大:扩大,扩展。之:指匹夫之勇。

(14)王赫斯怒,爰整其旅,以遏徂莒,以笃周祜,以对于天下:这几句出

---

① 诗经[M].华夏出版社,编.北京:华夏出版社,2003:374-375.

自《诗经·大雅·皇矣》。意思是:周文王大怒,整军备战,以遏制侵犯莒国的敌人,以增强周国的福气,以不辜负天下人对周国的期待。王:指周文王。赫斯:发怒的样子。爰:发语词,不译。旅:军备,军旅,部队。遏:遏制,遏阻。徂(cú):往,行军或类似行军那样的行走。莒(jǔ):莒国,西周所封的诸侯国。笃:笃厚,增强。祜(hù):厚福,福气,福佑。对:不辜负,满足,对……有所说法。

(15)天降下民,作之君,作之师:这三句(及其后四句)出自《书·周书·大誓》。意思是:上天降生百姓,也为他们降下君主和老师。流传至今的《尚书·周书·泰誓》与这三句及其后四句稍有差异。其原文如下:"天佑下民,作之君,作之师,惟其克相上帝,宠绥四方。有罪无罪,予曷敢有越厥志?"①

(16)惟曰其助上帝宠之:他们(指上文提到的君主和老师)唯一的责任就是辅助上帝来爱护人民。惟曰:唯,只是。

(17)惟我在,天下曷敢有越厥志:只要我(指周武王)在(负责辅助上帝来保护人民),天下谁敢违背上天的意志。惟:只要。我:指周武王。曷:谁。越:超越,违背。厥:其,指上天的。志:意愿,意志。

(18)衡行:横行。衡:同"横"。

(19)民惟恐王之不好勇也:百姓唯恐大王您不喜欢勇敢啊。王:大王,指齐宣王。

【译文】

齐宣王问孟子:"与邻国交往有原则和方法吗?"

孟子回答说:"有啊。只有仁者能够做到以大国的身份平等对待小国,所以大国的成汤能平等对待小国的葛伯,大国的周文王能够平等对待昆夷国;只有智者能够做到以小国的身份小心对待大国,所以小国的太王能够做到小心对待大国的獯鬻,小国的勾践能够做到小心对待大国的吴王夫差。能以大事小的人,是乐天知命、豁达乐观的人;能以小事大的人,是敬畏天命、谨慎小心的人。乐天知命、豁达乐观的人足以安定天下,敬畏天命、谨慎小心的人足以安定自己的国家。《诗》上说:'畏惧上天的神威,因此才能安定下来。'

---

① 尚书[M].王世舜,王翠叶,译注.北京:中华书局,2012:431.

齐宣王说:"你说得太好了!不过我有个毛病,我喜欢勇敢。"

孟子回答说:"请大王您不要喜欢小勇。有个人手按剑柄,怒目而视,说:'他怎敢阻挡我呢!'这是匹夫之勇,仅能单挑(对付)一个人而已。请大王您勿逞匹夫之勇,要有大智大勇!《诗》上说:'周文王大怒,整军备战,以遏制侵犯莒国的敌人,以增强周国的福气,以不辜负天下人对周国的期待。'这是周文王之勇敢。周文王一怒便安定了天下百姓。《书》上说:'上天降生百姓,也为他们降下君主和老师。君主和老师唯一的责任就是辅助上帝来爱护人民。四海之内,无论有罪过的还是无罪过的,只要我在负责辅助上帝来保护人民,天下谁敢违背上天的意志?'要是一个人横行天下,周武王便以此为耻。这是周武王之勇敢。周武王也一怒便安定了天下百姓。现在如果大王您也一怒便能安定天下百姓的话,百姓就会唯恐大王您不喜欢勇敢啊!"

【拓展】

孔子曾说:"君子道者三,我无能焉:仁者不忧,知者不惑,勇者不惧。"[1]孔子在这里提出了君子应该具备的三种重要的道德品质。孟子接受了孔子关于仁、智、勇三达德的思想,并认为一个合格的君主也应该具备这三种品质,才能在国际交往和处理国际关系等方面得心应手、游刃有余。孟子把勇敢分为三种类型:文王之勇、武王之勇和匹夫之勇。文王之勇又可归为大勇,匹夫之勇只可称为小勇。张敬夫曰:"小勇者,血气之怒也。大勇者,理义之怒也。血气之怒不可有,理义之怒不可无。知此,则可以见性情之正,而识天理、人欲之分矣。"[2]朱熹注解说:"小勇,血气所为。大勇,义理所发。"[3]杨治国评论说:"宣王之勇,匹夫之勇,于治天下无补。非发于义理,但凭血气淫威者也。区区一夫,何以安国佑天下?故义理发处,循乎天道,非纵乎私淫血气,有正气大道所存,乃至大至强之勇。"[4]

仁、智、勇是一个有机统一体,三者相辅相成,互相成就。大仁必然大

---

[1] 安德义.论语解读[M].北京:中华书局,2007:465.
[2] 孟子[M].朱熹,集注.上海:上海古籍出版社,2013:18.
[3] 孟子[M].朱熹,集注.上海:上海古籍出版社,2013:18.
[4] 杨治国.小人物评《孟子》[M].北京:中国工人出版社,2008:33.

智、大勇,大智必然大仁、大勇,同样地,大勇必然大仁、大智。能大仁大智,"则能恤小事大,以交邻国;能养大勇,则能除暴救民,以安天下"①。齐宣王没有大仁,也难有大智,更不可能有大勇,所以齐宣王说自己喜欢勇敢,只不过是逞匹夫之勇。文王和武王之勇,属于大仁、大智、大勇,所以他们皆能以百姓利益为重,安定天下,成为众望所归。

1.2.4 乐民之乐者,民亦乐其乐;忧民之忧者,民亦忧其忧

【原文】

齐宣王见孟子于雪宫。王曰:"贤者亦有此乐乎?"

孟子对曰:"有。人不得,则非其上矣。不得而非其上者,非也;为民上而不与民同乐者,亦非也。乐民之乐者,民亦乐其乐;忧民之忧者,民亦忧其忧。乐以天下,忧以天下,然而不王者,未之有也。昔者,齐景公问于晏子曰:'吾欲观于转附、朝儛,遵海而南,放于琅邪。吾何修而可以比于先王观也?'晏子对曰:'善哉问也!天子适诸侯曰巡狩。巡狩者,巡所守也。诸侯朝于天子曰述职。述职者,述所职也。无非事者。春省耕而补不足,秋省敛而助不给。夏谚曰:"吾王不游,吾何以休?吾王不豫,吾何以助?一游一豫,为诸侯度。"今也不然。师行而粮食,饥者弗食,劳者弗息。睊睊胥谗,民乃作慝。方命虐民,饮食若流。流连荒亡,为诸侯忧。从流下而忘反谓之流,从流上而忘反谓之连,从兽无厌谓之荒,乐酒无厌谓之亡。先王无流连之乐、荒亡之行。惟君所行也。'景公悦,大戒于国,出舍于郊。于是始兴发补不足。召太师曰:'为我作君臣相悦之乐!'盖《徵招》《角招》是也。其诗曰:'畜君何尤?'畜君者,好君也。"

【引言】

这一章,孟子借着齐宣王的发问而给齐宣王讲解与民同乐、与民同忧的道理。

孟子对齐宣王说:"乐民之乐者,民亦乐其乐;忧民之忧者,民亦忧其忧。乐以天下,忧以天下,然而不王者,未之有也。"孟子担心这样说还是无法打动齐宣王,就又讲了晏子劝诫齐景公的故事。齐景公善于纳谏,听到晏子讲

---

① 孟子[M].朱熹,集注.上海:上海古籍出版社,2013:18.

得不错,就接受了晏子的教导,开始以百姓为本,为百姓生活着想,在需要的时候,开仓放粮,救济贫困,从而受到百姓的喜爱。

【释解】

(1)雪宫:战国时齐宣王离宫名,故址在今山东省淄博市东北。杨伯峻注释说:"雪宫是齐王的离宫,离宫相当于现今的别墅。"①离宫,古代君主临时居住和游玩的别宫或宫室,里面设有花苑、园林、高台和水池等。

(2)人不得,则非其上矣:人们享受不到这种(游览雪宫的)快乐,就会批评责难他们的君主。非:非难,批评,责难。上:君上,君主,国君。

(3)非也:不对的,错误的。

(4)为民上而不与民同乐者:作为百姓的君主却不能做到与民同乐。

(5)乐以天下,忧以天下:因天下而乐,因天下而忧。以:因,为。

(6)齐景公(?—公元前490年):姜姓,名杵臼,齐灵公之子,齐庄公的异母弟,春秋时期齐国国君,公元前547年至公元前490年在位。齐景公在位五十八年,以晏婴为国相,早年励精图治,使齐国很快强大起来,晚年疏于政事,贪图享乐,不顾百姓死活,致使民不聊生、怨声载道。《论语·季氏篇》曾记述"齐景公有马千驷,死之日,民无德而称焉"②。

(7)晏子(公元前578年—公元前500年):春秋时期齐国名相,名婴,字平仲,历经齐灵公、齐庄公和齐景公三朝,善于政治、外交、辩论和劝谏。

(8)吾欲观于转附、朝儛,遵海而南,放于琅邪:我打算到转附山、朝儛山去游览观光,然后沿着海边一路往南,直到琅邪为止。观:观光,游览。转附、朝儛:山名,疑皆在今山东境内。转附(zhuǎn fù):疑是今山东省烟台市芝罘岛上的芝罘山。朝儛(cháo wǔ):疑是今山东省荣成市东的召石山。遵:沿着,顺着。琅邪:山东东南部的古地名。琅邪山在今山东省诸城市东南。

(9)吾何修而可以比于先王观也:我如何修行才能够与先王的游览观光相比呢。何:如何,怎样。修:修行,修养。

(10)天子适诸侯:天子到诸侯国那里。适:到,往。

---

① 杨伯峻.孟子译注:简体字本[M].北京:中华书局,2008:26.
② 安德义.论语解读[M].北京:中华书局,2007:556.

(11)无非事者:无非和政事有关的。无非:没有不。事:指国家政事、政务。

(12)春省耕而补不足,秋省敛而助不给:春季视察农耕情况,对农耕有困难的农户要予以补足;秋季视察农业税赋征收的情况,对因歉收而交不起农业税赋的农户要进行救济。省(xǐng):视察,检查。敛:收集,征收,指征收农业税赋。不给:交不起的。

(13)一游一豫,为诸侯度:天子春季出巡和秋季出巡,成为各个诸侯的法度。游、豫:天子春季出巡称"游",秋季出巡叫"豫"。度:法度,规范。

(14)师行而粮食,饥者弗食,劳者弗息:队伍一出巡就到处征集粮食,使得饥饿的人没有粮食吃,劳作的人得不到休息。师:出游的队伍。

(15)睊睊胥谗,民乃作慝:人人都在侧目而视,都在说着坏话,百姓于是产生邪念了。睊睊(juàn):侧目相视的样子。胥(xū):皆,都。谗:说坏话。乃:于是。作:兴作,产生。慝(tè):恶念,邪念。

(16)方命虐民,饮食若流:(这样的出巡)违背天命,虐害百姓,吃喝浪费如同流水。方命:违背天命,抗拒天命。

(17)流连荒亡,为诸侯忧:流、连、荒、亡四种行为成为诸侯们的忧患。流:顺流而下地游玩而快乐得忘记了归返。连:逆流而上地游玩而快乐得忘记了归返。荒:无休止地追猎野兽。亡:不加节制地饮酒。

(18)大戒于国,出舍于郊:(齐景公)在都城内做好充分准备,然后离开宫室搬到郊外居住。戒:做准备。国:指齐国都城。出舍:出外居住。

(19)《徵招》《角招》:古代乐曲名。徵(zhǐ)和角(jué)都是古代五声音阶(宫、商、角、徵、羽)之一。徵是古代五音的第四音,角是古代五音的第三音。招:同"韶"。

(20)畜君何尤:畜君有什么过错。畜:养育,爱护。君:君主,国君。尤:过错,过失。

【译文】

齐宣王在雪宫接见孟子。齐宣王问孟子:"贤人也有这种(游览雪宫的)雅兴和快乐吗?"

孟子回答说:"有啊。人们享受不到这种(游览雪宫的)快乐,就会批评责难他们的君主。享受不到这种(游览雪宫的)快乐就批评责难他们的君主

是不对的;作为百姓的君主却不能做到与民同乐也是不对的。以百姓的快乐为快乐,百姓也以他的快乐为快乐;以百姓的忧患为忧患,百姓也以他的忧患为忧患。因天下而乐,因天下而忧,这样还不能称王天下的,是从未有过的事情。从前,齐景公问晏子:'我打算到转附山、朝儛山去游览观光,然后沿着海边一路往南,直到琅邪为止。我如何修行才能够与先王的游览观光相比呢?'晏子回答说:'问得太好了!天子到诸侯那里去叫作巡狩。所谓巡狩,就是巡视诸侯所守护的疆土。诸侯去朝见天子叫作述职。所谓述职,就是陈述汇报他们履行职守的情况。这些无非都是和国家政事有关的事情。春季视察农耕情况,对农耕有困难的农户要予以补足;秋季视察农业税赋征收的情况,对因歉收而交不起农业税赋的农户要进行救济。夏代的民谚说:"我王春季不出来巡游,我哪能得到休息?我王秋季不出来巡视,我哪能得到补助?天子春季出巡和秋季出巡,成为各个诸侯的法度。"现在却不是这样了。(现在一切都变了,)队伍一出巡就到处征集粮食,使得饥饿的人没有粮食吃,劳作的人得不到休息。人人都在侧目而视,都在说着坏话,百姓于是产生邪念了。(这样的出巡)违背天命,虐害百姓,吃喝浪费如同流水。流、连、荒、亡四种行为成为诸侯们的忧患。顺流而下地游玩而快乐得忘记了归返叫作流,逆流而上地游玩而快乐得忘记了归返叫作连,无休止地追猎野兽叫作荒,不加节制地饮酒叫作亡。先王没有流、连之快乐,也没有荒、亡之行为。只看大王您怎么做了。'齐景公听了非常高兴,就在都城内做好充分准备,然后离开宫室搬到郊外居住。接着就开始开仓放粮,救济需要救济的人。齐景公又召来乐官太师,吩咐说:'给我创作几首表现君臣相悦的乐曲!'大概《徵招》《角招》就是太师所创作的表现君臣相悦的乐曲。其中有句歌词这样写道:'畜君有什么过错?'所谓畜君,就是养育和爱护君主的意思。"

【拓展】

孟子曰:"君子所以异于人者,以其存心也。君子以仁存心,以礼存心。仁者爱人,有礼者敬人。爱人者,人恒爱之;敬人者,人恒敬之。"①

为什么"爱人者,人恒爱之;敬人者,人恒敬之"?为什么"乐民之乐者,

---

① 杨伯峻.孟子译注:简体字本[M].北京:中华书局,2008:152.

民亦乐其乐;忧民之忧者,民亦忧其忧"?为什么"人敬我一尺,我敬人一丈"?这没有其他原因,是种瓜得瓜、种豆得豆或一报还一报的缘故,是将心比心、换位思考的缘故。

尹氏曰:"君之与民,贵贱虽不同,然其心未始有异也。孟子之言,可谓深切矣。齐王不能推而用之,惜哉!"①人心都是肉长的,人性都是相通的。齐景公想要游山玩水是不错的,错的是不顾百姓的疾苦;齐宣王想要享受在雪宫游玩的乐趣是不错的,错的是只管自己享受,而不能与百姓同乐。

孟子说,独乐乐不如与人乐乐;与少乐乐不如与众乐乐。爱百姓的,百姓也会爱他。凡是愿意与百姓同欢乐、同忧患的,百姓也会与他同甘共苦。凡是君主只管自己快活,骄奢淫逸,挥霍无度,不顾百姓死活,百姓也会对他漠视和冷眼看待。"废时失事,荒淫无度,古代帝王君主之大病,诊之易,治之难。乃权力极端归于一人,天下归于私家所致。所谓'普天之下,莫非王土;率土之滨,莫非王臣'。天下为一人一家所有,岂能不随心所欲哉?故,权力不论大小,一无制约,即会在权力所至之范围内,随心所欲。此乃人性之必然,多不以人之意志为转移。时者,百姓所赖;事者,百姓所依。赋百姓以时,治百姓之事,未有天下之不治也,未有府县之不富也。"②

1.2.5　当是时也,内无怨女,外无旷夫

【原文】

齐宣王问曰:"人皆谓我毁明堂,毁诸?已乎?"

孟子对曰:"夫明堂者,王者之堂也。王欲行王政,则勿毁之矣。"

王曰:"王政可得闻与?"

对曰:"昔者文王之治岐也,耕者九一,仕者世禄,关市讥而不征,泽梁无禁,罪人不孥。老而无妻曰鳏,老而无夫曰寡,老而无子曰独,幼而无父曰孤。此四者,天下之穷民而无告者。文王发政施仁,必先斯四者。《诗》云:'哿矣富人,哀此茕独。'"

王曰:"善哉言乎!"

---

① 孟子[M].朱熹,集注.上海:上海古籍出版社,2013:20.
② 杨治国.小人物评《孟子》[M].北京:中国工人出版社,2008:37.

曰:"王如善之,则何为不行?"

王曰:"寡人有疾,寡人好货。"

对曰:"昔者公刘好货。《诗》云:'乃积乃仓,乃裹糇粮,于橐于囊,思戢用光。弓矢斯张,干戈戚扬,爰方启行。'故居者有积仓,行者有裹囊也,然后可以爰方启行。王如好货,与百姓同之,于王何有?"

王曰:"寡人有疾,寡人好色。"

对曰:"昔者太王好色,爱厥妃。《诗》云:'古公亶父,来朝走马,率西水浒,至于岐下,爰及姜女,聿来胥宇。'当是时也,内无怨女,外无旷夫。王如好色,与百姓同之,于王何有?"

【引言】

　　这一章,孟子建议齐宣王保留周天子举行宣明政教、祭祖祭天、诸侯朝会等大典活动的泰山明堂建筑,齐宣王听从了,孟子借机劝说齐宣王施行仁政,齐宣王却百般推托。

　　齐宣王向孟子请教是否该拆除明堂。这里提到的明堂应该是周成王封禅泰山时为诸侯朝会所建立的泰山明堂。宋思仁纂《泰山述记》①记载,周天子泰山明堂遗址在泰山东北大津口西北(今山东省泰安市泰山区大津口乡沙岭村附近)。泰山明堂是周天子举行宣明政教、祭祖祭天、诸侯朝会、发布政令、庆赏、选士、养老等大典活动的地方。

　　春秋战国时期,齐国打败鲁国,占据了泰山明堂。齐宣王时,有大臣向齐宣王进言说,周天子式微,泰山明堂长年废弃不用,形同虚设,不如毁掉。齐宣王不知如何是好,便向孟子征求意见。孟子认为,明堂是"王者之堂",大王要施行仁政的话,是千万不能毁掉的。后来,齐宣王听从了孟子的意见,使泰山明堂得以保全。

【释解】

　　(1)明堂:古代帝王宣明政教、举行大典等活动的地方,这里指周成王封禅泰山和巡狩齐国、鲁国时在泰山脚下所建的明堂。

　　(2)已乎:还是不拆毁呢。已:停止,指不拆毁明堂。

---

① 清乾隆五十五年(1790年)泰安县署刻本,共有十卷。

(3)王政:施行德政、仁术、礼制的王道政治。

(4)昔者文王之治岐也:从前周文王治理岐地。岐:岐地,今陕西岐山县一带。

(5)耕者九一,仕者世禄,关市讥而不征,泽梁无禁,罪人不孥:耕地者只缴纳九分之一的税赋,做官的人世代享受俸禄,关卡和集市只稽查而不征税,不禁止人们在水流汇聚处使用泽梁这种拦水捕鱼的方法,惩罚罪犯不牵连其妻子和儿女。九一:九分之一的税赋。关市:关卡和集市。讥:同"稽",稽查,检查。征:征收税赋。泽梁:古代一种在流水中拦鱼的装置,或在流水中用石块筑成的用来拦水捕鱼的堰。不孥(nú):不牵连或惩罚罪人的妻子和儿女。孥:妻子和儿女,这里指牵连或罪及妻子和儿女。

(6)老而无妻曰鳏:年老无妻叫作鳏。鳏(guān):没有妻子的老年男子。

(7)天下之穷民而无告者:天下穷困而求告无门的人。无:不。告:控告,求告。

(8)哿矣富人,哀此茕独:富人的生活够可以了,真是可怜这些形单影只、孤苦无依的人。哿(gě):表示称许,可以。哀:哀怜,可怜。茕(qióng)独:孤独,形单影只,孤苦无依。

(9)寡人有疾,寡人好货:我有个毛病,我喜欢财货。寡人:君主的谦称。好:喜欢,喜好。

(10)公刘:后稷的曾孙,古代周部族的杰出首领,周文王的先祖。

(11)乃积乃仓,乃裹糇粮,于橐于囊,思戢用光:把粮食收集起来贮藏在仓库里,把干粮裹好放进口袋和袋子里,把各种思想情绪收敛起来为的是光大部族、光宗耀祖。乃:于是,就。积:积聚粮食。仓:贮藏、贮存粮食。裹:包裹。糇(hóu)粮:干粮。于:在。橐(tuó):口袋。囊(náng):袋子。思:思想情绪。戢(jí):收敛,收藏。用:以,为了,为的是。光:光大部族,光宗耀祖。

(12)弓矢斯张,干戈戚扬,爰方启行:准备好弓、箭、干、戈、戚、扬几种兵器,于是开始出征。斯:助词,相当于"之""的"。张:陈设,铺排,引申为准备好。干:盾牌。戈:古代的一种装有长柄、用青铜或铁制成、横刃的曲头兵器。戚:边缘带齿的斧钺。扬:大斧。爰(yuán):于是,就。方:才,开始。启行:出发,启程,出征。

(13)故居者有积仓,行者有裹囊也:所以留守家里的人有积仓里的存粮可以吃,出征在外的人有携带的干粮可以吃。居者:留守在家的人。积仓:贮存粮食的仓库,这里指仓库的粮食。行者:出征在外的人。裹囊:包裹和粮袋,这里指用包裹和粮袋装的粮食。

(14)于王何有:对于大王您来说有何困难。何:什么困难。

(15)昔者太王好色,爱厥妃:从前太王也喜欢美色,宠爱他的妃子。太王:即古公亶父,中国上古周族领袖,周文王的祖父。厥:其。

(16)古公亶父,来朝走马,率西水浒,至于岐下,爰及姜女,聿来胥宇:古公亶父清早骑着马,沿着西边水岸走,一路来到岐山脚下,他是带着他的宠妃姜氏女,来视察百姓的房屋。来朝(zhāo):清早,大清早。走马:骑马。率:沿着。浒:水边。岐下:岐山脚下。爰:助词,无意义。姜女:古公亶父的妃子。聿(yù):助词,用在句首或句中,起承接作用。胥:观察,视察。宇:房屋,应指百姓的房屋。

(17)内无怨女,外无旷夫:没有找不到丈夫的女子,也没有找不到妻子的男子。在古代,普遍存在着"男主外,女主内"的思想,所以这里"内"与"怨女"连用,"外"与"旷夫"连用。

【译文】

齐宣王问孟子说:"别人都建议我拆毁明堂,是拆毁呢还是不拆毁呢?"

孟子回答说:"所谓明堂,是施行王道政治的王者之堂。大王您想要施行王道政治的话,就不要拆毁它吧。"

齐宣王又问:"王道政治是怎么回事?可以讲给我听听吗?"

孟子回答说:"从前周文王治理岐地,耕地者只缴纳九分之一的税赋,做官的人世代享受俸禄,关卡和集市只稽查而不征税,不禁止人们在水流汇聚处使用泽梁这种拦水捕鱼的方法,惩罚罪犯不牵连其妻子和儿女。年老无妻子叫作鳏,年老无丈夫叫作寡,年老无子女叫作独,年幼无父母叫作孤。"鳏寡孤独这四种人,都是天下穷困而求告无门、无依无靠的人。周文王施行王道政治,以仁政治国,必定优先考虑这四种人。《诗》上说:"富人的生活够可以了,真是可怜这些形单影只、孤苦无依的人。"

齐宣王说:"你这话说得太好了!"

孟子说:"大王您如果觉得这话好,那为什么不实行呢?"

齐宣王说:"我有个毛病,我喜欢财货。"

孟子回答说:"从前周文王的先祖公刘也喜欢财货。《诗》上说:'把粮食收集起来贮藏在仓库里,把干粮裹好放进口袋和袋子里,把各种思想情绪收敛起来为的是光大部族、光宗耀祖。准备好弓、箭、干、戈、戚、扬几种兵器,于是开始出征。'所以留守家里的人有积仓里的存粮可以吃,出征在外的人有携带的干粮可以吃。然后才可以开始出征。大王您如果喜欢财货,又能与百姓一同喜欢财货,这对于大王您来说有何困难呢?"

齐宣王说:"我还有个毛病,我喜欢美色。"

孟子继续回答说:"从前周文王的祖父太王也喜欢美色,宠爱他的妃子。《诗》上说:'古公亶父清早骑着马,沿着西边水岸走,一路来到岐山脚下,他是带着他的宠妃姜氏女,来视察百姓的房屋。'在这个时候,没有找不到丈夫的女子,也没有找不到妻子的男子。大王如果您喜欢美色,又能与百姓一同喜欢美色,这对于大王您来说有何困难呢?"

【拓展】

朱熹注解说:"杨氏曰:'孟子与人君言,皆所以扩充其善心而格其非心,不止就事论事。若使为人臣者论事每如此,岂不能尧、舜其君乎?'愚谓此篇自首章至此,大意皆同。盖钟鼓、苑囿、游观之乐,与夫好勇、好货、好色之心,皆天理之所有,而人情之所不能无者。然天理人欲,同行异情。循理而公于天下者,圣贤之所以尽其性也;纵欲而私于一己者,众人之所以灭其天也。二者之间,不能以发,而其是非得失之归,相去远矣。故孟子因时君之问,而剖析于几微之际,皆所以遏人欲而存天理。其法似疏而实密,其事似易而实难。学者以身体之,则有以识其非曲学阿世之言,而知所以克己复礼之端矣。"①

"性相近,习相远"。人的本心或本性是相似的,关键在于其道德修养的高低。道德修养高的人,有同理心和同情心,能够推己及人,助人为乐,甚至舍己为人;道德修养差的人,同理心和同情心都很淡薄,把个人利益看得很重,损人利己甚至损人不利己的事情他都能做得出。齐宣王作为一国之君,本应该在其位谋其政,在其位为自己也要为国内百姓,甚至天下百姓着想。

---

① 孟子[M].朱熹,集注.上海:上海古籍出版社,2013:22-23.

但很明显,齐宣王不是不知道这个理,而是不愿意放下一己之私,放下自己对美色和财货的享受而与百姓同甘共苦。孟子极力鼓动自己的唇舌,想要以古圣先贤先人后己、与民同乐的卓越品格和"循理而公于天下"①的堂堂正气来打动齐宣王,真的是"其法似疏而实密,其事似易而实难"②。与民同乐,齐宣王不是做不到,而是不肯为也。总之,"'好货''好色'不是病,病就出在只顾自己,不管百姓。作为国君,'与百姓同之',就什么事都好办了"③。

1.2.6 四境之内不治,则如之何?王顾左右而言他

【原文】

孟子谓齐宣王曰:"王之臣有托其妻子于其友而之楚游者,比其反也,则冻馁其妻子,则如之何?"

王曰:"弃之。"

曰:"士师不能治士,则如之何?"

王曰:"已之。"

曰:"四境之内不治,则如之何?"

王顾左右而言他。

【引言】

这一章,孟子主张,如果官员的职责没有履行好,应当追责,齐宣王表示同意。但当孟子提到齐国没有被治理好,该如何追究责任的时候,齐宣王显得有些尴尬,只好"顾左右而言他"。

【释解】

(1)之楚游者:到楚国旅游的人。之:到。

(2)比其反也:等到其返回的时候。比:及,等到。反:同"返",返回。

(3)冻馁其妻子:使其妻子和儿女挨冻受饿。馁(něi):饥饿,指使挨饿。

(4)如之何:拿他怎么办,怎么办。

---

① 孟子[M].朱熹,集注.上海:上海古籍出版社,2013:22.
② 孟子[M].朱熹,集注.上海:上海古籍出版社,2013:22.
③ 刘建生.孟子精解[M].北京:海潮出版社,2012:36-37.

(5)弃之:抛弃他,这里指与朋友断交。

(6)士师不能治士:司法官不能约束他的下属。士师:古代司法官。士:指乡士、遂士等,士师的下属。

(7)已之:罢了他的职务,撤他的职。已:停止,指罢官、撤职。

(8)四境之内不治:一国之内得不到治理。治:治理。

(9)王顾左右而言他:齐宣王朝着左右看看,把话题扯到其他事情上去了。顾:环顾,向周围看。他:其他的事情。

【译文】

孟子对齐宣王说:"您有一位臣子把妻子和儿女托付给他自己的朋友之后到楚国旅游去了,等到他返回之后,却看到他的妻子和儿女在挨冻受饿。(对这样的朋友)该拿他怎么办呢?"

齐宣王说:"和他断交。"

孟子又问道:"司法官不能约束他的下属,那该拿他怎么办呢?"

齐宣王说:"撤他的职。"

孟子接着又问:"一国之内得不到治理,那该怎么办呢?"

齐宣王朝着左右看看,把话题扯到其他事情上去了。

【拓展】

杨治国评论说:"'王顾左右而言他',诚一个滑稽角色,一句警斥万世之言,一幅令人自照之肖像。于平淡处见奇峰,于平静处闻惊涛,于平实处悟真谛。夫子仅此一句入编《孟子》,亦够贤人也。"①

有些人在事不关己的事情上,一般能够分清是非,处罚得当,而一旦牵涉到自己的利益,就很难客观公正了。齐宣王在处理他人的问题上夸夸其谈,干脆果断,但在面对自己的责任问题时,就"顾左右而言他",干脆转移话题,不敢接着往下谈。这实际上是在逃避问题和责任。齐宣王高高在上,唯我独尊,其他臣子只能仰视。当齐宣王犯了错误,有了过失,给国家带来危机和灾难,该如何追责?该如何纠错?

---

① 杨治国.小人物评《孟子》[M].北京:中国工人出版社,2008:40.

《左传》说:"禹、汤罪己,其兴也勃焉;桀、纣罪人,其亡也忽焉。"①在古代,"普天之下,莫非王土;率土之滨,莫非王臣"②。一国之兴衰,皆由君主。君主圣明,则百姓之幸;君主昏庸,则百姓之哀。大禹、商汤贤明而敢于担当,所以带来王国的兴盛;夏桀、商纣王苛责他人,放纵自己,结果导致王朝的覆灭。其人存则其政举,其人亡则其政息。这种将天下当作一人之天下的,往往难以持久。秦始皇竭尽心力统一中国,秦国却二世而亡。《六韬》说:"利天下者,天下启之;害天下者,天下闭之;生天下者,天下德之;杀天下者,天下贼之;彻天下者,天下通之;穷天下者,天下仇之;安天下者,天下恃之;危天下者,天下灾之。天下者非一人之天下,惟有道者处之。"③无论怎样,治国理政者要以民为本,要正确处理权力、责任和义务之间的关系,要切实建立健全权力制衡制度和机制,把权力关进制度的笼子里。

1.2.7 见贤焉然后用之,见不可焉然后去之

【原文】

孟子见齐宣王,曰:"所谓故国者,非谓有乔木之谓也,有世臣之谓也。王无亲臣矣,昔者所进,今日不知其亡也。"

王曰:"吾何以识其不才而舍之?"

曰:"国君进贤,如不得已,将使卑逾尊,疏逾戚,可不慎与?左右皆曰贤,未可也;诸大夫皆曰贤,未可也;国人皆曰贤,然后察之,见贤焉,然后用之。左右皆曰不可,勿听;诸大夫皆曰不可,勿听;国人皆曰不可,然后察之,见不可焉,然后去之。左右皆曰可杀,勿听;诸大夫皆曰可杀,勿听;国人皆曰可杀,然后察之,见可杀焉,然后杀之。故曰,国人杀之也。如此,然后可以为民父母。"

【引言】

这一章,孟子给齐宣王讲说如何选人用人的策略和原则,那就是不要倾听亲信之人的意见,也不要听信大夫大臣的意见,而是要听取百姓的意见。

---

① 左丘明.左传[M].杜预,注.上海:上海古籍出版社,2016:99.
② 诗经[M].华夏出版社,编.北京:华夏出版社,2003:221.
③ 六韬[M].陈曦,译注.北京:中华书局,2016:120.

孟子观察发现，齐宣王身边既没有栋梁之臣，也没有可亲信的臣子。这说明齐宣王不仅识人不明，还很难完全信任他所用的人。于是，孟子给齐宣王讲了讲如何用人的原则。这用人的原则就是，不可听信左右亲信的意见，也不可听信各个大夫(大臣)的意见，要听国人的意见，然后再去考察，考察觉得的确像国人所说的那样，再决定任用还是不任用。这样做才能成为百姓合格的父母。

【释解】

(1)故国：历史悠久、时代久远的国家。故：通"古"。

(2)乔木之谓：乔木的意思。乔木：树身高大、有一个直立主干且通常高达六米至数十米的木本植物。

(3)世臣：历代都有卓越功勋的臣子。

(4)亲臣：可亲信的臣子。

(5)昔者所进，今日不知其亡也：从前任用的人，现在不知道他们都被罢黜到哪里去了。进：任用。亡：逃离，出走，指被罢黜或罢免。

(6)识其不才而舍之：识别一个人没有才能而弃用他。舍：舍弃，弃用。

(7)进贤：起用贤能的人。

(8)卑逾尊，疏逾戚：卑微的超过尊贵的，关系疏远的超过关系亲近的。

(9)见贤焉，然后用之：发现他确实贤能，然后就任用他。见：发现。

(10)去之：弃用他。

【译文】

孟子觐见齐宣王，说："所谓历史悠久、时代久远的国家，并不是说有乔木的意思，而是历代都有卓越功勋的臣子的意思。大王您没有可亲信的臣子了，从前您所任用的人，现在不知道他们都被罢黜到哪里去了。"

齐宣王问："我如何识别一个人没有才能而弃用他呢？"

孟子回答说："国君起用贤能的人，如果万不得已的话，将使卑微的超过尊贵的，关系疏远的超过关系亲近的，能不慎之又慎吗？您左右亲近的人都说某个人贤能，不可听信；您的各位大夫都说某个人贤能，不可听信；全国的人都说某个人贤能，然后再去调查考察他，发现他确实贤能，然后就任用他。您左右亲近的人都说某个人不可信用，不要听信；您的各位大夫都说某个人

不可信用,不要听信;全国的人都说不可信用,然后再去调查考察他,发现他的确不可信用,然后再弃用他。您左右亲近的人都说某个人可杀,不要听信;您的各位大夫都说某个人可杀,不要听信;全国的人都说可杀,然后再去调查考察他,发现他的确可杀,然后再杀之。所以说,他是全国人杀的。只有这样,才可以做百姓合格的父母。"

【拓展】

朱熹注解说:"左右近臣,其言固未可信。诸大夫之言,宜可信矣,然犹恐其蔽于私也。至于国人,则其论公矣,然犹必察之者,盖人有同俗而为众所悦者,亦有特立而为俗所憎者。故必自察之,而亲见其贤否之实,然后从而用舍之,则于贤者知之深,任之重,而不才者不得以幸进矣。所谓进贤如不得已者如此。"[1]

如何选用人才有着大原则,也有着比较具体的方式方法和措施。孟子给齐宣王提出的是如何选用人才的大原则。譬如说,君主不能听信身边亲信的人,也不能听信朝中大臣,要听信全国人,即要听信民心民意。但民心民意的声音往往又是不尽统一的,所以还要在听信民心民意的基础上,进一步调查研究。但如何考察一个人,或者从哪些方面去考察一个人,孟子在这次与齐宣王的对话中尚未提到。

三国时,诸葛亮在《将苑·知人性》中论及了相对而言更为具体的选人方式方法。他提出要从志、变、识、勇、性、廉、信七个方面来对目标对象进行考察。他说:"夫知人之性,莫难察焉。美恶既殊,情貌不一,有温良而为诈者,有外恭而内欺者,有外勇而内怯者,有尽力而不忠者。然知人之道有七焉:一曰,间之以是非而观其志;二曰,穷之以辞辩而观其变;三曰,咨之以计谋而观其识;四曰,告之以祸难而观其勇;五曰,醉之以酒而观其性;六曰,临之以利而观其廉;七曰,期之以事而观其信。"[2]

我们现在考察干部或者选用人才主要从五个方面来评价。这五个方面分别是德、能、勤、绩、廉。德就是个人思想政治品德修养;能就是工作经验、能力和潜力;勤就是能够勤奋踏实、任劳任怨、认真负责;绩就是全面、优质

---

[1] 孟子[M].朱熹,集注.上海:上海古籍出版社,2013:24.
[2] 诸葛亮.诸葛亮集[M].段熙仲,闻旭初,编校.北京:中华书局,2012:77.

和高效完成工作任务,成绩突出;廉就是以身作则,严格自律,遵守各项法律、法规、规章和制度,廉洁奉公。

《尚书·泰誓中》说:"天视自我民视,天听自我民听。"①朱熹说:"民之所好好之,民之所恶恶之,此之谓民之父母。"②总之,选人用人应该以人民为中心,从为人民服务这个根本目标出发,从德、能、勤、绩、廉等方面严格考察,争取把优秀的人才选拔到领导岗位上来,真正做到选贤任能。

1.2.8　闻诛一夫纣矣,未闻弑君也

【原文】

齐宣王问曰:"汤放桀,武王伐纣,有诸?"

孟子对曰:"于传有之。"

曰:"臣弑其君,可乎?"

曰:"贼仁者谓之'贼',贼义者谓之'残',残贼之人谓之'一夫'。闻诛一夫纣矣,未闻弑君也。"

【引言】

这一章,孟子向齐宣王提出新的不同于传统的君臣关系:即"君之视臣如手足,则臣视君如腹心;君之视臣如犬马,则臣视君如国人;君之视臣如土芥,则臣视君如寇仇"③,这让齐宣王恐惧和震惊。

孟子关于"残贼之人谓之'一夫'"的思想彻底颠覆了孟子之前传统的君臣思想。孟子之前传统的思想是,无论君多么昏庸、暴戾,也是君,凡是臣杀君的,都属于大逆不道。孟子认为,君臣是相对而言的,彼此对对方都是有权力、责任和义务的,即如果"君视臣如手足,则臣视君如腹心;君视臣如犬马,则臣视君如国人;君视臣如土芥,则臣视君如寇仇"。简而言之,君把臣当人,臣也把君当君,反之则不然。孟子的这种思想对于齐宣王这样的君主是极大的震撼,甚至是威胁,所以孟子最终得不到齐宣王的信用也是必然的了。

---

① 尚书[M].王世舜,王翠叶,译注.北京:中华书局,2012:436.
② 孟子[M].朱熹,集注.上海:上海古籍出版社,2013:24.
③ 杨伯峻.孟子译注:简体字本[M].北京:中华书局,2008:142.

【释解】

(1)汤放桀:商汤流放夏桀。汤:商汤,商代开国之君。放:流放。桀:夏桀,夏朝末代君主。夏桀暴虐,商汤起兵讨伐,打败夏桀后,把夏桀流放到南巢(今安徽巢县一带)。

(2)武王伐纣:周武王讨伐商纣王。武王:周武王,姬姓,名发,周文王姬昌次子,西周第一代君主。纣:商纣王,子姓,名受,又名帝辛,商朝末代君主。

(3)有诸:有这些事吗。诸:之乎。

(4)于传有之:在历史文献中有这样的记载。传:传记,历史文献。

(5)臣弑其君:臣子杀死君主。弑:臣子杀死君主或子女杀死父母。

(6)贼仁者谓之'贼':败坏仁爱的人叫作贼。第一个"贼"是伤害、败坏或毁坏的意思,第二个"贼"是小偷、盗贼的意思。

(7)残贼之人谓之'一夫':残害公义和败坏仁爱的人叫作一夫。残:指残害公义或道义。一夫:指众叛亲离、失去百姓或天下人拥护的独夫。

【译文】

齐宣王问孟子:"商汤流放夏桀,周武王讨伐商纣王,有这些事吗?"

孟子回答说:"在历史文献中有这样的记载。"

齐宣王又问:"臣子杀死君主,可以吗?"

孟子回答说:"败坏仁爱的人叫作贼,残害公义的人叫作残。残害公义和败坏仁爱的人叫作一夫。我只听说周武王诛杀了商纣这个一夫,没有听说周武王杀死其君主的事情。"

【拓展】

朱熹注解说:"害仁者,凶暴淫虐,灭绝天理,故谓之贼。害义者,颠倒错乱,伤败彝伦,故谓之残。一夫,言众叛亲离,不复以为君也。《书》曰:'独夫纣。'盖四海归之,则为天子;天下叛之,则为独夫。所以深警齐王,垂戒后世也。王勉曰:'斯言也,惟在下者有汤、武之仁,而在上者有桀、纣之暴则可。不然,是未免于篡弑之罪也。'"[1]

---

[1] 孟子[M].朱熹,集注.上海:上海古籍出版社,2013:25.

刘建生评论说:"孟子的回答,并没有动摇'君君臣臣'的根本立场,但臣不可不臣,是相对于君不可不君而成立的。第一,君若不君,则臣亦可不臣,所以在桀纣不君的情况下,不能责难汤武不臣。第二,君既不君,则已非君,就没有臣不臣的问题了。所以孟子说,伤害仁义就是残贼。残贼之人不得人心,众叛亲离,只能是独夫。而对于'独夫',是人人可得而诛之的。所以,孟子最后说:'我只听说杀过一个独夫,没听说过弑君的事。'孟子的话,为齐宣王敲响了警钟。儒家肯定了汤武革命的价值,为封闭的、封建专制的政治现实,开出了一线生机。"①

朱熹、刘建生二人的注解和评论各有其独到之处。由上可见,君臣关系(类似于现在的领导与下属关系),以及夫妻关系、父子关系等对应关系,都应该是相对而立的。君不君,则臣不臣;夫不夫,则妻不妻;父不父,则子不子。当然,现实社会生活中,这些对应关系却不是那么简单的相对关系。譬如,有些父亲不像父亲,但儿子是好儿子,对父亲能够包容忍耐;有的丈夫不能做个合格的丈夫,但妻子是合格的妻子,等等。总之,在其位,要谋其政。如果处于对应关系的任何一方都能切实认真履行好自己的职责和义务,那么,这样的关系互动将是良性循环和可持续发展的。

1.2.9 今有璞玉于此,虽万镒,必使玉人雕琢之

【原文】

孟子见齐宣王,曰:"为巨室,则必使工师求大木。工师得大木,则王喜,以为能胜其任也。匠人斲而小之,则王怒,以为不胜其任矣。夫人幼而学之,壮而欲行之,王曰'姑舍女所学而从我',则何如?今有璞玉于此,虽万镒,必使玉人雕琢之。至于治国家,则曰'姑舍女所学而从我',则何以异于教玉人雕琢玉哉?"

【引言】

这一章,孟子觐见齐宣王时,给齐宣王讲了木匠、玉石匠有自己的专业能力和本领,应该放手让他们去施展,而不要总是外行指导内行,其目的是劝谏齐宣王要善于倾听有治国理政能力之人的意见和建议,别总是根据自

---

① 刘建生.孟子精解[M].北京:海潮出版社,2012:42.

己的好恶来做取舍。

"孟子说这番话时,大概在齐国已呆了好几年了(这次在齐国大约呆了八年),很不得志。他向齐宣王讲了许多好的意见,但齐宣王一项也不用。于是,在一次谈话时,孟子对着宣王发了一通牢骚。"①在孟子的仁政思想中,有着"闻诛一夫纣矣,未闻弑君也""君视臣如手足,臣视君如腹心;君视臣如草芥,臣视君如寇仇"这样严重规约君主的思想,好财货、好美色的齐宣王又怎么会真心接受孟子的政治主张和意见呢?在春秋战国时期,各个诸侯国忙着自私自利、相互争锋和兼并的时候,孔子和孟子的德政、仁政思想自然得不到君主们的青睐。

【释解】

(1)巨室:巨大的房屋,大房子。

(2)工师:主管工匠的官员。

(3)斲而小之:把它(木料)砍小。斲(zhuó):砍,削。小:使……变小。

(4)姑舍女所学而从我:姑且放弃你所学的技能和本领来听从我的话。姑:姑且,暂且。女:通"汝",你。

(5)璞玉:未经雕琢加工的玉石。

(6)万镒:一万镒(那么重,形容价值连城)。镒(yì):古代重量单位,一镒等于二十两(一说二十四两)。

(7)玉人:雕琢玉器的工匠,雕玉匠。

【译文】

孟子觐见齐宣王,对齐宣王说道:"建造巨大的房屋,就必定要派主管工匠的官员去寻找大木料。主管工匠的官员得到大木料,大王您就会很高兴,认为这个官员能够胜任其职务。工匠把大木料砍小了,大王您就会发怒,认为这个工匠不能胜任其职务。有人从幼年就开始学习一种技能和本领,长大后就想要施展这种技能和本领,大王您却对他说'姑且放弃你所学的技能和本领来听从我的话',那这样可以吗?现在这里有一块未经雕琢加工的玉石,即使它有大约一万镒那么重,价值连城,也一定要让雕玉匠来雕琢它。

---

① 刘建生.孟子精解[M].北京:海潮出版社,2012:43.

至于治理国家,大王您如果也(对有治国理政能力和本领的大臣)说'姑且放弃你所学的技能和本领来听从我的话',那么这与教雕玉匠来雕琢玉石有什么两样呢?"

【拓展】

朱熹注解说:"治国家则徇私欲而不任贤,是爱国家不如爱玉也。范氏曰:'古之贤者,常患人君不能行其所学;而世之庸君,亦常患贤者不能从其所好。是以君臣相遇,自古以为难。孔、孟终身而不遇,盖以此耳。'"①

杨治国评论说:"赵岐曰:'任贤使能,不违其学,则功成而不坠。屈人之是,从人之非,则人不成道,玉不成圭,善恶之致,何可不察哉!'观诸史籍,所以代有贤才然不得其用者,乃君王舍仁义之公、天下之利,求爱玉之私,害琢玉之师,以其所好取用匠玉、良材,以致才失、国乱、天下弱者也。人凡有才,必求其用。才不得用,人不得生。大材小用者昏,小材大用者迷,知材不用者罔。为君为官,不过用才二字;天下方务,也不过用才二字。"②

这一章聚焦于如何用人。孟子希望齐宣王选贤任能,用人不疑,疑人不用,希望齐宣王能让专业的人才干专业的事,不能总是根据自己的好恶或者心血来潮来治国理政。一个国家如此之大,如果只是君主按照自己的想法、私欲或愿望来治国,一定治理不好的。赵高指鹿为马,肆意乱政,没有几年,秦始皇好不容易实现大一统的大秦帝国迅即崩塌;隋炀帝杨广虽有宏大的建国蓝图和计划,但好大喜功,骄奢淫逸,自以为是,不听谏言,最终导致民不聊生,国破身死。因此,建立科学有效的选拔和使用人才的制度和机制,让人尽其才,物尽其用,才尽其能,是国家繁荣和发展的强有力保障。

1.2.10 箪食壶浆,以迎王师,岂有他哉

【原文】

齐人伐燕,胜之。宣王问曰:"或谓寡人勿取,或谓寡人取之。以万乘之国伐万乘之国,五旬而举之,人力不至于此。不取,必有天殃。取之,何如?"

孟子对曰:"取之而燕民悦,则取之。古之人有行之者,武王是也。取之

---

① 孟子[M].朱熹,集注.上海:上海古籍出版社,2013:25.
② 杨治国.小人物评《孟子》[M].北京:中国工人出版社,2008:44.

而燕民不悦,则勿取。古之人有行之者,文王是也。以万乘之国伐万乘之国,箪食壶浆,以迎王师,岂有他哉?避水火也。如水益深,如火益热,亦运而已矣。"

【引言】

这一章,齐宣王就是否长期占领燕国而向孟子征求意见。孟子认为,如果燕国百姓欢迎被占领,那就占领;如果燕国百姓不高兴被占领,那么就不要占领,最终齐宣王选择长期占领燕国。

公元前316年,燕王哙禅让王位给燕相子之。公元前315年,将军市被和太子平势力发动叛乱,动乱持续数个月,几万人死亡,百姓苦不堪言。公元前314年,子之平息内乱,将军市被被杀死。同年,齐国军队趁燕国内乱之际攻入燕国,五十天之内攻下燕都蓟(今北京),杀死燕王哙,生擒子之。公元前312年,赵武灵王派军护送在韩国做人质的公子职(太子平之弟)回到燕国,公子职随即被立为燕王,即燕昭王。燕昭王(公元前311年—公元前279年在位)招揽贤能,重用乐毅、秦开、剧辛等人,经过二十多年的励精图治,燕国军事实力大大增强。公元前284年,燕昭王命乐毅带领六国联军伐齐,攻陷了齐国七十余城。

这一章对话,就发生在齐国军队攻陷燕国都城之后的某个时间。齐国军队占领燕国之后,军纪不严,肆意侵犯百姓利益,最终引起燕国百姓的厌恶和反抗。公元前312年,各诸侯国准备联合出兵救燕,齐军被迫从燕国撤军。

【释解】

(1)或谓寡人勿取:有人劝我不要占领它。或:有人。谓:劝。取:占领,吞并。

(2)万乘之国:拥有一万辆兵车的国家。乘(shèng):古代一辆四匹马拉的兵车。

(3)五旬而举之:五十天就攻克了。旬:十天。举:攻克,攻取。

(4)箪食壶浆:(百姓)用箪盛着饭食,用壶盛着酒水(欢迎他们热爱的军队)。箪(dān):古代用来盛饭食的竹器。食:饭食,食物。浆:酒水。

(5)避水火也:躲避水深火热的苦难。水火:指灾难、苦难。

(6)如水益深:如果水更深。

(7)亦运而已矣:只好转向反面罢了。亦:只,只好。运:转向反面,转向另一面。

【译文】

齐国军队攻伐燕国,取得了胜利。齐宣王问孟子:"有人劝我不要占领它,有人劝我占领它。以拥有万辆兵车的国家讨伐同样拥有万辆兵车的国家,五十天就攻克了,光靠人力是不可能做到这样的。不占领它,上天定会降下灾祸。占领它,怎么样?"

孟子回答说:"如果占领它而燕国百姓很高兴,那就占领它。古代有这样做的人,周武王就是这样的人。如果占领它而燕国百姓不高兴,那就不要占领。古代有这样做的人,周文王就是这样的人。以拥有万辆兵车的国家讨伐同样拥有万辆兵车的国家,百姓用筐盛着饭食,用壶盛着酒水来欢迎大王您的军队,难道还有其他的原因吗?只不过是躲避水深火热的苦难罢了。如果水更深,火更热,百姓只好转向相反的一面罢了。"

【拓展】

杨治国评论说:"民求出于水火,故箪食壶浆以迎齐师。此民心即为天意,乃民心昭示天意。此刻方知,民为天,天即民,民心顺则天心顺。兴亡之道,全赖于此。"[1]

得民心者得天下。水能载舟,亦能覆舟。"商纣之世,文王三分天下有其二,以服事商。至武王十三年,乃伐纣而有天下。张子曰:'此事间不容发。一日之间,天命未绝,则是君臣。当日命绝,则为独夫。然命之绝否,何以知之?人情而已。诸侯不期而会者八百,武王安得而止之哉?'"[2]

燕国发生内乱,百姓处于水深火热之中,非常渴望国内能够很快安定下来,所以,当齐国攻伐燕国,燕国百姓和士兵把齐军视为救星,不仅不抵抗齐军,还为齐军打开城门。因为得到了燕国百姓和士兵的配合,齐军才能在极短时间内攻破燕国都城,轻易取胜。但当齐军占领燕国之后,开始倒行逆

---

[1] 杨治国.小人物评《孟子》[M].北京:中国工人出版社,2008:45.
[2] 孟子[M].朱熹,集注.上海:上海古籍出版社,2013:26.

施,烧杀抢掠,胡作非为,燕国百姓就不再把齐军视为救星,而是视为十恶不赦的侵略者了。齐军在燕国失去了民心,所以失败在所难免。

1.2.11 天下固畏齐之强也,今又倍地而不行仁政,是动天下之兵也

【原文】

齐人伐燕,取之。诸侯将谋救燕。宣王曰:"诸侯多谋伐寡人者,何以待之?"

孟子对曰:"臣闻七十里为政于天下者,汤是也。未闻以千里畏人者也。《书》曰:'汤一征,自葛始。'天下信之,东面而征,西夷怨;南面而征,北狄怨。曰:'奚为后我?'民望之,若大旱之望云霓也。归市者不止,耕者不变。诛其君而吊其民,若时雨降,民大悦。《书》曰:'徯我后,后来其苏。'今燕虐其民,王往而征之,民以为将拯己于水火之中也,箪食壶浆,以迎王师。若杀其父兄,系累其子弟,毁其宗庙,迁其重器,如之何其可也?天下固畏齐之强也,今又倍地而不行仁政,是动天下之兵也!王速出令,反其旄倪,止其重器,谋于燕众,置君而后去之,则犹可及止也。"

【引言】

这一章,燕国军队和百姓纷纷反抗齐军的占领,其他诸侯国也准备出兵干涉,在内忧外患之际,齐宣王向孟子请教应对之策,孟子建议尽快撤兵罢战。

齐国讨伐燕国,取得胜利之后,齐宣王决定长期占领燕国,以便彻底吞并燕国。但齐国吞并燕国的野心给燕国百姓和其他诸侯国带来了威胁和挑战。于是,各个觉得受到威胁或者有意借机讨伐齐国的诸侯国正在筹谋联合讨伐齐国。齐宣王这时候是真的害怕了,赶紧咨询孟子有什么看法。孟子告诉齐宣王,最初燕国内乱之际,百姓渴望迅速安定下来,所以很高兴齐国出兵燕国,并自觉配合齐军攻入,为齐军打开城门,这为齐军迅速取胜提供了方便。但齐军攻入燕国后,并没有按照燕国百姓所预想的那样,平息内乱,确立新君,然后撤兵回国,而是打算长期占领,并为了长期占领而对燕国百姓胡作非为、滥杀无辜。这样一来,齐军由百姓心目中的救星一下子变成了公敌,人人得而诛之。再加上其他诸侯国的积极干预,齐军在燕国的失败

不可避免。最终,齐宣王不得不下令撤回占领燕国的军队。

【释解】

(1)千里畏人者:拥有千里之地却害怕他人的。这里指齐宣王畏惧其他诸侯国联合伐齐。

(2)汤一征,自葛始:商汤征伐夏桀,从葛国开始。一:开始。葛:葛国,又称葛伯国,嬴姓,夏代诸侯国之一,位于今河南省宁陵县葛伯屯。葛国与商国相邻。

(3)东面而征,西夷怨;南面而征,北狄怨:(商汤)向东面征讨,西面的夷人就埋怨他为什么不向西面征讨;他向南面征讨,北面的狄人就埋怨他为什么不向北面征讨。

(4)奚为后我:为什么把我们放在后面呢。奚为:何为,为何,为什么。后:把……置后。

(5)民望之,若大旱之望云霓也:百姓盼望他,就像大旱之时百姓盼望云雨一样。霓(ní):云霞,云彩,这里指云雨。

(6)归市者不止,耕者不变:做生意的照常做生意,耕田者照常耕田。归市者:做生意的,做买卖的。止:禁止。

(7)诛其君而吊其民:诛杀那里的暴君,慰问那里的百姓。吊:慰问,安抚。

(8)若时雨降:就像降下及时雨。时雨:及时雨。

(9)徯我后,后来其苏:等待我们的君主,君主来了我们就会得救。徯(xī):等待。后:君主。其:应当,可以。苏:复苏,复生,更生。

(10)系累其子弟:囚禁他们的子弟。系累:捆绑,束缚,囚禁。

(11)迁其重器:掠夺他们的传世宝器。迁:搬迁,搬走,这里指掠夺、抢夺。重器:国家传世之宝或不可替代的宝物。

(12)如之何其可也:这怎么可以呢。

(13)倍地:增加了一倍的地盘。倍:加倍。地:地盘,土地。

(14)动天下之兵:鼓动天下(各个诸侯国)兴起刀兵(来讨伐齐国啊)。动:鼓动,动员。

(15)反其旄倪,止其重器,谋于燕众:遣返他们的老人和小孩子,停止掠夺他们的传世宝器,与燕国民众商议。反:遣返,放回。旄(máo):通"耄",

八九十岁的人。倪:幼儿,儿童,小孩子。谋:商议,谋划。

(16)置君而后去之,则犹可及止也:新立一位国君然后撤军回国,那么还来得及阻止(各诸侯国兴起刀兵)。置君:立君。去:离开,撤离。犹:还。可及:来得及,可以来得及。

【译文】

　　齐国讨伐燕国,成功占领了燕国。其他诸侯国正在合谋如何拯救燕国。齐宣王问孟子:"很多诸侯谋划着攻伐我,该如何对付他们呢?"

　　孟子回答说:"我听说过凭借方圆七十里的地方就统一天下的人,商汤就是一个。还没有听说过拥有方圆千里的地方却害怕他人的人。《书》上说:'商汤征伐夏桀,从葛国开始。'天下的人都信任商汤,他向东面征讨,西面的夷人就埋怨他为什么不向西面征讨;他向南面征讨,北面的狄人就埋怨他为什么不北面征讨。他们埋怨说:'为什么把我们放在后面呢?'百姓盼望他,就像大旱之时百姓盼望云雨一样。做生意的照常做生意,耕田者照常耕田。诛杀那里的暴君,慰问那里的百姓,就像降下及时雨,百姓们都非常高兴。《书》上说:'等待我们的君主,君主来了我们就会得救。'现在燕国虐待自己的百姓,大王您派军队去征伐燕国,燕国百姓都会认为这会把他们自己从水深火热之中拯救出来,所以他们用箪盛着饭食,用壶盛着酒水,来欢迎大王您的军队的到来。但如果您的军队杀戮他们的父兄,囚禁他们的子弟,毁坏他们的宗庙,掠夺他们的传世宝器,这怎么可以呢? 天下各诸侯国本来就畏惧齐国的强大,现在齐国的地盘又扩增了一倍却不施行仁政,这是鼓动天下各个诸侯国兴起刀兵来讨伐齐国啊! 大王您赶快发布诏令,让齐军遣返他们的老人和小孩子,停止掠夺他们的传世宝器,与燕国民众商议,新立一位国君然后撤军回国,那么还来得及阻止各诸侯国兴起刀兵。"

【拓展】

　　朱熹注解说:"齐人取燕,若能如汤之征葛,则燕人悦之,而齐可为政于天下矣。今乃不行仁政而肆为残虐,则无以慰燕民之望而服诸侯之心,是以不免乎以千里而畏人也。"[1]

---

[1] 孟子[M].朱熹,集注.上海:上海古籍出版社,2013:27.

孟子在这一次对话中劝说齐宣王,以商汤讨伐夏桀、周武王讨伐商纣王为榜样,这样才能统一天下和为政于天下。但齐国"先骗取民心,以仁取燕,后背伐民心,意于食燕于一腹,不仅动天下之兵,亦害天下之仁义。故诸侯欲伐,民心尽失。此处说来,民心真乃不可欺,欺则必生天殃。齐行师不法汤武,治民不师尧舜,伐燕兴乱,故以千里而畏人,乃一心违天所致"①。

1.2.12 君行仁政,斯民亲其上、死其长矣

【原文】

邹与鲁哄。穆公问曰:"吾有司死者三十三人,而民莫之死也。诛之,则不可胜诛;不诛,则疾视其长上之死而不救,如之何则可也?"

孟子对曰:"凶年饥岁,君之民老弱转乎沟壑,壮者散而之四方者几千人矣,而君之仓廪实,府库充,有司莫以告,是上慢而残下也。曾子曰:'戒之,戒之!出乎尔者,反乎尔者也。'夫民今而后得反之也。君无尤焉!君行仁政,斯民亲其上,死其长矣。"

【引言】

这一章,孟子劝说邹穆公施行仁政,纠正官员"上慢而残下"的现象以赢得民心,邹穆公不听。

邹国是孟子出生和从小生活的地方。邹国与鲁国为邻。春秋战国时期,邹国与鲁国经常发生冲突。鲁国比邹国强大,经常侵凌邹国,所以在大多数冲突中,都是鲁国占上风。而邹国大多数时候,不得不与周围的强邻如晋国、齐国和楚国交好,求得保护。

这一次,邹国和鲁国又发生了冲突,邹国又吃亏了,光官吏就死了33人。邹穆公将官吏的伤亡归结于百姓不出力,就想要杀掉一些百姓以儆效尤,但法不敌众,这令邹穆公不知所措。于是,他向孟子讨教。孟子剖析说,这是因为官员"上慢而残下"、先对不起百姓。如果邹国施行仁政,平时官吏急百姓之所急,想群众之所想,那么到战时百姓自然就会不惜性命,奋不顾身,保护官长了。

---

① 杨治国.小人物评《孟子》[M].北京:中国工人出版社,2008:46.

【释解】

(1)邹与鲁哄:邹国和鲁国发生冲突。邹:邹国,在今山东省邹城市一带,后为楚国所灭。鲁:鲁国,在今山东省西南曲阜市一带,公元前256年为楚国所灭。哄:冲突,交战。

(2)穆公:邹穆公,邹国国君,大约公元前382年至公元前330年在位。

(3)有司:官吏,主管官员。

(4)民莫之死也:百姓没有人为之死难的。莫之死:即莫死之。莫:没有人。死:为……而死。

(5)不可胜诛:不可尽诛。胜:尽。

(6)疾视其长上之死而不救:憎恨他们看着长官被杀而不救。疾:憎恨,憎恶。视:看着。长上:长官,上级。

(7)老弱转乎沟壑:年老体弱的人的尸体被弃于沟壑之间(,无人为之安葬)。转:被弃尸。

(8)壮者散而之四方者几千人矣:年轻体壮逃难到四面八方的将近千人了。散:分散逃难。之:到。几:将近,几乎。

(9)仓廪实,府库充:粮仓里堆满粮食,府库里堆满财物和兵器。仓廪:储放粮食的仓库,粮仓。府库:收藏文书、财物和兵器的地方。

(10)上慢而残下:(这是)长官怠慢国事和残害百姓。上:长上,长官。下:百姓。

(11)曾子:姒姓,曾氏,名参(shēn),字子舆,鲁国南武城人。他是孔子晚年的弟子之一,春秋末年儒家学派重要代表人物之一。

(12)戒之:警惕啊。戒:警惕,防备。

(13)出乎尔者,反乎尔者也:从你那里出来,又会返回到你那里去。这句话形容你如何对待别人,别人就会如何对待你。反:返回,返还。尔:你。

(14)夫民今而后得反之也:百姓今后应当返还给他们了。得:应当,必须。

(15)君无尤焉:您不要怪罪百姓啊。君:您。无:同"毋",不要。尤:怪罪,责怪。

(16)斯民亲其上,死其长矣:那百姓就会亲近他们的上级,也就肯为他们的长官牺牲生命了。斯:则,那么。

【译文】

邹国与鲁国发生了冲突。邹穆公问孟子:"(在冲突中,)我的官吏死了三十三个人,百姓却没有人为之死难的。杀掉他们吧,人数太多又不能全部杀掉;不杀掉他们,又憎恶他们看着长官被杀而不救。这该怎么办才好呢?"

孟子回答说:"遭遇饥荒年月的时候,您的百姓,年老体弱的人的尸体被弃于沟壑之间(,无人为之安葬),年轻体壮逃难到四面八方的将近千人了。而您的粮仓里堆满粮食,府库里堆满财物和兵器。大王您的官吏无人向你报告。这是长官怠慢国事和残害百姓。曾子曾说过:'警惕啊,警惕啊!从你那里出来,又会返回到你那里去。百姓今后应当把怠慢和残害返还给他们了。'大王您不要怪罪百姓啊!大王您如果施行仁政,那您的百姓就会亲近他们的上级,也就肯为他们的长官牺牲生命了。"

【拓展】

朱熹注解说:"君不仁而求富,是以有司知重敛而不知恤民。故君行仁政,则有司皆爱其民,而民亦爱之矣。范氏曰:'《书》曰:"民惟邦本,本固邦宁。"'有仓廪府库,所以为民也。丰年则敛之,凶年则散之,恤其饥寒,救其疾苦。是以民亲爱其上,有危难则赴救之,如子弟之卫父兄,手足之捍头目也。穆公不能反己,犹欲归罪于民,岂不误哉?"①

善有善报,恶有恶报。种瓜得瓜,种豆得豆。敬人者,人亦敬之;不敬人者,当以其人之道还治其人之身。《道德经》说:"以道佐人主者,不以兵强天下,其事好还。师之所处,荆棘生焉;大军之后,必有凶年。善有果而已,不敢以取强。"②以上这些都是曾子所说的"出乎尔者,反乎尔者也"的思想。可见,天道好还、因果报应是古人普遍拥有的思想认识。

1.2.13 与民守之,效死而民弗去,则是可为也

【原文】

滕文公问曰:"滕,小国也,间于齐楚。事齐乎?事楚乎?"

---

① 孟子[M].朱熹,集注.上海:上海古籍出版社,2013:28.
② 黄朴民.道德经讲解[M].长沙:岳麓书社,2005:63.

孟子对曰:"是谋非吾所能及也。无已,则有一焉:凿斯池也,筑斯城也,与民守之,效死而民弗去,则是可为也。"

【引言】

这一章,滕文公向孟子请教小国如何自保之道,孟子表示自己无能为力,他勉强建议说,一方面施行仁政,赢得民心;另一方面发展军事,做好军事斗争准备,其他的就只有听天由命了。

战国是一个小国自危的时代。各诸侯国之间的关系已经由原先的相互争霸渐渐变成了相互吞并。这一时期,小国即使能够左右逢源,也很难摆脱最终被吞灭的命运。这就是小国的宿命。滕国是一个小国,夹在齐国和楚国两个大国之间,就像一只老鼠钻进了风箱,两头受气。所以当滕文公向孟子请教对付办法时,孟子也只能表示"是谋非吾所能及也"。事实上,任何人面对这种问题,也都是能力有限,无可奈何。那能怎么办呢?很显然,只有一条路必须走了,那就是尽人事,知天命。好好经营自己,好好增强自己,好好巩固自己,好好地活自己,一切听凭自然,随缘自在。

【释解】

(1)滕文公:姬姓,名宏,滕国国君,滕定公之子。公元前326年,滕文公以太子身份出使楚国,经过宋国时两次见到孟子,并向孟子请教治理国家的办法。他做国君后,比较亲民,轻徭薄赋,推行礼制,兴办学校等,被国人称为"贤君"。

(2)滕:滕国,周朝分封的诸侯小国,在今山东省滕州市境内,公元前296年为宋国所灭。

(3)间于齐楚:夹在齐国和楚国中间。齐国位于滕国东北,楚国位于滕国西南。间:在……之间。

(4)是谋非吾所能及也:这个谋划超过了我的能力限度。是:这。谋:谋划,计谋。及:达到。

(5)无已,则有一焉:如果我不得不说,那只有一种办法。无已:迫不得已,不得不说。

(6)凿斯池也:深挖护城河。池:护城河。

(7)效死而民弗去,则是可为也:百姓拼死报效国家而不肯离开,这就可以了。效死:拼死效力。效:献力,致力,尽力。去:离开。可为:可以,好办。

【译文】

滕文公问孟子:"滕国是个小国,夹在齐国和楚国中间。滕国是侍奉齐国还是侍奉楚国呢?"

孟子回答说:"这个谋划超过了我的能力限度。如果非要我说,那只有一种办法:(两国都侍奉,都不得罪,然后)深挖护城河,筑牢城墙,与百姓们一同守卫,百姓拼死报效国家而不肯离开,这就可以了。"

【拓展】

俗话说:"大鱼吃小鱼,小鱼吃虾米。"在绝对实力面前,任何战术和技巧都是徒劳。无论是鸡蛋碰石头还是石头敲鸡蛋,结果都是鸡蛋被撞破。在兼并成风的战国时期,滕国这个小国处于齐、楚两个大国和强国的夹缝中,其生存主要取决于齐国和楚国的野心如何。滕国所能做的,就是尽可能地得民心,并在得民心的基础上尽可能地做好经济发展和军事斗争准备。这样才能最大限度地吓阻和延缓两大强国急于吞并滕国的想法。"国君与其事齐事楚,莫若事仁义,事仁义可以得民心。有民心,何必事齐楚?赵岐云:'事无礼之国,不若得民心,与之守死善道也。'君子之道,正己任天。"[1]

1.2.14 君子创业垂统,为可继也

【原文】

滕文公问曰:"齐人将筑薛,吾甚恐。如之何则可?"

孟子对曰:"昔者太王居邠,狄人侵之,去之岐山之下居焉。非择而取之,不得已也。苟为善,后世子孙必有王者矣。君子创业垂统,为可继也。若夫成功,则天也。君如彼何哉?强为善而已矣。"

【引言】

这一章与上一章同样是滕文公和孟子之间的对话。在对话中,滕文公提到齐国在薛地加固城池,这表明齐国可能要对滕国不利。薛地原来是个

---

[1] 杨治国.小人物评《孟子》[M].北京:中国工人出版社,2008:48.

小国,后来被齐国吞并了。所以,齐国的一举一动,在滕文公的眼里都可能是大祸将至。这次又是请教孟子该如何办。上次孟子提出死马当作活马医,不管最终命运如何,首先是做好自己,赢得民心,发展经济和做好军事斗争准备,然后听天由命。这次孟子想到了周文王的先祖太王(又称为古公亶父)面对强邻威胁时候的明智做法。太王当时主动搬离被狄人频繁侵略的邠地,迁居到岐山脚下,不仅赢得了民心,还为其后世子孙积累了无量福德。这个善举的因直接造就了周武王成为周朝天子的果。于是,孟子提出滕文公可以效法太王的智慧,说不定能够创业垂统。当然,成功与否,则取决于上天的安排。

【释解】

(1)薛:薛地。薛地被齐国吞并前是一个小国,在今山东省滕州市。

(2)昔者太王居邠:从前太王居住在邠地。邠(bīn):古地名,今陕西省彬州市和旬邑县一带。

(3)狄人:先秦时期的西北民族。

(4)去之岐山之下居焉:去到岐山脚下居住生活。去之:去到。岐山:在今陕西省岐山县东北。

(5)非择而取之:(这)并不是他自己主动选择去那里居住。

(6)苟为善,后世子孙必有王者矣:如果行善的话,后世子孙中必定有称王天下的人。苟:如果。王:称王天下。

(7)创业垂统:创立事业,并传给后世子孙。

(8)若夫成功,则天也:至于是否能成功,这就要看天意了。若夫:至于。

(9)君如彼何哉:您能把齐国怎么样呢。君:您。彼:指齐国。

(10)强为善而已矣:只要努力行善就可以了。强:努力,尽力。

【译文】

滕文公问孟子:"齐国人将要加固薛城,我非常恐慌。我该怎么办才好?"

孟子回答说:"从前太王居住在邠地,狄人屡次侵犯邠地,太王便搬迁到岐山脚下去居住生活。这并不是他自己要主动选择去那里居住,实在是迫不得已。您如果(施行仁政)行善的话,后世子孙中必定有称王天下的人。

君子创立事业,并传给后世子孙,正是为了可以世世代代继承下去。至于是否能成功,这就要看天意了。您能把齐国怎么样呢?只要努力(施行仁政)行善就可以了。"

【拓展】

朱熹注解说:"言能为善,则如太王虽失其地,而其后世遂有天下,乃天理也。然君子造基业于前,而垂统绪于后,但能不失其正,令后世可继续而行耳。若夫成功,则岂可必乎?彼,齐也。君之力既无如之何,则但强于为善,使其可继而俟命于天耳。此章言人君但当竭力于其所当为,不可侥幸于其所难必。"①

谋事在人,成事在天。滕国作为小国,夹在两大国之间,是在夹缝中求生存和发展。能否不被吞并,不仅仅取决于自己,更大程度上取决于两大国对滕国领土的觊觎和野心。不怕贼偷,就怕贼惦记。所以,对于这个问题,除了尽量做好自己,听凭命运之神的安排,也没有更好的办法了。一个小国是如此,一个人也是如此,所以,但行好事,莫问前程。

1.2.15 仁人也,不可失也

【原文】

滕文公问曰:"滕,小国也。竭力以事大国,则不得免焉。如之何则可?"

孟子对曰:"昔者太王居邠,狄人侵之。事之以皮币,不得免焉;事之以犬马,不得免焉;事之以珠玉,不得免焉。乃属其耆老而告之曰:'狄人之所欲者,吾土地也。吾闻之也:君子不以其所以养人者害人。二三子何患乎无君?我将去之。'去邠,逾梁山,邑于岐山之下居焉。邠人曰:'仁人也,不可失也。'从之者如归市。或曰:'世守也,非身之所能为也。效死勿去。'君请择于斯二者。"

【引言】

这一章和前两章(即《梁惠王章句下》第十三、十四章)的对话和问题有些类似,仍然是滕文公为了滕国的生存和安全而向孟子请教保全之

---

① 孟子[M].朱熹,集注.上海:上海古籍出版社,2013:29.

策,孟子除了建议滕文公做好自己,赢得民心,发展经济和做好军事斗争准备以及听天由命之外,还建议滕文公效法古公亶父迁移到足够安全的地方。

显而易见,孟子对小国如何保全自己这个问题也没有圆满解决之道。孟子只能提供两个参考意见:一是,学习太王既然惹不起,就干脆搬迁到其他威胁少的地方,安居下来。惹不起,还躲不起吗?二是,不愿意离开世世代代所生活居住的地方,那就干脆做好自己,施行仁政,赢得民心,拼死固守祖先开创的基业,大不了玉石俱焚,同归于尽。

【释解】

(1)不得免焉:不能够免(于被欺凌或被大国吞并的命运)。焉:于此。

(2)事之以皮币:用毛皮和缯帛去上贡和侍奉他们。皮币:毛皮和缯帛,古代上贡或用作聘享的贵重礼物。

(3)乃属其耆老:于是召集当地的长老。属:召集,集合。耆(qí)老:原指六七十岁的老人,泛指老年人。在古代,六十岁称为"耆",七十岁称为"老"。

(4)君子不以其所以养人者害人:君子不会拿用来养活人的东西来害人。所以养人者:指养活人的土地。

(5)二三子何患乎无君:你们何必担忧没有君主呢。二三子:你们。何患:何必,为何。

(6)去邠,逾梁山:离开邠地,越过梁山。梁山:在今陕西乾县西北。

(7)邑于岐山之下居焉:在岐山脚下营建城邑定居下来。邑:营建城邑,营建城池。

(8)从之者如归市:跟从他的人就像赶往集市一般。之:他,指太王。归市:赶集,赶往集市。

(9)世守也,非身之所能为也:(这里是我们)世世代代所生活和守卫之地,不是自己可以做主想放弃就能放弃的。身:自己,自身。所能为:所能做主的。

(10)君请择于斯二者:请您在这二者中做个选择。斯:这。

【译文】

滕文公问孟子:"我们滕国是个小国。滕国竭力侍奉大国,还是不能免于被欺凌和被大国吞并的命运。究竟怎么办才可以呢？"

孟子回答说："从前太王居住在邠地的时候，狄人常常入侵。太王用毛皮和缯帛去上贡和侍奉他们，还是不能免于被欺凌；用好犬好马去上贡和侍奉他们，还是不能免于被欺凌；用珠宝玉石去上贡和侍奉他们，还是不能免于被欺凌。于是召集当地的长老，给大家讲话说：'狄人想要的是我的土地。我听说：君子不会拿用来养活人的东西来害人。你们何必担忧没有君主呢？我将离开这个地方。'之后，太王带着族人离开邠地，越过梁山，在岐山脚下营建城邑定居下来。邠地的百姓说：'太王是个仁义的人，我们不能失去他。'于是，跟从太王而去的人就像赶往集市一般。邠地也有人说：'这里是我们世世代代所生活和守卫之地，不是自己可以做主想放弃就能放弃的。宁愿献出生命也不离开这里。'请您在这二者中做个选择。"

【拓展】

朱熹注解说："能如太王则避之，不能则谨守常法。盖迁国以图存者，权也；守正而俟死者，义也。审己量力，择而处之可也。杨氏曰：'孟子之于文公，始告之以效死而已，礼之正也。至其甚恐，则以太王之事告之，非得已也。然无太王之德而去，则民或不从，而遂至于亡，则又不若效死之为愈。故又请择于斯二者。'又曰：'孟子所论，自世俗观之，则可谓无谋矣。然理之可为者，不过如此。舍此则必为仪、秦之为矣。凡事求可，功求成。取必于智谋之末而不循天理之正者，非圣贤之道也。'"[1]

朱熹在这里的评论非常中肯。太王之所以迁居到岐山脚下，是为了躲避威胁，求得生存和发展。太王的做法属于权宜之计。至于有邠地的百姓宁愿死在当地也不愿离开，朱熹认为这是义举。到了战国时期，滕文公想要效仿太王迁居到他处，可能性已经很小。主要有两个问题：一是当时还有没有其他无主闲置的土地可供给滕文公去迁居？二是有多少滕国百姓愿意跟随滕文公去迁居？如果彻底排除这一个迁居到别处的选择，那就只能在滕国死守了。这样，为了滕国能存在更久，或者少受凌辱，滕文公只能励精图治、奋发有为了。

---

[1] 孟子[M].朱熹,集注.上海：上海古籍出版社,2013:30.

1.2.16 吾之不遇鲁侯,天也

【原文】

鲁平公将出,嬖人臧仓者请曰:"他日君出,则必命有司所之。今乘舆已驾矣,有司未知所之。敢请。"

公曰:"将见孟子。"

曰:"何哉,君所为轻身以先于匹夫者?以为贤乎?礼义由贤者出,而孟子之后丧逾前丧。君无见焉!"

公曰:"诺。"

乐正子入见,曰:"君奚为不见孟轲也?"

曰:"或告寡人曰,'孟子之后丧逾前丧',是以不往见也。"

曰:"何哉,君所谓逾者?前以士,后以大夫;前以三鼎,而后以五鼎与?"

曰:"否。谓棺椁衣衾之美也。"

曰:"非所谓逾也,贫富不同也。"

乐正子见孟子,曰:"克告于君,君为来见也。嬖人有臧仓者沮君,君是以不果来也。"

曰:"行或使之,止或尼之。行止,非人所能也。吾之不遇鲁侯,天也。臧氏之子焉能使予不遇哉?"

【引言】

这一章,鲁平公本来要会见孟子,但受到宠臣臧仓的阻止,孟子将结果归因于天意。

对孟子有好感的乐正子向鲁平公推荐了孟子,鲁平公决定去会会孟子。鲁平公正要出发的时候,其宠臣臧仓极力诋毁孟子并成功劝止了他。乐正子拜见鲁平公,问其原因。结果鲁平公却没能给出有说服力的理由。但君无戏言,想要鲁平公改变主意,是不可能的了。于是,乐正子据实以告孟子。这时候,孟子表现出了和孔子一样的信天由命的思想。孟子认为,能阻止自己不和鲁平公见面约谈的不是臧仓这个佞臣,而是天意。孔子曾说:"不知命,无以为君子也;不知礼,无以立也;不知言,无以知人也。"[①]孟

---

① 安德义.论语解读[M].北京:中华书局,2007:656.

子是孔子思想的传承者和弘扬者,所以,"知天命"思想也在其脑海中有很深的烙印。

【释解】

(1)鲁平公:姬姓,名叔,鲁景公之子,鲁国第三十三任君主,公元前316年至公元前297年在位。

(2)嬖人臧仓者:鲁平公的宠臣臧仓。嬖(bì)人:受宠爱的人。

(3)他日君出,则必命有司所之:平日里您要外出,就一定会告诉主管官员您要去的地方。他日:平日。君:您。有司:主事官员,管事的人。之:到。

(4)乘(shèng)舆:国君出行所用车马。

(5)君所为轻身以先于匹夫者:您轻贱自身先去拜访一个普通人。轻身:轻贱身体,降低身份。匹夫:指普通人。

(6)后丧逾前丧:后丧的规格超过了前丧的规格,指孟子母亲丧事的规格超过了其父亲丧事的规格。后丧:指孟子母亲的丧事。前丧:指孟子父亲的丧事。孟子的父亲先于其母亲去世。

(7)君无见焉:您不要去见他。无:同"勿",不要。

(8)乐正子:姓乐正,名克,鲁国官员,孟子的弟子。

(9)前以士,后以大夫:前丧(孟子父亲的丧事)是孟子以士贵族的身份和规格办理的,后丧(指孟子母亲的丧事)是孟子以大夫的身份和规格办理的。士:指士贵族的身份和规格。大夫:指大夫的身份和规格。

(10)前以三鼎,而后以五鼎与:前丧是以三鼎的规格办理的,后丧是以五鼎的规格办理的呢。古代祭礼是用鼎来盛动物类的祭品,且分等级,士用三鼎,大夫用五鼎。三鼎:指牲鼎、鱼鼎和腊鼎。五鼎:指羊鼎、猪鼎、肤(切肉)鼎、鱼鼎和腊鼎。与:同"欤",呢。

(11)谓棺椁衣衾之美也:指的是棺椁、衣服和被褥的精美程度不同。棺椁:古代棺材分为内棺和外棺,内棺称为棺,外棺称为椁。衣衾:装殓死者的衣服和被褥。

(12)克告于君,君为来见也:我给国君推荐过您,他说他要来见您。克:乐正子的名。

(13)沮君:阻止了国君(来见孟子)。沮:阻止。

(14)不果:不能赴约。

(15)行或使之,止或尼之:冥冥中,行得通,有一股天然的力量在促使它;行不通,也有一股天然的力量在阻止它。使:促使,推动。尼:阻止。

(16)臧氏之子:姓臧的那小子,指臧仓。

【译文】

鲁平公将要外出,其宠臣臧仓来请示说:"平日里您要外出,就一定会告诉主管官员您要去的地方。现在您乘坐的马车已经准备好了,主管官员还不知道您要往哪里去。故来冒昧请示一下。"

鲁平公说:"将去见孟子。"

臧仓说:"您为何要轻贱自身先去拜访一个普通人?是因为对方贤能吗?合乎礼制的仁义是由贤德的人践行出来的,而孟子办理其母亲丧事的规格超过了其父亲丧事的规格。您就不要见他了吧!"

鲁平公说:"好吧。"

过了一会儿,乐正子拜见鲁平公,问道:"您为什么不去见孟轲呢?"

鲁平公说:"有人给我说,'孟子办理其母亲丧事的规格超过了其父亲丧事的规格',所以我就不去见他了。"

乐正子又问道:"您所说的'孟子办理其母亲丧事的规格超过了其父亲丧事的规格'到底是指什么呢?是指孟子父亲的丧事是孟子以士贵族的身份和规格办理的而孟子母亲的丧事是孟子以大夫的身份和规格办理的,还是指前丧是以三鼎的规格办理的而后丧是以五鼎的规格办理的呢?"

鲁平公说:"都不是,我是指安葬用的棺椁、衣服和被褥的精美程度不同。"

乐正子说:"这不叫逾越礼制,是因为孟子的家境条件前后发生了变化,先前贫穷,后来变富。"

乐正子来见孟子,说道:"我给国君推荐过您,他说他要来见您。但是鲁平公的宠臣臧仓阻止了国君来见您,因此国君不能如约前来见您了。"

孟子说:"冥冥中,行得通,有一股天然的力量在促使它;行不通,也有一股天然的力量在阻止它。无论是行得通还是行不通,都不是人力所能为的。我与鲁国国君无缘见面,乃是天意。姓臧的那小子怎么能使我遇不到鲁国国君呢?"

【拓展】

朱熹注解说:"言人之行,必有人使之者。其止,必有人尼之者。然其所以行所以止,则固有天命,而非此人所能使,亦非此人所能尼也。然则我之不遇,岂藏仓之所能为哉?此章言圣贤之出处,关时运之盛衰,乃天命之所为,非人力之可及。"①

孔子相信有天命,孟子相信有天命,朱熹等儒者皆相信有天命。在我看来,所谓天命,就是宇宙冥冥中存在的自然规律。宇宙是一个浑然不可分割的整体,是一个超巨系统。宇宙超巨系统的力量及其运行的客观规律,不以人的意志为转移,也非人力所能及。

---

① 孟子[M].朱熹,集注.上海:上海古籍出版社,2013:31.

公孙丑章句

《公孙丑章句》共计二十三章，分为《公孙丑章句上》和《公孙丑章句下》两部分。《公孙丑章句上》共计九章，前两章是孟子与学生公孙丑之间的对话记录，后七章都是孟子自发的言语或评论。本篇主要涉及孟子的仁政志向、不动心、浩然之气、圣人品格、王道和霸道之不同、仁政好处、仁政政策、性善论、仁的概念阐释、身心修养、人物评论等内容。

《公孙丑章句下》共计十四章，第一章是孟子的语录，第二章是孟子与公孙丑、景丑氏等人之间的对话，第三章是孟子与陈臻之间的对话，第四章是孟子和孔距心、齐王之间的对话，第五章是孟子和蚳蛙等人之间的对话，第六章、第十四章是孟子和公孙丑之间的对话，第七章、第十三章是孟子和充虞之间的对话，第八章是孟子和沈同等人之间的对话，第九章是齐宣王和陈贾、陈贾和孟子之间的对话，第十章是齐宣王和时子、孟子等人之间的对话，第十一章是孟子和一位不速之客之间的对话，第十二章是孟子和高子、尹士之间的对话或传话。本篇记述孟子的雄心壮志、人格尊严、自尊心、离开齐国前后的情形，以及他在时局、办理丧事、官员作风、治国理政、如何对待赠金和薪水等问题上的一些看法。

2.1 公孙丑章句上

《公孙丑章句上》共计九章。具体而言，第一章，孟子认为自己如果能够做齐国国相，一定会施行仁政，这样取得的政绩要比管仲、晏婴的还要大，百姓也会更加安居乐业。第二章，孟子谈到不动心、浩然之气和圣人品格，孟子表示自己愿意以孔子为榜样做人。第三章，孟子讲说王道和霸道的区别。

第四章,孟子讲述仁政的好处以及懒政和坏政的祸害。第五章,孟子系统地阐述"尊贤使能""廛而不征,法而不廛""讥而不征""助而不税""廛,无夫、里之布"五项仁政政策主张。第六章,孟子提出性善论,孟子认为"四心"(恻隐之心、羞恶之心、辞让之心、是非之心)和仁、义、礼、智四善端扩充起来,就能使人成为尧、舜一样的圣人。第七章,孟子提出仁是"天之尊爵""人之安宅",他建议人们择业的时候尽量选择能促进仁义品质的职业。第八章,孟子强调见贤思齐和与人为善的重要性与必要性。第九章,孟子对伯夷和柳下惠二人行事风格进行评价,认为伯夷太苛求完美,而柳下惠太过于不恭和随便,二者皆不可取。

2.1.1 虽有智慧,不如乘势

【原文】

公孙丑问曰:"夫子当路于齐,管仲、晏子之功,可复许乎?"

孟子曰:"子诚齐人也,知管仲、晏子而已矣。或问乎曾西曰:'吾子与子路孰贤?'曾西蹙然曰:'吾先子之所畏也。'曰:'然则吾子与管仲孰贤?'曾西艴然不悦,曰:'尔何曾比予于管仲?管仲得君,如彼其专也;行乎国政,如彼其久也;功烈,如彼其卑也。尔何曾比予于是?'"

曰:"管仲,曾西之所不为也,而子为我愿之乎?"

曰:"管仲以其君霸,晏子以其君显。管仲、晏子犹不足为与?"

曰:"以齐王,由反手也。"

曰:"若是,则弟子之惑滋甚。且以文王之德,百年而后崩,犹未洽于天下;武王、周公继之,然后大行。今言王若易然,则文王不足法与?"

曰:"文王何可当也?由汤至于武丁,贤圣之君六七作。天下归殷久矣,久则难变也。武丁朝诸侯,有天下,犹运之掌也。纣之去武丁未久也,其故家遗俗,流风善政,犹有存者;又有微子、微仲、王子比干、箕子、胶鬲,皆贤人也,相与辅相之,故久而后失之也。尺地莫非其有也,一民莫非其臣也,然而文王犹方百里起,是以难也。齐人有言曰:'虽有智慧,不如乘势;虽有镃基,不如待时。'今时则易然也。夏后、殷、周之盛,地未有过千里者也,而齐有其地矣;鸡鸣狗吠相闻,而达乎四境,而齐有其民矣。地不改辟矣,民不改聚矣,行仁政而王,莫之能御也。且王者之不作,未有疏于此时者也;民之憔悴

于虐政,未有甚于此时者也。饥者易为食,渴者易为饮。孔子曰:'德之流行,速于置邮而传命。'当今之时,万乘之国行仁政,民之悦之,犹解倒悬也。故事半古之人,功必倍之。惟此时为然。"

【引言】

这一章,孟子认为自己如果能够做齐国国相,一定会施行仁政,这样取得的政绩要比管仲、晏婴取得的政绩还要大,百姓也会更加安居乐业。

在这一章孟子与学生公孙丑之间的对话中,公孙丑问孟子,如果能当上齐国的国相,是否能取得像管仲、晏婴那样的政绩。孟子表示说,如果他能当上齐国国相,他就会施行仁政,因此取得的政绩会比管仲、晏婴的还要大,还要好。这是因为,齐国目前已经拥有比周文王时候还大的土地,所以不需要再扩大国土,只要施行仁政,让百姓过上安宁富裕的生活即可。再者,目前齐国施行仁政的时机非常不错。由于多年打仗,税赋增加,齐国百姓的生活苦不堪言,所以百姓对仁政有着强烈的愿望和要求。只要齐国施行仁政,百姓必然热烈欢迎和拥护,这样取得的政绩自然要比管仲、晏婴时候的要多、要大。

【释解】

(1)公孙丑:齐国人,孟子的学生。

(2)夫子当路于齐,管仲、晏子之功,可复许乎:如果先生在齐国执政,管仲、晏子的功业能再建立起来吗？夫子:先生。当路:当政,执政。管仲:姬姓,管氏,名夷吾,字仲,谥敬,春秋时期法家人物。管仲辅佐齐桓公成为春秋时第一位霸主,辅政长达40年。孔子曾言:"桓公九合诸侯,不以兵车,管仲之力也。如其仁,如其仁。"①又说:"管仲相桓公,霸诸侯,一匡天下,民到于今受其赐。微管仲,吾其被发左衽矣。岂若匹夫匹妇之为谅也,自经于沟渎,而莫之知也?"②晏子:姬姓(一说子姓),名婴,字平仲(一说谥平,字仲),齐国上大夫,历任齐灵公、庄公、景公三朝,辅政长达50余年,春秋时期著名政治家、思想家、外交家。复:再,再次。许:兴盛,建立。

---

① 安德义.论语解读[M].北京:中华书局,2007:451.
② 安德义.论语解读[M].北京:中华书局,2007:453.

(3)曾西:即曾申,字子西,曾参之子,鲁国人。

(4)吾子与子路孰贤:老兄您与子路谁更贤德呢。吾子:老兄(您),吾兄。子路:姓仲名由,字子路,又字季路,孔子的学生。孰:谁,哪个。

(5)蹙(cù)然:愁眉不展的样子,局促不安的样子。

(6)先子:已去世的长辈,这里指曾西的父亲曾参。

(7)艴(fú)然:恼怒的样子,非常生气的样子。

(8)尔何曾比予于管仲:你为何竟然把我与管仲相比。尔:你。何:为何,为什么。曾:竟然,居然。予:我。

(9)功烈,如彼其卑也:功勋业绩却是那么微小。功烈:功勋业绩,功业。如彼其卑也:倒装句,应为"其卑如彼也",形容建立的功业比较微小,或微不足道。

(10)子为我愿之乎:你认为我愿意和他相比吗。子:你。为:以为,认为。之:指孟子跟管仲比较所可能取得的功业大小之事。

(11)管仲、晏子犹不足为与:管仲、晏子二人还不值得效法吗。为:效法,效仿。与:同"欤",吗。

(12)以齐王,由反手也:以齐王拥有的条件,易如反掌。以:凭借。由:犹如,好像。

(13)以文王之德,百年而后崩,犹未洽于天下:以周文王的厚德,活了一百岁左右才去世,还未能将仁德周遍天下。崩:去世。洽:周遍,广博。

(14)由汤至于武丁,贤圣之君六七作:从商汤到武丁,贤圣的君主有六七个。汤:商汤,商朝开国君主。武丁:子姓,名昭,商王小乙之子,公元前1250年至公元前1192年在位。作:兴起,出现。

(15)纣之去武丁未久也,其故家遗俗,流风善政,犹有存者:商纣王距离武丁的时候没有多久,武丁时代遗留下来的世家风俗习惯、社会风气和善良政治文化,还有存在着的。纣:商纣王,商朝末代君主。去:离。

(16)又有微子、微仲、王子比干、箕子、胶鬲,皆贤人也:又有微子、微仲、王子比干、箕子、胶鬲,这些人都是贤人。

(17)虽有镃基,不如待时:虽然有大锄,不如等待农时。镃(zī)基:亦作"镃錤",大锄,泛指农具。

(18)今时则易然也:现在的时势(施行仁政)则容易多了。时:时势,时机。

(19)地不改辟矣，民不改聚矣：国土不需要再开辟了，百姓不需要再增多了。改辟：改变和开辟。聚：生聚，增加人口。

(20)德之流行，速于置邮而传命：道德的流行，比驿站传达命令还要快捷。置邮：驿站，驿站传递。

【译文】

公孙丑问孟子："如果先生在齐国执政，管仲、晏子的功业能再建立起来吗？"

孟子回答说："你真是个齐国人啊，只知道管仲、晏子罢了。有人曾经问曾西：'老兄您与子路谁更贤德呢？'曾西愁眉不展地说：'子路是我父亲曾参所敬畏的人。'那人又问：'那么老兄您与管仲谁更贤德呢？'曾西顿时恼怒地说：'你为何竟然把我与管仲相比？管仲得到君主的信任是那样的专一；治国理政是那样的长久；功勋业绩却是那样的微不足道。你为何竟然把我与他相比？'"

孟子接着说："管仲是曾西都不愿意学习的榜样，你认为我愿意和他相比吗？"

公孙丑说："管仲使其君主称霸天下，晏子使其君主名扬诸侯。管仲、晏子二人（这么大的成就）还不值得效法吗？"

孟子说："以齐王拥有的条件（称王天下），易如反掌。"

公孙丑说："如果这样，那我这个学生就更加疑惑了。且以周文王的厚德，活了一百岁左右才去世，还未能将仁德周遍天下；周武王、周公继续周文王的事业，才使周文王的德政事业大行于天下。现在您说称王天下好像很容易的样子，那周文王也不值得效法吗？"

孟子说："怎么可以和周文王相提并论呢？从商汤到武丁，贤圣的君主有六七个。天下归顺殷朝好久了，时间久了就很难改变。武丁使诸侯来朝，拥有天下，犹如在手掌之中转动运行一般。商纣王距离武丁的时候没有多久，武丁时代遗留下来的世家风俗习惯、社会风气和善良政治文化，还有存在着的；又有微子、微仲、王子比干、箕子、胶鬲，这些人都是贤人，他们一起辅佐商纣王，所以时间过了好久商朝才失去天下。那时候没有一尺之地不是他拥有的，没有一个百姓不是他的臣民，然而周文王还是从方圆百里的地方开始兴起（，日益壮大），因此万事开头难。齐国人有谚语说：'虽有智慧，不如乘势；虽有镃基，不如待时。'现在的时势（施行仁政）则容易多了。夏朝、殷朝、周朝三代最盛时期，其拥有的国土都没有超过方圆千里的，而现在齐国拥有的国土已经超过了方圆千里；鸡鸣狗叫的声音可以相互听到，还可以一直传播到东西南北的边境，而且齐国也拥有了数量可观的百姓。国土不需要再开辟了，百姓不需要再增多了，施行仁政，称王天下，没有人能够阻挡。再者，有仁德的王者不兴起，没有比现在这个时候隔得更久的；百姓被暴虐的政治折磨得如此憔悴，也没有比现在这个时候更厉害的。饥饿的人容易不挑食物，口渴的人容易不挑饮水。孔子说：'道德的流行，比驿站传达命令还要快捷。'在当今这个时候，拥有万辆兵车的国家施行仁政，百姓就会感到喜悦，就像把倒悬着的人解救下来一般。所以，事情只要做到古人的一半，其功效必定会加倍。也只有现在这个时候才能做到。"

【拓展】

朱熹注解说："桓公独任管仲四十余年，是专且久也。管仲不知王道而行霸术，故言功烈之卑也。杨氏曰：'孔子言子路之才，曰："千乘之国，可使治其赋也。"使其见于施为，如是而已。其于九合诸侯，一匡天下，固有所不逮也。然则曾西推尊子路如此，而羞比管仲者何哉？譬之御者，子路则范我驰驱而不获者也；管仲之功，诡遇而获禽耳。曾西，仲尼之徒也，故不道管仲之事。'"①

杨治国评论说："儒家耻言管、晏，乃儒法之道不同，不可相与为谋。儒家重教化，法家重典刑。儒以仁义王天下，法以强兵霸诸侯。儒兴耕织在使百姓乐业，法治耕织在使强兵备战。"②

按道理来说，管仲做了"九合诸侯，一匡天下"的事情，是历史罕见的、前所未有的创举。但是孟子就是看不上。为什么呢？只有一个原因，那就是道不同不相为谋。孟子崇尚的是尧、舜、禹、汤、文、武、周公的王道仁政道统，不怎么看重管仲所遵循的霸道道统。尽管孟子对管仲的评价较为苛刻，但孟子所崇尚的圣人孔子十分肯定管仲对周朝所作的贡献。他甚至感叹道："管仲相桓

---

① 孟子[M].朱熹,集注.上海：上海古籍出版社,2013：33.
② 杨治国.小人物评《孟子》[M].北京：中国工人出版社,2008：53.

公,霸诸侯,一匡天下,民到于今受其赐。微管仲,吾其被发左衽矣。岂若匹夫匹妇之为谅也,自经于沟渎,而莫之知也?"①的确,如果没有管仲使齐国富强起来,有力抵挡少数民族的入侵,当时齐国、鲁国都有可能被少数民族占据,这样,齐鲁文化都有可能荡然无存。总之,无论是王道还是霸道,最为关键的是,不能是空中楼阁,不能是不切实际的空想和幻想。

2.1.2 我知言,我善养吾浩然之气

【原文】

公孙丑问曰:"夫子加齐之卿相,得行道焉,虽由此霸王,不异矣。如此,则动心否乎?"

孟子曰:"否。我四十不动心。"

曰:"若是,则夫子过孟贲远矣。"

曰:"是不难,告子先我不动心。"

曰:"不动心有道乎?"

曰:"有。北宫黝之养勇也,不肤挠,不目逃,思以一豪挫于人,若挞之于市朝。不受于褐宽博,亦不受于万乘之君。视刺万乘之君,若刺褐夫。无严诸侯。恶声至,必反之。孟施舍之所养勇也,曰:'视不胜犹胜也。量敌而后进,虑胜而后会,是畏三军者也。舍岂能为必胜哉?能无惧而已矣。'孟施舍似曾子,北宫黝似子夏。夫二子之勇,未知其孰贤,然而孟施舍守约也。昔者曾子谓子襄曰:'子好勇乎?吾尝闻大勇于夫子矣:自反而不缩,虽褐宽博,吾不惴焉;自反而缩,虽千万人,吾往矣。'孟施舍之守气,又不如曾子之守约也。"

曰:"敢问夫子之不动心,与告子之不动心,可得闻与?"

"告子曰:'不得于言,勿求于心;不得于心,勿求于气。'不得于心,勿求于气,可;不得于言,勿求于心,不可。夫志,气之帅也;气,体之充也。夫志至焉,气次焉。故曰:'持其志,无暴其气。'"

"既曰'志至焉;气次焉',又曰'持其志,无暴其气'者,何也?"

曰:"志壹则动气,气壹则动志也。今夫蹶者趋者,是气也,而反动其心。"

---

① 安德义.论语解读[M].北京:中华书局,2007:453.

"敢问夫子恶乎长?"

曰:"我知言,我善养吾浩然之气。"

"敢问何谓浩然之气?"

曰:"难言也。其为气也,至大至刚,以直养而无害,则塞于天地之间。其为气也,配义与道;无是,馁也。是集义所生者,非义袭而取之也。行有不慊于心,则馁矣。我故曰,告子未尝知义,以其外之也。必有事焉而勿正,心勿忘,勿助长也。无若宋人然。宋人有闵其苗之不长而揠之者,芒芒然归,谓其人曰:'今日病矣,予助苗长矣。'其子趋而往视之,苗则槁矣。天下之不助苗长者寡矣!以为无益而舍之者,不耘苗者也;助之长者,揠苗者也。非徒无益,而又害之。"

"何谓知言?"

曰:"诐辞,知其所蔽;淫辞,知其所陷;邪辞,知其所离;遁辞,知其所穷。生于其心,害于其政;发于其政,害于其事。圣人复起,必从吾言矣。"

"宰我、子贡善为说辞,冉牛、闵子、颜渊善言德行。孔子兼之,曰:'我于辞命,则不能也。'然则夫子既圣矣乎?"

曰:"恶!是何言也?昔者子贡问于孔子,曰:'夫子圣矣乎?'孔子曰:'圣则吾不能,我学不厌而教不倦也。'子贡曰:'学不厌,智也;教不倦,仁也。仁且智,夫子既圣矣!'夫圣,孔子不居,是何言也?"

"昔者窃闻之:子夏、子游、子张皆有圣人之一体,冉牛、闵子、颜渊则具体而微。敢问所安。"

曰:"姑舍是。"

曰:"伯夷、伊尹何如?"

曰:"不同道。非其君不事,非其民不使,治则进,乱则退,伯夷也。何事非君,何使非民,治亦进,乱亦进,伊尹也。可以仕则仕,可以止则止,可以久则久,可以速则速,孔子也。皆古圣人也。吾未能有行焉,乃所愿,则学孔子也。"

"伯夷、伊尹于孔子,若是班乎?"

曰:"否。自有生民以来,未有孔子也。"

曰:"然则有同与?"

曰:"有。得百里之地而君之,皆能以朝诸侯、有天下。行一不义、杀一不辜而得天下,皆不为也。是则同。"

曰:"敢问其所以异?"

曰:"宰我、子贡、有若,智足以知圣人,污不至阿其所好。宰我曰:'以予观于夫子,贤于尧、舜远矣。'子贡曰:'见其礼而知其政,闻其乐而知其德。由百世之后,等百世之王,莫之能违也。自生民以来,未有夫子也。'有若曰:'岂惟民哉?麒麟之于走兽,凤凰之于飞鸟,太山之于丘垤,河海之于行潦,类也。圣人之于民,亦类也。出于其类,拔乎其萃,自生民以来,未有盛于孔子也。'"

【引言】

这一章,孟子谈到不动心、浩然之气和圣人品格,孟子表示自己愿意以孔子为榜样做人。

在这一章孟子和其学生公孙丑之间的对话中,他们谈及不动心、志和气的关系、浩然之气、伯夷和伊尹二人与孔子的不同,以及孟子对孔子的崇高评价和愿意以孔子为学习榜样的决心。"公孙丑是很羡慕'不动心'的,但他把重心就放在'不动心'上,而不知心之不动有多种情况:有不达目的绝不罢休(如刺客)的不动心,有无所畏惧的不动心。这两种不动心,都只是暂时的或表面的不动,所以虽然看似有效,但总不彻底。只有圣人的不动心,出自本心的自定,才是真正的不动心。"①

【释解】

(1)虽由此霸王,不异矣:即使因此而成就了霸业或王业,也是不诧异的。异:惊异,诧异,奇怪。

(2)孟贲(bēn):战国时期的勇士,传说他力大无穷。一说是齐国人,一说是卫国人。

(3)告子先我不动心:告子做到不动心比我还要早。告子:名不害,战国时期思想家,曾受教于墨子,在人性问题上与孟子有过几次辩论。

(4)北宫黝之养勇也,不肤挠,不目逃,思以一豪挫于人,若挞之于市朝:北宫黝培养自己的勇气,肌肤被打中也不屈服,眼睛被打中也不躲避,认为有一点受挫于人,就像在大庭广众之下被人鞭挞一样。北宫黝

---

① 刘建生.孟子精解[M].北京:海潮出版社,2012:63.

(yǒu):齐国勇士,生平事迹不详。桡(náo):屈服,退却。思:认为。一豪:同"一毫",一根毫毛,比喻极少或极小。市朝:集市和朝廷,泛指人口众多的公共场所。

(5)褐宽博:古代贫贱者所穿的宽大粗布衣服,这里借指贫贱者。"褐宽博"与下句"视刺万乘之君,若刺褐夫"中的"褐夫"意思相同。

(6)无严诸侯:不怕诸侯。无:不。严:畏惧,害怕。

(7)孟施舍:人名,生平事迹不详。

(8)昔者曾子谓子襄曰:"子好勇乎?吾尝闻大勇于夫子矣:自反而不缩,虽褐宽博,吾不惴焉;自反而缩,虽千万人,吾往矣":从前曾子对子襄说:"你喜欢勇敢吗?我曾经从我的老师孔子那里听说过什么是大勇:自我反省不理亏,即使面对的是地位卑下的贫贱者,我有理也让三分,不使他们感到忧愁恐惧;自我反省而理亏,即使面对的是千万人,我也勇往直前,坦然面对结果。"子襄:曾子的学生。自反:自我反省,扪心自问。缩:亏欠,不足,理亏。惴:使忧愁恐惧。往:去面对。

(9)持其志,无暴其气:坚定自己的思想意志,不要损害自己的情感意气能量(即不能意气用事)。暴(bào):糟蹋,损害,消耗。

(10)今夫蹶者趋者:(譬如)现在跌倒和快步走的人。蹶(jué)者:跌倒的人。趋者:快步走,小步紧走。

(11)是集义所生者,非义而取之也:它是正义不断累积而形成的,并不是偶尔有过正义的行为而取得的。集:聚集,累积。

(12)行有不慊于心,则馁矣:如果心里有不满意而去行动,那就会丧失勇气。慊(qiè):通"惬",快心,快意,满意,满足。馁(něi):丧失勇气。

(13)必有事焉而勿正:必须小心侍奉,时刻不断地培育。勿正:时刻不断,不要停止。正:止。

(14)诐辞,知其所蔽;淫辞,知其所陷;邪辞,知其所离;遁辞,知其所穷:对于偏颇的言辞,我知道它们的弊端;对于放荡的言辞,我知道它们的缺陷;对于邪僻的言辞,我知道它们的背离;对于躲避的言辞,我知道它们的理屈词穷。诐(bì):偏颇,不正。

(15)宰我、子贡善为说辞,冉牛、闵子、颜渊善言德行:宰我、子贡善于言谈辩论,冉牛、闵子、颜渊善于讲论德行。宰我:姬姓,宰氏,名予,字子我,亦称宰予,春秋末年鲁国人。子贡:复姓端木,名赐,字子贡,春秋末年卫国人。

冉牛:姓冉,名耕,字伯牛,春秋末年鲁国人。闵子:姓闵,名损,字子骞,春秋时期鲁国人。颜渊:曹姓,颜氏,名回,春秋末年鲁国人。宰我、子贡、冉牛、闵子、颜渊都是孔子的学生。

(16)子夏、子游、子张皆有圣人之一体:子夏、子游、子张都只有圣人某一方面的特征。子夏:姓卜,名商,字子夏,春秋末年晋国人。子游:姓言,名偃,字子游,亦称"言游",春秋末年吴国人。子张:即颛孙师,字子张,春秋末年陈国人。子夏、子游、子张都是孔子的学生。

(17)伯夷、伊尹于孔子,若是班乎:伯夷、伊尹相对于孔子来讲,是同一等级的(圣人)吗。伯夷:子姓,墨胎氏,名允,商末孤竹国人。伊尹:伊姓,名挚,商汤的国相。若是:像这样的。班:等级,等次。

(18)宰我、子贡、有若,智足以知圣人,污不至阿其所好:宰我、子贡、有若三人的智慧足以了解圣人孔子,他们品德再不好也不至于为了取得孔子的好感而迎合他的喜好。有若:有氏,名若,字子有,春秋末年鲁国人,和宰我、子贡一样都是孔子的学生。污:指道德品质低劣、恶劣或不好。阿:迎合,曲从。好:爱好,喜好。

(19)太山之于丘垤,河海之于行潦,类也:泰山对于小土丘,河海对于沟中流水,都是同类。太山:即泰山。垤(dié):小土堆。行潦(lǎo):沟中的流水。类:同类。

(20)出于其类,拔乎其萃:高出同类,超出同群。出、拔:超出,超过。萃:类,群。

【译文】

公孙丑问孟子:"先生,如果您当上齐国的国相,有机会实践您的政治主张,即使因此而成就了霸业或王业,也是不诧异的。如果这样,您动心不动心呢?"

孟子回答说:"不会动心的,我四十岁的时候就不动心了。"

公孙丑说:"如果这样,那先生就远远胜过孟贲了。"

孟子说:"这不难,告子做到不动心比我还早。"

公孙丑问:"做到不动心有什么原则和方法吗?"

孟子回答说:"有啊。北宫黝培养自己的勇气,肌肤被打中也不屈服,眼睛被打中也不躲避,认为有一点受挫于人,就像在大庭广众之下被人鞭挞一样。既不受贫贱者的羞辱,也不受拥有万辆兵车的大国国君的羞辱。把刺杀拥有万辆兵车的大国国君视为刺杀一个贫贱者一样。不怕诸侯。听到不好的言语,一定会以牙还牙反击。孟施舍这样培养自己的勇气,他说:'我是把不能打胜的仗视为能够打胜的仗。如果先估量敌人的实力而后进攻,考虑能够战胜敌人而后再交战,这就是畏惧敌军的力量。我哪能一定会胜利呢?我不过能无所畏惧罢了。'孟施舍好似曾子,北宫黝好似子夏。这两个人的勇敢,不知道哪个更好,然而孟施舍的方法更把握要领。从前曾子对子襄说:'你喜欢勇敢吗?我曾经从我的老师孔子那里听说过什么是大勇:自我反省不理亏,即使面对的是地位卑下的贫贱者,我有理也让三分,不使他们感到忧愁恐惧;自我反省而理亏,即使面对的是千万人,我也勇往直前,坦然面对结果。'孟施舍的守护无畏之气,就不如曾子的方法更把握要领。"

公孙丑问:"敢问先生的不动心和告子的不动心,能讲给我听听吗?"

孟子说:"告子说:'在言语上说不通,就不必在心里用劲费力;在心里想不通,就不必在意气上用事费力。'在心里想不通,就不必在意气上用事费力,可以;在言语上说不通,就不必在心里用劲费力,则不可以。思想意志是情感意气的统帅;情感意气是充满身体的力量。思想意志到了哪里,情感意气就跟着到了哪里。所以说:'坚定自己的思想意志,不要意气用事。'"

公孙丑又问:"既说'思想意志到了哪里,情感意气就跟着到了哪里',又说'坚定自己的思想意志,不要意气用事',这是为什么呢?"

孟子回答说:"思想意志专一了就会驱动情感意气,而情感意气专一了也会影响思想意志。譬如现在跌倒和快步走的人,是在从事一种意气的运动,而这种意气的运动反过来也会影响他们的思想意志。"

公孙丑又问道:"敢问先生擅长于什么?"

孟子说:"我善于认知和理解人们的言论,我善于培养我的浩然之气。"

公孙丑又问:"敢问什么叫浩然之气?"

孟子说:"很难说清楚。它作为一种气,至大至刚,以正直之道来培养它,且不伤害它,它就会充塞于天地之间。它作为一种气,必须和正义、天道相配合;如果不这样,它就会渐渐丧失。它是正义不断累积而形成的,并不是偶尔有过正义的行为而取得的。如果心里有不满意而去行动,那就会丧失勇气。所以我说,告子不曾知道什么是义。因为他把义看作心外之物。必须小心侍奉义,时刻不断地培育它。心里时时刻刻要牢记它,但也不能拔苗助长。不要像那个宋国人那样。宋国有一个担心他田地里的禾苗不长而把禾苗一一往高拔的人,干完后身心疲惫地回到家,对家里人说:'今天可把我累坏了,我帮助禾苗长高了。'他的儿子快步走到地里一看,禾苗都枯槁了。天下不帮助禾苗生长的人实在稀少啊!认为培养浩然之气没有益处而放弃的人,就像是不给禾苗锄草的人;帮助浩然之气狂长的人,就像是揠苗助长的人。这样不仅没有益处,还又损害了它。"

公孙丑问:"什么叫能认知和理解他人的言论?"

孟子说:"对于偏颇的言辞,我知道它们的弊端;对于放荡的言辞,我知道它们的缺陷;对于邪僻的言辞,我知道它们的背离;对于躲避的言辞,我知道它们的理屈词穷。这样不好的言辞产生于说话者的内心,会危害到他们的政治;当这种不好的言辞在政治场合中传播开来,就会危害到具体的政事。如果圣人再次出现,必定会赞成我说的话。"

公孙丑问:"宰我、子贡善于言谈辩论,冉牛、闵子、颜渊善于讲论德行。孔子兼而有之。但孔子还说:'我对于辞令是不擅长的。'(先生您这几方面都很出色,)那么您已经是圣人了吧?"

孟子回答说:"哎呀!你这是什么话?从前子贡问孔子,说:'先生您是圣人了吗?'孔子说:'圣人,我做不到,我只是能做到学而不厌,诲人不倦。'子贡说:'学而不厌就是智,诲人不倦就是仁。既仁又智,先生已经是圣人了!'连孔子都不敢自居圣人,你说我是圣人,这是什么话呢?"

公孙丑说:"从前我曾听说过:子夏、子游、子张都只有圣人某一方面的特征,冉牛、闵子、颜渊三人则大体上接近孔子,只是还有些欠缺。敢问您属于哪一种情况呢?"

孟子说:"暂且不谈这个问题。"

公孙丑又问:"伯夷、伊尹二人怎么样?"

孟子回答说:"不是同一条道上的人。不是他理想的君主他不去侍奉,不是他满意的百姓他不去役使,国家治理好就出来做官,国家治理混乱就退隐江湖,伯夷就是这一类人。不是他理想的君主他也可以侍奉,不是他满意的百姓他也可以去役使,国家治理好也可以出来做官,国家治理混乱也可以出来做官,伊尹就是这一类人。可以做官就出来做官,应当辞职就辞职,可以长久就长久,应当短暂就短暂,孔子就是这一类人。伯夷、伊尹和孔子都是古圣先贤。我还未做到他们那样。至于我的愿望,我就想学习孔子。"

公孙丑接着问:"伯夷、伊尹相对于孔子来讲,是同一等级的圣人吗?"

孟子回答说:"不是的。自有人类以来,没有人可以和孔子相比。"

公孙丑又问:"既然如此,他们有相同的地方吗?"

孟子回答说:"有啊。如果让他们拥有方圆百里的土地而做君主,他们都能做到使诸侯来朝,称王天下。如果让他们做一件不正义的事情,杀一个无辜的人才能拥有天下,他们都不会干的。这就是他们相同的地方。"

公孙丑又问:"敢问他们有什么不同的地方?"

孟子回答说:"宰我、子贡、有若三人的智慧足以了解圣人孔子,他们品德再不好也不至于为了取得孔子的好感而迎合他的喜好。(我们来看看他们三人是如何评价孔子的。)宰我说:'依我看,孔子要远胜于尧、舜了。'子贡说:'观察一国的礼仪文明状况,就可以知道该国的政治状况;听一听一国的音乐,就能够知道该国的道德水平状况如何。即使从一百代之后来评价这一百代的君王,也没有人能够违背孔子所说的这个道理。自有人类以来,没有人可以和孔子相比。'有若说:'难道只有人类有高下的区别吗?麒麟对于走兽,凤凰对于飞鸟,泰山对于小土丘,河海对于沟中流水,都是同类。圣人对于百姓,也是同类。高出同类,超出同群,自有人类以来,没有人比孔子更伟大了。'"

【拓展】

朱熹注解说:"人之有言,皆本于心。其心明乎正理而无蔽,然后其言平正通达而无病;苟为不然,则必有是四者之病矣。即其言之病,而知其心之失,又知其害于政事之决然而不可易者如此。非心通于道,而无疑于天下之理,其孰能之?彼告子者,不得于言而不肯求之于心,至为义外之说,则自不免于四者之病,其何以知天下之言而无所疑哉?"[1]

所谓"四者之病",是指孟子所讲的"诐辞""淫辞""邪辞"和"遁辞"。偏

---

[1] 孟子[M].朱熹,集注.上海:上海古籍出版社,2013:39-40.

颇的、放荡的、邪僻的和躲避的言辞,都发自人的内心。也就是说,言语是心的反映,心是言语的统帅。良言一句三冬暖,恶语伤人六月寒。因此,我们对自己的言语不可以不谨慎小心,而为了防止祸从口出,我们必须从心上修起。

孔子说自己能够做到"学而不厌,诲人不倦"。学而不厌就是智,诲人不倦就是仁,既仁又智,就很了不起。孟子说自己"知言",又善养"浩然之气",这也很了不起。浩然之气必然符合正义和天道,这样才能"海纳百川,有容乃大;壁立千仞,无欲则刚"。我们修心,可以学习孔子和孟子的修心智慧,让自己充满仁智品质和浩然之气。

2.1.3 以德服人者,中心悦而诚服也

【原文】

孟子曰:"以力假仁者霸,霸必有大国;以德行仁者王,王不待大,汤以七十里,文王以百里。以力服人者,非心服也,力不赡也;以德服人者,中心悦而诚服也,如七十子之服孔子也。《诗》云:'自西自东,自南自北,无思不服。'此之谓也。"

【引言】

这一章,孟子讲说霸道和王道的区别。霸道是以力服人,王道是以德服人。以力服人,是强迫他人服从;以德服人则是让人们心悦诚服。

【释解】

(1)以力假仁者霸:打着仁义的旗号、依靠武力征服他人的可以称霸。假:假托,假借。

(2)王不待大:称王天下不需要大国的条件。王:称王天下。待:需要。

(3)力不赡也:力量不足,力量弱小。赡:富足,充足。

(4)七十子:七十多个优秀学生。孔子大约有三千名学生,其中优秀者有七十二人。

(5)无思不服:没有不心悦诚服的。思:助词,不译。该句引自《诗·大雅·文王有声》。

【译文】

孟子说:"打着仁义的旗号、依靠武力征服他人的可以称霸,称霸者必须拥有大国的条件;施行仁政、依靠道德征服人心的可以称王天下,称王天下不需要具备大国的条件,譬如,商汤依靠方圆七十里的地盘完成称王天下的大业,周文王依靠方圆百里的地盘完成称王天下的大业。依靠武力征服他人的,他人不会真心服从,只是力量弱小罢了;依靠道德征服他人的,他人是打心眼里高兴和诚心佩服,就像七十二个优秀学生诚心敬服他们的老师孔子一样。《诗·大雅·文王有声》说:'自西到东,从南到北,没有人不心悦诚服。'说的就是这个意思。"

【拓展】

杨治国评论说:"自先秦以降,历代君王争霸、治国,无不假于仁义,名以卫道护法。舍此无以愚天下人,难以行天下事。至于以德以力,百世未见有单取一术而成事者。以力者众,以德者寡,假德治力而服天下者多矣;终能以仁义使天下人中心悦服者,几乎未见。邹氏曰:'以力服人者,有意于服人,而人不敢不服;以德服人者,无意于服人,而人不能不服。'此言一语中的,直指王霸之要害、本质之区别。赵岐曰:王者任德,霸者兼力,力服心服,优劣不同。治政者不能不深思。"[1]

一时胜负在于力,千古胜负在于理。从长远看,道德的力量和真理的力量要胜过武力或暴力的力量。对于治国理政来说,民心就是最大的政治,得民心者得天下。历史上以德服人、施行仁政的王者,为后人所敬仰,流芳百世;而以力服人、残酷暴虐的君主,为后人所唾骂,遗臭万年。今天的我们应当善养自己的浩然之气,堂堂正正做人,清清白白做事,认认真真学习,勤勤恳恳工作,自强不息,厚德载物,成就完美的人格、壮丽的事业和满意的人生。有志者事竟成,"我欲仁,斯仁至矣"[2]!

---

[1] 杨治国.小人物评《孟子》[M].北京:中国工人出版社,2008:65.
[2] 安德义.论语解读[M].北京:中华书局,2007:210.

2.1.4 仁则荣,不仁则辱

【原文】

孟子曰:"仁则荣,不仁则辱。今恶辱而居不仁,是犹恶湿而居下也。如恶之,莫如贵德而尊士,贤者在位,能者在职。国家闲暇,及是时明其政刑,虽大国必畏之矣。《诗》云:'迨天之未阴雨,彻彼桑土,绸缪牖户。今此下民,或敢侮予?'孔子曰:'为此诗者,其知道乎!能治其国家,谁敢侮之?'今国家闲暇,及是时般乐怠敖,是自求祸也。祸福无不自己求之者。《诗》云:'永言配命,自求多福。'《太甲》曰:'天作孽,犹可违;自作孽,不可活。'此之谓也。"

【引言】

这一章,孟子讲述仁政的好处以及懒政和坏政的危害。他认为,如果一个国家施行仁政,选贤任能,君民一心,就没有哪个国家敢于欺负和侵略它。相反,如果一个国家的统治者总是在骄奢淫逸,纵情于享乐,怠慢朝政,那简直就是自取其祸。

【释解】

(1)今恶辱而居不仁:现在人们讨厌耻辱却安居于不仁。恶:讨厌,厌恶。居:安于,停留,固定。

(2)国家闲暇,及是时明其政刑:国家太平无事,应当趁这个时候抓好政务和刑法工作。闲暇:指国家局势稳定,天下太平。及:趁,趁着。明:明确,修明,抓好。

(3)迨天之未阴雨,彻彼桑土,绸缪牖户,今此下民,或敢侮予:这五句出自《诗·豳风·鸱鸮》,(鸟儿)趁着天不下雨的时候,迅速地衔取一些桑树根,缠绕加固鸟巢的窗户和门,(巢穴加固好了,)现在巢穴下面的人们,看谁还敢欺负我。迨(dài):及,趁着,等到。彻:取用,衔取。桑土:桑树根,土同"杜",树根。绸缪:缠绕。牖户:窗户和门。予:我。

(4)般乐怠敖:亦作"般乐怠傲",大肆寻欢作乐,怠惰游玩。般乐(pán lè):大肆寻欢作乐。怠敖(áo):亦作"怠傲",懈怠和嬉游,指纵欲寻欢,懒于修明政务和刑法。

(5)永言配命:这一句出自《诗·大雅·文王》,其意思是:永远地配合(遵从)天命的安排。永:永远,长久地。言:语气助词,不译。配命:配合(遵从)天命。

(6)《太甲》:《尚书》篇名。

(7)天作孽,犹可违;自作孽,不可活:上天降下灾祸,还可以躲掉;自己肇祸,想躲躲不过。孽:祸事,灾祸。违:逃避,躲掉。活:通"逭"(huàn),逃避,躲掉。

【译文】

孟子说:"仁爱就会获得光荣,不仁爱就会遭受耻辱。现在人们讨厌耻辱却安居于不仁,这就像讨厌潮湿却又安居于低下之处。如果真的讨厌耻辱,不如推崇道德、尊重士人,让贤德的人居于高位把握原则和方向,让能干的人在职办事。国家太平无事,应当趁这个时候抓好政务和刑法工作,这样即使是大国也必然畏惧它了。《诗·豳风·鸱鸮》说:'(鸟儿)趁着天不下雨的时候,迅速地衔取一些桑树根,缠绕加固鸟巢的窗户和门,(巢穴加固好了,)现在巢穴下面的人们,看谁还敢欺负我。'孔子说:'创作这首诗的人,他是真的懂得社会真理啊!能够治理好自己国家的人,谁还敢欺侮他?'现在国家太平无事,却趁着这个时候大肆寻欢作乐,怠惰游玩,这是自求灾祸啊。无论是祸还是福,无一不是自己求来的。《诗·大雅·文王》说:'永远地配合(遵从)天命的安排,自求更多的福报。'《尚书·太甲》说:'上天降下灾祸,还可以躲掉;自己肇祸,想躲躲不过。'说的就是这个道理。"

【拓展】

杨治国评论说:"祸福无不自己求之者。此言极具哲理性。欲知其果,行者即是,所谓'种瓜得瓜,种豆得豆'。人能行善,方可积德;人能积德,方可积福;人欲得福,必先行善。又有所谓'恶有恶报,善有善报,不是不报,时辰未到'。天理昭彰,报应不爽,虽非立效,总有落实。故夫子又谓:'天作孽,犹可违;自作孽,不可活。'诚不谬也。今言报应乃为唯心,然观诸史实,

总觉冥冥之中,循环因果,不可不信。"①

经典力学有个定律:作用力与反作用力相等。这个定律应用到人类社会中,就是:我们所付出或投下的,最终都会返还给我们。《诗·大雅·抑》说:"投我以桃,报之以李。"行善积德,必然留下美名;作恶多端,必遭反噬。因此,怀着美好,顺从自然,踏入人生,积极有为,贡献社会,才会有好的生活和未来。

2.1.5 尊贤使能,俊杰在位,则天下之士皆悦而愿立于其朝矣

【原文】

孟子曰:"尊贤使能,俊杰在位,则天下之士皆悦而愿立于其朝矣。市,廛而不征,法而不廛,则天下之商皆悦而愿藏于其市矣。关,讥而不征,则天下之旅皆悦而愿出于其路矣。耕者,助而不税,则天下之农皆悦而愿耕于其野矣。廛,无夫、里之布,则天下之民皆悦而愿为之氓矣。信能行此五者,则邻国之民仰之若父母矣。率其子弟,攻其父母,自生民以来未有能济者也。如此,则无敌于天下。无敌于天下者,天吏也。然而不王者,未之有也。"

【引言】

这一章,孟子系统地阐述"尊贤使能""廛而不征,法而不廛""讥而不征""助而不税""廛,无夫、里之布"五项仁政政策主张。孟子认为,如果统治者能够彻底施行这五项政策,就会无敌于天下并称王天下。

【释解】

(1)市,廛而不征,法而不廛:市场中,提供存放货物的货栈而不征税,依法管理市场促进货物流通,不使货物出现积压现象。廛(chán):本义是货栈、商铺,第一个"廛"作动词讲,是提供货栈或堆货场地的意思;第二个"廛"作动词讲,是使货物堆积的意思。征:征税。

(2)愿藏于其市矣:愿意将货物存放在市场了。藏:堆放,贮藏。

(3)关,讥而不征:在关卡,只检查不征税。讥:查问,检查。

---

① 杨治国.小人物评《孟子》[M].北京:中国工人出版社,2008:66-67.

(4)耕者,助而不税:对于耕田者,他们只要帮助耕种公田,就不对他们的私田征税。

(5)廛,无夫、里之布:在人们居住的地方,没有劳役税和地税。廛:一户人家所住的房屋,泛指人们居住的地方。夫、里之布:即夫布和里布。布是古代的一种货币,夫布是指一人的劳役税,里布是指一户的地税。

(6)愿为之氓矣:愿意做那里的百姓了。氓(méng):百姓,多指外来的百姓。

(7)能济者:能成功的人。济:成功,成就。

(8)天吏:执行上天旨意的官吏,执行上天旨意的执政者。

【译文】

孟子说:"推崇贤德的人,任用能干的人,让优秀、杰出的人佐理朝政,天下的士人就会很高兴,并愿意到这个国家的朝廷里去做官。市场中,提供有存放货物的货栈而不征税,依法管理市场促进货物流通,不使货物出现积压现象,天下的商人就会很高兴,并愿意把货物存放到这个国家的市场里。在关卡,只检查不征税,天下的旅客就会很高兴,并愿意从该国的道路上行走。对于耕田者,他们只要帮助耕种公田,就不对他们的私田征税,天下的农民就会很高兴,并愿意到该国的土地上去耕田。在人们居住的地方,没有劳役税和地税,天下的百姓就会很高兴,并愿意做该国的百姓了。真正相信并能做到这五项,邻国的百姓就会像仰视父母一样敬仰他。(邻国君主或将领率领这样的百姓来攻打该国,就像一个人)率领子女来攻打自己的父母,自有人类以来还没有能成功的。像这样,就能无敌于天下。能无敌于天下的人,就是执行上天旨意的官吏。这样还不能称王天下,是从未有过的事情。"

【拓展】

杨治国评论说:"夫子言天吏,实属理想主义,几存幻想。自古私欲功利充斥朝野,所见者污吏、酷吏、贪吏、奸吏、敛吏、恶吏,极少能见到天吏,故自古霸者多、王者少。夫子此处言天吏,寓意在天。乃兴废存亡,惟天所命。"[1]

---

[1] 杨治国.小人物评《孟子》[M].北京:中国工人出版社,2008:67.

在孟子的思想中,天吏是执行上天旨意的人,执行上天旨意的人是无敌于天下的。这样的人,自然会施行仁政,称王天下。周公在西周初年总结商纣灭亡的历史教训后提出"明德慎罚,敬德保民"的政治思想主张,就是将天意具体化为民心民意,相信得民心者得天意,得天意者得天下。总之,孟子和周公、孔子等思想家一样,都深信万事万物兴废存亡无不是天命决定的。谋事在人,成事在天,豁达乐观,积极进取,已经成为根植于中华文化思想土壤中最有生命活力的精神力量之一。

2.1.6 以不忍人之心,行不忍人之政,治天下可运之掌上

【原文】

孟子曰:"人皆有不忍人之心。先王有不忍人之心,斯有不忍人之政矣。以不忍人之心,行不忍人之政,治天下可运之掌上。所以谓'人皆有不忍人之心'者,今人乍见孺子将入于井,皆有怵惕恻隐之心。非所以内交于孺子之父母也,非所以要誉于乡党朋友也,非恶其声而然也。由是观之,无恻隐之心,非人也;无羞恶之心,非人也;无辞让之心,非人也;无是非之心,非人也。恻隐之心,仁之端也;羞恶之心,义之端也;辞让之心,礼之端也;是非之心,智之端也。人之有是四端也,犹其有四体也。有是四端而自谓不能者,自贼者也。谓其君不能者,贼其君者也。凡有四端于我者,知皆扩而充之矣,若火之始然,泉之始达。苟能充之,足以保四海;苟不充之,不足以事父母。"

【引言】

这一章,孟子提出了性善论。孟子认为,人人皆有仁、义、礼、智四个善端。人们只要把这四个心(即恻隐之心、羞恶之心、辞让之心、是非之心)不断扩充起来,人为善的潜能就能得到充分的发挥,继而成为像尧、舜一样的圣人。可以说,性善论是孟子"以不忍人之心,行不忍人之政"的王道仁政思想的基础。

【释解】

(1)不忍人之心:不忍伤害他人之心和不忍他人受到伤害之心。

（2）今人乍见孺子将入于井,皆有怵惕恻隐之心:现在有人忽然看见小孩子快要掉进井里了,都会产生恐惧、警惕和怜悯心。乍:突然,忽然。孺子:小孩子,儿童。怵惕:恐惧和警惕。恻隐:怜悯,同情。

（3）内交于孺子之父母也:和小孩子的父母结交。内:同"纳",结。内交即结交。

（4）要誉于乡党朋友也:在乡邻朋友中博取好的名誉。要:博取,求得。誉:名誉,名声。乡党:泛指家乡。乡、党都是古代的行政区域组织,周代五族为党,五党为州,五州为乡。一党包括500家,一州包括2500家,一乡包括12500家。

（5）仁之端也:仁的开端。端:开端,开始。

（6）有是四端而自谓不能者,自贼者也:有这四个开端却说自己不能的,这是自己在贼害自己。贼:贼害,戕害。

（7）凡有四端于我者,知皆扩而充之矣,若火之始然,泉之始达:凡是自身拥有这四个开端的人,都要知道扩充它们,就像火刚开始燃烧起来,泉水刚开始涌出一样(,一发不可收拾)。然:同"燃",燃烧。

（8）苟能充之,足以保四海:如果能够扩充它们,就足以保有天下。苟:如果。保:保有,安定。四海:天下。

【译文】

孟子说:"人人都有不忍伤害他人之心和不忍他人受到伤害之心。先王有不忍伤害他人之心和不忍他人受到伤害之心,才有不忍伤害他人和不忍他人受到伤害的政治。以不忍伤害他人之心和不忍他人受到伤害之心,施行不忍伤害他人和不忍他人受到伤害的政治,治理天下就可像在手掌上运转一样容易。之所以说'人人都有不忍伤害他人之心和不忍他人受到伤害之心',是因为现在有人忽然看见小孩子快要掉进井里了,都会产生恐惧、警惕和怜悯心。这并非要和小孩子的父母结交,也不是要在乡邻朋友中博取好的名誉,也不是因为厌恶小孩子的啼哭声才产生这样的心理活动。由此可见,没有怜悯心,不是人;没有羞耻心,不是人;没有谦让心,不是人;没有是非心,不是人。怜悯心是仁的开端;羞耻心是义的开端;谦让心是礼的开端;是非心是智的开端。人们拥有这四个开端,就像拥有四肢一样。有这四个开端却说自己不能的,这是自己在贼害自己。认为他的君

主不能的,这是他在贼害他的君主。凡是自身拥有这四个开端的人,都要知道扩充它们,就像火刚开始燃烧起来,泉水刚开始涌出一样(,一发不可收拾)。如果能够扩充它们,就足以保有天下;如果不能扩充它们,那就连侍奉父母也做不到。"

【拓展】

朱熹注解说:"此章所论人之性情,心之体用,本然全具,而各有条理如此。学者于此,反求默识而扩充之,则天之所以与我者,可以无不尽矣。程子曰:'人皆有是心,惟君子为能扩而充之。不能然者,皆自弃也。然其充与不充,亦在我而已矣。'又曰:'四端不言信者,既有诚心为四端,则信在其中矣。'"①

孟子认为,人有四个善端,这四个善端——仁、义、礼、智即良知良能。人们只要不断地扩充自己的良知良能,自然就会充满浩然之气。把良知良能应用到政治上,就是"不忍人之政",施行不忍人之政,称王天下,易如反掌。

2.1.7　发而不中,不怨胜己者,反求诸己而已矣

【原文】

孟子曰:"矢人岂不仁于函人哉? 矢人唯恐不伤人,函人唯恐伤人。巫、匠亦然。故术不可不慎也。孔子曰:'里仁为美。择不处仁,焉得智?'夫仁,天之尊爵也,人之安宅也。莫之御而不仁,是不智也。不仁、不智、无礼、无义,人役也。人役而耻为役,由弓人而耻为弓,矢人而耻为矢也。如耻之,莫如为仁。仁者如射,射者正己而后发。发而不中,不怨胜己者,反求诸己而已矣。"

【引言】

这一章,孟子提出仁是天下最尊贵的宝物,是"天之尊爵""人之安宅",他建议人们在择业的时候要尽量选择能促进仁义品质的职业。

孟子认为,为了保持仁,人们应当时刻践行仁义。此外,在择业的时

---

① 孟子[M].朱熹,集注.上海:上海古籍出版社,2013:45.

候,也要尽可能选择能促进仁义的职业和行当。例如,制造弓箭的人总是嫌自己制造的弓箭不锋利,这样的想法对于保持仁义是有害的;而制造盾牌的人总是嫌自己制造的盾牌不结实,这样的想法对于保持仁义是有利的。总之,无论做什么,把仁义放在第一位,自己就无上光荣,反之则是耻辱。

【释解】

(1)矢人岂不仁于函人哉:制造箭矢的人难道比制造铠甲的人更不仁爱吗。矢人:制造箭矢的工匠。函人:制造铠甲的工匠。

(2)巫、匠亦然:巫医和木匠也是这样。巫:指巫医,古代用咒语、符咒和药物等医术为人消灾治病的巫师。匠:制造棺椁的木匠。

(3)术:指谋生的技艺、职业或行业。

(4)里仁为美:与有仁德的人做街坊有好处(有百利而无一害),居住在有仁德的地方是好的。里:做街坊,做邻居,居住。

(5)尊爵:尊贵的爵位。

(6)安宅:安宁的住处。

(7)莫之御而不仁:没有人阻挡他行仁,他却不仁。御:阻挡,阻碍。

(8)人役:他人的仆役、仆人。

(9)由弓人而耻为弓:犹如制造弓的工匠以制造弓为耻。由:通"犹",犹如,好像。

(10)反求诸己而已矣:反过来从自己身上找原因,如此罢了。求:找原因。

【译文】

孟子说:"制造箭矢的人难道比制造铠甲的人更不仁爱吗?制造箭矢的人唯恐所造的箭矢不锋利而不能伤到人,制造铠甲的人唯恐所造的铠甲不结实而伤到人。巫医和木匠也是这样。所以谋生的技艺和职业选择不可不谨慎小心。孔子说:'与有仁德的人做街坊有百利而无一害,选择住处而不居住在有仁德的地方,怎么能算明智呢?'仁,是上天赐予的尊贵爵位,是人最安宁的住处。没有人阻挡他行仁,他却不仁,这是不明智的。不仁、不智、无礼、无义的人,只能做他人的仆役。是他人的仆役却以做仆役为耻,就像

制造弓的工匠以制造弓为耻、制造箭矢的人以制造箭矢为耻一样。如果真的以做仆役为耻,就不如努力行仁。有仁德的人(行仁)就像射箭,射箭的人先端正自己的身心而后射箭。箭射出去了但没有射中,不仅不埋怨他人胜过自己,还反过来从自己身上找原因,如此罢了。"

【拓展】

朱熹注解说:"里有仁厚之俗者,犹以为美。人择所以自处而不于仁,安得为智乎?此孔子之言也。仁、义、礼、智,皆天所与之良贵。而仁者天地生物之心,得之最先,而兼统四者,所谓元者善之长也,故曰尊爵。在人则为本心全体之德,有天理自然之安,无人欲陷溺之危。人当常在其中,而不可须臾离者也,故曰安宅。此又孟子释孔子之意,以为仁道之大如此,而自不为之,岂非不智之甚乎?"①

通俗地讲,仁义是天下最为贵重的东西之一,它是人类最坚实的依靠。一个人拥有了仁德,就会受到众人的尊敬;"爱人者,人恒爱之;敬人者,人恒敬之"②。仁又是护身符,人遇到危险时,心存善念,方可最大限度地趋吉避凶。这是因为善的力量总能感召到更多善的力量,从而得到善的力量的救护和扶助。仁还是平安符,拥有仁德的人,心中满怀慈悲、平淡和包容,从而使得人心中有平安。此外,"人生通达,既在天命,更在自身选择。正如为射,欲中的,先正己……人生求通达,必先有仁心。择业其正,为先天之本成。然后再有义、有礼、有智、有信,如精益之精,为后天之本成。仍不通达者,乃谋事在人、成事在天,不可尽知之也"③。

2.1.8 君子莫大乎与人为善

【原文】

孟子曰:"子路,人告之以有过,则喜。禹闻善言,则拜。大舜有大焉,善与人同,舍己从人,乐取于人以为善。自耕稼、陶、渔以至为帝,无非取于人者。取诸人以为善,是与人为善者也。故君子莫大乎与人为善。"

---

① 孟子[M].朱熹,集注.上海:上海古籍出版社,2013:45-46.
② 杨伯峻.孟子译注:简体字本[M].北京:中华书局,2008:152.
③ 杨治国.小人物评《孟子》[M].北京:中国工人出版社,2008:70.

【引言】

这一章,孟子强调见贤思齐和与人为善的重要性与必要性。

人各有所长,各有所短。重要的是,扬长避短和扬长补短。孔子曰:"见贤思齐焉,见不贤而内自省也。"①子路在听到别人指出自己的过错时,不是烦恼和生气,而是很高兴他人当面批评指正。大禹听到好的建议和意见,就一定会向他人表示感谢和欣赏。大舜更是与人为善,善于吸取他人之所长。海纳百川,有容乃大;集思广益,才能集众人之所长。

【释解】

(1)子路:姓仲,名由,字子路,又称季路,春秋末年鲁国卞(今山东省泗水县)人。

(2)禹闻善言:大禹听到有益的话。禹:姒姓,夏后氏,名文命,字高密,号禹,后世尊称大禹,夏后氏首领。相传因大禹治水有功,舜帝禅位给他。

(3)大舜有大焉,善与人同,舍己从人,乐取于人以为善:大舜就更伟大了,善于和众人打成一片,舍弃自己的缺点和不足而学习他人的优点和长处,乐于吸取他人的优点以完善自己。大舜:姓姚,名重华,字都君,古代部落联盟领袖,死后禅位于大禹。《孟子·离娄章句下》说:"舜生于诸冯,迁于负夏,卒于鸣条,东夷之人也。"②有:通"又"。同:打成一片。为善:完善自身。

(4)耕稼、陶、渔:耕田种庄稼、做陶器、撒网捕鱼。

(5)无非取于人者:无不是吸取他人的优点和长处。

(6)与人为善:帮助他人完善他人自身。与(yǔ):帮助。

【译文】

孟子说:"子路,别人指出他的过错,他便会很高兴。大禹听到有益的话,就会恭敬地向对方拱手弯腰行礼致谢。大舜就更伟大了,善于和众人打成一片,舍弃自己的缺点和不足而学习他人的优点和长处,乐于吸取他人的

---

① 安德义.论语解读[M].北京:中华书局,2007:98.
② 杨伯峻.孟子译注:简体字本[M].北京:中华书局,2008:140.

优点以完善自己。从耕田种庄稼、做陶器、撒网捕鱼直到做了天子,无不是吸取他人的优点和长处。吸取他人的优点和长处来完善自身,就是帮助他人完善他人自身。所以,君子没有比帮助他人完善他人自身更重要的事了。"

【拓展】

朱熹注解说:"与,犹许也,助也。取彼之善而为之于我,则彼益劝于为善矣,是我助其为善也。能使天下之人皆劝于为善,君子之善,孰大于此?此章言圣贤乐善之诚,初无彼此之间。故其在人者有以裕于己,在己者有以及于人。"①

杨治国评论说:"取人之长,补己之短;弃己之所暗,从人之所明。人有此德,可谓之盛德。以己之善,补人之善;以己之诚,感人为善;己既为善,与人为善,此乃贤德。有此二德,必为君子,抑或贤、圣。"②

人各有所长,各有所短。凡人与圣贤的区别在于,圣贤学而不厌,诲人不倦,"见贤思齐","见不贤而内自省",而凡人却做不到这样。圣贤做事,皆出于公心,严于律己,宽以待人;而凡人私心往往大于公心,更有甚者自私自利、唯利是图,置公共利益与集体利益于不顾。如果任由私心泛滥,势必危害到整个社会的稳定和安宁,所以应大力提倡公心公德,使社会形成一种奉献大于索取的良好风尚,以端身正意。须知,"心正而后身修,身修而后家齐,家齐而后国治,国治而后天下平"③。

2.1.9 隘与不恭,君子不由也

【原文】

孟子曰:"伯夷,非其君不事,非其友不友,不立于恶人之朝,不与恶人言。立于恶人之朝,与恶人言,如以朝衣朝冠坐于涂炭。推恶恶之心,思与乡人立,其冠不正,望望然去之,若将浼焉。是故诸侯虽有善其辞命而至者,不受也。不受也者,是亦不屑就已。柳下惠,不羞污君,不卑小官;进不隐

---

① 孟子[M].朱熹,集注.上海:上海古籍出版社,2013:46-47.
② 杨治国.小人物评《孟子》[M].北京:中国工人出版社,2008:71.
③ 大学中庸集注[M].梁振杰,注说.郑州:河南大学出版社,2016:99.

贤,必以其道;遗佚而不怨,阨穷而不悯。故曰:'尔为尔,我为我。虽袒裼裸裎于我侧,尔焉能浼我哉?'故由由然与之偕而不自失焉。援而止之而止。援而止之而止者,是亦不屑去已。"

孟子曰:"伯夷隘,柳下惠不恭。隘与不恭,君子不由也。"

【引言】

这一章,孟子评价伯夷和柳下惠二人的行事风格,认为伯夷太苛求完美,而柳下惠太过于不恭和随便,二者皆不可取。

伯夷"非其君不事,非其友不友,不立于恶人之朝,不与恶人言",孟子评价他过于狭隘,过于挑剔和苛求;柳下惠"不羞污君,不卑小官;进不隐贤,必以其道;遗佚而不怨,阨穷而不悯",孟子评价他过于不恭,过于自由随便。总之,伯夷的行事风格属于完美主义,因为苛求完美所以脱离了社会实际,成了空想主义者;柳下惠奉行底线原则,合则留,不合则去,在原则范围内怎么都可以,类似于道家的"道法自然"主义。孟子认为,这两种处事风格,都是君子不应该学习和效仿的。

【释解】

(1)如以朝衣朝冠坐于涂炭:就像穿戴着上朝穿的官衣、官帽而坐在污泥和炭灰上一样。涂:烂泥,污泥,泥淖。炭:炭灰,炭火。涂炭:比喻极困苦的境地。

(2)推恶恶之心:把厌恶恶人的心理推广开来。恶:第一个"恶"是讨厌、厌恶的意思,第二个"恶"指恶人。

(3)望望然去之,若将浼焉:看了一眼觉得厌恶就失望地离开,就像不离开就会被玷污一般。望望然:看了一眼感觉失望、扫兴的样子,形容厌恶的神情。浼(měi):玷污,污染,沾染。

(4)是故诸侯虽有善其辞命而至者:因此,诸侯即使派善于外交辞令的人来(请他做官)。辞命:辞令,外交辞令。

(5)不屑就已:不屑于接近(他们)罢了。就:接近。已:罢了。

(6)柳下惠:姬姓,展氏,名获,字禽,鲁国柳下邑(今山东省平阴县孝直镇展洼村)人,鲁国大夫,谥号惠,后人尊称其为"柳下惠"。

(7)不羞污君,不卑小官:即"不以污君为羞,不以小官为卑",不认为侍奉无道之君是羞耻的事情,也不认为小官职是卑微的(即使是小官也做)。污君:无道之君,昏君或恶君。

(8)进不隐贤,必以其道:在朝廷做官不隐藏自己的贤能,必定按照自己的办事原则行事。贤:贤德,贤能。道:原则和方法。

(9)遗佚而不怨,阨穷而不悯:被(国君)弃用也不怨恨,遭受穷困也不忧愁。遗佚:弃用,被遗弃而不用。阨(è):困厄,困窘。悯:忧愁。

(10)虽袒裼裸裎于我侧,尔焉能浼我哉:即使你在我身旁袒胸露体,你又怎能玷污我呢?袒裼(xī):解开上衣,露出胸膛或臂膀。裸裎(chéng):裸露身体。尔:你。

(11)由由然:悠然自得的样子,油然,自然而然。

(12)援而止之而止:用手拉住和挽留他,他就留下来。援:用手拉住,用手牵引。止:挽留,使止步。

(13)君子不由:君子不会这样做。由:践行,履行,做,行事。

【译文】

孟子说:"伯夷,不是其理想的贤君就不去侍奉,不是其认可的良友就不去结交,不去有恶人的朝廷里做官,也不与恶人说话。到有恶人的朝廷里做官,还与恶人说话,就像穿戴着上朝穿的官衣、官帽而坐在污泥和炭灰上一样。他把厌恶恶人的心理推广开来,想着和不知礼节、衣冠不整的乡下人站在一起,看了乡下人一眼觉得厌恶就失望地离开,就像不离开便会被玷污一般。因此,诸侯即使派善于外交辞令的人来(请他做官),他也不会接受的。不接受,也就是不屑于接近他们罢了。柳下惠,不认为侍奉无道之君是羞耻的事情,也不认为小官职是卑微的(即使是小官也去做);在朝廷做官不隐藏自己的贤能,必定按照自己的办事原则行事;被(国君)弃用也不怨恨,遭受穷困也不忧愁。所以他说:'你是你,我是我。即使你在我身旁袒胸露体,你又怎能玷污我呢?'因此,他能悠然自得地与这些人和谐相处,同时也不失掉自我。用手拉住和挽留他,他就留下来。所谓用手拉住和挽留他,他就留下来,也就是不屑于离开罢了。"

孟子又说:"伯夷心胸有点狭隘,柳下惠有点不恭敬。心胸狭隘和不恭敬,君子不会这样做。"

【拓展】

朱熹注解说:"隘,狭窄也。不恭,简慢也。夷、惠之行,固皆造乎至极之地,然既有所偏,则不能无弊,故不可由也。"①

刘建生解读说:"伯夷和柳下惠二人的表现截然不同,但都可圈可点。自古人们就赞颂二人,赞伯夷之忠、柳下惠之贤。可是,孟子在本章具体介绍完二人之后,却总结说:'伯夷隘,柳下惠不恭。隘与不恭,君子不由也。'孟子说的'君子不由',是告诉人们想成为君子,不应走他们的道路。为什么呢?因为他们二人虽然道德修养很高,但伯夷的狭隘和柳下惠的不严肃难以成为士人学习的表率。"②

孔子说:"中庸之为德也,其至矣乎!民鲜久矣。"③《中庸》说:"故君子尊德性而道问学,致广大而尽精微,极高明而道中庸。温故而知新,敦厚以崇礼。"④所谓中庸,就是中正平和、不偏不倚。尽管说良禽择木而栖,良臣择主而事,君子择友而交,但对于所要选择的树木、君主和朋友等不能过于苛求,这是因为彻底的完美主义是一种极端而已。伯夷对于君主、朋友等过于苛求,苛求得已经脱离了当时的社会实际,其人生悲剧因其倔强性格而注定。而柳下惠待人接物则过于自由随便,在崇尚孔子礼仪思想的孟子看来,柳下惠的行事风格不符合尊礼、尚礼的礼制思想要求,容易陷于流弊。因此,孟子认为,伯夷和柳下惠都不足以为君子所效法。

2.2 公孙丑章句下

《公孙丑章句下》共计十四章。具体而言,第一章,孟子在讲"天时不如地利,地利不如人和"的道理,他指出人和对战争的胜负起着最决定性的作用。第二章,孟子讲述自己不愿意和齐宣王会谈的原因,论爵位齐宣王要比孟子高,但论年龄和德行齐宣王则不如孟子。尽管孟子时时刻刻强调君臣

---

① 孟子[M].朱熹,集注.上海:上海古籍出版社,2013:47.
② 刘建生.孟子精解[M].北京:海潮出版社,2012:82.
③ 安德义.论语解读[M].北京:中华书局,2007:175.
④ 大学中庸集注[M].梁振杰,注说.郑州:河南大学出版社,2016:160.

要在人格上相互平等,但他婉拒和齐宣王会谈的根本原因在于他感觉到齐宣王缺乏施行王道仁政的诚意,因此和齐宣王的会谈将没有多大意义。第三章讲述孟子对于赠金所持的观点和态度,其底线是不拿君子的品格做交易。第四章,孟子在与地方官员孔距心和齐王的谈话中谈到官员和君主所应担负的经济发展不力的责任。第五章讲述孟子"在其位,谋其政;不在其位,不谋其政"的思想,孟子认为,个人权力、责任和义务要相当。第六章记述孟子作为出使滕国的正使的权力被齐王宠臣、副使王驩架空的事实,孟子也因此对王驩的独断专行表示无奈和不满。第七章记述孟子在办理丧事上持有的观点和态度,孟子认为,在自我经济条件和礼制允许的情况下可以把棺椁制得更加结实和美观一些,以充分表达孝心,这种思想极有可能令大操大办丧礼的攀比之风盛行。第八章记述孟子对于讨伐不义和惩办不法之事的看法,孟子认为只有王者之师才可以讨伐不义之国,只有法官才可以惩办违法犯罪的人。第九章记述孟子对齐宣王在伐燕之事上作出错误决定的态度。齐宣王在燕国发生内乱之后决定出兵伐燕,后因齐军侵犯欺凌而导致燕国百姓纷纷反抗和秦、韩、赵、魏等国干预,齐宣王对此焦头烂额,出现悔意,有大夫以"人非圣贤,孰能无过"的思想安慰齐宣王,孟子则驳斥说君子有过则改,无则加勉。第十章记述孟子看到齐宣王没有真心施行仁政的意愿,就想离开齐国,而齐宣王得知孟子的想法后,还想把孟子供养在齐国,显然这不是一心想要实践王道仁政的孟子所能同意的。第十一章记述孟子辞职离开齐国夜宿在昼地的情形,此时孟子仍然心有不甘,期待齐宣王能够猛然觉醒,召他回齐国施行王道仁政。第十二章仍然记述孟子在昼地停留和等待齐王回心转意的情形,但此时有更多人怀疑孟子不智不仁,孟子为自己的所作所为进行辩解。第十三章讲述孟子"五百年必有王者兴"的思想和"如欲平治天下,当今之世,舍我其谁也"的豪杰气概。第十四章记述孟子对公孙丑提问的回答,孟子有一段时间在齐国做事但没有领薪水,公孙丑对此事不解遂提出疑问。

2.2.1 得道者多助,失道者寡助

【原文】

孟子曰:"天时不如地利,地利不如人和。三里之城,七里之郭,环而

攻之而不胜。夫环而攻之，必有得天时者矣，然而不胜者，是天时不如地利也。城非不高也，池非不深也，兵革非不坚利也，米粟非不多也，委而去之，是地利不如人和也。故曰：域民不以封疆之界，固国不以山溪之险，威天下不以兵革之利。得道者多助，失道者寡助。寡助之至，亲戚畔之；多助之至，天下顺之。以天下之所顺，攻亲戚之所畔，故君子有不战，战必胜矣。"

【引言】

这一章，孟子在讲"天时不如地利，地利不如人和"的道理，他指出人和对战争的胜负起着最决定性的作用。所谓人和，就是"得道者多助"。水能载舟，亦能覆舟。如果失去了人心，众叛亲离，城池再坚固也是守不住的。人心齐，泰山移。如果得到民众的拥护，再大的困难也能克服。

【释解】

(1)三里之城，七里之郭：周长三里的内城，周长七里的外城。古代内城叫"城"，外城叫"郭"。

(2)环而攻之：包围起来攻城。环：包围起来。之：指城和郭。

(3)兵革：兵器和甲胄，泛指武器装备。革：皮革，指甲胄或铠甲。

(4)委而去之：放弃（城池）而逃走。委：放弃，抛弃。去：离开，逃离。

(5)域民不以封疆之界：不用疆域的界限来限制百姓（的流动）。域：限制，局限。封疆：疆域，疆土。

(6)固国不以山溪之险：不靠山河的险峻来巩固国防。固：巩固，坚固。

(7)威天下不以兵革之利：不凭借武器装备的先进和强大威震天下。威：威震，威慑。利：锋利，锐利。

(8)亲戚畔之：亲戚背叛了他。畔：通"叛"，背叛。

(9)故君子有不战：因此，君子或者不战。有：同"或"，或者。

【译文】

孟子说："天时不如地利，地利不如人和。假如，周长三里的内城，周长七里的外城，把它们包围起来攻打，结果却无法取胜。把城池包围起来攻打，必定是得到了天时，然而结果不能取胜，这是天时不如地利的缘故。城郭不是不高,城池不是不深,兵器装备不是不坚利,粮食也不是不多,结果却弃城而走,这是地利不如人和的缘故。所以说:不用疆域的界限来限制百姓(的流动),不靠山河的险峻来巩固国防,不凭借武器装备的先进和强大威震天下。得到道义的人,帮助他的人就多;失掉道义的人,帮助他的人就少。帮助他的人少到极点,连亲戚都会背叛他;帮助他的人多到极点,全天下的人都能归顺他。让全天下人都愿意归顺的一方去攻打连亲戚都会背叛的另一方,其结果可想而知。所以,君子不战则已,战则必胜。"

【拓展】

杨治国评论说:"域民、固国、威天下,不以疆,不以险,不以兵革,唯以得民心为其大道。得民心者谓之得道,失民心者谓之失道;得民心者天下顺,失民心者天下叛。故曰:'得道多助,失道寡助。'此说可为大道。若再论及时势,天下若有豺狼之君、虎狼之国,则必得内修明政,以取大道;外防虎狼,以御豺狼。此说可为小道,为天下时势使然。有若射雕,虽有万人齐心取雕,而无强弓巨弩,终究奈何雕不得。"[1]

天时不如地利,地利不如人和。孟子指出,治国理政的根本在于政通人和。俗话说,得民心者得天下。政策和制度要根据民心民意来制定,符合民心民意的必然得到百姓的支持和拥护,违背民心民意的必然遭到百姓的嘲讽和抵制。

一时胜负在于力,千秋胜负在于理。《尚书·泰誓中》说:"天视自我民视,天听自我民听。"[2]上天的观察来自百姓的观察,上天的听闻来自百姓的听闻。可见,所谓天理都是和民心民意息息相通的,二者在根本上是一致的。因此,遵从民心民意是最大的政治。

2.2.2 故将大有为之君,必有所不召之臣

【原文】

孟子将朝王,王使人来曰:"寡人如就见者也,有寒疾,不可以风。朝,将视朝,不识可使寡人得见乎?"

---

[1] 杨治国.小人物评《孟子》[M].北京:中国工人出版社,2008:74.
[2] 尚书[M].王世舜,王翠叶,译注.北京:中华书局,2012:436.

对曰:"不幸而有疾,不能造朝。"

明日,出吊于东郭氏。公孙丑曰:"昔者辞以病,今日吊,或者不可乎?"

曰:"昔者疾,今日愈,如之何不吊?"

王使人问疾,医来。孟仲子对曰:"昔者有王命,有采薪之忧,不能造朝。今病小愈,趋造于朝,我不识能至否乎。"

使数人要于路,曰:"请必无归,而造于朝!"

不得已而之景丑氏宿焉。景子曰:"内则父子,外则君臣,人之大伦也。父子主恩,君臣主敬。丑见王之敬子也,未见所以敬王也。"

曰:"恶!是何言也!齐人无以仁义与王言者,岂以仁义为不美也?其心曰'是何足与言仁义也'云尔,则不敬莫大乎是。我非尧、舜之道,不敢以陈于王前,故齐人莫如我敬王也。"

景子曰:"否,非此之谓也。《礼》曰:'父召,无诺;君命召,不俟驾。'固将朝也,闻王命而遂不果,宜与夫《礼》若不相似然。"

曰:"岂谓是与?曾子曰:'晋、楚之富,不可及也。彼以其富,我以吾仁;彼以其爵,我以吾义。吾何慊乎哉?'夫岂不义而曾子言之?是或一道也。天下有达尊三:爵一,齿一,德一。朝廷莫如爵,乡党莫如齿,辅世长民莫如德。恶得有其一以慢其二哉?故将大有为之君,必有所不召之臣。欲有谋焉,则就之。其尊德乐道,不如是不足与有为也。故汤之于伊尹,学焉而后臣之,故不劳而王;桓公之于管仲,学焉而后臣之,故不劳而霸。今天下地丑德齐,莫能相尚,无他,好臣其所教,而不好臣其所受教。汤之于伊尹,桓公之于管仲,则不敢召。管仲且犹不可召,而况不为管仲者乎?"

【引言】

这一章,孟子讲述自己不愿意和齐宣王会谈的原因,论爵位齐宣王要比孟子高,但论年龄和德行齐宣王则不如孟子,尽管孟子时时刻刻强调君臣要在人格上相互平等,但他婉拒和齐宣王会谈的根本原因在于他感觉到齐宣王缺乏施行王道仁政的诚意,因此和齐宣王的会谈将没有多大意义。

齐宣王想要和孟子会谈,但希望孟子到朝上和他见面谈。而孟子认为,这是齐宣王不重视自己,也不会采用自己仁政主张的表现。与其这样,还不

如不谈。于是,孟子就以患病为由,婉拒齐宣王的召见。当齐国大夫景丑氏批评孟子不懂得尊敬君主,有失礼之嫌,孟子先为自己辩解说,"我非尧、舜之道,不敢以陈于王前,故齐人莫如我敬王也",后又为自己辩解说,天下有三样令人尊贵的东西,那就是爵位、年龄和德行。论爵位,显然是齐宣王爵位高,但论年龄和德行,则齐宣王不如孟子。孟子认为,"将大有为之君,必有所不召之臣",譬如商汤与伊尹、齐桓公与管仲。而自己远远胜过管仲,所以齐宣王如果不是"大有为之君"的话,自己断然不会随便去朝见他。很显然,孟子已经看透了齐宣王的真正心思,那就是不会重用孟子和采纳孟子的仁政主张。总之,"本章孟子说明拒绝齐王召见的原因,表明他的自尊心,同时也提出君臣关系是建立在道义和共同事业的基础上的,而不应仅是礼仪上的恭敬"①。

【释解】

(1)寡人如就见者也:我本来应该来见您的。寡人:齐宣王的自称。如:应当,应该。就见:造访,前去拜访。

(2)朝,将视朝,不识可使寡人得见乎:明天早上,我将上朝听政,不知道您能否让我看到您呢。朝(zhāo):早上,早晨。视朝(cháo):上朝听政。识:知道。

(3)造朝:到朝廷,上朝。

(4)东郭氏:姓氏为东郭的齐国大夫。

(5)孟仲子:孟子的堂兄弟,也是孟子的学生。

(6)采薪之忧:有病的说辞,指病得都不能打柴了。采薪:打柴,砍柴。

(7)使数人要于路:派遣几个人到路上拦截(孟子)。要:拦截,拦挡。

(8)景丑氏:姓氏为景丑的齐国大夫。

(9)丑见王之敬子也:我景丑看到了大王对您的尊敬。丑:齐国大夫景丑氏的自称。王:大王,指齐宣王。子:您,指孟子。

(10)恶!是何言也:嗨,这是什么话呢。恶(wū):感叹词,表示惊讶。嗨,啊,嘿。

(11)父召,无诺;君命召,不俟驾:父亲召唤,儿女用"唯"来应答,不用

---

① 刘亚丹.孟子通译[M].北京:北京理工大学出版社,2009:55.

"诺"来回应(,以示恭敬长辈);君主下令召见,不等马车驾好就动身(,以示忠诚于君主)。唯:下级对上级、晚辈对长辈的应答。诺:上级对下级、长辈对晚辈的应答。俟:等待。

(12)吾何慊乎哉:我欠缺什么呢。慊(qiàn):通"歉",欠缺,不足。

(13)是或一道也:这或许有一定的道理吧。

(14)达尊:人们所尊贵的东西。

(15)爵一,齿一,德一:一样是爵位,一样是年龄,一样是德行。爵:爵位。齿:年龄。

(16)欲有谋焉,则就之:如果有什么事情需要商量谋划,就一定亲自去拜访。欲:需要,想要。就:到,造访。

(17)地丑德齐,莫能相尚:(现在天下各国的)土地差不多相等,德行也不相上下,谁也不能超过谁。丑:相类,相同。齐:相等,一样。尚:超过,高出一筹。朱熹注解说:"丑,类也。尚,过也。所教,谓听从于己,可役使者也。所受教,谓己之所从学者也。"①

(18)况不为管仲者乎:何况不愿意(或不屑于)做管仲那样的人的人呢。

【译文】

孟子将要去朝见齐宣王。这时候齐宣王派来使者说:"我本来应该来见您的,但受了风寒,感冒了,不能受风。明天早上,我将上朝听政,不知道您能否让我看到您呢?"

孟子回答说:"抱歉我也不幸患病了,不能到朝廷上朝见大王。"

第二天,孟子到东郭氏家里去吊丧。公孙丑问孟子:"昨天您称病拒绝了齐王的召见,今天却去东郭氏家吊丧,这恐怕不妥当吧?"

孟子说:"昨天有病了,今天痊愈了,为什么不能去吊丧?"

齐宣王派人来询问孟子的病情,医生也一起跟着来了。孟仲子回答说:"昨天大王命令召见孟子,但他患病了,不能到朝廷上接受召见。今天病好了一些,就急匆匆赶去上朝了,我不知道他现在能到朝廷吗?"

随后孟仲子派了几个人到路上拦截孟子,并让这些人告诉孟子说:请务必不要回家,一定要到朝廷上朝见齐王。"

---

① 孟子[M].朱熹,集注.上海:上海古籍出版社,2013:50.

孟子迫不得已就到齐国大夫景丑氏家里过夜。景丑氏说:"在家里是父子关系,在外面是君臣关系,这两种关系都是人与人之间最重要的伦理关系。父子关系以慈爱、孝顺为主,君臣关系以相互恭敬为主。我看到了大王对您的尊敬,却没看到您如何尊敬大王。"

孟子说:"嗨,这是什么话呢?齐国人不用仁义之道向齐王进言,难道他们认为仁义不好吗?他们内心说'这如何值得与齐王讨论仁义'之类的话,那么对齐王之大不敬没有比这类话更大的了。而我这个人,不是尧、舜之道,就不敢在齐王面前陈述,所以齐国人没有人能比我更尊敬齐王了。"

景丑氏说:"不,我说的不是这个意思。《礼》上说:'父亲召唤,儿女用唯来应答,不用诺来回应(,以示恭敬长辈);君主下令召见,不等马车驾好就动身(,以示忠诚于君主)。'您本来打算朝见齐王,听到齐王召见却不去了,这应当与《礼》上说的有些不符合吧。"

孟子说:"难道你说的是这个意思吗?曾子说:'晋国和楚国的财富,我不可相比。他们依托的是他们的财富,而我依托的是我的仁;他们依托的是他们的爵位,而我依托的是我的义。我欠缺什么呢?'这些话如果不符合道义,难道曾子会说吗?这或许有一定的道理吧。普天之下有三样人们所尊贵的东西:一样是爵位,一样是年龄,一样是德行。在朝廷中,最尊贵的东西是爵位;在乡党中,最尊贵的东西是年龄;在辅佐君主、统领人民方面,最尊贵的东西就是德行。怎能拥有其一的爵位而轻慢其余两个(年龄和德行)呢?所以想要大有作为的君主,必定有不受他召唤的臣子。但如果有什么事情需要商量谋划,就一定亲自去拜访。这样的君主总是尊崇和乐于道德,如果不是这样,那就不值得和他一起干一番事业。所以商汤对于伊尹,先向他学习,然后才以他为臣,因此没有费多大力气就称王天下了;齐桓公对于管仲,先向他学习,然后才以他为臣,因此没有费多大力气就称霸天下了。现在天下各国的土地差不多相等,德行也不相上下,谁也不能超过谁,这没有其他的原因,只是因为各国的君主只喜欢听他话的臣子,不喜欢教导他的臣子。商汤对于伊尹,齐桓公对于管仲,就不敢召唤。管仲尚且不可召唤,何况不屑于做管仲那样的人的人呢?"

【拓展】

朱熹注解说:"不为管仲,孟子自谓也。范氏曰:'孟子之于齐,处宾师之位,非当仕有官职者,故其言如此。'此章见宾师不以趋走承顺为恭,而以责难陈善为敬;人君不以崇高富贵为重,而以贵德尊士为贤,则上下交而德业成矣。"①

杨治国评论说:"谷有谦怀,而成江海;君有谦怀,而有天下;人有谦怀,而有盛德。君子谦谦,学而后知,知而后行,不欺其心,尽彰其德。故官吏当学君子,不欺其心,不损其德,不欺其职,不欺其民,天下之民幸矣。"②

由上可见,施行仁政,对于君主道德素质有着极高的要求。君主必须拥有虚怀若谷、谦虚为本、求贤若渴的高尚品格,能够礼贤下士,贵德尊士。治国大才往往白璧微瑕,有其卓越的一面,也有其秉性上的弱点。这就要求君主如同伯乐,能够识得千里马之马力和才干究竟如何,而做到用人恰到好处。至于像孟子这样的大才,则尽人事,知天命。现代人也当如此:树立雄心,立定壮志,尽管努力,成与不成,则看天意。

2.2.3 焉有君子而可以货取乎

【原文】

陈臻问曰:"前日于齐,王馈兼金一百而不受;于宋,馈七十镒而受;于薛,馈五十镒而受。前日之不受是,则今日之受非也;今日之受是,则前日之不受非也。夫子必居一于此矣。"

孟子曰:"皆是也。当在宋也,予将有远行。行者必以赆,辞曰'馈赆',予何为不受?当在薛也,予有戒心,辞曰'闻戒,故为兵馈之',予何为不受?若于齐,则未有处也。无处而馈之,是货之也。焉有君子而可以货取乎?"

【引言】

这一章讲述孟子对于赠金所持的观点和态度,其底线是不拿君子的品格做交易。

君子爱财,取之有道。宋国国君和齐国薛地主人靖郭君田婴赠金给孟子,孟子认为有正当理由接受,于是就接受了;齐宣王赠金给孟子,孟子认为

---

① 孟子[M].朱熹,集注.上海:上海古籍出版社,2013:50-51.
② 杨治国.小人物评《孟子》[M].北京:中国工人出版社,2008:78.

没有正当理由接受,于是就婉拒了。总之,接受和拒绝的标准在于:君子不可以拿自己的品格做交易。

【释解】

(1)陈臻:孟子的学生。

(2)前日:以前。

(3)王馈兼金一百:齐宣王馈赠您一百镒好金。王:指齐宣王。馈:馈赠,赠送。兼金:价格双倍于普通金的好金。在古代,金、银、铜,通言金。

(4)镒(yì):古代重量单位,一镒等于二十两。

(5)薛:指齐国靖郭君田婴的封地,在今山东省滕州市东南。此时薛国已被齐国所灭。

(6)夫子必居一于此矣:在这方面,您一定处于其中一种情形了(言外之意,就是肯定孟子有些地方做错了)。夫子:先生,您。

(7)远行:指孟子由宋国去魏国。

(8)赆(jìn):送别时赠予的财物。

(9)予有戒心:我有戒备的心理。予:我,指孟子。

(10)闻戒,故为兵馈之:听说路上需要戒备,所以赠予你一些金钱以便你买些防身兵器。兵:兵器,防身武器。

(11)未有处也:没有什么用途。处:用途,用处。

(12)货之:收买我。货:收买。之:指孟子自己。

【译文】

陈臻问孟子:"以前在齐国临别的时候,齐宣王馈赠您一百镒好金,您却不接受;在宋国临别的时候,宋国国君馈赠您七十镒,您却接受了;在靖郭君田婴的封地薛临别的时候,靖郭君田婴馈赠您五十镒,您也接受了。如果以前的不接受是对的,那么今天的接受就是不对的;如果今天的接受是对的,那么以前的不接受就是不对的。在这方面,您一定处于其中一种情形了。"

孟子说:"都是对的。在宋国临别的时候,我将要有(由宋国去魏国的)长途旅行。对远行的人一定要赠送些盘缠,宋国国君送别时对我说'给你送些路费吧',我为什么不接受?在薛地临别的时候,我有一些戒备的心理,靖郭君田婴送别时跟我说'听说路上需要戒备,所以赠予你一些金钱以便你买些防身兵器',我为什么不接受?而在齐国临别的时候,却没有什么用途和理由。没有什么用途和理由却要馈送我一些金钱,这就是收买我啊。哪里有君子可以用金钱来收买的呢?"

【拓展】

杨治国评论说:"君子爱财,取之有道;君子纳赠不纳贿,领有名之情,不领无故之义。天下财物,难计其数,当取者,不辞万千;不当受者,不取毫发。人生无财物不得生存,但须依道节制:不因取财物而取辱,不因取财物而取祸,不因取财物而取险。财物于人,不足,须受些贫寒,务求心平气静,以图安逸;过盛,须防些贪患,务须取用有制,以图雅谦。若耐不得清贫,必生出异心,则心为财物所惑,气则不平;若经不住昌富,必生出奇心,则必为财物所累,财物害人。"①

人必须拥有正确的世界观、人生观和价值观。三观正,才能获得真正的幸福生活;三观不正,就会误入歧途,容易陷入焦虑、烦恼和痛苦之中。现代社会中,很容易滋生有钱就是一切、一切向钱看的思想。诚然,钱代表着社会财富,没有钱是万万不能的,但有钱不一定幸福也是真实的。因此,正确的金钱观是必不可少的。首先,金钱是社会财富的一种表现,生不带来死不带走,要用之有益、有度,不能贪得无厌,财迷心窍。其次,要通过正当而合法的途径赚取金钱。一分辛劳,一分收获。利用自己的劳动、技术、资本、知识、创意和创新去获取应得的社会报酬,这是天经地义的。最后,要在可能的情况下,充分发挥金钱的投资、发展、公益和慈善功能,最大限度地发挥金钱的社会效用。

2.2.4 知其罪者,惟孔距心

【原文】

孟子之平陆,谓其大夫曰:"子之持戟之士,一日而三失伍,则去之否乎?"

曰:"不待三。"

---

① 杨治国.小人物评《孟子》[M].北京:中国工人出版社,2008:78.

"然则子之失伍也亦多矣。凶年饥岁,子之民,老羸转于沟壑,壮者散而之四方者,几千人矣。"

曰:"此非距心之所得为也。"

曰:"今有受人之牛羊而为之牧之者,则必为之求牧与刍矣。求牧与刍而不得,则反诸其人乎?抑亦立而视其死与?"

曰:"此则距心之罪也。"

他日,见于王,曰:"王之为都者,臣知五人焉。知其罪者,惟孔距心。"为王诵之。

王曰:"此则寡人之罪也。"

【引言】

这一章,孟子在与地方官员孔距心和齐王的谈话中谈到了官员和君主所应担负的经济发展不力的责任。

在与齐国地方长官孔距心的对话中,孟子一步步引导孔距心认识到自己"为官一任,造福一方"的责任和需要为地方经济发展不好而承担的罪责。觐见齐王(当是齐威王)的时候,孟子趁机把他发现的一些地方长官不作为的情况报告给了齐王,令齐王不得不承认自己治国不力的罪责。

【释解】

(1)孟子之平陆:孟子到了平陆。之:到。平陆:齐国边境邑名,在今山东省汶上县以北。

(2)大夫:指战国时代的邑宰,平陆邑的地方长官。

(3)子之持戟之士,一日而三失伍,则去之否乎:您的持戟战士,一天三次失职,您会开除他吗。戟(jǐ):古代兵器,一种结合戈与矛特点的具有钩、剁、划、刽、刺等功能的长柄武器。失伍:失职,渎职,玩忽职守。去:开除,罢免。

(4)不待三:等不到三次。

(5)几千人矣:将近千人了。几:将近,几乎。

(6)距心:姓孔,名距心,平陆邑宰。

(7)牧与刍:牧场和牧草。

(8)反诸其人乎:把它们(指牛羊)返还给主人呢。反:通"返"。其人:

实际拥有牛羊的人。

(9)抑亦立而视其死与:抑或站在旁边看着牛羊——饿死呢。抑亦:抑或,或者。

(10)为都者:治理都邑的官员。

(11)为王诵之:(孟子)为齐王(齐威王)复述了一遍他与孔距心之前的对话。诵:复述,讲述。

【译文】

孟子到了平陆,对邑宰孔距心说:"您的持戟战士,一天三次失职,您会开除他吗?"

孔距心回答说:"等不到三次就把他开除了。"

孟子接着说:"那么您的失职也不少啊。灾荒年月,您的百姓,年老体弱的被抛尸于山沟里,年轻力壮的逃荒到四面八方的,将近有千人了。"

孔距心回答说:"这个就不是我孔距心所能改变的了。"

孟子打比方说:"现在有人接受了别人的牛羊,答应为那人牧养,这个人就一定要为这些牛羊寻找牧场和牧草。如果寻找牧场和牧草而不得,那这人是把牛羊返还给主人呢?还是站在旁边看着牛羊——饿死呢?"

孔距心回答说:"这就是我孔距心的罪责了。"

过了一些时日,孟子觐见齐威王,对齐威王说:"大王您的治理都邑的官员中,我认识了五个。但能够认识到自己玩忽职守之罪责的人,只有一个孔距心。"孟子为齐威王复述了一遍他与孔距心之前的对话。

齐威王说:"这就是我的罪责了。"

【拓展】

朱熹注解说:"为王诵其语,欲以讽晓王也。陈氏曰:'孟子一言而齐之君臣举知其罪,固足以兴邦矣。然而齐卒不得为善国者,岂非说而不绎,从而不改故耶?'"[①]

杨治国评论说:"夫子心地坦荡,襟怀天下,故常以直言犯颜,为天下人而呼而谏。可见圣人与君子,皆有言论之能,却鄙言论之策,敢言天下之直,

---

① 孟子[M].朱熹,集注.上海:上海古籍出版社,2013:52.

不敢为言而曲。君子言论,但求合之于礼,顺乎于情,达乎于实,求于明道,忠于明德,归于明是非。小人以言顺乎视听,君子以言谏于长上。小人言在求利,故常曲;君子言在求理,故常直。赵岐谓人臣以道事君,否则奉身以退。《诗经》云:'彼君子兮,不素餐兮。'言不尸其禄也。《论语》云:'所谓大臣者,以道事君,不可则止。'《左传》云:'义则进,否则退。'足见贤圣以天下为己任,不敢尸其禄位。"①

说起容易做起难,知错容易改过难。君子做大臣,会以道事君,重义轻利,尽心做好政事;而小人做官,则是重利轻义,结党营私,以公谋私,其结果是损害社会和大众的根本利益。在孟子眼中,孔距心还属于能够认识到自己渎职的地方官员,但是他能否知错就改,彻底做个为百姓利益全力以赴的好官,那就不知道了。通过这一章的记述来看,齐威王也能认识到自己在选任、考察和赏罚官员方面不明的罪责,但他能否从此知错就改,彻底做个革新弊政、赏罚分明的君主,那就不知道了。一个人做点好事并不难,难的是一辈子做好事,同样,一个领导、一个官员,公正无私、忠于职守、是非分明并不难,难的是几十年如一日地公正无私、忠于职守、是非分明。坚持到底就是胜利,但坚持不到底、功亏一篑的大有人在,这种现象难道不值得深思吗?

2.2.5 我无官守,我无言责也

【原文】

孟子谓蚳蛙曰:"子之辞灵丘而请士师,似也,为其可以言也。今既数月矣,未可以言与?"

蚳蛙谏于王而不用,致为臣而去。

齐人曰:"所以为蚳蛙,则善矣;所以自为,则吾不知也。"

公都子以告。

曰:"吾闻之也:有官守者,不得其职则去;有言责者,不得其言则去。我无官守,我无言责也,则吾进退,岂不绰绰然有余裕哉?"

【引言】

这一章讲述孟子"在其位,谋其政;不在其位,不谋其政"的思想,孟子认

---

① 杨治国.小人物评《孟子》[M].北京:中国工人出版社,2008:79-80.

为,个人权力、责任和义务要相当。

蚔蛙是一位齐国官员,因为向齐王提出意见不被接受就辞职了。当初,孟子是鼓励蚔蛙向齐王提意见的,因此就有人议论为什么孟子也曾向齐王提出谏言并且也不被接受,而孟子却不离开齐国。对此,孟子解释说,自己不是官员,没有职守,也没有提出意见的责任和义务,来去的自由掌握在自己手里。这就是权力、责任和义务要相当的思想。

【释解】

(1)蚔(chí)蛙:齐国大夫。

(2)子之辞灵丘而请士师,似也:你辞去灵丘的邑宰而请求做士师,似乎很有道理。子:你。灵丘:齐国邑名。士师:古代执掌禁令刑狱的官,法官。

(3)为其可以言也:因为这可以向齐王进言。言:进言,谏言。

(4)致为臣而去:辞官而去。致:辞掉,辞去。

(5)公都子:孟子的学生。

(6)岂不绰绰然有余裕哉:岂不是拥有非常宽裕的回旋之地吗。绰绰然:非常宽裕的样子。余裕:充裕,富足,宽绰,指充裕的余地或回旋空间。

【译文】

孟子对蚔蛙说:"你辞去灵丘的邑宰而请求做士师,似乎很有道理,因为这可以向齐王进言。现在你做士师已经几个月了,还没有机会向齐王进言吗?"

于是,蚔蛙向齐王进谏,但不被齐王采纳。蚔蛙无奈辞官而去。

齐国有人便说:"孟子为蚔蛙出主意,是不错的;但是他自己究竟是如何做的,我就不知道了。"

公都子把这话告诉了孟子。

孟子说:"我曾听说:有官职的人,不能尽到自己的职责就会辞官而去;有进谏责任的人,进言不被采纳就会辞官而去。我一没有官职,二没有进谏之责任,那我的进退,岂不是拥有非常宽裕的回旋之地吗?"

【拓展】

朱熹注解说:"官守,以官为守者。言责,以言为责者。绰绰,宽貌。裕,

宽意也。孟子居宾师之位,未尝受禄。故其进退之际,宽裕如此。尹氏曰:'进退久速,当于理而已。'"①

杨治国评论说:"是官必有其职,称其职者奉其禄;是职必有其责,负其责者得其用。赵岐言执职者劣,藉道者优,不亦醒世乎?"②

做官的目的是什么?做官的意义是什么?这是人类社会中最为重要的问题之一。俗话说:"做官不为民做主,不如回家卖红薯。"可见,做官应该是为百姓和社会根本利益服务的。在人类社会诞生之初,设置官员的目的就是协助君主组织和管理百姓,维持社会秩序,使社会实现正常运转和不断进步。如今,人民当家作主,官员理应成为人民的公仆,在获得自己职业发展的同时,应全心全意为人民服务,为国家的繁荣昌盛、人民的福祉和中华民族的伟大复兴作出应有的贡献。

2.2.6　孟子为卿于齐,出吊于滕

【原文】

孟子为卿于齐,出吊于滕,王使盖大夫王驩为辅行。王驩朝暮见,反齐、滕之路,未尝与之言行事也。

公孙丑曰:"齐卿之位,不为小矣;齐、滕之路,不为近矣。反之而未尝与言行事,何也?"

曰:"夫既或治之,予何言哉?"

【引言】

这一章记述孟子作为出使滕国的正使的权力被齐王宠臣、副使王驩架空的事实,孟子也因此对王驩的独断专行表示无奈和不满。

孟子以卿大夫的身份作为齐国的正使出使滕国。被齐王任命为副使的王驩,自认为是齐王的宠臣,丝毫不把孟子放在眼里。在去滕国和返回齐国的路上,王驩从不和孟子讨论和商量出使的事宜,所有出使的事情都由王驩一人包办。孟子作为正使,实在显得有些多余,并且对王驩的独断专行也毫无办法,只有听之任之。

---

① 孟子[M].朱熹,集注.上海:上海古籍出版社,2013:53.
② 杨治国.小人物评《孟子》[M].北京:中国工人出版社,2008:80.

【释解】

(1)为卿于齐:(孟子)在齐国做卿大夫。

(2)出吊于滕:奉命(作为正使)出使滕国(为滕文公)吊丧。

(3)王使盖大夫王驩为辅行:齐王指派盖邑大夫王驩作为副使出行。盖(gě):齐国邑名,在今山东省沂水县西北。王驩(huān):齐国盖邑大夫,齐王的宠臣。

(4)反齐、滕之路:在往返齐国和滕国的路上。反:通"返"。

(5)反之而未尝与言行事:在往返齐国和滕国的路上,不曾与副使王驩讨论和商量出使之事。未尝:不曾。

(6)夫既或治之,予何言哉:那人既然把出使的事情都包办了,我还能说什么呢。夫:那人,彼。治:办理。予:我。

【译文】

孟子在齐国做卿大夫,奉命作为正使出使滕国为滕文公吊丧,齐王指派盖邑大夫王驩作为副使出行。王驩与孟子早晚都见面,但在往返齐国和滕国的路上,孟子都不曾与王驩讨论和商量出使之事。

公孙丑疑惑地问孟子:"齐国卿大夫之位,不算小了;齐国和滕国之间的道路,也不算近了。在往返齐国和滕国的路上,您不曾与副使王驩讨论和商量出使之事,这是为什么呢?"

孟子回答说:"那人既然把出使的事情都包办了,我还能说什么呢?"

【拓展】

杨治国评论说:"为官可作风果断,不可作风专断。夫子不言,愤在专断,不在果断。赵岐曰:道不合者,不相与言。君子处时,危行言逊,故不尤之,但不与言。焦循曰:'邦有道,危言危行;邦无道,危行言逊。'可见君子因时处言,官吏亦当慎行谨言。"[1]

祸从口出,病从口入。国家政治清明的时候,君子要正言正行;国家政治昏暗的时候,君子不仅要正行,还要态度谦逊和慎言。这是因为小人当道

---

[1] 杨治国.小人物评《孟子》[M].北京:中国工人出版社,2008:80-81.

之时,君子如果说话态度不谦逊,就可能受到排挤和迫害。

2.2.7 君子不以天下俭其亲

【原文】

孟子自齐葬于鲁,反于齐,止于嬴。充虞请曰:"前日不知虞之不肖,使虞敦匠事。严,虞不敢请。今愿窃有请也:'木若以美然?'"

曰:"古者棺椁无度,中古棺七寸,椁称之。自天子达于庶人,非直为观美也,然后尽于人心。不得,不可以为悦;无财,不可以为悦。得之为有财,古之人皆用之,吾何为独不然?且比化者无使土亲肤,于人心独无恔乎?吾闻之也:'君子不以天下俭其亲。'"

【引言】

这一章记述孟子在办理丧事上持有的观点和态度。孟子认为,在自己的经济条件和礼制允许的情况下可以把棺椁制得更加结实和美观一些,以充分表达孝心,这种思想极有可能引起对丧礼大操大办的攀比之风盛行。

孟子认为,在条件允许的情况下,给父母制作的棺椁应该结实耐用和美观,为此可不惜花费,其效果在于充分地表达孝心。这与孔子"礼,与其奢也,宁俭;丧,与其易也,宁戚"①的丧礼思想似乎有些不一致。孔子更加注重丧礼的实质,就是只要能表达对父母的哀思和孝心,在办理丧礼的形式上可因陋就简,并且丧礼的规格要符合礼制的规定。而孟子的思想关键在于在符合礼制规定的前提下,可根据自己的财力和孝心把棺椁做得更加美观厚实一些。如按照孟子的这种思想去办理丧事,家家攀比,大办丧事,可能就会使得攀比之风盛行,徒增百姓生活和精神压力。因此,红白喜事,与其大办,不如从简。

【释解】

(1)孟子自齐葬于鲁,反于齐,止于嬴:孟子在齐国做大夫,跟着孟子生活的孟母在齐国去世,孟子把母亲的尸体运回鲁国安葬。丧礼完毕后,孟子

---

① 安德义.论语解读[M].北京:中华书局,2007:56.

就返回齐国。在返回齐国的路上,孟子在嬴地稍作停留。反:通"返"。嬴(yíng):齐国邑名,在今山东莱芜西北。

(2)充虞:孟子的学生。

(3)使虞敦匠事:(孟子)指派我充虞负责监理打造棺椁的事情。敦:督促,管理,监理。

(4)严:紧急,急迫。

(5)今愿窃有请也:现在愿意私自请问您(一个问题)。窃:私自,暗中,偷偷地。

(6)木若以美然:那棺椁好像太华美了吧。木:指棺椁。以:太,过于。

(7)无度:没有标准。

(8)中古:指周公制礼作乐以后的时代。

(9)椁称之:椁的厚度与棺的厚度相称。之:指棺。

(10)不得,不可以为悦:(礼制规定)不允许的话,不能够称心如意。悦:称心如意,指因尽孝子之心而高兴和满意。

(11)得之为有财:既符合礼制规定,又有足够财力。为(wéi):和,与。

(12)且比化者无使土亲肤,于人心独无恔乎:而且,为了不使泥土亲密接触死者的肌肤(而使用厚实耐腐的棺椁),对于人心来说岂不快意吗。比:为了。化者:死者。亲:亲近,接近,接触。独无:岂不,难道没有。恔(xiào):快意,畅快。

(13)君子不以天下俭其亲:君子不会因为天下任何事由而节省应该花费在父母亲身上的钱。以天下:因为天下任何事由。俭其亲:在父母亲身上节省或节俭。

【译文】

孟子在齐国做大夫,跟着孟子生活的孟母在齐国去世,孟子把母亲的尸体运回鲁国安葬。丧礼完毕后,孟子就返回齐国。在返回齐国的路上,孟子在嬴地稍作停留。孟子的学生充虞毕恭毕敬地问孟子:"前几天您不知我充虞德能低下(承蒙信任我),指派我充虞负责监理打造棺椁的事情。因事情紧急,我不敢请教您问题。现在我愿意私自请问您一个问题:'那棺椁好像太华美了吧?'"

孟子回答说:"上古的时候,棺椁的尺寸没有什么标准;中古的时候,(才规定)棺厚七寸,而椁的厚度与棺的厚度相称。自天子一直到普通百姓,制作棺椁不只是为了美观,还因为只有这样做才能尽到一个人的孝心。(礼制规定)不允许的话,不能称心如意;没有足够的财力,也不能称心如意。既符合礼制规定,又有足够财力,古人都这样做了,为何我单单不能这样做?而且,为了不使泥土亲密接触死者的肌肤(而使用厚实耐腐的棺椁),对于人心来说岂不快意吗?我听说过:'君子不会因为天下任何事由而节省应该花费在父母亲身上的钱。'"

【拓展】

杨治国评论说:"尊亲敬长,孝之大事,礼之先导。父母生身,恩义皆备,于孝于礼,皆不可轻。故曰:'君子不以天下俭其亲。'赵岐曰:'孝必尽心,匪礼之踰。《论语》云:'生事之以礼,死葬之以礼,可谓孝矣。'亲其亲,方能敬其长,而后方能忠其国。自古谓尽忠不能尽孝,尽孝不能尽忠,忠孝难得两全,然就其本质而论,忠为孝之本,孝为忠之基,忠孝实为一体。忠其国者必能孝其亲,未有不忠者能孝其亲者。"[①]

孟子的父亲死得比较早,可以说孟子是孟母一手养育大的。为了孟子的教育和前途,孟母三次搬家,孟子最终也未辜负孟母的期望而学有所成。孟子对孟母极其孝顺,也想有所作为,以报效母亲。为了能在身边照顾母亲,又能出仕做官以施展抱负,孟子走到哪里就把母亲带到哪里。孟母去世时,孟子已经是大夫,所以能够以大夫的身份安葬母亲,这时候他也有足够的财力来风光地给母亲办个高规格的葬礼。对于孟子而言,也只有这样做才能让他自己心安身安。这也是为什么孟子喜欢"君子不以天下俭其亲"的思想根源。

2.2.8 为天吏,则可以伐之

【原文】

沈同以其私问曰:"燕可伐与?"

孟子曰:"可。子哙不得与人燕,子之不得受燕于子哙。有仕于此,而子悦之,不告于王而私与之吾子之禄爵。夫士也,亦无王命而私受之于子,则

[①] 杨治国. 小人物评《孟子》[M]. 北京:中国工人出版社,2008:81.

可乎？何以异于是？"

齐人伐燕。或问曰："劝齐伐燕，有诸？"

曰："未也。沈同问'燕可伐与'，吾应之曰'可'。彼然而伐之也。彼如曰'孰可以伐之'，则将应之曰'为天吏，则可以伐之'。今有杀人者，或问之曰'人可杀与'，则将应之曰'可'。彼如曰'孰可以杀之'，则将应之曰'为士师，则可以杀之'。今以燕伐燕，何为劝之哉？"

【引言】

这一章记述孟子对于讨伐不义和惩办不法之事的看法。孟子认为，只有王者之师才可以讨伐不义之国，只有法官才可以惩办违法犯罪的人。

对于不义的国可以讨伐吗？对于不义的人和事可以惩办吗？孟子的答案是可以。但是，孟子并不认为无论是谁都可以讨伐不义的国和惩办不义的人和事。对此，孟子的答案是"为天吏，则可以伐之"和"为士师，则可以杀之"。换言之，只有王者之师才可以讨伐不义之国，只有法官才可以惩办违法犯罪的人。①

【释解】

(1)沈同：齐国大臣。

(2)子哙：即燕王哙，姓姬，名哙，战国时期的燕国君主，燕易王之子。燕王哙五年(公元前316年)，燕王哙禅让君位给燕相子之，导致燕国大乱。齐宣王趁机派兵攻伐燕国，获胜后，燕王哙被杀，子之逃走，后被齐人抓住砍成肉酱。开始时，齐军受到燕国人欢迎，因而迅速取得胜利。但之后，齐军胡作非为，军纪不整，引起民愤，两年后被迫从燕国撤军。

(3)子之：燕王哙的国相，被禅让燕君之位后，引发太子姬平和将军市被内乱，后被齐军所杀。

(4)有仕于此，而子悦之，不告于王而私与之吾子之禄爵：这里有个士人，您非常喜欢他，在不禀告君王的情况下私自把您自己的俸禄和爵位让给他。仕：通"士"，士人。子：您。与：给。吾子：古时对别人的尊称，您。

(5)何以异于是：与这个有什么两样。

---

① 刘建生.孟子精解[M].北京:海潮出版社,2012:97.

(6)彼然而伐之也:他认为这个说法对,便去征伐燕国。彼:他。然:同意,认为对。之:指燕国。

(7)天吏:代表上天旨意的君臣,能尊奉天道、仁民爱物的君臣。

(8)士师:法官,执法官员。

(9)今以燕伐燕,何为劝之哉:现在,让一个同燕国一样无道的国家去讨伐燕国,我为什么要鼓励它去攻打呢。燕:第一个"燕"是指像燕国一样无道的国家。劝:鼓励,劝说。

【译文】

沈同以个人身份问孟子:"燕国可以讨伐吗?"

孟子说:"可以。子哙不能把燕国君位给了他人,子之也不能从子哙手里接受燕国君位的禅让。打个比方说,这里有个士人,您非常喜欢他,在不禀告君王的情况下私自把您自己的俸禄和爵位让给他。而这个士人,也在没有大王命令的情况下私自从您这里接受您的俸禄和爵位,这样可以吗?私自禅让燕国君位与这个有什么两样?"

齐国攻伐燕国。有人问孟子:"您鼓励齐国讨伐燕国,有这回事吗?"

孟子回答说:"没有这回事。沈同问我'燕国可以讨伐吗',我回答说'可以'。他们同意我的说法,便去攻伐燕国。他如果问'谁可以讨伐燕国',我将回答他说'只有能尊奉天道、仁民爱物的君臣才可以讨伐燕国'。打个比方说,现在有个杀人犯,如果有人问我'这个杀人犯该杀吗',我将回答他说'可以'。但如果他问'谁可以杀这个杀人犯',我将回答他说'只有执法官员才可以杀这个杀人犯'。现在,让一个同燕国一样无道的国家去讨伐燕国,我为什么要鼓励它去攻打呢?"

【拓展】

朱熹注解说:"言齐无道,与燕无异,如以燕伐燕也。《史记》亦谓孟子劝齐伐燕,盖传闻此说之误。杨氏曰:'燕固可伐矣,故孟子曰可。使齐王能诛其君,吊其民,何不可之有?乃杀其父兄,虏其子弟,而后燕人畔之。乃以是归咎孟子之言,则误矣。'"①

---

① 孟子[M].朱熹,集注.上海:上海古籍出版社,2013:55.

杨治国评论说："沈同以私人见，夫子以公礼而答。足见圣人之心不同凡人，时刻唯公唯仁唯礼而已，不敢私心稍存。此君子与小人之迥别之处。"①

有道义的国家如同君子一般，什么事情可以做，什么事情不可以做，都是以王道仁政为标准。有道之君可以讨伐无道之君，无道之君却不可以攻伐无道之君。同样地，坏人该受惩戒和惩办，但必须是执法机关来实施，否则，天下必然大乱，社会必然失序，整个社会都将陷入丛林社会的状态中，这将是文明社会的倒退。

2.2.9 古之君子,过则改之;今之君子,过则顺之

【原文】

燕人畔。王曰："吾甚惭于孟子。"

陈贾曰："王无患焉。王自以为与周公孰仁且智？"

王曰："恶！是何言也？"

曰："周公使管叔监殷，管叔以殷畔。知而使之，是不仁也；不知而使之，是不智也。仁、智，周公未之尽也，而况于王乎？贾请见而解之。"

见孟子，问曰："周公何人也？"

曰："古圣人也。"

曰："使管叔监殷，管叔以殷畔也，有诸？"

曰："然。"

曰："周公知其将畔而使之与？"

曰："不知也。"

"然则圣人且有过与？"

曰："周公，弟也；管叔，兄也。周公之过，不亦宜乎？且古之君子，过则改之；今之君子，过则顺之。古之君子，其过也，如日月之食，民皆见之；及其更也，民皆仰之。今之君子，岂徒顺之，又从为之辞。"

【引言】

这一章记述孟子对齐宣王在伐燕之事上作出错误决定的态度。齐

---

① 杨治国.小人物评《孟子》[M].北京:中国工人出版社,2008:82.

宣王在燕国发生内乱之后决定出兵伐燕，后因齐军侵犯欺凌而导致燕国百姓纷纷反抗和列强干预，齐宣王对此焦头烂额，出现悔意，有大夫以"人非圣贤，孰能无过"的思想安慰齐宣王，孟子则驳斥说，君子有过则改，无则加勉。

燕国发生内乱后，齐宣王决心趁机攻占燕国，扩大齐国的地盘。但这种野心，因为燕国人的觉醒、反抗和列强的干预而最终以失败告终。因为介入燕国之乱而内忧外困，齐宣王表现出一些悔意，但齐国大夫陈贾却想用"人非圣贤，孰能无过"的思想安慰齐宣王，遭到孟子的驳斥。孟子认为，君子有过则改之，而小人有过则极力掩饰，能否正确对待自己的过错，并竭力避免和改正才是判断一个人是不是真正的君子的标准。

【释解】

(1)畔：通"叛"，发生叛乱。

(2)陈贾：齐国大夫。

(3)王无患焉：大王您不要担忧了。王：大王，指齐宣王。无：通"勿"，勿要。

(4)周公使管叔监殷：周公派管叔监督殷国。周公：周武王的弟弟，姓姬，名旦，因采邑在周，故称周公或周公旦。周武王死后，成王年少，由周公旦辅政。管叔：姓姬，名鲜，周武王的弟弟，周公旦的哥哥，封地在管(今河南郑州)。周公辅政周成王，引起管叔、蔡叔和霍叔三人不满，他们伙同被封殷国的纣王之子武庚叛乱，史称"三监之乱"。兵败后，管叔和武庚被杀，蔡叔被流放，霍叔被废为庶民。殷：殷国，周武王灭纣后，将纣王之子武庚封为诸侯之一，其封地在殷。

(5)仁、智，周公未之尽也：连周公都尚未达到仁、智。尽：达到……极限。

(6)贾请见而解之：陈贾请求见见孟子，为他解释解释。贾：指陈贾。之：指孟子。

(7)过则顺之：有了过错，就将错就错。顺：顺从，顺应，将错就错。

(8)日月之食：日食和月食。

(9)及其更也：等到他更正了错误。及：等到。更：更正，改正。

(10)又从为之辞：又总是为他自己找托词。从：素来，一向，总是。辞：

找托词,做辩解。

【译文】

燕国人开始反叛齐国。齐宣王说:"我对孟子感到非常惭愧。"

齐国大夫陈贾说:"大王您不要担忧了。大王您自以为和周公相比谁更仁智呢?"

齐宣王说:"嗨!这是什么话?"

陈贾说:"周公派管叔监督殷国,管叔却带领殷人发动叛乱。如果周公早有预见,却仍然派管叔去监督殷国,这就是不仁;如果周公没有先见之明而派管叔去监督殷国,这就是不智。连周公都尚未达到仁、智,何况大王您呢?请让我陈贾去见见孟子,给他解释解释。"

陈贾见到孟子,就问孟子:"周公是什么样的人?"

孟子回答说:"古代的圣人。"

陈贾继续问道:"他派管叔监督殷国,管叔却带领殷人发动叛乱,有这回事吗?"

孟子答道:"有这回事。"

陈贾又问道:"周公早就预见到他将发动叛乱而故意派他去监管殷国吗?"

孟子答道:"不清楚。"

陈贾接着问道:"那么圣人也会犯错误吗?"

孟子回答说:"周公是弟弟,管叔是兄长。周公的过错,不也是人之常情吗?况且,古代的君子,有了过错就改正;而如今的君子,有了过错就将错就错。古代的君子所犯的过错,就像日食和月食一样,百姓都看得见;等到他更正了错误,百姓都会仰视他。如今的君子,不只是将错就错,还总是为他自己找托词。"

【拓展】

朱熹注解说:"周公乃管叔之弟,管叔乃周公之兄,然则周公不知管叔之将畔而使之,其过有所不免矣。或曰:'周公之处管叔,不如舜之处象,何也?'游氏曰:'象之恶已著,而其志不过富贵而已,故舜得以是而全之。若管叔之恶则未著,而其志其才皆非象比也,周公讵忍逆探其兄之恶而弃之耶?

周公爱兄,宜无不尽者。管叔之事,圣人之不幸也。舜诚信而喜象,周公诚信而任管叔,此天理人伦之至,其用心一也。'又注解说:"更之则无损于明,故民仰之。顺而为之辞,则其过愈深矣。责贾不能勉其君以迁善改过,而教之以遂非文过也。林氏曰:'齐王惭于孟子,盖羞恶之心,有不能自已者。使其臣有能因是心而将顺之,则义不可胜用矣。而陈贾鄙夫,方且为之曲为辩说,而沮其迁善改过之心,长其饰非拒谏之恶,故孟子深责之。'"①

  周公信任自己的哥哥管叔,所以才派管叔去管地监督武庚,但不曾料到管叔会因妒忌而生叛乱之意。周公平息"三监之乱"后,根据罪过大小而诛杀了管叔。由此看来,周公在任用管叔这件事上,也没有先见之明。换言之,即使是圣贤,也会犯下不明不智的过错。但圣贤、君子犯错又和小人犯错有大不同。圣贤、君子能知错就改,自觉反省和检讨,以免重犯错误;而小人则将错就错,文过饰非。

2.2.10 人皆以为贱,故从而征之

【原文】

  孟子致为臣而归。王就见孟子,曰:"前日愿见而不可得,得侍同朝,甚喜。今又弃寡人而归,不识可以继此而得见乎?"

  对曰:"不敢请耳,固所愿也。"

  他日,王谓时子曰:"我欲中国而授孟子室,养弟子以万钟,使诸大夫国人皆有所矜式。子盍为我言之?"时子因陈子而以告孟子,陈子以时子之言告孟子。

  孟子曰:"然。夫时子恶知其不可也?如使予欲富,辞十万而受万,是为欲富乎?季孙曰:'异哉子叔疑!使己为政,不用,则亦已矣,又使其子、弟为卿。人亦孰不欲富贵?而独于富贵之中,有私龙断焉。'古之为市也,以其所有易其所无者,有司者治之耳。有贱丈夫焉,必求龙断而登之,以左右望而罔市利。人皆以为贱,故从而征之。征商,自此贱丈夫始矣。"

【引言】

  孟子在齐国待了好长一段时间,最终看出齐宣王并没有采纳他的仁政

---

① 孟子[M].朱熹,集注.上海:上海古籍出版社,2013:55-56.

主张的意思,于是决定离开齐国。齐宣王尽管不想采纳孟子的仁政主张,但心里又觉得孟子是一位不可多得的大贤,当孟子表示真心要离开的时候就表现出依依不舍的心情。齐宣王还想把孟子供养在齐国,于是派人将自己愿意给孟子及其弟子提供一栋房屋、万钟粮食的想法告知孟子,孟子听到后,将会做出何种反应呢?

【释解】

(1)孟子致为臣而归:孟子辞掉齐国的官职准备回家。致:辞掉。

(2)不识可以继此而得见乎:不知道以后我们还能见面吗。继此:在此之后。

(3)时子:齐国大夫。

(4)我欲中国而授孟子室,养弟子以万钟,使诸大夫国人皆有所矜式:我打算在国都中给孟子一栋房子,再给他一万钟的粮食让他能养活他的弟子,使各位大夫和百姓都有个可学习的榜样。中国:国都中,都城内。钟:古代容量单位,一钟为六石四斗,万钟为六万四千石。矜式:效法的范式,学习的榜样。

(5)子盍为我言之:你何不替我(向孟子)说一说这件事。子:你。盍:何不。

(6)时子因陈子而以告孟子:时子便通过陈子把那件事告诉了孟子。因:依靠,凭借,通过。陈子:即陈臻,孟子的学生。

(7)季孙:生平事迹不详。

(8)子叔疑:生平事迹不详。

(9)使己为政,不用,则亦已矣:想让自己为政做官,但不被任用,那也就罢了。已矣:罢了,算了。

(10)有私龙断焉:有私心想(把富贵)垄断起来。私:私心。龙断:垄断,独自把持。

(11)丈夫:古时候对成年男子的称呼。

(12)以左右望而罔市利:左右看看,想把集市上所有的利益都占为己有。罔:通"网",网罗,搜刮。

(13)征商:对商人征税。

【译文】

孟子辞掉齐国的官职准备回家。齐宣王去见孟子,对孟子说:"早些时候希望见到您却见不到,后来终于等到有机会和您同朝共事,非常高兴。现在您又要离弃我而回家去,不知道以后我们还能见面吗?"

孟子回答说:"我不敢请求和大王您见面罢了,和您见面本来就是我的愿望啊。"

过了一段时间,齐宣王对时子说:"我打算在国都中给孟子一栋房子,再给他一万钟的粮食让他能养活他的弟子,使各位大夫和百姓都有个可学习的榜样。你何不替我(向孟子)说一说这件事呢?"于是,时子便通过陈子把那件事告诉了孟子,陈子也就把时子所说的话一五一十地告诉了孟子。

孟子说:"是这样的,那时子怎么能知道这件事是不可以做的呢?假如我想变得富有,但辞掉十万钟的俸禄却接受一万钟的俸禄,这是想要变得富有吗?季孙说:'子叔疑真是个奇怪的人!想让自己为政做官,但不被任用,那也就罢了,又让其儿子和弟弟出来做卿大夫。哪个人不想富贵?而他却有私心想把升官发财的富贵垄断起来。'古时候人们做买卖,是用他们拥有的东西来交换自己没有的东西,有关官员实施管理罢了。有个贪得无厌的下贱男子,想要搞垄断,就登上一个高地,左右看看,想把集市上所有的利益都占为己有。人们都认为这个人很下贱,于是纷纷向他征税。对商人征税,就是从这个下贱男子开始的。"

【拓展】

朱熹注解说:"孟子既以道不行而去,则其义不可以复留,而时子不知,则又有难显言者。故但言设使我欲富,则我前日为卿,尝辞十万之禄,今乃受此万钟之馈,是我虽欲富,亦不为此也。"又注解说:"治之,谓治其争讼。左右望者,欲得此而又取彼也。罔,谓罔罗取之也。从而征之,谓人恶其专利,故就征其税,后世缘此遂征商人也。程子曰:'齐王所以处孟子者,未为不可,孟子亦非不肯为国人矜式者。但齐王实非欲尊孟子,乃欲以利诱之,故孟子拒而不受。'"[1]

---

[1] 孟子[M].朱熹,集注.上海:上海古籍出版社,2013:57.

杨治国评论说:"道不同不相为谋。夫子久于齐而仁政不得行,唯致为臣而归里。可叹圣人命运如此,亦仁义难行之悲也。大道不行,仕何以哉?夫子为官在于行道,非求万钟锦衣者,更非利禄能动其心者。否则,世上必无'亚圣'孟子也。"①

齐宣王对待孟子的心理和孟子为政的心理有着根本上的不一致。孟子和孔子在寻求治国理政机会方面有着极大的相似之处,那就是为了实现自己的仁政或德政理想而努力奋斗。但齐宣王心里并不觉得孟子的仁政理想有着可行的现实基础,也根本不想实践王道仁政。简而言之,孟子以王道为追求,齐宣王以霸道或说利益为追求,这是孟子难以与齐宣王继续"同侍一朝"的关键所在。孟子对齐宣王实施仁政死心之时,也就是孟子离开齐国之日。

2.2.11 孟子去齐,宿于昼

【原文】

孟子去齐,宿于昼。有欲为王留行者,坐而言。不应,隐几而卧。

客不悦,曰:"弟子齐宿而后敢言,夫子卧而不听,请勿复敢见矣。"

曰:"坐!我明语子。昔者鲁缪公无人乎子思之侧,则不能安子思;泄柳、申详,无人乎缪公之侧,则不能安其身。子为长者虑,而不及子思。子绝长者乎?长者绝子乎?"

【引言】

这一章记述孟子辞职离开齐国夜宿在昼地的情形,此时孟子仍然心有不甘,期待齐宣王能够猛然觉醒,召他回齐国施行王道仁政。

孟子离开齐国后,在昼地夜宿。此时,来了一个想要劝孟子回到齐宣王身边的人。孟子多年来已经对齐宣王失望,所以对来人的劝说不抱任何希望。因此,来人在认真讲,而孟子则靠着小桌子打盹。之所以打盹,一是因为旅途劳顿,二是失去了返回齐国为官的兴致。来的那人看到孟子这种无所谓的态度之后,就生气了。这时候,孟子告诉来人,如果齐宣王真想留住他在齐国施行仁政,就应该学习一下鲁缪公对待大贤子

---

① 杨治国.小人物评《孟子》[M].北京:中国工人出版社,2008:84-85.

思的做法。鲁缪公为了留住子思,一方面派人守在子思身旁,安慰子思;另一方面,如果鲁缪公身边没有贤人为泄柳、申详二人说好话,泄柳、申详这二人恐怕在鲁国也无法安身。总之,如果齐宣王真的想让孟子留在齐国为官,那就应该拿出诚心诚意来,在齐国实施仁政,否则是不可能把孟子留在齐国的。

【释解】

(1)宿于昼:夜宿于齐国昼邑。昼:齐国邑名,在今山东省临淄附近,自齐国返回邹地的必经之地。

(2)有欲为王留行者,坐而言:有个想要为齐宣王把孟子挽留在齐国的人。王:指齐宣王。

(3)不应,隐几而卧:(孟子)不做反应,靠着小桌子打盹。隐:靠着。几:小桌子,小矮桌。

(4)齐宿:先斋戒一日。齐:通"斋",斋戒。

(5)我明语子:我明确地告诉你。语:告诉。子:你。

(6)鲁缪公:姓姬,名显,战国初期鲁国国君,在位三十三年。他尊重孔伋(子思)等贤人,思想比较开明。缪(mù):同"穆",鲁缪公通常又写作"鲁穆公"。

(7)子思:子姓,孔氏,名伋,字子思,孔子的孙子。

(8)泄柳:即子柳,鲁缪公时的贤人。

(9)申详:孔子学生子张的儿子,鲁缪公时的贤人。

(10)子绝长者乎:是你断绝我呢。绝:断绝,绝交。长者:(年老的)孟子自称。

【译文】

孟子开始走上离开齐国的旅途,夜宿于齐国昼邑。有个想要为齐宣王把孟子挽留在齐国的人,跪坐着和孟子说话。孟子不做反应,靠着小桌子打盹。

这个客人不高兴地说:"学生先斋戒一日后,才敢跟您说话,您却无精打采、爱理不理的,以后我再也不敢来见您了。"(他说着就起身要走。)

孟子说:"坐下吧。我明确地告诉你。以前鲁缪公如果不派人守在子思的身边,就不能使子思安心留下来;而如果鲁缪公身边也没有贤人替泄柳、申详说好话,泄柳、申详二人也不能安心地住下来。你为我考虑(是不错),但还达不到像鲁缪公对待子思的那个程度。是你跟我断绝呢?还是我跟你断绝呢?"

【拓展】

朱熹注解说:"言齐王不使子来,而子自欲为王留我,是所以为我谋者,不及缪公留子思之事,而先绝我也。我之卧而不应,岂为先绝子乎?"①

杨治国评论说:"此时更见夫子之浩然之气凛凛。齐王敬贤之心不诚,用贤之意不实,礼贤之处不周,且不思施行仁政,实乃齐王之心不仁、政不德,非夫子愿相交之君。故其质问说客之语'子绝长者乎?长者绝子乎'实是'齐王绝贤者乎?贤者绝齐王乎'之浩然直问,似回荡于天地之间,言犹在耳。赵岐曰:唯贤能安贤,智能知微,以愚喻智,道之所以乖也。"②

很显然,来客是没有能力劝孟子留下来在齐国继续为官的,不想施行仁政的齐宣王也无法让孟子继续留在齐国,只有真心想要施行仁政的齐王才有可能把孟子留下来。正如杨治国所评论的那样,是齐宣王断绝了孟子在齐国施行仁政的理想,这使得孟子再也没有理由继续待在齐国,而最终不得不断绝齐王而离开齐国了。

2.2.12 千里而见王,是予所欲也;不遇故去,岂予所欲哉

【原文】

孟子去齐。尹士语人曰:"不识王之不可以为汤、武,则是不明也;识其不可,然且至,则是干泽也。千里而见王,不遇故去。三宿而后出昼,是何濡滞也?士则兹不悦。"

高子以告。

曰:"夫尹士恶知予哉?千里而见王,是予所欲也。不遇故去,岂予所欲哉?予不得已也。予三宿而出昼,于予心犹以为速。王庶几改之;王如改

---

① 孟子[M].朱熹,集注.上海:上海古籍出版社,2013:58.
② 杨治国.小人物评《孟子》[M].北京:中国工人出版社,2008:86.

诸,则必反予。夫出昼而王不予追也,予然后浩然有归志。予虽然,岂舍王哉?王由足用为善。王如用予,则岂徒齐民安,天下之民举安。王庶几改之,予日望之。予岂若是小丈夫然哉?谏于其君而不受,则怒,悻悻然见于其面,去则穷日之力而后宿哉!"

尹士闻之曰:"士诚小人也。"

【引言】

这一章仍然记述孟子在昼地停留和等待齐王回心转意的情形,但此时有更多人怀疑孟子不智不仁,孟子不得不为自己辩解。

孟子在齐国昼邑足足小住了三天三夜才离开。孟子的目的其实很简单,就是在等待齐宣王改变主意,期盼齐宣王能主动挽留自己在齐国施行仁政,这样的话,他不仅可以安定齐国,还可以安定整个天下。但在齐国昼邑逗留三天三夜的行为引起了一位齐人的质疑。他怀疑:要么孟子不知道齐宣王不能成为商汤和周武王而不远千里来到齐国,属于不智;要么他知道齐宣王不能成为商汤和周武王而还要来齐国求取功名利禄,属于不仁。孟子听到齐人对他的质疑后,就发自肺腑地为自己的所作所为做了辩解。

【释解】

(1)尹士:齐国人,生平事迹不详。

(2)然且至,则是干泽也:然而他还要来,那就是想要求取禄位。且:还,还要。干:求取,贪求。泽:禄位,俸禄。

(3)不遇故去:(觉得)遇不到满意的君主便离开。

(4)三宿而后出昼,是何濡滞也:住了三个晚上之后才走出昼邑,这是何等的迟缓啊。濡滞:迟滞,迟缓,缓慢。

(5)士则兹不悦:倒装句,即"士则不悦兹",我尹士对此很是不高兴。士:尹士自称。兹:此。

(6)高子:孟子的学生。

(7)庶几:也许,可能,或许。

(8)王如改诸,则必反予:大王如果改变主意,就一定会把我召回。反:通"返",返回,指召回。予:我。

(9)王由足用为善:大王还可以施行善政。由:通"犹",还。足用:足以。

(10)小丈夫:小男人。

(11)悻悻然见于其面,去则穷日之力而后宿哉:脸上表现出怨恨失意和刚愎傲慢的样子,离开时一天之内都在使尽全力赶路,直到精疲力竭了才去找个地方住下吗。悻悻然:怨恨失意和刚愎傲慢的样子。见:通"现",出现,表现出。穷日之力:穷尽一天的力量,比喻一天之内都在使尽全力。

【译文】

孟子离开齐国。尹士对别人说:"不知道齐宣王不能成为商汤和周武王,就是不明智;明知道齐宣王不能成为商汤和周武王,然而还要来到齐国,那就是想要求取禄位。不远千里来见齐宣王,觉得不满意便离开。住了三个晚上之后才走出昼邑,这是何等的迟缓啊?我尹士对此很是不高兴。"

孟子的学生高子把尹士的话告诉了孟子。

孟子说:"那尹士怎么能了解我呢?不远千里来见齐宣王,是我想要的。觉得不满意便离开,难道是我想要的吗?我是不得已啊。我住了三个晚上之后才走出昼邑,从我内心来说,还是认为走得太快了。大王或许会改变主意的;大王如果改变主意,就一定会把我召回。走出昼邑,大王也没有来追我,我才义无反顾地产生了归家的意志和决心。尽管这样,难道我愿意舍弃大王吗?大王还可以施行善政。大王如果用我,就不只是齐国百姓能得到安定,而是全天下的百姓都能得到安定。大王或许能改变主意,我每天都在殷切盼望着。我难道是那种小肚鸡肠的小男人吗?向国君进谏,不被接受,就恼羞成怒,脸上表现出怨恨失意和刚愎傲慢的样子,离开时一天之内都在使尽全力赶路,直到精疲力竭了才去找个地方住下吗?"

尹士听到孟子的话之后说:"我真是以小人之心度君子之腹啊。"

【拓展】

朱熹注解说:"浩然,如水之流不可止也。杨氏曰:'齐王天资朴实,如好勇、好货、好色、好世俗之乐,皆以直告而不隐于孟子,故足以为善。若乃其心不然,而谬为大言以欺人,是人终不可与入尧、舜之道矣,何善之能为?'"

又说:"此章见圣贤行道济时,汲汲之本心;爱君泽民,惓惓之余意。李氏曰:'于此见君子忧则违之之情,而荷蒉者所以为果也。'"①

齐宣王这个人的性格是直来直去,有啥说啥。自己喜欢美色、财货、流行音乐等都直接告诉了孟子。孟子其实也感到齐宣王比较可爱,起码不拐弯抹角,所以就想用自己的思想慢慢影响和改变齐宣王,让齐宣王最终能够采纳王道仁政的主张,但最终还是发现齐宣王禀性难移。尽管如此,孟子在离开齐国的路途上还未彻底死心,幻想着齐宣王能够派人召回他。这正是孟子在自齐返邹必经之地——昼邑逗留三天三夜的原因。从孟子在昼邑逗留三天三夜这个事情上也可以看出,孟子希望在齐国施行仁政的心是多么迫切,其想要安定齐国和安定天下的抱负是多么高远。燕雀安知鸿鹄之志?作为齐国人的尹士,自然很难看清孟子如此迷惑的行为,因此就把孟子想当然地想象为趋炎附势、贪求富贵之徒。但从这章的记录来看,尹士最后也坦荡地承认自己误会了孟子,反省自己"诚小人也"。知错就改,善莫大焉!

2.2.13 如欲平治天下,当今之世,舍我其谁也

【原文】

孟子去齐,充虞路问曰:"夫子若有不豫色然。前日虞闻诸夫子曰:'君子不怨天,不尤人。'"

曰:"彼一时,此一时也。五百年必有王者兴,其间必有名世者。由周而来,七百有余岁矣。以其数,则过矣;以其时考之,则可矣。夫天,未欲平治天下也。如欲平治天下,当今之世,舍我其谁也?吾何为不豫哉?"

【引言】

这一章讲述孟子"五百年必有王者兴"的思想和"如欲平治天下,当今之世,舍我其谁也"的豪杰气概。"从尧舜到商汤,从商汤到周文王,大约都经过了五百年。从周文王到孔子有五百年,孔子到他那时又有一百多年,加起来有七百多年了。因此'以其数则过矣,以其时考之则可矣'。孟子这种'五百年必有王者兴'的历史观是不正确的。孟子以前的几个朝代虽然都大致

---

① 孟子[M].朱熹,集注.上海:上海古籍出版社,2013:59.

经过了五百年,但作为一个历史观,认为'五百年必有王者兴'就不对了。汉以后的各朝,一般只有二三百年。"①

【释解】

(1)充虞:孟子的学生。

(2)夫子若有不豫色然:先生您脸色好像有些不高兴的样子。夫子:先生。豫:欢喜,快乐,高兴。

(3)不怨天,不尤人:不埋怨上天,不责怪他人。此语乃孔子之语,见《论语·宪问》。

(4)名世者:因辅佐明君而成名于世的人。

(5)由周而来,七百有余岁矣:自西周开创以来至今,已有七百多年了。

(6)以其数,则过矣;以其时考之,则可矣:根据现在的年数来说,已经超过了五百年;根据现在的时势来考察,则是明君圣王可以出现的年代了。

(7)舍我其谁也:除了我,还能有谁呢。

【译文】

孟子离开齐国,孟子的学生充虞在路上问道:"先生您脸色好像有些不高兴的样子。以前我充虞听先生您说过:'君子不埋怨上天,不责怪他人。'"

孟子说:"那时是那时,现在是现在。每隔五百年一定有施行王道仁政的明君圣主出现,在这期间也一定有因辅佐明君而成名于世的人出现。自西周开创以来至今,已有七百多年了。根据现在的年数来说,已经超过了五百年;根据现在的时势来考察,则是明君圣王可以出现的年代了。大概上天还不想平治天下。如果上天想要平治天下,当今之世,除了我,还能有谁呢?我为什么不高兴呢?"

【拓展】

朱熹注解说:"自尧、舜至汤,自汤至文、武,皆五百余年而圣人出。名世,谓其人德业闻望可名于一世者,为之辅佐,若皋陶、稷、契、伊尹、莱朱、太公望、散宜生之属。"又说:"言当此之时,而使我不遇于齐,是天未欲平治天

---

① 刘建生.孟子精解[M].北京:海潮出版社,2012:105.

下也。然天意未可知,而其具又在我,我何为不豫哉?然则孟子虽若有不豫然者,而实未尝不豫也。盖圣贤忧世之志,乐天之诚,有并行不悖者,于此见矣。"①

孟子自有浩然之气,也善养自己的浩然之气。孟子有非同一般的自信心,他认为自己具备辅佐圣主明君的德行和才具,希望能够幸遇圣主明君,以展平治天下之抱负。如果时运不济,无法遇到圣主明君,他也能泰然处之,顺天应命。

孔子曾说:"君子有三畏:畏天命,畏大人,畏圣人之言。小人不知天命而不畏也,狎大人,侮圣人之言。"②显而易见,孟子继承了孔子"尽人事,听天命"的思想。世间事,复杂多变,岂能尽如人意,但求无愧我心。

2.2.14 孟子去齐,居休

【原文】

孟子去齐,居休。公孙丑问曰:"仕而不受禄,古之道乎?"

曰:"非也。于崇,吾得见王。退而有去志,不欲变,故不受也。继而有师命,不可以请。久于齐,非我志也。"

【引言】

这一章记述孟子对公孙丑提问的回答。孟子有一段时间在齐国做事但没有领薪水,公孙丑对此事不解遂提出疑问,于是孟子对公孙丑做了一番解释。

【释解】

(1)居休:居住在休地。休:地名,在今山东省滕州市北部,距孟子家乡大约有百里之遥。

(2)于崇:在崇地。崇:地名,今不可考。

(3)退而有去志,不欲变,故不受也:(指孟子见了齐王之后)回来产生了离开齐国的想法,一直不想改变这种想法,所以就不接受(齐王给的俸禄)。

---

① 孟子[M].朱熹,集注.上海:上海古籍出版社,2013:59-60.
② 安德义.论语解读[M].北京:中华书局,2007:550.

志:想法,心愿。

(4)师命:出兵征伐的命令,指有战事发生。师:出师,出兵征伐。

【译文】

孟子离开齐国,居住在休地。公孙丑问道:"出仕做官却不接受俸禄,这是古代惯常的做法吗?"

孟子回答说:"不是的。在崇地的时候,我见到了齐王。我见了齐王之后回来产生了离开齐国的想法,这种想法我一直不想改变,所以我就不接受齐王给的俸禄。接着齐国有了出兵征伐的命令,开启了战事,我就不便申请离开。但长久地待在齐国,并不是我的心愿。"

【拓展】

朱熹注解说:"师命,师旅之命也。国既被兵,难请去也。孔氏曰:'仕而受禄,礼也;不受齐禄,义也。义之所在,礼有时而变。公孙丑欲以一端裁之,不亦误乎?'"[1]

君子有功受禄,无功不受禄。孟子和齐王见面后,发现齐王并非自己理想中的明君圣主,就产生了打退堂鼓的想法。这种想法越想越坚定,于是孟子就不接受齐王给的俸禄。孟子曾说:"大人者,言不必信,行不必果,惟义所在。"[2]由此可见孟子做人的基本原则和气节。

---

[1] 孟子[M].朱熹,集注.上海:上海古籍出版社,2013:60.
[2] 杨伯峻.孟子译注:简体字本[M].北京:中华书局,2008:144.

滕文公章句

《滕文公章句》共计十五章，分为《滕文公章句上》和《滕文公章句下》两部分。《滕文公章句上》共计五章，第一章是滕文公做太子时在宋国路遇孟子所作的对话交流，第二章是滕文公在父亲去世后通过然友作传话中介与孟子所作的问答，第三章是滕文公和孟子之间以及滕文公派毕战去向孟子请教的对话记录，第四章主要是孟子和陈相之间的辩论和交锋，第五章是墨者夷之通过孟子的学生徐辟作传话中介和孟子进行的对话交流，前三章记述孟子和滕文公关于性善论、丧制和王道仁政思想的交流，后两章分别记述孟子的社会分工和爱有差等的思想。《滕文公章句下》共计十章，第一章是孟子和陈代之间的对话，第二章是孟子和景春之间的对话，第三章是孟子和周霄之间的对话，第四章是孟子和彭更之间的对话，第五章是孟子和万章之间的对话，第六章是孟子和戴不胜之间的对话，第七章是孟子和公孙丑之间的对话，第八章是孟子和戴盈之之间的对话，第九章是孟子和公都子之间的对话，第十章是孟子和匡章之间的对话。本篇主要涉及孟子的仁政思想、为官之道、理想志向、大丈夫人格思想、人物评论和历史观等内容。

3.1 滕文公章句上

《滕文公章句上》共计五章。具体而言，第一章记述滕文公做太子时在宋国与孟子见面和交流性善论的事情，孟子认为人性本善，这是施行王道仁政的基础。第二章记述滕文公向孟子请教如何给父亲滕定公举办丧礼的事情，孟子建议滕文公遵照夏、商、周三代三年之丧的礼制，滕文公表示同意。第三章记述孟子向滕文公详细介绍王道仁政思想，这主要就是实行井田制、制民之产和推行商代的助法,从孟子建议滕文公实行井田制和助法来看,孟子的仁政思想明显落后于时代,无法适应当时社会生产力的巨大进步和经济形势的发展变化。第四章记述孟子"劳心者治人,劳力者治于人。治于人者食人,治人者食于人,天下之通义"的社会分工和阶级分层的思想,孟子的社会分工思想是符合社会实际的,但孟子把统治阶级和被统治阶级的分层固化是不正确的。第五章记述孟子关于墨家"爱无差等"和儒家"爱有差等"思想差别的比较分析,在封建君主专制社会里,爱是有等级的,因此孟子的爱有差等思想符合封建君主专制社会的人伦关系实际,而墨家"爱无差等"的思想却有些超越当时的时代。

3.1.1 孟子道性善,言必称尧舜

【原文】

滕文公为世子,将之楚,过宋而见孟子。孟子道性善,言必称尧、舜。

世子自楚反,复见孟子。孟子曰:"世子疑吾言乎? 夫道一而已矣。成覵谓齐景公曰:'彼,丈夫也;我,丈夫也,吾何畏彼哉?'颜渊曰:'舜,何人也? 予,何人也? 有为者亦若是。'公明仪曰:'文王,我师也。周公岂欺我哉?'今滕,绝长补短,将五十里也,犹可以为善国。《书》曰:'若药不瞑眩,厥疾不瘳。'"

【引言】

这一章记述滕文公做太子时在宋国与孟子见面和交流性善论的事情,孟子认为人性本善,这是施行王道仁政的基础。人性本善,人人就有成为尧、舜的可能性,其关键在于自我的人设和努力。滕国虽然是小国,但只要君主施行仁政,也可以成为首屈一指的善国。

【释解】

(1)滕文公为世子,将之楚:滕文公做太子的时候,有一次要出使到楚国去。周显王四十三年(公元前326年),滕文公以太子身份出使楚国,在路过宋国时两次与孟子相见和交流治国理政的想法。世子:太子。之:到。

(2)言必称尧、舜:每次讲话(或言语间)都会谈及尧、舜。

(3)夫道一而已矣:这道理都是一样的。夫:这,这些。一:相同,一样。

(4)成覸谓齐景公曰:成覸对齐景公说。成覸(jiàn):春秋时齐国人,为人勇毅果敢。齐景公:姜姓,吕氏,名杵臼,齐灵公之子,齐庄公之弟,春秋时期齐国君主。

(5)公明仪:姓公明,名仪,春秋时鲁国人,曾子的学生。

(6)绝长补短,将五十里也:(把滕国的土地)截长补短,它将达到方圆五十里。绝:截下一段。

(7)若药不瞑眩,厥疾不瘳:如果用药后人不能头晕目眩的话,那种疾病是治不好的。瞑眩(míng xuàn):指用药后会产生头晕目眩的强烈反应。厥(jué):其,那。瘳(chōu):病愈,治好。

【译文】

滕文公做太子的时候,有一次要出使到楚国去,在路过宋国的时候见到了孟子。孟子向他讲述了人性善的道理,言语间都会谈及尧、舜。

太子从楚国返回时,又见到了孟子,两人做了进一步交流。孟子说:"太子是怀疑我说的话吗?这道理都是一样的。成覸对齐景公说:'那个人是男子汉,我也是男子汉,我为什么要怕他呢?'颜渊说:'舜是什么样的人?我是什么样的人?但凡有作为的人都能做到像舜那样。'公明仪说:'周文王是我的老师,(说这话的)周公难道会欺骗我吗?'现在滕国的土地,把它截长补短,它将达到方圆五十里,还可以成为一个好国家。《书》上说:'如果用药后人不能头晕目眩的话,那种疾病是治不好的。'"

【拓展】

朱熹注解说:"性者,人所禀于天以生之理也,浑然至善,未尝有恶。人与尧、舜初无少异,但众人汩于私欲而失之,尧、舜则无私欲之蔽,而能充其性尔。故孟子与世子言,每道性善,而必称尧、舜以实之。欲其知仁义不假外求,圣人可学而至,而不懈于用力也。门人不能悉记其辞,而撮其大旨如此。程子曰:'性即理也。天下之理,原其所自,未有不善。喜怒哀乐未发,何尝不善。发而中节,即无往而不善;发不中节,然后为不善。故凡言善恶,皆先善而后恶;言吉凶,皆先吉而后凶;言是非,皆先是而后非。'"①

孟子提出性善论,认为人人皆有善性,人人皆可为尧、舜,所以他希望通

---

① 孟子[M].朱熹,集注.上海:上海古籍出版社,2013:61.

过教育充分发挥人内在的善的潜能;而荀子提出性恶论,认为人人皆有恶性,人人皆有私欲,这个私欲和恶性是导致人趋于恶的基础,所以荀子希望国家加强法治建设,堵塞人们趋于恶的可能性,以防患于未然。程朱理学继承了孟子性善论的思想,把性善论上升到天理的高度,认为性即天理。如果是天理当然没有不善,也当然没有善,即无善无不善。但程朱理学只强调天理没有不善的一面,而不说天理也没有善的一面。人性无所谓善与不善,但人性在一定的社会条件下有走向善或恶的可能性。从可能性方面讲,孟子和荀子提出的性善论和性恶论都有其可取之处,但要把人性的善恶绝对化,则是错误的。因为善恶也是相对的,可以相互转化。

3.1.2 上有好者,下必有甚焉者矣

【原文】

滕定公薨。世子谓然友曰:"昔者孟子尝与我言于宋,于心终不忘。今也不幸至于大故,吾欲使子问于孟子,然后行事。"

然友之邹问于孟子。孟子曰:"不亦善乎!亲丧,固所自尽也。曾子曰:'生,事之以礼;死,葬之以礼,祭之以礼,可谓孝矣。'诸侯之礼,吾未之学也;虽然,吾尝闻之矣。三年之丧,齐疏之服,飦粥之食,自天子达于庶人,三代共之。"

然友反命,定为三年之丧。父兄百官皆不欲,曰:"吾宗国鲁先君莫之行,吾先君亦莫之行也,至于子之身而反之,不可。且《志》曰:'丧祭从先祖。'曰:'吾有所受之也。'"

谓然友曰:"吾他日未尝学问,好驰马试剑。今也父兄百官不我足也,恐其不能尽于大事,子为我问孟子。"

然友复之邹问孟子。孟子曰:"然。不可以他求者也。孔子曰:'君薨,听于冢宰。歠粥,面深墨,即位而哭,百官有司莫敢不哀,先之也。'上有好者,下必有甚焉者矣。'君子之德,风也;小人之德,草也。草上之风必偃。'是在世子。"

然友反命。世子曰:"然。是诚在我。"

五月居庐,未有命戒。百官族人可,谓曰知。及至葬,四方来观之,颜色之戚,哭泣之哀,吊者大悦。

【引言】

这一章记述滕文公向孟子请教如何给父亲滕定公举办丧礼的事情。孟子建议滕文公遵照夏、商、周三代三年之丧的礼制,滕文公表示同意。

滕文公的父亲滕定公去世了,滕文公派人向孟子请教如何举行葬礼和祭礼。孟子让滕文公遵循夏、商、周三代的礼制,实行三年丧礼制度,并且自己作为太子要带头奉行,以身作则,为人表率,才能受到百姓的称赞和支持。由此可见,孟子完全继承了孔子赞同夏、商、周三代礼制的思想。

【释解】

(1)滕定公薨:滕定公去世了。滕定公:滕文公的父亲。薨(hōng):古代侯王之死或大官之死。

(2)然友:滕文公的老师。

(3)尝与我言于宋:曾经和我在宋国有过交流。尝:曾经。

(4)大故:重大变故,指滕文公父亲去世。

(5)亲丧,固所自尽也:父母去世,本来就应该尽心尽意(地举办好葬礼和祭礼)。自尽:尽心尽意,尽心竭力。

(6)三年之丧,齐疏之服,飦粥之食:三年丧礼期间,穿着缝边的粗麻布丧服,吃着稠粥一类的饭食。齐(zī):衣服的缝边。疏:粗布,粗麻布。飦(zhān):同"饘",稠粥,浓稠的粥。

(7)反命:复命,指然友回去向滕国太子做了汇报。

(8)吾宗国鲁先君莫之行,吾先君亦莫之行也,至于子之身而反之:与我们同宗的国家鲁国的前代君主没有这样办过,我们的前代君主也没有这么办过,到了你身上却违反前代君主的做法。宗国:同宗的国家。先君:前代君主。反:违反。

(9)《志》:记载国家大事的书。

(10)吾有所受之也:我们应当(依照祖宗成法,)将前代君主的做法传承下去。

(11)今也父兄百官不我足也,恐其不能尽于大事:现在父兄百官都不满意我,我恐怕他们不能同我齐心协力把先君丧事办好。其:他们,指父兄百官。

(12)冢宰：周代官名，六卿之首，亦称太宰，相当于后世的宰相或相国。

(13)歠粥，面深墨，即位而哭：喝着粥，面色深黑，走到孝子的位置上哀哭。歠(chuò)：喝，吸，饮。墨：墨黑，暗黑。即位：指走到孝子的位置上。

(14)草上之风必偃：风吹到草上，草必然倒伏。偃：倒伏。

(15)五月居庐，未有命戒：(太子)在守丧的屋子里住了五个月，其间没有发布任何命令和戒令。五月居庐：礼制规定，诸侯去世，要在五个月之后才能下葬，以便其他诸侯或使节及时赶到参加丧礼。同理，天子去世，要七个月之后才能下葬，大夫去世则要三个月之后才能下葬。

(16)百官族人可，谓曰知：百官和族人都认可，说太子对古代的丧礼规定是了解的。可：认可，赞同。知：了解，指了解古代的丧礼规定。

【译文】

滕定公去世了。太子对自己的老师然友说："以前孟子曾经和我在宋国有过交流，我至今还记忆犹新。现在不幸遭遇父亲去世的重大变故，我想派你去问问孟子，然后再办理丧事。"

然友便到了邹国去问孟子。孟子说："这不是很好嘛！父母去世，本来就应该尽心尽意地举办好葬礼和祭礼。曾子说：'父母在世时，依照礼制侍奉他们；父母去世后，依照礼制安葬和祭祀他们，这就可以称作孝顺了。'诸侯的礼节，我没有学过；尽管这样，但我也曾经听说过。三年丧礼期间，穿着缝边的粗麻布丧服，吃着稠粥一类的饭食，从天子一直到百姓，夏、商、周三代都是这样做的。"

然友回到滕国向太子做了汇报，太子就把父亲的丧礼定为三年丧礼。太子的父老兄弟和百官都不愿意，他们说道："与我们同宗的国家鲁国的前代君主没有这样办过，我们的前代君主也没有这么办过，到了你这里却违反前代君主的做法。不可以这样。而且《志》上说：'丧礼和祭礼要遵从先祖的做法。'又说：'我们应当(依照祖宗成法，)将前代君主的做法传承下去。'"

太子对然友说："我过去不曾做过学问，只喜欢骑马舞剑。现在父兄百官都不满意我，我恐怕他们不能同我齐心协力把先君丧事办好，你为我再问问孟子。"

于是，然友又到了邹国去问孟子。孟子说："是的。这个事情不可以求助他人。孔子说：'君主去世，一切政事要交给冢宰去办理。孝子喝着粥，面色深黑，走到孝子的位置上哀哭，百官就不敢不哀伤，其关键在于孝子带了个好头。'地位高的人有什么喜好，地位低下的人这方面的喜好就会更加厉害。'君子的道德，就像风一样；小人的道德就像草一样。风吹到草上，草必然倒伏。'这个事情的关键在于太子如何做了。"

然友回国把孟子的话转告给太子。太子说："是的，这件事情的确在于我自己。"

于是，太子在守丧的屋子里住了五个月，期间没有发布任何命令和戒令。百官和族人都认可太子的做法，说太子对古代的丧礼规定是了解的。等到举行葬礼的时候，四面八方的人都来观看葬礼，太子脸色极其悲戚，哭泣极其哀痛，前来吊唁的宾客对丧礼都很满意。

【拓展】

朱熹注解说："当时诸侯莫能行古丧礼，而文公独能以此为问，故孟子善之。又言父母之丧，故人子之心所自尽者，盖悲哀之情，痛疾之意，非自外至，宜乎文公于此有所不能自已也。但所引曾子之言，本孔子告樊迟者，岂曾子尝诵之以告其门人欤？三年之丧者，子生三年，然后免于父母之怀。故父母之丧，必以三年也。"①

杨治国评论说："父母养育，其恩甚隆。生，当奉侍以孝；死，当葬之以礼，方可报其恩德于一二。天子、庶民，皆当如此。赵岐言：事莫大于奉礼，孝莫大于哀恸。从善如流。夫子此处教滕公奉孝之礼，尽在于使之先能孝礼其亲，然后礼事百姓，则天下之仁义成，仁政得行。其用心可谓深切，乃言君重礼，使行仁。"②

父母从小养育我们，付出了难以想象的艰辛，特别是那些子女比较多的父母更是经历了各种的艰难困苦。父母之恩，重如山，大于天，水不能溺，火不能灭。俗话说，滴水之恩，当涌泉相报。何况父母养育之恩呢？古人认为，三岁之前人的自理能力很弱，如果没有父母的呵护和关爱，很难成活，所以就把父母丧礼定为三年之丧。这三年之丧，在"时间就是金钱、生

---

① 孟子[M].朱熹，集注.上海：上海古籍出版社，2013：63.
② 杨治国.小人物评《孟子》[M].北京：中国工人出版社，2008：91.

命、速度和效率"的现代人看来显然是一种奢侈和浪费。在孟子生活的时代,也已经过时了,所以当滕文公的父亲滕定公去世时,滕文公决定实行三年之丧还是受到父兄百官的一致反对。最后在孟子的鼓励下和滕文公的坚持下,三年之丧才得以实施。三年之丧得以实施,也正是因为滕文公是即将继任的滕国国君。只要上有所好,下必甚焉;只要君子之德风,小人之德草必偃。

3.1.3 有恒产者有恒心,无恒产者无恒心

【原文】

滕文公问为国。

孟子曰:"民事不可缓也。《诗》云:'昼尔于茅,宵尔索绹;亟其乘屋,其始播百谷。'民之为道也,有恒产者有恒心,无恒产者无恒心。苟无恒心,放辟邪侈,无不为已。及陷乎罪,然后从而刑之,是罔民也。焉有仁人在位罔民而可为也?是故贤君必恭俭、礼下,取于民有制。阳虎曰:'为富不仁矣,为仁不富矣。'夏后氏五十而贡,殷人七十而助,周人百亩而彻,其实皆什一也。彻者,彻也;助者,藉也。龙子曰:'治地莫善于助,莫不善于贡。贡者校数岁之中以为常。乐岁,粒米狼戾,多取之而不为虐,则寡取之;凶年,粪其田而不足,则必取盈焉。为民父母,使民盻盻然,将终岁勤动,不得以养其父母,又称贷而益之,使老稚转乎沟壑,恶在其为民父母也?'夫世禄,滕固行之矣。《诗》云:'雨我公田,遂及我私。'惟助为有公田。由此观之,虽周亦助也。设为庠、序、学、校以教之。庠者,养也;校者,教也;序者,射也。夏曰校,殷曰序,周曰庠,学则三代共之,皆所以明人伦也。人伦明于上,小民亲于下。有王者起,必来取法,是为王者师也。《诗》云:'周虽旧邦,其命维新。'文王之谓也。子力行之,亦以新子之国。"

使毕战问井地。孟子曰:"子之君将行仁政,选择而使子,子必勉之!夫仁政,必自经界始。经界不正,井地不钧,谷禄不平。是故暴君污吏必慢其经界。经界既正,分田制禄可坐而定也。夫滕,壤地褊小,将为君子焉,将为野人焉。无君子,莫治野人;无野人,莫养君子。请野九一而助,国中什一使自赋。卿以下必有圭田,圭田五十亩,余夫二十五亩。死徙无出乡,乡田同井,出入相友,守望相助,疾病相扶持,则百姓亲睦。方里而井,井九百亩,其

中为公田。八家皆私百亩,同养公田;公事毕,然后敢治私事,所以别野人也。此其大略也。若夫润泽之,则在君与子矣。"

【引言】

这一章记述孟子向滕文公详细介绍王道仁政思想,其主要就是实行井田制、制民之产和推行商代的助法。从孟子建议滕文公实行井田制和助法来看,孟子的仁政思想明显落后于时代,无法适应当时社会生产力的巨大进步和经济形势的发展变化。

孟子认为,首先要给百姓分配土地,让人人都有"恒产",因为"有恒产者有恒心,无恒产者无恒心"。其次是要"养而后教"。要教育百姓懂得和遵守人伦之道,这样社会才能和谐稳定。在如何保证国家财政收入方面,孟子认为,商朝的助法要比夏朝的贡法和周朝的彻法都要好。助法就是实行井田制,中央的九分之一田地是公田,周围八块田地是私田。私田的农户一起先耕作好公田,然后再打理各自的私田。公田的收入交给国家财政,而私田收入属于个人。而贡法是无论是好年景还是坏年景,每年都要缴纳一定的收入给国家,彻法是无论公田还是私田都统一缴纳十分之一的收入。在孟子生活的时代,封建领主制经济正在向封建地主制经济转变,井田制已经不适应先进生产力的发展和社会经济发展的需求了,各个诸侯国家普遍实行彻法,因此,倔强的孟子想要施行自己的仁政思想,注定是不可能成功的。

【释解】

(1)昼尔于茅,宵尔索绹;亟其乘屋,其始播百谷:这四句出自《诗·豳风·七月》。其大意是:白天在茅草地割茅草,晚上在家搓绳子;赶紧修好房屋,将要开始播种百谷。昼尔:白天,白昼。于:在。茅:指茅草地(割茅草)。宵尔:晚上。索:搓。绹:绳索,绳子。亟:急,急忙。乘:上房顶修理。其:将,将要。

(2)阳虎:鲁国世袭贵族季孙氏的家臣,曾操纵鲁国国政。

(3)夏后氏五十而贡,殷人七十而助,周人百亩而彻,其实皆什一也:夏朝时给每个男丁分五十亩土地,实行贡法;商朝时给每个男丁分七十亩土地,实行助法;周朝时给每个男丁分一百亩土地,实行彻法,其实税率都是十分之一。朱熹集注说:"夏时一夫受田五十亩,而每夫计其五亩之入以为贡……其实皆什一者,贡法固以十分之一为常数。"贡:即贡法,贡赋之法,夏朝时国家给每个成年男子分五十亩土地,根据前几年的收成核定平均值,然后按照这个平均值,每年抽取十分之一作为贡赋。这个方法的不好之处在于,遭遇灾年,庄稼歉收,百姓就会入不敷出。助:即助法,商朝时实行井田制,一块井田分为等同的九块地,每块地有七十亩。中央一块是公田,其余八块分给八个男丁耕种,公田大家一起来耕种,收入归国家;私田各自耕种,收成归个人所有。这种方法的不好之处在于难以保证个人对公田劳动的同等投入,时间长了影响国家财政收入。彻:即彻法,周朝时同样实行井田制,一个井田总共九百亩土地,分成九块,每块一百亩,中央一块为公田。为了避免公田劳动中有人出工不出力,把公田也均分给个人耕种,个人按亩缴纳十分之一的收成即可。

(4)龙子:古代贤人。

(5)贡者校数岁之中以为常:贡法就是比较一下若干年之内的收成,核算出其年平均数作为每年交赋税的常数(每年就按常数缴税)。校(jiào):古同"校",查对,比较。常:常数,固定数。

(6)乐岁,粒米狼戾,多取之而不为虐,则寡取之;凶年,粪其田而不足,则必取盈焉:好的年景,粮食丰收了到处堆积,即使多征收一些也不算暴虐,却不多征收;坏的年景,即使多多给田里施肥,其产量也不足以缴税,却仍然按常数征收。乐岁:好年景。狼戾:形容粮食丰收而到处堆积。寡:不多。粪:施肥。盈:多余,指固定数量的税收。

(7)盻盻(xì):勤苦不休息的样子。

(8)称贷而益之:举债度日而增加了百姓的劳苦。称贷:借债,举债。益:增加。之:指百姓的疾苦、劳苦。

(9)雨我公田,遂及我私:下雨到我们的公田里,于是也下雨到我们的私田里。这两句出自《诗·小雅·大田》。雨:下雨。

(10)周虽旧邦,其命维新:周国虽然是一个古老的国家,其天命却是新的。这两句出自《诗·大雅·文王》。维:乃,是。

(11)子力行之,亦以新子之国:你努力实行吧,也以此来使你的国家焕然一新。子:你,您。新:使崭新,使变新。

(12)使毕战问井地:派毕战去向孟子请教关于井田的事情。毕战:滕国大夫。井地：井田。

(13) 经界：(田地之)界限，划界。

(14) 井地不钧，谷禄不平：井田的大小不均等，官员的俸禄收入就不公平合理。钧：同"均"，平均，均等。谷禄：俸禄，古代官员的俸禄以谷物多少来计算。

(15) 壤地褊小，将为君子焉，将为野人焉：(指滕国)尽管土地狭小，也得有做官的君子，还得有从事体力劳动的百姓。褊(biǎn)小：狭小。将：必，必定。为：有。君子：指做官的从事脑力劳动的人。野人：指从事体力劳动的百姓。

(16) 请野九一而助，国中什一使自赋：请在郊野实行征收九分之一收入作为税赋的助法，在都城里实行抽取十分之一收入作为税赋的贡法，让百姓自行缴纳。野：郊野，农村。自赋：自行缴纳赋税。

(17) 圭田五十亩，余夫二十五亩：卿、大夫、士供祭祀用的田地五十亩，家中其余未成年的劳力每人给二十五亩。圭田：古代卿、大夫、士供祭祀用的田地。余夫：家中其余未成年的劳力。

(18) 方里而井：长宽各一里面积的土地划为一块井田。方里：一里见方或长宽各一里的面积。井：划为一块井田。

(19) 所以别野人也：这样就可以(把做官的从事脑力劳动的君子)和从事体力劳动的百姓区别开来。别：区别。

(20) 润泽：改进，完善，提升。

【译文】

滕文公向孟子请教如何治国理政。孟子说："百姓的事情不可以放缓。《诗·豳风·七月》说：'白天在茅草地割茅草，晚上在家搓绳子；赶紧修好房屋，将要开始播种百谷。'百姓生活的道理是，有土地和房屋等固定资产的人，就有持续过好生活的心思；没有土地和房屋等固定资产的人，就没有持续过好生活的心思。如果没有持续过好生活的心思，就会放荡不羁，行为乖张，邪里邪气，肆意作恶，为所欲为。等到他们违法犯罪了，再去依据刑法来治他们的罪，这就无异于欺骗和陷害百姓。仁人在位执政，怎么会干出欺骗和陷害百姓的事情呢？因此，贤能的君主必须谦恭、节俭，礼貌地对待臣下和百姓，向百姓征税要有一定的制度。鲁国季孙氏的家臣阳虎说：

'要想富,就不要仁;要想仁,就不要富。'夏朝时给每个男丁分五十亩土地,实行贡法;商朝时给每个男丁分七十亩土地,实行助法;周朝时给每个男丁分一百亩土地,实行彻法,其实税率都是十分之一。'彻'就是贯通(无论是公田和私田都收取十分之一的赋税)的意思;'助'就是借助(借助众人之力耕种公田,公田收入归国家)的意思。古代贤人龙子说:'管理土地征收赋税最好的方法就是助法,最不好的方法就是贡法。贡法就是比较一下若干年之内的收成,核算出其年平均数作为每年交赋税的常数(每年就按常数缴税)。好的年景,粮食丰收了到处堆积,即使多征收一些也不算暴虐,却不多征收;坏的年景,即使多多给田里施肥,其产量也不足以缴税,却仍然按常数征收。作为百姓的父母官,却使百姓勤勤苦苦,不得休息,他们整年勤苦劳动,却无法养活自己的父母,还得举债度日,这又增加了百姓的劳苦。最终使得老弱病残被抛尸于沟壑之中,他们作为百姓父母的作用究竟体现在哪里呢?'世禄制度,滕国早就实行了(但百姓没有可世袭的田地)。《诗·小雅·大田》说:'下雨到我们的公田里,于是也下雨到我们的私田里。'只有助法才有公田。由此可见,即使周朝也实行的是助法。(在百姓有了基本生活保障之后,)就举办庠、序、学、校来教育他们。'庠'是养育的意思;'校'是教导的意思;'序'是(学习)射箭的意思。夏朝的地方学校叫作'校',商代的地方学校叫作'序',周代的地方学校叫作'庠'。作为中央学校的'学',夏、商、周三代都沿用这个名称,它们的教育目的就是使学生明白正确的人伦关系。在上位者懂得了正确的人伦关系,(上行下效,)在下位的百姓之间的关系就会变得亲密。如果有圣王出现,一定会来取法学习,这就成了圣王的老师了。《诗·大雅·文王》说:'周国虽然是一个古老的国家,其天命却是新的。'这说的就是周文王。你努力实行吧,也以此来使你的国家焕然一新。"

滕文公又派毕战去向孟子请教关于井田制的事情。孟子说:"你的国君将要施行仁政,选择你并派你来问我,你一定要尽力而为啊!施行仁政,一定要从田地的划界开始。田地划界不公正,井田的大小不均等,官员的俸禄收入就不公平合理。因此,暴君污吏一定会轻慢地对待他们的田地界限。田地的界限划分公正了,给百姓分配田地,给官吏制定俸禄,坐下来就可以确定了(,也就简单容易多了)。滕国,尽管土地狭小,也得有做官的君子,还得有从事体力劳动的百姓。没有做官的君子,就没有人管理百姓;没有百姓,就没有人供养做官的君子。请在郊野实行征收九分之一收入作为税赋的助法,在都城里实行抽取十分之一收入作为税赋的贡法,让百姓自行缴纳。卿以下的官员一定要有供祭祀用的田地(即圭田)。供祭祀用的圭田五十亩,家中其余未成年的劳力每人给二十五亩。无论是死亡还是迁徙,都不离开本乡本土。乡里在同一块井田里的各家各户,出入相互友爱,守卫警戒相互帮助,有了疾病相互扶持照顾,百姓之间就会亲密和睦。长宽各一里面积的土地划为一块井田,每块井田包括九百亩,中央的一百亩地块是公田。八家各有私田一百亩,大家一起来耕种公田;耕种公田的事情干完了,大家才敢去做耕种私田的事情,这样就可以(把做官的从事脑力劳动的君子)和从事体力劳动的百姓区别开来。这就是井田制的大概情况。至于如何改进和完善,那就看国君和你了。"

【拓展】

杨治国评论说:"恒产生恒心,恒心生恒志;无产无恒心,无产生乱事。罔民而治,君臣之过。取民有制,治民有法,民由之治;恭俭礼下,德风流从,民由之心。为富不仁,乃纵人欲以逆天理,其富不久;为仁不富,亦以天理绝于人欲,其仁不昌。故富而且仁,必能久盛;仁而且富,必能久仁。盖仁乃天理,富乃人欲,既不可绝天理纵人欲,也不可绝人欲济天理。二者未必对立,全在把握。"①又说:"夫子思想,生命为本,化育随之。前者欲君上使民安于生,后者欲君上使民得于养。民生得乐,民教得道,天下殷实,仁义可成。民实,国富强;民教,仁义行。国有富、礼有制、民有伦,则君民士庶心无异志,天下归心,王道之世兴,天下可长久归一而太平也。"②

孟子在这一章提出了"有恒产者有恒心,无恒产者无恒心"的命题。这实际上是在为百姓说话。如果百姓没有自己的土地和房屋,他们又怎么可能产生对美好生活的憧憬和向往呢?自古以来,保国计民生,"制民之产",是任何一代的领导人都必须重视和做好的事情。当基本生存问题解决了,下一步就是要教育好百姓,使百姓懂得正确的人伦关系,争做有仁、义、礼、智、信的人。由此可见,孟子继承和发展了孔子的庶、富、教思想。

---

① 杨治国.小人物评《孟子》[M].北京:中国工人出版社,2008:93.
② 杨治国.小人物评《孟子》[M].北京:中国工人出版社,2008:95.

鲁国的小人阳虎把为富和为仁简单对立起来，认为"为富不仁矣，为仁不富矣"，显然，这是形而上学的，不是辩证唯物主义的思想。事实上，仁与富二者并不是根本对立的关系，而是彼此可以相辅相成的关系。得道多助，失道寡助。仁义的人可以得到更多人的青睐和支持，他们做生意，或者干事业，也更容易获得成功，从而成为既仁又富的人。反之，不仁义的人必将遭到众人的唾弃，而失去许多致富的机会。而那些成为富翁的人，往往会把关注自我私欲的满足转向关注自我社会价值的实现，从而成为既富又仁的人。当然，世界上没有完全绝对的事情。有时候，鱼与熊掌不可兼得。譬如，颜回是孔子的得力门生，学问和德行都做得很好，但一世贫穷，这是因为颜回的志向不在于追求当官和富有，而是志在闻道。孔子说："贤哉，回也！一箪食，一瓢饮，在陋巷，人不堪其忧，回也不改其乐。贤哉，回也！"①对于颜回的志向和修为，孔子给出了很高的评价。

3.1.4 劳心者治人，劳力者治于人

【原文】

有为神农之言者许行，自楚之滕，踵门而告文公曰："远方之人闻君行仁政，愿受一廛而为氓。"文公与之处，其徒数十人，皆衣褐，捆屦、织席以为食。

陈良之徒陈相与其弟辛，负耒耜而自宋之滕，曰："闻君行圣人之政，是亦圣人也，愿为圣人氓。"

陈相见许行而大悦，尽弃其学而学焉。

陈相见孟子，道许行之言曰："滕君，则诚贤君也。虽然，未闻道也。贤者与民并耕而食，饔飧而治。今也，滕有仓廪府库，则是厉民而以自养也，恶得贤？"

孟子曰："许子必种粟而后食乎？"

曰："然。"

"许子必织布而后衣乎？"

曰："否。许子衣褐。"

"许子冠乎？"

曰："冠。"

---

① 安德义.论语解读[M].北京：中华书局，2007：156.

曰："奚冠？"

曰："冠素。"

曰："自织之与？"

曰："否。以粟易之。"

曰："许子奚为不自织？"

曰："害于耕。"

曰："许子以釜甑爨，以铁耕乎？"

曰："然。"

"自为之与？"

曰："否。以粟易之。"

"以粟易械器者，不为厉陶冶。陶冶亦以其械器易粟者，岂为厉农夫哉？且许子何不为陶冶，舍皆取诸其宫中而用之？何为纷纷然与百工交易？何许子之不惮烦？"

曰："百工之事，固不可耕且为也。"

"然则治天下独可耕且为与？有大人之事，有小人之事。且一人之身，而百工之所为备，如必自为而后用之，是率天下而路也。故曰：或劳心，或劳力。劳心者治人，劳力者治于人。治于人者食人，治人者食于人，天下之通义也。

"当尧之时，天下犹未平，洪水横流，泛滥于天下。草木畅茂，禽兽繁殖，五谷不登，禽兽偪人。兽蹄鸟迹之道，交于中国。尧独忧之，举舜而敷治焉。舜使益掌火，益烈山泽而焚之，禽兽逃匿。禹疏九河，瀹济、漯，而注诸海；决汝、汉，排淮、泗，而注之江，然后中国可得而食也。当是时也，禹八年于外，三过其门而不入，虽欲耕，得乎？

"后稷教民稼穑，树艺五谷，五谷熟而民人育。人之有道也，饱食、暖衣、逸居而无教，则近于禽兽。圣人有忧之，使契为司徒，教以人伦：父子有亲，君臣有义，夫妇有别，长幼有序，朋友有信。放勋曰：'劳之来之，匡之直之，辅之翼之，使自得之，又从而振德之。'圣人之忧民如此，而暇耕乎？

"尧以不得舜为己忧，舜以不得禹、皋陶为己忧。夫以百亩之不易为己忧者，农夫也。分人以财谓之惠，教人以善谓之忠，为天下得人者谓之仁。是故以天下与人易，为天下得人难。孔子曰：'大哉尧之为君！惟天为大，惟尧则之，荡荡乎民无能名焉！君哉舜也！巍巍乎有天下而不与焉！'尧、舜之治天下,岂无所用其心哉? 亦不用于耕耳。

"吾闻用夏变夷者,未闻变于夷者也。陈良,楚产也,悦周公、仲尼之道,北学于中国。北方之学者,未能或之先也。彼所谓豪杰之士也。子之兄弟事之数十年,师死而遂倍之。昔者孔子没,三年之外,门人治任将归,入揖于子贡,相向而哭,皆失声,然后归。子贡反,筑室于场,独居三年,然后归。他日,子夏、子张、子游以有若似圣人,欲以所事孔子事之,强曾子。曾子曰:'不可。江、汉以濯之,秋阳以暴之,皜皜乎不可尚已。'今也,南蛮鴃舌之人,非先王之道,子倍子之师而学之,亦异于曾子矣。吾闻'出于幽谷,迁于乔木'者,未闻下乔木而入于幽谷者。《鲁颂》曰:'戎、狄是膺,荆、舒是惩。'周公方且膺之,子是之学,亦为不善变矣。"

"从许子之道,则市贾不贰,国中无伪。虽使五尺之童适市,莫之或欺。布帛长短同,则贾相若;麻缕丝絮轻重同,则贾相若;五谷多寡同,则贾相若;屦大小同,则贾相若。"

曰:"夫物之不齐,物之情也,或相倍蓰,或相什百,或相千万。子比而同之,是乱天下也。巨屦、小屦同贾,人岂为之哉?从许子之道,相率而为伪者也,恶能治国家?"

【引言】

这一章记述孟子"劳心者治人,劳力者治于人。治于人者食人,治人者食于人,天下之通义"的社会分工和阶级分层思想,孟子的社会分工思想是符合社会实际的,但孟子把统治阶级和被统治阶级的分层固化是不正确的。

孟子明确提出"或劳心,或劳力。劳心者治人,劳力者治于人。治于人者食人,治人者食于人,天下之通义"这一关于社会分工的观点。在孟子的观念中,社会分成两类人,一类是专门从事脑力劳动的,即"劳心"的人,一类是专门从事体力劳动的,即"劳力"的人。孟子对农家许行"贤者与民并耕而食,饔飧而治"的观点进行了批驳,对陈相放弃儒家思想而改从许行重农学派的思想行为进行了严厉批评,指出尧、舜、禹等圣贤都是赞同和坚持合理的社会分工思想的。有了合理的社会分工,人类社会才能不断提高社会生产力和社会生产效率,才能满足社会不断进步的需要。毫无疑问,孟子的社会分工思想有着积极的社会意义,但"'劳心者治人,劳力者治于人;治于人

者食人,治人者食于人'的封建观点,具有狭隘性"①。

【释解】

(1)有为神农之言者许行,自楚之滕,踵门而告文公曰:有崇奉神农氏学说的叫作许行的人,从楚国来到滕国,登门拜见滕文公,对滕文公说道。为:崇奉,奉行。神农:中国上古部落联盟首领,三皇之一。言:言语,学说。许行:战国时期农家代表人物之一,生平事迹不详。之:到。踵(zhǒng)门:登门拜访,登门拜见。踵:脚后跟到达的意思。

(2)愿受一廛而为氓:愿意领受一处住宅成为您的百姓。廛(chán):一户人家所住的房屋和院落。氓(méng):从他国迁移而来的百姓。

(3)皆衣褐,捆屦、织席以为食:都穿着粗布衣服,以编织草鞋和草席为生。衣:穿。褐:粗布衣服,麻布衣服。屦(jù):古时用麻、葛等做成的草鞋。食:生计。

(4)陈良之徒陈相与其弟辛,负耒耜而自宋之滕:陈良的弟子陈相和他的弟弟陈辛,扛着农具从宋国来到滕国。陈良:陈氏,名良,字仲良,战国时期楚国人,"仲良氏之儒"学派代表人物。陈相、陈辛:陈良的学生。负:背负,扛着。耒耜(lěi sì):古代一种像犁的翻土农具,泛指农具。

(5)饔飧而治:自己做饭,以(这样的方式)治理国家。饔飧(yōng sūn):早饭和晚饭,这里指自己动手做早饭和晚饭。饔:早饭。飧:晚饭。而:以。

(6)厉民而以自养:虐害百姓,以供养自己。厉:虐害,损害。

(7)以釜甑爨,以铁耕乎:用釜和甑做饭,用铁制农具耕田吗。釜(fǔ):古代烹饪器具,相当于现在的饭锅。甑(zèng):古代蒸饭的一种瓦器,底部有透气孔,置于鬲上蒸煮,相当于现在的蒸锅。爨(cuàn):做饭,煮饭。铁:指铁制农具。

(8)如必自为而后用之,是率天下而路也:如果(什么东西都)必须自己做好才使用,这就是率领天下人疲于奔命。为:制造,制作,做好。路:疲于奔命,疲于奔走。

(9)劳心者治人,劳力者治于人。治于人者食人,治人者食于人,天下之通义也:劳心的人治理他人,劳力的人被人治理。被人治理的人供养他人,

---

① 刘亚丹.孟子通译[M].北京:北京理工大学出版社,2009:76.

治理他人的人被人供养,这是天下通行的道理。治:治理,管理。食(sì):养活,供养。通义:通行的道理。

(10)五谷不登,禽兽偪人:(稻、黍、稷、麦、豆等)粮食都不丰收,禽兽到处威胁人类。五谷:指稻、黍、稷、麦、豆,或麻、黍、稷、麦、豆,泛指粮食作物。登:成熟,丰收。偪:通"逼",逼迫,威胁,危害。

(11)举舜而敷治焉:提拔舜进行全面治理。举:选拔,提拔。敷(fū):通"溥",普遍,全面。

(12)舜使益掌火,益烈山泽而焚之:舜指派益掌管用火,益在山林与川泽燃起大火,进行焚烧。益:舜的臣子。烈:燃起大火,焚烧。

(13)禹疏九河,瀹济、漯,而注诸海;决汝、汉,排淮、泗,而注之江:大禹疏通九条河流,引导济水、漯水流入大海中;开凿和挖掘汝水、汉水的河道,疏浚淮河、泗河,把这几条河流的水排入长江中。疏、瀹(yuè):疏通,疏浚(河道)。济、漯(tà):水名,济水发源于今河南省,流经山东;漯水,古黄河的支流,现已不存。决:开凿和挖掘河道。

(14)使契为司徒:任命契为司徒。契(xiè):殷商始祖,高辛氏的儿子,尧时为司徒,辅佐大禹治水有功,封于商。司徒:掌管教化百姓的官职。

(15)放勋:即帝尧,祁姓,陶唐氏,名放勋,起初被封于陶,后迁徙到唐(今临汾和襄汾)。

(16)劳之来之,匡之直之,辅之翼之,使自得之,又从而振德之:使他们勤劳、归顺,使他们得到匡正和正直起来,使他们得到辅助和扶持,使他们各得其所,使他们得到救济和恩惠。劳:使勤劳。来:使归顺,使归附。匡:匡正,纠正。直:正直,端正。辅:辅助,帮助。翼:扶持,扶助。振:赈济,救济。德:使得到恩惠、好处。

(17)皋陶(gāo yáo):帝舜时掌管刑法的官。

(18)南蛮鴃舌之人,非先王之道,子倍子之师而学之:说话如伯劳鸟叫声一样难听的南方蛮子,非议先王之道,你却背叛你的老师去向他学习。鴃(jué):伯劳鸟,孟子讥讽楚人许行说话如鸟叫。非:非议,责难。倍:背叛。

(19)戎、狄是膺,荆、舒是惩:这两句出自《诗·鲁颂·閟宫》,其意思是:打击戎、狄,惩罚荆、舒。戎:西戎,西部的蛮族。狄:北狄,北部的蛮族。膺:打击,讨伐。荆:荆楚,南方的蛮族。舒:依附于荆楚的小国,也是南方的蛮族。

(20)倍蓰:一倍或五倍。倍:一倍。蓰(xǐ):五倍。

【译文】

有崇奉神农氏学说的叫作许行的人,从楚国来到滕国,登门拜见滕文公,对滕文公说道:"我这个远方之人听闻您在施行仁政,希望能够领受一处住宅和院落成为您的百姓。"于是,滕文公给了他一处住所。许行的徒弟有几十个,都穿着粗布衣服,以编织草鞋和草席为生。

陈良的弟子陈相和他的弟弟陈辛,扛着农具从宋国来到滕国。他们对滕文公说:"我们听闻您在实行圣人的德政,那您也是圣人了,我们愿意成为您的百姓。"

陈相见到许行,非常高兴,全部抛弃了之前所学的东西,转而向许行学习其学说。

陈相见到孟子,转述许行的话说:"滕国国君的确是个贤明的君主。虽然如此,但是他尚未懂得治国理政的道理。贤明的君主应该与百姓一起耕田,养活自己,并亲自做早饭和晚饭,以这样的方式治理国家。现在,滕国有储藏米谷的仓廪,还有收藏文书、财物和兵器的府库,这是剥削、虐害百姓以供养自己,怎么能算是贤明呢?"

孟子问道:"许先生一定是自己种粮食才吃饭吗?"

陈相回答说:"是的。"

孟子又问道:"许先生一定是自己织布才穿衣服吗?"

陈相回答说:"不是的,许先生穿粗布衣服。"

孟子又问道:"许先生戴帽子吗?"

陈相回答说:"戴帽子。"

孟子又问道:"戴什么样的帽子?"

陈相回答说:"戴白色丝织的帽子。"

孟子又问道:"是许先生自己织成的吗?"

陈相回答说:"不是的,是以粮食交易而来的。"

孟子又问道:"许先生为什么不自己织呢?"

陈相回答说:"这样会妨害(耽误)耕田。"

孟子又问道:"许先生用釜和甑做饭,用铁制农具耕田吗?"

陈相回答说:"是的。"

孟子又问道:"釜和甑以及铁制农具是许先生自己制造的吗?"

陈相回答说:"不是的,是用粮食交易而得来的。"

孟子说:"用粮食来交换釜和甑以及铁制农具等器具的,不算剥削和虐害陶工和铁匠。陶工和铁匠用他们制作的陶器和铁器来交换粮食,难道就算剥削和虐害农夫吗?况且,许先生为什么不自己制作陶器和铁器,那样什么东西都能从其家中取来使用?却为什么要纷纷与各种工匠来交易东西呢?为什么许先生就不怕麻烦呢?"

陈相回答说:"各种工匠的事情,本来就不可以一边耕田一边来做的。"

孟子说:"如果这样,那治理天下的事情就可以一边耕田一边来做了?人类社会中,有官员要做的事情,也有百姓要做的事情。而且,一个人要用的东西,需要各种工匠来为其准备和制作。如果什么东西都必须自己做好才使用,这就是率领天下人疲于奔命。所以说:有的人劳心,有的人劳力。劳心的人治理他人,劳力的人被人治理。被人治理的人供养他人,治理他人的人被人供养,这是天下通行的道理。

"在尧帝当政的时候,天下还不太平,洪水横流,四处泛滥。草木茂盛,禽兽大量繁殖,(稻、黍、稷、麦、豆等)粮食都不丰收,禽兽到处威胁人类。野兽的蹄印和鸟类的足迹,处处可见。尧帝为此而独自忧愁,于是提拔舜进行全面治理。舜指派益掌管用火,益在山林与川泽燃起大火,进行焚烧。禽兽恐惧而逃走了。大禹疏通九条河流,引导济水、漯水流入大海中;开凿和挖掘汝水、汉水的河道,疏浚淮河、泗河,把这几条河流的水排入长江中。然后中原大地的百姓就能够繁衍生息了。在这个时候,大禹有八年时间都在外边治水,三次路过家门都没空进去,即使想要耕田,能做到吗?

"后稷教导百姓播种和收获庄稼,种植稻、黍、稷、麦、豆等粮食作物,这些粮食作物丰收了便可以养育百姓。人活着必须遵循一定的道理。吃饱了,穿暖了,住好了,却不受教育,就和禽兽差不多。圣人尧帝为此很忧虑,任命契为司徒,掌管百姓的人伦教化,他这样教化百姓:父子之间要有骨肉亲情,君臣之间要有忠义,夫妇之间要有主次分别,长幼之间要有先后次序,朋友之间要有诚信。尧帝说:'使他们勤劳、归顺,使他们得到匡正和正直起来,使他们得到辅助和扶持,使他们各得其所,使他们得到救济和恩惠。'圣人尧帝为百姓操心到如此程度,还有时间耕田吗?

"尧帝把得不到舜作为自己的忧虑,舜帝把得不到禹和皋陶作为自己的忧虑。而把百亩之田的不丰收作为自己忧虑的人,是农夫。把财产分给他人叫作'惠',把善道教给他人叫作'忠',为天下找到优秀的人才叫作'仁'。因此,把天下让给他人很容易,为天下找到优秀的人才却很难。孔子说:'尧帝作为君主太伟大了!只有天最伟大,只有尧帝能效法天,他的恩德是那么广大,心胸是那么宽广,百姓们都不知道该如何赞美他。舜帝真是个好君主啊!他拥有天下却不允许自己独享天下,其思想和道德是多么崇高伟岸啊!'尧、舜治理天下,难道没有用心投入吗?只是不把心思用在耕田上罢了。

"我只听说过用中原的文化去改变蛮夷的文化,没有听说过中原的文化被蛮夷的文化所改变。陈良是楚国出生的人,喜欢周公、孔子的思想学说,从南方来到北方的中原来学习。北方的学者可能还没有人能超过他的。他可以算得上豪杰之士。你们兄弟两个跟他学习了几十年,老师一去世,你们就背叛了他。从前,孔子去世,他的学生为他守丧三年,三年之后,这些学生准备收拾行李回家,进入子贡的住处作揖告别,大家相向而哭,都泣不成声,然后才各回各家。子贡又返回到孔子的墓地,在墓地附近的场地上建筑了个临时房屋,独自居住了三年之后才回家去。有一天,子夏、子张、子游三人因有若长得像圣人孔子,想要像侍奉孔子一样侍奉他,就强迫曾子同意。曾子说:'不可以。好像在江水、汉水里洗刷过,在秋天的太阳下暴晒过,老师人品的洁白透亮无人可比。'现在说话如伯劳鸟叫声一样难听的南方蛮子,非议先王之道,你却背叛你的老师去向他学习,真是与曾子有很大的不同。我听说过'鸟儿从幽暗的山谷中飞出,迁徙到高大的乔木上',还没有听说过鸟儿从高大的乔木上飞下来,迁徙到幽暗的山谷中。《诗·鲁颂·閟宫》说:'打击戎、狄,惩罚荆、舒。'周公尚且要打击楚国人,你却向楚国人学习,这真是不向好的方面学习改变啊!"

陈相说道:"如果遵从许先生的学说,市场上商品的价格就能统一起来,国中就没有价格的欺诈了。即使是小孩子到市场上买东西,也不会有人欺骗他。布匹和丝绸长短一样,则彼此的价格也一样;麻线和丝线轻重一样,则彼此的价格也一样;稻、黍、稷、麦、豆等粮食作物多少一样,则彼此的价格也一样;草鞋的大小一样,则彼此的价格也一样。"

孟子说:"物品之间存在着差别,这是物品的客观状况,有的相差一倍、五倍,有的相差十倍、百倍,有的相差千倍、万倍。你要把它们的价格都统一起来,这是唯恐天下不乱。大鞋、小鞋都是相同的价格,难道还有人愿意制作鞋子吗?遵从许先生的学说,大家一个接一个地去弄虚作假,怎么能治理好国家呢?"

【拓展】

朱熹注解说:"孟子言物之不齐,乃其自然之理,其有精粗,犹其有大小也。若大屦、小屦同价,则人岂肯为其大者哉?今不论精粗,使之同价,是使天下之人皆不肯为其精者,而竞为滥恶之物以相欺耳。"[①]

不仅物品有大小、精粗、质地和质量上的区别,不能同价,人也有知识、技术、文化修养、品德、态度等方面的区别。所以,劳动力也不能统一定价,不同的劳动不能给予相同的报酬。因此,吃大锅饭是不利于劳动生产率的提高,实行"各尽所能,按劳分配"的绩效工资体制,才符合社会生产力正常发展的客观要求。

3.1.5 爱无差等,施由亲始

【原文】

墨者夷之,因徐辟而求见孟子。孟子曰:"吾固愿见,今吾尚病,病愈,我且往见,夷子不来!"

他日,又求见孟子。孟子曰:"吾今则可以见矣。不直,则道不见;我且直之。吾闻夷子墨者。墨之治丧也,以薄为其道也。夷子思以易天下,岂以为非是而不贵也?然而夷子葬其亲厚,则是以所贱事亲也。"

徐子以告夷子。夷子曰:"儒者之道,古之人'若保赤子',此言何谓也?之则以为爱无差等,施由亲始。"

徐子以告孟子。孟子曰:"夫夷子,信以为人之亲其兄之子为若亲其邻之赤子乎?彼有取尔也。赤子匍匐将入井,非赤子之罪也。且天之生物也,使之一本,而夷子二本故也。盖上世尝有不葬其亲者,其亲死,则举而委之于壑。他日过之,狐狸食之,蝇蚋姑嘬之。其颡有泚,睨而不视。夫泚也,非为人泚,中心达于面目。盖归反虆梩而掩之。掩之诚是也,则孝子仁人之掩其亲,亦必有道矣。"

[①] 孟子[M].朱熹,集注.上海:上海古籍出版社,2013:72-73.

徐子以告夷子。夷子怃然为间,曰:"命之矣。"

【引言】

这一章记述孟子关于墨家"爱无差等"和儒家"爱有差等"思想差别的比较分析。在封建君主专制社会里,爱是有等级的,因此,孟子的爱有差等思想符合封建君主专制社会的人伦关系实际,而墨家"爱无差等"的思想却有些超越当时的时代。

显然,尽管墨家"爱无差等"的思想追求很崇高,但儒家"爱有差等"的思想更符合人给予爱和接受爱的自然心理状态。就人类而言,人们显然爱自己的父母和孩子更甚于爱他人的父母和孩子。但人类显然不能总是停留在喜爱自己的父母和孩子这个觉悟水平上,于是孟子提出要推己及人、将心比心,要能"老吾老,以及人之老;幼吾幼,以及人之幼"[1],即要在关爱和照顾好自己父母和孩子的同时,也尽可能做到尊重和爱护他人的父母和孩子。

【释解】

(1)墨者夷之,因徐辟而求见孟子:墨家信徒夷之通过孟子的学生徐辟请求拜见孟子。墨者:墨家学派的人。墨家学派的创始人是墨翟,尊称墨子,其思想和事迹被其弟子收录在《墨子》一书中。墨子主要的思想包括"兼爱""非攻""尚贤""尚同""天志""明鬼""非命""非乐""节葬""节用"等,墨家学说在先秦时期与儒家学说并称"显学"。夷之:墨家的信徒,生平事迹不详。徐辟:孟子的学生。

(2)我且往见,夷子不来:我将去拜见他,夷子就不要来见我了。且:将,将要。不:勿要,不要。

(3)不直,则道不见:说话不直率,道理就显现不出来。见:通"现",显现。

(4)墨之治丧也,以薄为其道也:墨家办理丧事,是以薄葬作为其基本原则的。薄:薄葬,节葬。

(5)易天下:改变天下(厚葬的习俗)。

---

[1] 杨伯峻.孟子译注:简体字本[M].北京:中华书局,2008:12.

(6)岂以为非是而不贵也:难道认为他是反对厚葬而不重视厚葬吗。非:反对,责备。是:这,指厚葬。贵:重视或珍视。

(7)是以所贱事亲也:是拿自己所看轻的方式来对待其父母了。贱:看不起,看轻。事:侍奉,对待。亲:父母亲。

(8)若保赤子:(古代的君王爱护百姓)就像爱护初生的婴儿一样。赤子:初生的婴儿,刚生的婴儿。该句出自《周书·康诰》,即"若保赤子,惟民其康",是周公告诫其弟弟康叔"务必明德宽刑、爱护百姓"的话。

(9)之则以为爱无差等,施由亲始:我夷之则认为人对人的爱是没有等级差别的,只不过实施起来是从自己的亲人开始。之:指墨者夷之。差等:等级差别。亲:亲人。

(10)彼有取尔也:他是有所选择(和目的)罢了。彼:他,指墨者夷之。取:选取,选择。尔:通"耳",而已,罢了。

(11)且天之生物也,使之一本,而夷子二本故也:况且,上天生造万物,使它们只有一个根源,而夷子(之所以主张爱是没有等级差别的)是他认为所有事物都有两个根源的缘故。本:根源,本源。故:缘故,原因。

(12)举而委之于壑:把尸体抬走并抛弃到山沟里。举:抬举,抬起来。委:抛弃。

(13)蝇蚋姑嘬之:苍蝇、蚊虫吸吮和叮咬着尸体。蚋(ruì):小蚊子,蚊虫。姑:吸吮,吸饮,吸食。嘬(chuài):叮咬。

(14)其颡有泚,睨而不视:那人的额头上顿时不禁冒出汗来,不敢正视,只敢斜着眼睛看。颡(sǎng):额头,脑门子。泚(cǐ):冒汗。睨(nì):斜着眼睛看。

(15)中心达于面目:其内心(的内疚和不安)情感直接表现在其脸上。

(16)盖归反蘽梩而掩之:大概因为这个原因,他回家取了土筐和锹,把尸体掩埋了。归反:返回家里。蘽(léi):土筐,一种运土的器具。梩(lí):锹一类的取土器具。

(17)怃然为间:茫然若失了一会儿。怃(wǔ)然:茫然若失或怅惘若失的样子。为:有。间:一会儿。

(18)命之矣:(孟子)教育了我啊。命:教育,教导,教诲。之:我,指夷之。

【译文】

墨家信徒夷之通过孟子的学生徐辟请求拜见孟子。孟子说:"我本来愿意见他,现在我还在病中,等病好了之后我就去见他,夷子就不要来见我了。"

过了一段时间,夷之又请求拜见孟子。孟子说:"我现在可以见他了。说话不直率,道理就显现不出来;我将直率地和他说话。我听说夷子是一位墨家信徒。墨家办理丧事,是以薄葬作为其基本原则的。夷子想要改变天下(厚葬的习俗),难道认为他是反对厚葬而不重视厚葬吗?然而,夷子安葬其父母是厚葬而非薄葬,他这是拿自己所看轻的方式来对待其父母了。"

徐子把孟子的话转告给夷子。夷子说:"儒家的道理说,'古代的君王爱护百姓就像爱护初生的婴儿一样',这句话是什么意思呢?我夷之就认为,人对人的爱是没有等级差别的,只不过实施起来是从自己的亲人开始。"

徐子把夷子的话转告给孟子。孟子说:"那个夷子真的认为人们亲近他们哥哥的孩子就如同亲近他们邻居家刚出生的婴儿吗?他是有所选择和目的罢了。婴儿在井边爬行,快要掉进井里,这自然不是婴儿的罪过。(这时候,无论谁看见了,都会心生怜悯而去救助,这就能够说明爱无差等吗?)况且,上天生造万物,使它们只有一个根源,而夷子(之所以主张爱是没有等级差别的)是他认为所有事物都有两个根源的缘故。大概上古时候曾经有不埋葬其父母的人,父母死后,他就把父母的尸体抬走并抛弃到山沟里。有一天,他路过那里,看到狐狸在啃食父母的尸体,苍蝇、蚊虫也吸吮和叮咬着尸体。那人的额头上顿时不禁冒出汗来,不敢正视,只敢斜着眼睛看。这个冒汗,并不是因为他人的原因而冒汗的,而是其内心(的内疚和不安)情感直接表现在其脸上。大概因为这个原因,他回家取了土筐和锹,把尸体掩埋了。掩埋尸体的确是对的,那么孝子仁人掩埋他们父母的尸体,也一定有他们的道理了。"

徐子把孟子的话转告给夷子。夷子茫然若失了一会儿,说:"(孟子)教育了我啊。"

【拓展】

朱熹注解说:"'若保赤子',《周书·康诰》篇文,此儒者之言也。夷子引之,盖欲援儒而入于墨,以拒孟子之非已。又曰'爱无差等,施由亲始',则推墨而附于儒,以释己所以厚葬其亲之意,皆所谓遁辞也。孟子言人之爱其兄子与邻之子,本有差等。《书》之取譬,本为小民无知而犯法,如赤子无知而入井耳。且人物之生,必各本于父母而无二,乃自然之理,若天使之然也。故其爱由此立,而推以及人,自有差等。今如夷子之言,则是视其父母本无异于路人,但其施之之序,姑自此始耳。非二本而何哉?然其于先后之间,犹知所择,则又其本心之明有终不得而息者,此其所以卒能受命而自觉其非也。"①

杨治国评论说:"墨家言爱无差等,施由亲始。愚谓爱由亲生,施由亲始;不信爱无差等,爱无所别。人能保赤子,只人之天性,非能人人以保,人人以爱。人能亲其亲,而后有爱其国,有敬其友,有爱其长,则天下秩序成,人伦明矣。可见人伦不纲,天下必失其伦理;天下伦理乱,则天下不能不乱。人亲其亲,亦有人性之亲与人亲之亲所别。人世间总会分血亲、姻亲、友亲及至人性之至亲。治天下不分别亲情,可谓昏也。"②

朱熹、杨治国等都相信爱是有等级差别的,人是有远近亲疏的。我也赞同这个观点。这是因为爱从根本上是一种主观感觉和行为,它与每个人对爱的理解,对宇宙本质和人的本质的认知和觉悟,对物质和精神利益的看法,以及与他人的交往互动等因素都有着紧密的关联。客观地讲,每个人都先是从家庭环境中成长起来的,这个在家庭环境中逐渐长大的自我,刚开始是个小我,随着学校教育和社会教育的发展,这个小我开始逐渐社会化,不断长大,并逐渐成为一个始终在变化的大我。除了绝对完美的圣人能够成长为圆满的大我,绝大多数人总是会保持一种小我与大我并存的状态,即爱有差等与爱无差等之间的过渡状态。

---

① 孟子[M].朱熹,集注.上海:上海古籍出版社,2013:74.
② 杨治国.小人物评《孟子》[M].北京:中国工人出版社,2008:104.

3.2 滕文公章句下

《滕文公章句下》共计十章。具体而言,第一章记述孟子事君或出仕做官的基本原则,那就是以直道事君,不以枉道屈从君主;施行王道仁政不行霸道。第二章记述孟子的"大丈夫"观。第三章记述孟子"学而优则仕"、以道事君、坚守仁政的为政思想。第四章,孟子给学生彭更讲解士人对社会的贡献和酬劳的关系,社会有分工,士人的工作就是追求仁义和治国理政。第五章记述孟子和学生万章之间的一段对话,万章担忧小国如果施行王道仁政而大国就来讨伐的后果,孟子告诉他小国除了做好自己别无出路,小国不施行仁政而施行霸道,那灭亡得更快。第六章记述孟子与宋国大臣之间关于宋国君主偃能否变好的对话,孟子认为宋国君主偃周围只有一个善人薛居州,这种环境很难让他变好。第七章,孟子和学生公孙丑谈论士人当如何处理与当权者的关系,以及君子应当具备的基本素养。第八章记述孟子和宋国大夫戴盈之之间关于能否减免税收的对话,孟子主张实行十分之一的税率,减除关卡税和市场交易税等,减轻百姓负担,而戴盈之认为一时半会儿还做不到。第九章记述孟子以大禹、周公和孔子等圣人为榜样,决心继承和弘扬儒家思想学说,拒斥杨朱、墨翟等学派邪说的理想志向。第十章记述孟子和匡章关于陈仲子是不是廉洁之士的辩论,孟子认为陈仲子耻于吃喝他哥哥的饭食和居住他哥哥的房子的思想过于极端,是一种不健康的廉洁思想。

3.2.1 志士不忘在沟壑,勇士不忘丧其元

【原文】

陈代曰:"不见诸侯,宜若小然;今一见之,大则以王,小则以霸。且《志》曰:'枉尺而直寻。'宜若可为也。"

孟子曰:"昔齐景公田,招虞人以旌,不至,将杀之。志士不忘在沟壑,勇士不忘丧其元。孔子奚取焉?取非其招不往也。如不待其招而往,何哉?且夫枉尺而直寻者,以利言也。如以利,则枉寻直尺而利,亦可为与?昔者赵简子使王良与嬖奚乘,终日而不获一禽。嬖奚反命曰:'天下之贱

工也。'或以告王良。良曰：'请复之。'强而后可，一朝而获十禽。嬖奚反命曰：'天下之良工也。'简子曰：'我使掌与女乘。'谓王良。良不可，曰：'吾为之范我驰驱，终日不获一；为之诡遇，一朝而获十。《诗》云："不失其驰，舍矢如破。"我不贯与小人乘，请辞。'御者且羞与射者比；比而得禽兽，虽若丘陵，弗为也。如枉道而从彼，何也？且子过矣，枉己者，未有能直人者也。"

【引言】

这一章记述孟子事君或出仕做官的基本原则，那就是以直道事君，不以枉道屈从君主；施行王道仁政，而不行霸道。

和孔子一样，孟子做人做事有着自己的原则。首先，君主必须是能够谦虚礼下、希望施行仁政的明君，否则孟子不会去侍奉。其次，孟子宁可以正直之道侍奉君主，也不以枉道屈从君主。像管仲那样辅助君主施行霸道，孟子也不屑为之。这一章是孟子的学生陈代劝说孟子降低对施行仁政的期待，只要有被重用的机会，即使是行霸道而不行王道也是可以的。但孟子始终坚持初心，不愿降志以求。

【释解】

(1)陈代：孟子的学生。

(2)不见诸侯，宜若小然：不去拜见诸侯，好像是气量小了一些。诸侯：古代中央政权所分封的各国君主的统称。宜若：好像，疑似。小：气度小，气量小。

(3)大则以王，小则以霸：往大里说，可以辅佐君主称王天下；往小里说，可以辅佐君主称霸天下。以：凭借(诸侯)，指辅佐诸侯。王：施行王道，称王天下。霸：施行霸道，称霸天下。

(4)枉尺而直寻：弯曲一尺，就能伸直八尺。枉：弯曲，受屈。直：伸直。寻：古代长度单位，八尺。

(5)昔齐景公田，招虞人以旌：从前齐景公田猎的时候，用旌旗来召唤虞人。齐景公：姜姓，吕氏，名杵臼，春秋时期齐国君主，齐灵公之子，齐庄公之弟。田：田猎，打猎。虞人：古代看守君主园囿的低级官员。旌：用彩色羽毛装饰的旗帜。在古代，君主要召唤不同身份、地位的人必须用相应的标志，如召唤大夫要用旌旗,召唤士要用弓,召唤虞人要用皮冠。齐景公用旌旗召唤虞人,违反了礼制规定,所以虞人不予理睬。

(6)志士不忘在沟壑,勇士不忘丧其元:有志之士常想着可能会葬身山沟却不惧怕,勇敢之人常想着可能会丢掉脑袋却不畏惧。不忘:常想着(危险但不惧怕)。元:头颅,脑袋。

(7)奚取:选取哪一点,选取什么。取:选取,指赞赏。

(8)以利言也:从利益的角度而言。利:利益。

(9)昔者赵简子使王良与嬖奚乘:从前赵简子指派王良给宠臣奚驾车。赵简子:即赵鞅,春秋末年晋国六卿之一,战国七雄中赵国的奠基人。王良:春秋末年晋国一位善于驾车的人。嬖奚:一个叫作奚的受赵简子宠幸的小臣。乘:驾车。

(10)反命:复命,回去汇报。反:同"返",返回。

(11)强而后可:(王良)强求嬖奚再给自己一次机会后,嬖奚同意了。

(12)我使掌与女乘:我派他(指王良)专门负责给你驾车。掌:掌管,负责。女:通"汝",你,指嬖奚。

(13)吾为之范我驰驱:我为他规规矩矩地驾车。之:他,指嬖奚。范:规范,使合规。驰驱:策马疾驰,驾车急速地奔驰。古时候驾驭田猎的车,要求即使尘土飞扬车也不能出轨道,马蹄声应有节奏,快慢合拍。

(14)为之诡遇,一朝而获十:为他不合规矩地驾车,一个早上就猎获了十只鸟。诡遇:不合规矩地驾车。

(15)不失其驰,舍矢如破:驾车的人不违反驾车的规矩,射箭的人一放箭就能射中目标。舍矢:放箭。如:而。破:指射中目标。这两句出自《诗·小雅·车攻》。

(16)我不贯与小人乘:我不习惯于给小人驾车。贯:通"惯",习惯于。小人:指肆意违反规矩、规范的人,与光明正大、合规行事的君子相对。

(17)御者且羞与射者比:驾车的人尚且羞于和不守规矩的射手合作共事。比:合作。

(18)枉道而从彼:违背自己的政治理想和原则而屈从于诸侯。枉道:违背理想和原则。

(19)且子过矣,枉己者,未有能直人者也:而且,你错了,让自己弯曲行事的人,从来不能使他人正直起来。

【译文】

孟子的学生陈代对孟子说:"不主动去拜见诸侯,好像是气量小了一些;今天如果能主动拜见一下诸侯,往大里说,或许可以辅佐君主称王天下;往小里说,或许可以辅佐君主称霸天下。并且《志》上说:'弯曲一尺,就能伸直八尺。'好像可以尝试一下。"

孟子说:"从前齐景公田猎的时候,用旌旗来召唤虞人。虞人看到齐景公不按规矩召唤自己,就不应召。齐景公见虞人不到自己跟前,就打算杀掉他。有志之士常想着可能会葬身山沟却不惧怕,勇敢之人常想着可能会丢掉脑袋却不畏惧。孔子赞赏虞人哪一点呢?赞赏虞人不按规矩召唤自己就不去这一点。如果不等诸侯召唤我,我就去谒见诸侯,这算什么事呢?况且所谓'弯曲一尺,就能伸直八尺',这是从利益的角度而言的。如果从利益的角度而言,那弯曲八尺而伸直一尺、只要有利可图的事情也可以去做吗?从前赵简子指派王良给宠臣奚驾车,整整一天都没有猎获一只鸟。宠臣奚回来向赵简子报告说:'王良真是天下最拙劣的车手。'有人将这话转告给王良。王良对宠臣奚说:'请再来一次。'王良强求宠臣奚再给自己一次为他驾车的机会后,宠臣奚同意了。结果一个早上就猎获了十只鸟。宠臣奚回来向赵简子报告说:'王良真是天下最优秀的车手。'赵简子说:'我让他专门负责给你驾车。'赵简子告诉了王良。王良不同意,说道:'我为他规规矩矩地驾车,整整一天他猎不到一只鸟;为他不合规矩地驾车,一个早上他就猎获了十只鸟。《诗·小雅·车攻》说:"驾车的人不违反驾车的规矩,射箭的人一放箭就能射中目标。"我不习惯于给小人驾车,请同意我辞掉这差事。'驾车的人尚且羞于和不守规矩的射手合作共事;即使合作而猎获的禽兽堆积成丘陵那样,也不去做。违背自己的政治理想和原则而屈从于诸侯,这算什么事呢?而且,你错了,让自己弯曲行事的人,从来不能使他人正直起来。"

【拓展】

朱熹注解说:"或曰:'居今之世,出处去就不必一一中节,欲其一一中节,则道不得行矣。'杨氏曰:'何其不自重也?枉己其能直人乎?古之人宁道之不行,而不轻其去就,是以孔、孟虽在春秋、战国之时,而进必以正,以至

终不得行而死也。使不恤其去就而可以行道,孔、孟当先为之矣。孔、孟岂不欲道之行哉?'"①

杨治国评论说:"夫子言利,必以仁义利天下者,若因小利而枉尺直寻,屈王道之尊,从霸道之贱,夫子岂可为与?朱子于此处曾注曰:'志士固穷,常念死无棺椁,弃沟壑而不恨;勇士轻生,常念战斗而死,丧其首而不顾。'余感虞人之气,王招而不至,固守其节,不亦'贫贱不能移,富贵不能淫,威武不能屈'哉?虞不亦真君子耳?!"②又说:"君子不枉道而权从,必自重而后以重人,必直己而后以直人。大道之行,必矩大道之法;君子之去就,亦必矩君子之去就之法。不可自轻而失重,自简而失省。赵岐曰:修礼守正,非招不往;枉道富贵,君子不许。"③

总之,君子会固守自己做人处世的原则和底线,而小人则不然。孔子周游列国,孟子到齐、梁、滕等国家,都是在寻求施行德政或仁政的机会。他们如果不固守自己的政治理想和原则,很显然是能够获得一些治国理政的机会的。但他们最终都失去了这些机会。其主要原因是过于理想化,也不愿意做些变通,不愿意为迎合诸侯而改变志向。客观地讲,孔子、孟子不顾已经变化了的社会现实基础,依然执着于过于理想化和脱离社会现实的所谓政治理想和情怀,很类似于刻舟求剑。他们的理想注定是不可能实现的。当然,就精神气节而言,他们不吃"嗟来之食",不阿谀奉承和委曲求全,确是可赞可叹的。

3.2.2 得志与民由之,不得志独行其道

【原文】

景春曰:"公孙衍、张仪岂不诚大丈夫哉?一怒而诸侯惧,安居而天下熄。"

孟子曰:"是焉得为大丈夫乎?子未学礼乎?丈夫之冠也,父命之;女子之嫁也,母命之,往送之门,戒之曰:'往之女家,必敬必戒,无违夫子!'以顺为正者,妾妇之道也。居天下之广居,立天下之正位,行天下之大道。得志,

---

① 孟子[M].朱熹,集注.上海:上海古籍出版社,2013:76.
② 杨治国.小人物评《孟子》[M].北京:中国工人出版社,2008:105.
③ 杨治国.小人物评《孟子》[M].北京:中国工人出版社,2008:106.

与民由之;不得志,独行其道。富贵不能淫,贫贱不能移,威武不能屈。此之谓大丈夫。"

【引言】

这一章记述孟子的"大丈夫"观。孟子认为,大丈夫应该践行天下之大道,想百姓之所想,急百姓之所急,"素贫贱行乎贫贱,素富贵行乎富贵",威逼利诱也无法使他屈服变节。而公孙衍、张仪之流只是顺从诸侯的主张而行事,并没有践行天下之大道,也从未以百姓的根本利益为追求,故算不得大丈夫。

【释解】

(1)景春:与孟子同时代的纵横家。

(2)公孙衍:公孙氏,名衍,号犀首,战国时魏国阴晋(今陕西省华阴市东)人。他是当时著名的纵横家,曾出仕秦国、魏国和韩国,也曾提倡合纵抗秦,身佩楚、韩、赵、魏、燕五国相印。

(3)张仪:姬姓,张氏,名仪,魏国人,战国时著名的纵横家。他首创"连横"的外交策略,得到秦惠文王赏识,被封为相国,奉命出使游说各国。

(4)一怒而诸侯惧,安居而天下熄:(指公孙衍、张仪)一发怒,各个诸侯就惊惧不安;安居家中,天下就太平无事。熄:战火熄灭,天下太平。

(5)丈夫之冠也,父命之:男子满二十岁举行成年加冠礼时,父亲要训导他。冠:指行加冠礼。命:教导,训导。

(6)戒之:告诫她。

(7)往之女家,必敬必戒,无违夫子:到了你家里,一定要恭恭敬敬、谨慎小心,不要违抗你的丈夫。之:到。女:通"汝",你。戒:警惕,谨慎。夫子:指丈夫。

(8)居天下之广居,立天下之正位,行天下之大道:居住在"仁道"这个天下最广大的居所里,站立在"礼法"这个天下最正确的位置上,行走在"道义"这个天下最广阔的道路上。广居:指仁道。正位:指礼法。大道:指道义、公义、正义。

(9)得志,与民由之;不得志,独行其道:如果自己的志愿得以实现,那就和百姓一起实践;如果自己的志愿无法实现,那就独自蹈行大道。得志:实

现志愿、志向。由：蹈行，践履，实践。道：大道，正道。

（10）富贵不能淫，贫贱不能移，威武不能屈：富贵不能骄奢淫逸，贫贱不能改变其道德操守，威武不能打垮其意志，使其屈服变节。淫：放纵，骄纵。移：改变道德操守。屈：屈服变节。

【译文】

景春说："公孙衍、张仪难道不是真正的大丈夫吗？他们一发怒，各个诸侯就惊惧不安；他们安居家中，天下就太平无事。"

孟子说："这哪里算得上大丈夫呢？你没有学过礼法吗？男子满二十岁举行成年加冠礼时，父亲要训导他；女子出嫁时，母亲要教导她，送她到门口，告诫她说：'到了你家里，一定要恭恭敬敬、谨慎小心，不要违抗你的丈夫！'把顺从作为正当正理，是做妻子应该遵循的道理。居住在'仁道'这个天下最广大的居所里，站立在'礼法'这个天下最正确的位置上，行走在'道义'这个天下最广阔的道路上。如果自己的志愿得以实现，那就和百姓一起实践；如果自己的志愿无法实现，那就独自蹈行大道。富贵不能骄奢淫逸，贫贱不能改变其道德操守，威武不能打垮其意志，使其屈服变节。这才叫作大丈夫。"

【拓展】

朱熹注解说："广居，仁也。正位，礼也。大道，义也。与民由之，推其所得于人也。独行其道，守其所得于己也。淫，荡其心也。移，变其节也。屈，挫其志也。何叔京曰：'战国之时，圣贤道否，天下不复见其德业之盛。但见奸巧之徒，得志横行，气焰可畏，遂以为大丈夫。不知由君子观之，是乃妾妇之道耳，何足道哉！'"①

在孟子的观念中，所谓大丈夫，必须是铁肩担道义之人，必须是穷则独善其身、达则兼济天下之人，必须是富贵不能淫、贫贱不能移、威武不能屈之人，必须是顶天立地、光明磊落之人。这样的人，一身浩然之气，唯道是求，惟义所在。至于做什么都是从个人利益出发，为了名利或权势的人，无论如何算不上大丈夫。

---

① 孟子[M].朱熹,集注.上海：上海古籍出版社,2013:77.

3.2.3 父母之心,人皆有之

【原文】

周霄问曰:"古之君子仕乎?"

孟子曰:"仕。《传》曰:'孔子三月无君,则皇皇如也,出疆必载质。'公明仪曰:'古之人三月无君,则吊。'"

"三月无君则吊,不以急乎?"

曰:"士之失位也,犹诸侯之失国家也。《礼》曰:'诸侯耕助,以供粢盛;夫人蚕缫,以为衣服。牺牲不成,粢盛不洁,衣服不备,不敢以祭。惟士无田,则亦不祭。'牲杀、器皿、衣服不备,不敢以祭,则不敢以宴,亦不足吊乎?"

"出疆必载质,何也?"

曰:"士之仕也,犹农夫之耕也。农夫岂为出疆舍其耒耜哉?"

曰:"晋国亦仕国也,未尝闻仕如此其急。仕如此其急也,君子之难仕,何也?"

曰:"丈夫生而愿为之有室,女子生而愿为之有家。父母之心,人皆有之。不待父母之命、媒妁之言,钻穴隙相窥,逾墙相从,则父母、国人皆贱之。古之人未尝不欲仕也,又恶不由其道。不由其道而往者,与钻穴隙之类也。"

【引言】

这一章记述孟子"学而优则仕"、以道事君、坚守仁政的为政思想。

像孔子一样,作为儒者,孟子读书闻道的目的就是为政做官,将才学贡献于治国理政,以实现施行仁政的宏伟抱负。但孟子坚持以道事君,坚持仁政的政治理想,反对为了做官而不择手段。他不会像纵横家那样利用各国诸侯趋利避害的本性,因势利导他们为己所用,也不会像管仲那样用霸道来辅佐君主,以称霸天下。

【释解】

(1)周霄:魏国人,生平事迹不详。

(2)孔子三月无君,则皇皇如也,出疆必载质:孔子三个月之内没有君主任用他,他就会惶恐不安;离开这个国家时一定会用车装载一些拜见他国君

主或他人的见面礼。皇皇:惶恐不安。疆:边境,国境。质:同"贽",求见或拜见他人时所赠送的礼物,见面礼。

(3)公明仪:鲁国贤人。

(4)吊:哀伤,悲悯,悲伤。

(5)不以急乎:不认为太心急了吗。以:认为,以为。

(6)诸侯耕助,以供粢盛;夫人蚕缫,以为衣服:诸侯亲自耕田,以供给祭祀用的谷物;诸侯的夫人饲蚕缫丝,以制作祭服。耕助:耕田,耕种。粢盛(zī chéng):供祭祀用的谷物。黍稷叫作粢,把黍稷放在祭器里叫作盛。夫人:指诸侯的妻子。蚕缫(sāo):亦作"蚕缲",饲蚕缫丝。

(7)牺牲不成:祭祀用的牲畜不完美。成:纯净,完美。

(8)仕国:可以出仕的国家。仕:做官。

(9)如此其急:这么急切。

(10)难仕:不轻易做官。难:以……为难,指谨慎对待(做官)。

(11)父母之命、媒妁之言:父母发话,媒人牵线说合。古时候,儿女婚姻须由父母作主,并经媒人牵线说合。媒妁(shuò):媒人。

(12)钻穴隙相窥,逾墙相从:在墙壁上钻孔相互偷看,翻墙私会。逾:翻越。

(13)恶不由其道:讨厌不经过正常途径求官做。

(14)与钻穴隙之类也:和男女在墙壁上钻孔相互偷看、翻墙私会是同一类的事情。之:助词,不译。类:类似,类同。

【译文】

周霄问孟子:"古代的君子做官吗?"

孟子回答说:"做官啊。《传》上说:'孔子三个月之内没有君主任用他,他就会惶恐不安;离开这个国家时一定会用车装载一些拜见他国君主或他人的见面礼。'公明仪说:'古代的人三个月之内没有君主任用他,就会感到哀伤。'"

周霄又问道:"三个月之内没有君主任用他,就会感到哀伤,你不认为他太心急了吗?"

孟子回答说:"士人失去了官位,就如同诸侯失去了国家。《礼》上说:'诸侯亲自耕田,以供给祭祀用的谷物;诸侯的夫人饲蚕缫丝,以制作祭服。

祭祀用的牲畜不完美,供祭祀用的谷物不洁净,祭服不完备,就不敢用来祭祀。如果士人没有祭田,也不能祭祀。'祭祀用的牲畜、器皿和衣服不完备,不敢用来祭祀,也不敢用于宴会,这还不足够令人哀伤吗?"

周霄又问道:"离开这个国家时一定会用车装载一些拜见他国君主或他人的见面礼,这是为什么呢?"

孟子回答说:"士人做官,就如同农民耕田一样。农民难道会因为离开一个国家而丢弃他的农具吗?"

周霄又说道:"晋国(即三晋之一的魏国)也是一个可以做官的国家,还未曾听说过这么急切做官的。既然这么急切做官,君子又如此谨慎小心,不轻易做官,这是为什么呢?"

孟子回答说:"男人一出生,父母就希望早日为他找到妻室;女人一出生,父母就希望早日为她找到婆家。做父母的这种心思,天下人人都有。但如果不等父母发话,不经媒人牵线说合,就在墙壁上钻孔相互偷看,翻墙私会,那父母和其他人都会鄙视他们。古代的人没有不想做官的,但是他们讨厌不经过正常途径求官做。不经过正常途径求官做,和男女在墙壁上钻孔相互偷看、翻墙私会是同一类的事情。"

【拓展】

杨治国评论说:"孔夫子三月无君,则惶惶如也。常人看来似乎夫子为做官不得而焦急,此岂是常人能解其意者。夫子乃以效君为途,报国为志,为民为其所愿。其与庸人之求仕求官为光宗耀祖,做官为私心私愿相比,实乃天壤之别,不可同日而语。赵岐所谓君子务仕,思播其道,可谓知圣贤君子之义也。孟夫子亦重士不得位,君子不得仕者。乃志无位不伸,仁无位不行,则政无由成仁。农夫不耕,荒其田;士不能仕,则荒其业。"①

有其位,才能谋其政;没有其位,无法谋其政。有才能的人,如果没有岗位,也无法发挥其才能,所以,在官言官,在商言商,在农言农。在古代,君子要报效国家,只有做官一条路。所以,有才能、有政治理想的人,都千方百计去求官。但君子求官和普通人求官,有着根本的不同。君子喻于义,小人喻于利。像孔子、孟子求官,都是为了天下大义,不符合道义的官不做,通过贿

---

① 杨治国.小人物评《孟子》[M].北京:中国工人出版社,2008:108.

赂、求情来做官,不是孔、孟所愿为。

3.2.4 非其道,则一箪食不可受于人

【原文】

彭更问曰:"后车数十乘,从者数百人,以传食于诸侯,不以泰乎?"

孟子曰:"非其道,则一箪食不可受于人;如其道,则舜受尧之天下不以为泰,子以为泰乎?"

曰:"否。士无事而食,不可也。"

曰:"子不通功易事,以羡补不足,则农有余粟,女有余布;子如通之,则梓匠、轮舆皆得食于子。于此有人焉,入则孝,出则悌,守先王之道,以待后之学者,而不得食于子。子何尊梓匠、轮舆而轻为仁义者哉?"

曰:"梓匠、轮舆,其志将以求食也。君子之为道也,其志亦将以求食与?"

曰:"子何以其志为哉?其有功于子,可食而食之矣。且子食志乎?食功乎?"

曰:"食志。"

曰:"有人于此,毁瓦画墁,其志将以求食也,则子食之乎?"

曰:"否。"

曰:"然则子非食志也,食功也。"

【引言】

这一章,孟子给学生彭更讲解士人对社会的贡献和酬劳的关系,社会有分工,士人的工作就是追求仁义和治国理政。

农民是因为种田而有酬劳,工匠是因为制造而有酬劳,那士人是根据什么来领取酬劳的呢?农民种田,收获了多余的粮食,再与其他行业的人交换所需的产品,以满足自己生产、生活的需要;工匠制作农具、器械等产品,再交换其所需的粮食、布匹、原料等产品,以满足其生产生活的需要,等等。彭更每天看到孟子及其学生周游各国,不事生产,却能得到诸侯的赏赐或资助,想不通个中缘由,就请教老师孟子。孟子告诉他,士人的贡献在于追求仁义、治国理政,即修身、齐家、治国和平天下。这种社会分工是人类社会不可或缺的。

【释解】

(1)彭更:孟子的学生。

(2)后车数十乘:跟从的车子有几十辆。乘(shèng):一辆四匹马拉的车。

(3)传(chuán)食:辗转于各地受人供养。一说"传"读zhuàn,是驿舍、客舍的意思,相当于今天的宾馆,"传食"即在诸侯提供的客舍里免费享用饮食。

(4)不以泰乎:(你)不认为这很过分吗。泰:过分,过甚。

(5)一箪食:一竹筐或竹筒饭。箪(dān):古代用来盛饭食的竹器,竹筐或竹筒。

(6)如其道:符合其法理。如:符合,合乎。道:法理,道理。

(7)士无事而食:士人没有事功却有饭吃。事:事功,贡献。食:吃饭,有饭吃。

(8)子不通功易事,以羡补不足:你不(赞成)相互交易事功或产品,用多余的事功或产品换取和补充彼此所缺乏的。子:你。通功易事:交易事功或产品。羡:多余,剩余,有余。

(9)梓匠、轮舆皆得食于子:木匠和造车匠等各类工匠都能从你这里得到粮食吃。梓匠:木匠。轮舆:造车匠。

(10)以待后之学者:以奖掖后学,以奖励提拔后进之辈。待:奖掖,扶持。

(11)其志将以求食也:其目的是谋生。志:目的,动机,志向。求食:谋生,求饭吃。

(12)食志:根据目的给饭吃。食:因为……提供饭食,因为……而供养。

(13)食功:根据事功给饭吃。

(14)毁瓦画墁:打碎屋顶的瓦片,在已粉刷好的墙壁上乱涂乱画。墁(màn):指墁壁,已粉刷好的墙壁。

(15)则子食之乎:那你为他提供饭食吃吗。

【译文】

彭更问道:"跟从的车子有几十辆,跟从的人有几百人,辗转于各国受诸

侯供养,你不认为这很过分吗?"

孟子说:"不符合其法理,别人的一竹筒饭也不可接受;符合其法理,就是大舜接受尧帝禅让天下也不认为是过分,你认为过分吗?"

彭更说:"不过分。士人没有事功却有饭吃,真的不可以。"

孟子说:"你如果不赞成相互交易事功或产品,用多余的事功或产品换取和补充彼此所缺乏的,那农民就会有多余的粮食,织布的妇女就会有多余的布匹;你如果赞成相互交易事功或产品,那么木匠和造车匠等各类工匠都能从你这里得到粮食吃。假设这里有个人,在家里孝顺父母,出门在外尊敬兄长,坚守先王之道,以奖掖后学,却不能从你这里得到饭食吃。你为什么尊重木匠和造车匠等各类工匠却轻视践履仁义的人呢?"

彭更说:"木匠和造车匠等各类工匠,他们的目的就是为了谋生。君子是践履仁义之道的人,他们的目的也是为了谋生吗?"

孟子说:"你为什么拿他们的目的说事呢?他们对你有贡献,你觉得可以供养他们,那你就给他们饭吃。况且,你是根据目的给饭吃,还是根据事功给饭吃?"

彭更说:"根据目的给饭吃。"

孟子说:"假设这里有个人,他打碎屋顶的瓦片,在已粉刷好的墙壁上乱涂乱画,其目的是求饭吃,那你给他饭吃吗?"

彭更说:"不会给的。"

孟子接着说:"这样的话,那你并不是根据目的给饭吃,而是根据事功给饭吃。"

【拓展】

杨治国评论说:"孔子有不饮盗泉之典,孟子有非其道则一箪食不可受于人之谓。盖君子行世处事,必由其道,非其道不行,非其道不为。赵岐言:修德无小,暴慢无强。《淮南子·道应训》云:'尹佚曰:天地之间,四海之内,善之则吾畜也,不善则吾离也。'可见圣贤皆畜善离恶,修德齐身者也。此处所言,可知夫子于商品互通有无,社会分工差等有异,士农工商各守其分,十分通晓。论人论事,或以功果论,或以动机论,世人多不明其理者。盖以功果论为本,以动机论为末,本末互参,可;本末倒置,不可。所谓本末互参,乃有其功果,必有其志;无其功果,或无其志,或有其志而无其功果。故二者当互参以求知。朱子于此处又有大分辨,谓:'无功有害之功,则有无功有利之志,亦当有有功有利之志,功志相参,功志可知。'"①

俗话说,无功不受禄,又说,一分辛劳,一分收获。农民靠种地谋生,工人靠做工谋生,商人靠经商谋生,技术人员靠技术谋生,科学研究人员靠从事科学研究谋生,公务员和事业单位人员等社会各界人士都靠自己的劳动来谋生。因为商品要交换才能实现其价值,所以市场交换和社会收入分配必然形成一定的制度和机制。一般地讲,各尽所能、按劳分配是社会主义的分配原则。每个人根据自己的社会劳动成果和贡献来获取相应的薪酬,是天经地义的原则。但任何社会中,都会有滥竽充数、不劳而获的人,也有以权谋私、贪污受贿、为非作歹的人。多行不义必自毙,这样的人必然遭到人们的鄙视和谴责,也必然会受到法律和纪律的惩戒。

3.2.5 苟行王政,四海之内皆举首而望之

【原文】

万章问曰:"宋,小国也,今将行王政,齐、楚恶而伐之,则如之何?"

孟子曰:"汤居亳,与葛为邻,葛伯放而不祀。汤使人问之曰:'何为不祀?'曰:'无以供牺牲也。'汤使遗之牛羊。葛伯食之,又不以祀。汤又使人问之曰:'何为不祀?'曰:'无以供粢盛也。'汤使亳众往为之耕,老弱馈食。葛伯率其民,要其有酒食黍稻者夺之,不授者杀之。有童子以黍肉饷,杀而夺之。《书》曰:'葛伯仇饷。'此之谓也。为其杀是童子而征之,四海之内皆曰:'非富天下也,为匹夫匹妇复仇也。''汤始征,自葛载',十一征而无敌于天下。东面而征,西夷怨;南面而征,北狄怨,曰:'奚为后我?'民之望之,若大旱之望雨也。归市者弗止,芸者不变。诛其君,吊其民,如时雨降。民大悦。《书》曰:'徯我后,后来其无罚。''有攸不惟臣,东征,绥厥士女,匪厥玄黄,绍我周王,见休,惟臣附于大邑周。'其君子实玄黄于匪以迎其君子,其小人箪食壶浆以迎其小人。救民于水火之中,取其残而已矣。《太誓》曰:'我武惟扬,侵于之疆,则取于残,杀伐用张,于汤有光。'不行王政云尔;苟行王政,四海之内皆举首而望之,欲以为君。齐、楚虽大,何畏焉?"

---

① 杨治国.小人物评《孟子》[M].北京:中国工人出版社,2008:110.

【引言】

　　这一章记述孟子和学生万章之间的一段对话,万章担忧小国如果施行王道仁政而大国就来讨伐的后果,孟子告诉他小国除了做好自己别无出路,小国不施行仁政而施行霸道,那灭亡得更快。

　　万章向孟子提出了一个令他担忧的问题,那就是如果像宋国这样的小国实行王道政治,那像齐国、楚国这样的大国就来讨伐怎么办。孟子就举了商朝的开国君主成汤施行仁政、讨伐葛国的例子。成汤施行仁政,以仁政讨伐暴政,经过十多次征伐而无敌于天下。孟子想借此说明,仁政无敌,即使是施行仁政的小国,也不应当惧怕暴政的大国。当然,大国与小国对垒,主要看绝对实力如何。孟子所说的主要是指精神力量方面,只要行得端正,深得民心,拥有浩然之气,即使失败又有何惧?此外,如果小国力量弱小,施行暴政而不施行仁政,其覆灭就会更快。两利相权取其重,两害相权取其轻。无论如何,无论是大国还是小国,施行仁政或王政,才能得到广大民众的真心拥护和支持,也才能生存得更久。

【释解】

　　(1)万章:孟子的学生。
　　(2)恶而伐之:讨厌而讨伐它。之:它,指宋国。
　　(3)汤居亳,与葛为邻,葛伯放而不祀:成汤居住在亳地,与葛国相邻,葛国君主葛伯行为放荡,竟然不按成规祭祀祖先和鬼神。汤:即成汤,商朝开国君主。亳(bó):地名,在今河南商丘境内。葛:国名,在今河南省宁陵县北。葛伯:葛国国君。放:放荡不羁。
　　(4)粢盛(zī chéng):古代盛在祭器内用来祭祀的谷物。
　　(5)老弱馈食:年老体弱的人给(那些耕田人)送饭。馈:送。
　　(6)要其有酒食黍稻者夺之,不授者杀之:拦截那些带着酒、饭食和粮食的人,抢夺他们的东西,不给的就杀掉。要:通"邀",拦截,截击。食:饭食,饭菜。授:给。
　　(7)有童子以黍肉饷:有个孩童给耕田者送黄米饭和肉食。黍:黄米做的饭。饷:给在田间劳动的人送饭。
　　(8)仇饷:仇视送饭的人。饷:指给在田间劳动的人送饭的人。

(9)非富天下也,为匹夫匹妇复仇也:不是以天下为自己的财富,而是为了给平民百姓报仇雪恨。富:以……为自己的财富。

(10)汤始征,自葛载:成汤的征讨,是从葛国开始的。载:开始。

(11)奚为后我:为什么把我们这里排在后面。奚为:为什么。

(12)归市者弗止,芸者不变:(成汤大军所到之处,)做买卖的照常营业,耕田的人照常劳动。归市者:市场里做生意的人。芸:同"耘",耕耘,耕田。

(13)诛其君,吊其民,如时雨降:诛杀残暴的君主,慰问安抚受苦受难的百姓,就像降下一场及时雨。吊:慰问,安抚。

(14)徯我后,后来其无罚:等待我们的好君主,君主来了我们将不再遭受折磨和责罚。徯(xī):等待。后:君主,君王。其:将,将要。

(15)有攸不惟臣,东征,绥厥士女,匪厥玄黄,绍我周王,见休,惟臣附于大邑周:攸国不愿意臣服周王,周王便向东征讨,安抚攸国的男女,这些人把黑色和黄色的绢帛放到竹篓中,请求与我周王相见,他们见到周王后感到非常温暖、喜悦,(纷纷表示)愿意臣服于大周国。攸:商代攸国,在今湖南省株洲市攸县以及今江西、安徽等江淮一带,其国都在今湖南省株洲市攸县。惟:想,思。臣:臣服。绥:安抚,使安定。厥:其。士女:男女。匪:"篚"的古字,竹篓,形似竹篦的竹器。玄黄:黑色和黄色的绢帛或丝织物。绍:请求引见,请求介绍给。休:喜悦,快乐,温暖。大邑周:大周国。

(16)箪食壶浆:用箪盛饭,用壶盛汤(来欢迎)。

(17)取其残而已矣:去除凶残的暴君罢了。取:去除,除去。

(18)《太誓》:即《泰誓》,《尚书》篇名,今已亡佚。

(19)我武惟扬,侵于之疆,则取于残,杀伐用张,于汤有光:我军力的威武要发扬,攻伐到于国的疆土上,除去于国凶残的暴君,杀戮和讨伐还需要加大力度,取得的战果要比成汤还辉煌。武:军力威武。扬:发扬。于:国名,即于国,又称邗国,其国都位于今河南省沁阳市西万镇邗邰村,其始封之君是武丁之子于侯。取于残:除去于国凶残的暴君。用:需要。张:扩张,加大力度。于汤有光:(战果)要比成汤还辉煌。

(20)云尔:如此罢了,如此而已。

【译文】

孟子的学生万章问道:"宋国是个小国,它现在打算推行王道仁政,齐

国、楚国两个大国因此讨厌而讨伐它,它该怎么办?"

孟子说:"成汤居住在亳地,与葛国相邻,葛国君主葛伯行为放荡,竟然不按成规祭祀祖先和鬼神。成汤派人去质问葛伯:'为什么不祭祀祖先和鬼神?'葛伯回答道:'没有什么可做祭品的东西。'成汤派人给葛伯送去可做祭品的牛羊。结果葛伯把送去的牛羊给吃了,却不用作祭品。成汤又派人质问葛伯说:'为什么不祭祀祖先和鬼神?'葛伯回答说:'没有祭祀用的谷物。'成汤又派亳地的民众去葛国为葛伯耕田,并让年老体弱的人给(那些耕田人)送饭。但葛伯不仅不领情,还带领葛国百姓拦截那些带着酒、饭食和粮食的人,抢夺他们的东西,不给的就杀掉。有个孩童给耕田者送黄米饭和肉食,葛伯带领的民众把他杀了,还抢夺了他的饭和肉。《书》上说:'葛伯仇视送饭的人。'讲的就是这件事。成汤为了给被杀害的这个孩童报仇而起兵征讨葛伯,天下的人都说:'成汤征讨葛国,不是以天下为自己的财富,而是为了给平民百姓报仇雪恨。''成汤的征讨,是从葛国开始的',成汤先后征讨十一次,战无不胜,攻无不克,天下无敌。向东方征讨,西方的民族就抱怨;向南方征讨,北方的民族就抱怨,说:'为什么把我们这里排在后面?'百姓盼望他,就像大旱之年百姓盼望下雨一般。(成汤大军所到之处,)做买卖的照常营业,耕田的人照常劳动。诛杀残暴的君主,慰问安抚受苦受难的百姓,就像降下一场及时雨。百姓非常高兴。《书》上说:'等待我们的好君主,君主来了我们将不再遭受折磨和责罚。''攸国不愿意臣服周王,周王便向东征讨,安抚攸国的男女,这些人把黑色和黄色的绢帛放到竹篓中,请求与我周王相见,他们见到周王后感到非常温暖、喜悦,(纷纷表示)愿意臣服于大周国。'(这里讲的是周王当年征讨攸国的情况,)攸国的官员用黑色和黄色的绢帛装满竹篓,来迎接周国的官员;攸国的百姓用箪盛饭,用壶盛汤,来欢迎周国的士兵。可见,这次征讨是把攸国百姓从水火之中拯救出来,去除凶残的暴君罢了。《泰誓》说:'我军力的威武要发扬,攻伐到于国的疆土上,除去于国凶残的暴君,杀戮和讨伐还需要加大力度,取得的战果要比成汤还辉煌。'宋国的君主不施行王道仁政便罢了;如果施行王道仁政,天下的人都会抬起头来盼望着他,想要拥戴他作为君主。齐国、楚国虽是大国,却又有什么可畏惧的呢?"

【拓展】

朱熹注解说:"宋实不能行王政,后果为齐所灭,王偃走死。尹氏曰:'为国者能自治而得民心,则天下皆将归往之,恨其征伐之不早也,尚何强国之足畏哉? 苟不自治,而以强弱之势言之,是可畏而已矣.'"①

杨治国评论说:"汤之征伐,缘于童子,始于葛伯。汤乃圣哲,必以仁义治天下,奈何遇上葛伯,亦须用攻伐以诛之。虽情非得已,亦可见施仁政仍需借助攻伐手段,难怪仁政行之殊难。夫子此处言汤十一征,无敌于天下,终究须以征伐方使其服于天下。以征伐暴,是否以毒攻毒、以暴制暴? 或如父子言以义战胜不义战? 若汤之兵不强不广,仁者是否无敌? 是仁者无敌于天下,还是兵强而无敌于天下? 亦令世人不得不深思之。《太誓》曰:'我武惟扬,侵于之疆,则取于残,杀伐用张。'可见其所凭借者乃'我武惟扬,杀伐用张',非仅凭仁义者也。综上,世必有仁义之师,可以匡仁义之国、仁义之政耳。"②

孟子、朱熹等儒者认为,仁者无敌,行仁政将无敌于天下。杨治国则认为,如果不富国强兵,仅凭仁义是无法做到无敌于天下的。我赞同杨治国的观点。行仁政和治军是建设强大国家的两块基石。行仁政,得民心,是富国和安定国家的根本保证。但富裕而安定的国家,也会遭到周围有野心的国家的觊觎。所以,富裕而安定的国家必须同时发展军事力量,让自己的军力强盛和威武起来,才能保卫自己和维护天下正义以及世界和平。

3.2.6　一齐人傅之,众楚人咻之

【原文】

孟子谓戴不胜曰:"子欲子之王之善与? 我明告子。有楚大夫于此,欲其子之齐语也,则使齐人傅诸? 使楚人傅诸?"

曰:"使齐人傅之。"

曰:"一齐人傅之,众楚人咻之,虽日挞而求其齐也,不可得矣;引而置之庄岳之间数年,虽日挞而求其楚,亦不可得矣。子谓薛居州,善士也,使之居于王所。在于王所者,长幼卑尊皆薛居州也,王谁与为不善? 在王所者,长幼卑尊皆非薛居州也,王谁与为善? 一薛居州,独如宋王何?"

---

① 孟子[M].朱熹,集注.上海:上海古籍出版社,2013:80-81.
② 杨治国.小人物评《孟子》[M].北京:中国工人出版社,2008:111-112.

【引言】

　　这一章记述孟子与宋国大臣之间关于宋国君主偃能否变好的对话,孟子认为宋国君主偃周围只有一个善人薛居州,这种环境很难让他变好。

　　环境在人的成长过程中起着决定性的作用,近朱者赤,近墨者黑。而如果宋国君主偃周围只有一个善人薛居州,其他皆非善人,宋国君主偃想要变好是非常困难的。如果想要彻底使宋国君主偃一心向善,就必须使其周围的人都成为善人。但谁又有能力让善人都围绕在宋国君主偃的身边呢?这又是一个棘手问题。

【释解】

　　(1)戴不胜:宋国大夫。
　　(2)子欲子之王之善与:你愿意你国的君王向善吗。子:你。之:向,朝向,往。
　　(3)之齐语:讲齐国话。
　　(4)傅诸:教他(讲齐国话)。傅:教,教导。
　　(5)咻:喧嚣吵闹干扰,乱说话。
　　(6)日挞而求其齐:即使每天鞭打他,要求他学习齐国话。挞:鞭挞,鞭打。
　　(7)引而置之庄岳之间数年:带领他到齐国国都的闹市区住上几年。引:引领,带领。置:安置。庄:街道名,庄街。岳:乡里名,岳里。庄岳之间:泛指齐国国都临淄城的闹市区。
　　(8)薛居州:宋国士人。
　　(9)王所:君王的居所。
　　(10)王谁与为不善:大王能与谁做不善的事情。
　　(11)独如宋王何:单独能把宋王怎么样。独:单独,独自。如……何:能把……怎么办,能把……怎么样。

【译文】

　　孟子对宋国大夫戴不胜说:"你愿意你国的君王向善吗?我明白地告诉你。假设这里有个楚国大夫,想要他的儿子学说齐国话,那让齐国人教他呢,还是让楚国人教他呢?"

戴不胜回答说:"让齐国人教他。"

孟子说道:"一个齐国人教他,许多楚国人喧嚣吵闹干扰他,即使每天鞭打他,要求他讲齐国话,也办不到啊;带领他到齐国国都的闹市区住上几年,即使每天鞭打他,要求他讲楚国话,也办不到啊。你所说的薛居州,是个好士人,让他居住在宋王的居所。如果居住在宋王居所的人,无论长幼尊卑,都是像薛居州那样的人,大王能与谁做不善的事情?如果居住在宋王居所的人,无论长幼尊卑,都不是像薛居州那样的人,大王能与谁做善的事情?一个薛居州,单独能把宋王怎么样呢?"

【拓展】

杨治国评论说:"一人傅之,众人咻之。可见夫子对教育规律认识之深刻。其对环境、群体对个体之影响所见之独到,实圣人圣思。一人善之,众人皆不善,善何以为?众人皆善,一人不善,恶难以行!天下皆非仁,数人行仁,天下何以仁?正如朱子注:'小人众而君子独,无以成君子之功。'"①

毋庸置疑,环境对人的成长具有很大的影响。孟母三迁其居,就是为了给孟子找到一个比较理想的学习环境。《荀子·劝学》说:"蓬生麻中,不扶而直;白沙在涅,与之俱黑。"②《孔子家语·六本》说:"与善人居,如入芝兰之室,久而不闻其香,即与之化矣;与不善人居,如入鲍鱼之肆,久而不闻其臭,亦与之化矣。丹之所藏者赤,漆之所藏者黑。是以君子必慎其所与处者焉。"③可见环境对人的成长具有很大影响是许多思想家的共识。

3.2.7　古者不为臣不见

【原文】

公孙丑问曰:"不见诸侯,何义?"

孟子曰:"古者不为臣不见。段干木逾垣而辟之,泄柳闭门而不纳,是皆

---

① 杨治国.小人物评《孟子》[M].北京:中国工人出版社,2008:112.
② 张觉.荀子译注[M].上海:上海古籍出版社,2012:3.
③ 王德明.孔子家语译注[M].桂林:广西师范大学出版社,1998:189.

已甚。迫,斯可以见矣。阳货欲见孔子而恶无礼,大夫有赐于士,不得受于其家,则往拜其门。阳货瞰孔子之亡也,而馈孔子蒸豚;孔子亦瞰其亡也,而往拜之。当是时,阳货先,岂得不见?曾子曰:'胁肩谄笑,病于夏畦。'子路曰:'未同而言,观其色赧赧然,非由之所知也。'由是观之,则君子之所养,可知已矣。"

【引言】

这一章,孟子和学生公孙丑谈论士人当如何处理与当权者的关系,以及君子应当具备的基本素养。孟子先后列举了段干木、泄柳、孔子的做法。他肯定孔子的做法,否定段干木、泄柳的做法,最后又引用曾子和子路的有关评论,以概括君子应当具备的素养。需要指出的是:"当时一些读书人,为取得当权者的欢心,或为谋得一官半职,都想方设法接近当权者,甚至不惜'胁肩谄笑',丧失人格。孟子举出曾子和子路的话,表明了'士'对当权者应有的态度。孔子、孟子以及曾子、子路等,在对待当权者的态度上,为我们做出了榜样。可是自古及今,能坚持操守、不谄媚当权者的人,又有多少呢?"[1]

【释解】

(1)古者不为臣不见:古代的人不是臣属就不会去拜见诸侯。

(2)段干木逾垣而辟之,泄柳闭门而不纳,是皆已甚:段干木翻墙躲避魏文侯,泄柳闭门不接待鲁穆公,这都做得过分了。段干木:魏文侯时的贤人。垣:墙。辟:同"避",躲避。泄柳:鲁穆公时的贤人。纳:接纳,接待。是:这。甚:过甚,过分。

(3)迫,斯可以见矣:如果君主求见如此迫切,这就可以见面的。迫:迫切。

(4)阳货:鲁国正卿季孙氏家宰(总管),大夫级别。

(5)阳货欲见孔子而恶无礼:阳货想见到孔子却害怕遭受无礼对待(,就打算趁孔子不在家的时候赠送孔子一个礼物)。恶:讨厌,憎恶,指害怕、担心。

(6)大夫有赐于士,不得受于其家,则往拜其门:大夫送礼物给士人,士

---

[1] 刘建生.孟子精解[M].北京:海潮出版社,2012:140.

人如果出门在外,不能在家中亲自接受礼物,就得抽出时间专门到大夫府上登门拜谢回礼。这是古时的礼制规定。(那时候)

(7)阳货瞰孔子之亡也,而馈孔子蒸豚:阳货趁孔子不在家的时候,赠送给孔子一只蒸熟的小猪。瞰:窥视,窥探。亡:不在家。豚:小猪。

(8)胁肩谄笑,病于夏畦:(为了讨好当权者)毕恭毕敬地耸着肩膀,露出谄媚的笑容,这比夏天在田里劳作还要疲累。胁肩:耸着肩膀。谄笑:谄媚地笑。病:疲劳,疲倦。畦(qí):五十亩田为一畦。

(9)未同而言,观其色赧赧然,非由之所知也:志趣不同还要巴结攀谈,看着他因惭愧而脸红的样子,这不是我子路所能理解的事情。赧赧(nǎn):因惭愧而脸红。由:即子路,仲氏,名由,字子路,又字季路,春秋末年鲁国卞(今山东泗水东南)人,孔子的学生。

(10)君子之所养:君子的修养。养:素养,修养。

【译文】

公孙丑问孟子:"不去求见诸侯,这是什么道理呢?"

孟子回答说:"古代的人不是臣属就不会去拜见诸侯。段干木翻墙躲避魏文侯,泄柳闭门不接待鲁穆公,这都做得过分了。如果君主求见如此迫切,这就可以见面的。阳货想见到孔子却害怕遭受无礼对待(,就打算趁孔子不在家的时候赠送孔子一个礼物)。(那时候)大夫送礼物给士人,士人如果出门在外,不能在家中亲自接受礼物,就得抽出时间专门到大夫府上登门拜谢回礼。(于是)阳货趁孔子不在家的时候,赠送给孔子一只蒸熟的小猪;而孔子也趁阳货不在家的时候,到阳货家拜谢回礼。在当时,阳货先拜访孔子,孔子岂能不见阳货呢?曾子说:'(为了讨好当权者)毕恭毕敬地耸着肩膀,露出谄媚的笑容,这比夏天在田里劳作还要疲累。'子路说:'志趣不同还要巴结攀谈,看着他因惭愧而脸红的样子,这不是我子路所能理解的事情。'由此可见,君子应具有什么样的修养,就可以知道了。"

【拓展】

朱熹注解说:"此章言圣人礼义之中正,过之者伤于迫切而不洪,不及者

沦于污贱而可耻。"①

杨治国评论说:"礼若失义,必成虚情;虚情之礼,多系虚伪。阳货之亡也,孔子之亡也,一个无礼在先,一个守节在后;无礼者不义,守节者无过。阳货见贤有欲,待贤不诚,乃叶公好龙;孔子重仁义而不失其礼,不失心志,不失体统。失诚者胁肩谄笑,得仁者守其礼节。前者矫情,后者求义。失诚者失信,无信不养操守;求义者修德,有德可成仁身。曾子、子路皆不愿与小人交往、交言,而小人却能君子之所不能、君子之所不愿、君子之所不为。然而,小人得势正在于此,君子常遇亦在于此。天下反是小人常得势,君子常遇遏,令人不得不长叹不已!"②

人与人交往有一定的礼仪和规矩,过犹不及。孔子、孟子与当权者交往,可交则交,不可交则不交,一切以德政礼治和王道仁政的根本为前提。而趋炎附势之徒,则极尽巴结之能事,一切以个人利益为导向。还有一些古代的贤人和隐士,愿意隐居山野,不愿意参与政事和俗事,故拒绝与权贵们往来。俗话说,"以势交者,势倾则绝;以利交者,利穷则散。故君子不与也"③。

3.2.8 如知其非义,斯速已矣,何待来年

【原文】

戴盈之曰:"什一,去关市之征,今兹未能。请轻之,以待来年,然后已,何如?"

孟子曰:"今有人日攘其邻之鸡者,或告之曰:'是非君子之道。'曰:'请损之,月攘一鸡,以待来年,然后已。'如知其非义,斯速已矣,何待来年?"

【引言】

这一章记述孟子和宋国大夫戴盈之之间关于能否减免税收这个问题的对话。孟子主张应实行十分之一的税率,去除关卡税和市场交易税,以减轻百姓的负担,搞活国家经济,但戴盈之站在宋王和贵族阶级的立场,不肯减

---

① 孟子[M].朱熹,集注.上海:上海古籍出版社,2013:82.
② 杨治国.小人物评《孟子》[M].北京:中国工人出版社,2008:113.
③ 王通.中说[M].李古寅,主编.北京:中国文史出版社,2012:125.

免,试图拖到明年再看看情况如何。孟子以有人偷盗邻居家的鸡为例,别人指出偷盗鸡不道德,偷鸡贼却说,他也知道不道德,但他就是不想马上改正,想等到明年再看。这真是"立场决定态度,方向决定出路"啊。换言之,改恶从善,也是一个字——难。

【释解】

(1)戴盈之:宋国大夫。

(2)什一,去关市之征,今兹未能:实行十分之一的税率,免除关卡和市场商品税的征收,今年不能实行了。什一:指十分之一的税率。去:免除。关市:关卡和市场。兹:年。

(3)请轻之:请减轻一些税收。

(4)然后已:然后废止(现行的税收制度和法律)。已:停止(征税),废止(现行的税收制度和法律)。

(5)日攘其邻之鸡:每天偷盗邻居家一只鸡。攘:偷盗,盗窃。

(6)或告之:有人告诉他。或:有人。

(7)请损之:请减少偷盗的频次。损:减少。之:指盗窃。

(8)斯速已矣,何待来年:就应当尽快废止,为什么还要等到明年。斯:就。

【译文】

宋国大夫戴盈之对孟子说:"实行十分之一的税率,免除关卡和市场商品税的征收,今年不能实行了。(今年先)请减轻一些税收,等到明年,然后废止现行的税收制度和法律,怎么样?"

孟子说:"现在有人每天偷盗邻居家一只鸡,有人告诉他说:'这不是君子之道。'他说:'请让我先减少偷盗的频次,改成每月偷盗一只鸡,等到明年,然后再彻底停止偷鸡。'如果知道了所做的事情不符合正义之道,那就应当尽快停止,为什么还要等到下一年?"

【拓展】

杨治国评论说:"治国之要,莫过治税;治税之要,莫过恤民。圣人有过,知过即改,闻过则喜,是以为圣人。小人有过,知过不改,改亦不能速,由而

顺之,为害自深。赵岐言:从善改非,坐而待旦;知而为之,罪重于故。"①

税赋问题自古以来是治国理政的大问题。国家征收税赋太多了,留在百姓手里的财富就少了;反之,如果征收过少,国家财政入不敷出,社会管理也成问题。所以,古代大多时候,征税的税率一直维持在十分之一这个水平。这个水平也是古人治理社会的经验总结。超过这个水平,百姓就有些吃不消。因此,孔子和孟子都赞成什一税。

3.2.9 天下之生久矣,一治一乱

【原文】

公都子曰:"外人皆称夫子好辩,敢问何也?"

孟子曰:"予岂好辩哉?予不得已也。天下之生久矣,一治一乱。当尧之时,水逆行,泛滥于中国,蛇龙居之,民无所定。下者为巢,上者为营窟。《书》曰:'洚水警余。'洚水者,洪水也。使禹治之。禹掘地而注之海,驱蛇龙而放之菹。水由地中行,江、淮、河、汉是也。险阻既远,鸟兽之害人者消,然后人得平土而居之。

"尧、舜既没,圣人之道衰。暴君代作,坏宫室以为污池,民无所安息;弃田以为园囿,使民不得衣食。邪说暴行又作,园囿、污池、沛泽多而禽兽至。及纣之身,天下又大乱。周公相武王诛纣,伐奄三年讨其君,驱飞廉于海隅而戮之。灭国者五十,驱虎、豹、犀、象而远之,天下大悦。《书》曰:'丕显哉,文王谟!丕承哉,武王烈!佑启我后人,咸以正无缺。'

"世衰道微,邪说暴行有作,臣弑其君者有之,子弑其父者有之。孔子惧,作《春秋》。《春秋》,天子之事也。是故孔子曰:'知我者,其惟《春秋》乎!罪我者,其惟《春秋》乎!'

"圣王不作,诸侯放恣,处士横议,杨朱、墨翟之言盈天下。天下之言,不归杨则归墨。杨氏为我,是无君也;墨氏兼爱,是无父也。无父无君,是禽兽也。公明仪曰:'庖有肥肉,厩有肥马,民有饥色,野有饿莩,此率兽而食人也。'杨墨之道不息,孔子之道不著,是邪说诬民,充塞仁义也。仁义充塞,则率兽食人,人将相食。吾为此惧,闲先圣之道,距杨、墨,放淫辞,邪说者不得作。作于其心,害于其事;作于其事,害于其政。

---

① 杨治国.小人物评《孟子》[M].北京:中国工人出版社,2008:114.

圣人复起,不易吾言矣。

"昔者禹抑洪水而天下平,周公兼夷狄、驱猛兽而百姓宁,孔子成《春秋》而乱臣贼子惧。《诗》云:'戎、狄是膺,荆、舒是惩,则莫我敢承。'无父无君,是周公所膺也。我亦欲正人心,息邪说,距诐行,放淫辞,以承三圣者。岂好辩哉?予不得已也。能言距杨、墨者,圣人之徒也。"

【引言】

这一章记述孟子以大禹、周公和孔子等圣人为榜样,决心继承和弘扬儒家思想学说,拒斥杨朱、墨翟等学派思想学说的理想志向。在和学生公都子的问答中,孟子讲述了自己的思想主张。孟子认为,大禹、周公和孔子都为百姓的幸福安宁作出了巨大贡献。而到了孟子所处的时代,杨朱、墨翟的学说流行天下,对儒家思想的发展产生了不利的影响。孟子希望自己能够继承大禹、周公和孔子三位圣人的志向和学说,以"正人心,息邪说,距诐行,放淫辞",做个合格的圣人之徒。

【释解】

(1)公都子:孟子的学生。

(2)蛇龙居之,民无所定:龙蛇到处都有,百姓没有安定的居所。

(3)下者为巢,上者为营窟:处于地势低洼的地方,人们在树上筑巢栖身;处于地势高的地方,人们开凿洞穴或挖建窑洞栖居。营窟:营建洞穴或窑洞。

(4)洚水警余:洚水警示我们。洚(jiàng)水:洪水。

(5)禹掘地而注之海,驱蛇龙而放之菹:大禹带领百姓挖河道把水引入大海,驱赶龙蛇使它们迁徙到多水草的沼泽地带。菹(jū):多水草的沼泽地带。

(6)暴君代作,坏宫室以为污池:暴君轮流出现,他们拆毁宫殿,改建为(供游乐嬉戏用的)水池。代作:递相或轮流出现。作:兴起,出现。污池:水池。

(7)周公相武王诛纣,伐奄三年讨其君,驱飞廉于海隅而戮之:周公辅佐周武王诛杀殷纣王,用三年时间讨伐奄国并诛杀了其君主,把纣王的臣子飞廉驱赶到海边杀掉。奄:奄国,跟从纣王的小国,故地在今山东曲阜东。飞廉：纣王的臣子。

(8)丕显哉,文王谟！丕承哉,武王烈！佑启我后人,咸以正无缺：文王的策略是多么光明正大！武王的功业是多么承天受命！这些都帮助启发我们后人,使我们正确无误。这几句出自《书·周书·君牙》。丕：大。显：明显,指光明磊落,光明正大。谟(mó)：计谋,策略。承：承受。丕承：旧时指帝王承天受命。烈：功业。咸：都。

(9)世衰道微,邪说暴行有作：世道衰微,邪说和暴行又兴起了。有：又。

(10)处士横议,杨朱、墨翟之言盈天下：未做官的士人胡乱议论,杨朱、墨翟的学说和言论充斥天下。处士：未做官的士人。横议：乱加议论。杨朱：战国初期思想家,杨姓,字子居,魏国(一说秦国)人,他主张"贵己""全性葆真""人人不损一毫"等思想,是杨朱学派的创始人,其思想散见于《列子》《庄子》《孟子》《吕氏春秋》《韩非子》等书中。墨翟(dí)：春秋末战国初宋国人(一说鲁国人或滕国人),墨家学派的创始人,著名思想家。他主张"兼爱""非攻""尚贤""尚同""天志""明鬼""非命""非乐""节葬""节用"等,其学说与杨朱学说一度流行于天下,也一度与儒学并称"显学"。

(11)杨氏为我,是无君也；墨氏兼爱,是无父也：杨朱提倡"为我",这是目无君主；墨翟主张"兼爱",这是目无父母。为我：每个人应先为自己着想,做好自己(这样整个社会就会好起来)。杨朱的"为我"思想实际上是一种以首先保障个人合法利益为前提的发展社会的思想。无君：目无君主。兼爱：没有差等或等级的爱,即无论爱谁都没有亲疏薄厚。无父：目无父母。

(12)公明仪：鲁国人,曾参的学生。

(13)是邪说诬民,充塞仁义也：这是因为邪说蒙蔽了百姓、阻塞了仁义学说的传播。诬：蒙蔽,欺骗。充塞：堵塞,阻塞。

(14)吾为此惧,闲先圣之道,距杨、墨,放淫辞：我对此很是忧惧,所以竭力捍卫圣人的学说思想,抵制和排斥杨朱、墨翟的思想言论,揭露和批判荒诞和惑乱人心的言论。闲：捍卫。距：同"拒",抗拒,抵制,排斥。放：驱逐,流放,指揭露和批判使其无法立足。淫辞：荒诞不经的言论。

(15)戎、狄是膺,荆、舒是惩,则莫我敢承：打击西戎、北狄,惩办楚国和舒国,就没有人敢抵抗我。这几句出自《诗·鲁颂·閟宫》。戎：西戎。狄：北狄。膺：打击,攻打。荆：荆楚,楚国。舒：舒国,楚的属国。惩：惩罚,惩戒。承：抵抗,抵制。

（16）息邪说，距诐行：平息邪说，抵制邪僻的行为。息：平息，止息。诐（bì）：邪僻，不正。

（17）三圣：指大禹、周公和孔子。

【译文】

孟子的学生公都子问孟子："外人都说您喜好辩论，敢问这是为什么呢？"

孟子说："我难道喜好辩论吗？我是迫不得已啊。天下有人类的存在已经很久了，得到治理和混乱不堪总是相互轮替。当尧帝在位的时候，江河水逆流，在中原大地泛滥，龙蛇到处都有，百姓没有安定的居所。处于地势低洼的地方，人们在树上筑巢栖身；处于地势高的地方，人们开凿洞穴或挖建窑洞栖居。《书》上说：'洚水警示我们。'洚水就是洪水的意思。于是，尧帝指派大禹治理洪水。大禹带领百姓挖河道把水引入大海，驱赶龙蛇使它们迁徙到多水草的沼泽地带。水沿着河道流淌，长江、淮河、黄河和汉水便成了今天的样子。险阻被排除了，害人的鸟兽被消灭了，然后人们才在平地上居住下来。

"尧、舜去世后，圣人之道就渐渐衰微。暴君轮流出现，他们拆毁宫殿，改建为（供游乐嬉戏用的）水池，百姓就没有安宁日子过了；毁弃基本农田改建为游乐和打猎用的园林，百姓的衣服和粮食都无法得到保障。邪说和暴行又兴起，园林、水池、沼泽地带多了起来，禽兽又蜂拥而至。到了殷纣王的时候，天下又大乱起来。周公辅佐周武王诛杀殷纣王，用三年时间讨伐奄国并诛杀了其君主，把纣王的臣子飞廉驱赶到海边杀掉。这样一共消灭掉了五十个国家，把老虎、豹子、犀牛、大象驱赶到很远的地方，天下百姓都非常高兴。《书》上说：'文王的策略是多么光明正大！武王的功业是多么承天受命！这些都帮助启发我们后人，使我们正确无误。'

"世道衰微，邪说和暴行又兴起了，有大臣杀死君主的事情发生，也有儿子杀死父亲的事情发生。孔子为此忧惧，于是撰写了《春秋》这本书。《春秋》所写的事情，是关于天子的事情。所以孔子说：'了解我的，大概只有通过《春秋》！怪罪我的，大概也只有通过《春秋》！'

"没有圣人兴起，诸侯放荡不羁，未做官的士人胡乱议论，杨朱、墨翟的学说和言论充斥天下。天下的思想言论，不归属杨朱学派，就归属墨翟学派。杨朱提倡'为我',这是目无君主;墨翟主张'兼爱',这是目无父母。眼睛中没有父母和君主,无异于禽兽。公明仪说:'厨房里有肥肉,马厩里有肥马,百姓却面带饥色,野外有饿死的人,这是率领野兽来吃人啊!'杨朱和墨翟学派的思想学说不停息,孔子正确的思想主张就无法得到发扬光大,这是因为邪说蒙蔽了百姓、阻塞了仁义学说的传播。仁义被阻塞,就等于率领野兽来吃人,人们将相互残杀。我对此很是忧惧,所以竭力捍卫圣人的学说思想,抵制和排斥杨朱、墨翟的思想言论,揭露与批判荒诞和惑乱人心的言论,使传播邪说者不能兴风作浪。邪说从心底产生,就会妨碍人们做事;人们做事受到妨碍,就会影响政事。即使圣人再次出现,也不会改变我所说的这些言论。

"从前大禹制服了洪水,使得天下太平;周公兼并了夷狄,驱离了猛兽,使得百姓安宁;孔子编写了《春秋》,使得乱臣贼子恐惧。《诗》上说:'打击西戎、北狄,惩办楚国和舒国,就没有人敢抵抗我。'眼睛中没有父母和君主,是周公要打击的对象。我也想端正人心,平息邪说,抵制邪僻的行为,揭露与批判荒诞和惑乱人心的言论,以继承大禹、周公和孔子三位圣人的事业。我难道是喜好辩论吗?我迫不得已啊!能用言语抵制杨朱、墨翟学派思想学说的人,一定是圣人的信徒了。"

【拓展】

朱熹注解说:"言苟有能为此距杨、墨之说者,则其所趋正矣,虽未必知道,是亦圣人之徒也。孟子既答公都子之问,而意有未尽,故复言此。盖邪说害正,人人得而攻之,不必圣贤;如《春秋》之法,乱臣贼子,人人得而讨之,不必士师也。圣人救世立法之意,其切如此。若以此意推之,则不能攻讨,而又唱为不必攻讨之说者,其为邪诐之徒、乱贼之党可知矣。尹氏曰:'学者于是非之原,毫厘有差,则害流于生民,祸及于后世。故孟子辩邪说如是之严,而自以为承三圣之功。当是时,方且以好辩目之,是以常人之心而度圣贤之心也。'"[1]

杨治国评论说:"夫子心志已大明。为正人心,息邪说,距诐行,放淫辞,承三圣。因此宁与天下人辩,以辩明天下,则仁义可倡行天下,善有果,乱有

---

[1] 孟子[M].朱熹,集注.上海:上海古籍出版社,2013:86.

治,祸有息,民有生,太平之世成。夫子此处言:'能言距杨、墨者,圣人之徒也。'余今方彻悟彻醒彻知。"①

这一章中,孟子说出了自己好辩的原因以及心志。在孟子的时代,杨朱、墨翟学派的学说流行天下,严重挤兑了儒家思想的传播。杨朱主张人人为我,每个人把自己的事情做好,不要管社会上的事情,其逻辑是,人人做好了自己的事情,那么加起来整个社会的事情就都做好了。但杨朱显然把社会问题看得过于简单了。在社会生产力比较低下的时代,整个社会的问题不仅仅是个人和家庭的事情,如抵抗他国侵略的问题、抗旱的问题、资源分配的问题、教育问题、医疗问题,等等。社会分工已经形成,在一定程度上需要人们团结协作,共同面对一些社会问题,这是杨朱学派思想学说难以解决的问题。墨翟主张兼爱、非攻等思想观点,有的思想切合实际,也有的思想超出了当时人们的理解能力和社会观念,如没有亲疏远近的兼爱,当时绝大多数人是做不到的,也与当时存在的社会地位等级制度思想相对立。兼爱的思想即使放到今天,也没有多少人能做到。相比之下,儒家承认人类之间的爱是有等级的、有远近亲疏薄厚的,符合社会实际,然后在此基础上推己及人,"老吾老以及人之老,幼吾幼以及人之幼",最终实现世界大同。这种循序渐进的进步方式是合情合理的。

3.2.10　若仲子者,蚓而后充其操者也

【原文】

匡章曰:"陈仲子岂不诚廉士哉?居於陵,三日不食,耳无闻,目无见也。井上有李,螬食实者过半矣,匍匐往将食之,三咽,然后耳有闻,目有见。"

孟子曰:"于齐国之士,吾必以仲子为巨擘焉。虽然,仲子恶能廉?充仲子之操,则蚓而后可者也。夫蚓,上食槁壤,下饮黄泉。仲子所居之室,伯夷之所筑与?抑亦盗跖之所筑与?所食之粟,伯夷之所树与?抑亦盗跖之所树与?是未可知也。"

曰:"是何伤哉?彼身织屦,妻辟纑,以易之也。"

曰:"仲子,齐之世家也。兄戴,盖禄万钟。以兄之禄为不义之禄而不食也,以兄之室为不义之室而不居也,辟兄离母,处于於陵。他日归,则有馈其

---

① 杨治国.小人物评《孟子》[M].北京:中国工人出版社,2008:117.

兄生鹅者,己频顣曰:'恶用是鶃鶃者为哉?'他日,其母杀是鹅也,与之食之。其兄自外至,曰:'是鶃鶃之肉也。'出而哇之。以母则不食,以妻则食之;以兄之室则弗居,以於陵则居之。是尚为能充其类也乎?若仲子者,蚓而后充其操者也。"

【引言】

这一章是孟子和匡章关于陈仲子是不是廉洁之士的辩论。孟子认为陈仲子耻于吃喝他哥哥的饭食和居住他哥哥的房子的思想过于极端,是一种不健康的廉洁思想。

陈仲子有着自己秉承的操守,那就是自己认为不道德、不义的东西就不碰。他认为,他哥哥的薪水是不义之财,所以拒绝哥哥对他的救济;他认为哥哥的房屋是不义之室,就不去居住;他认为哥哥的食物是不义之食,即使这顿饭是由他母亲做的,他也不会去吃。所以,陈仲子离群索居,因为谋生能力差,他和妻子、儿女常常挨饿。对于陈仲子这种类型的廉洁,孟子是持反对态度的。孟子认为,社会存在着分工和市场交换。陈仲子哥哥做官而获得官禄,是天经地义的,那并不是不义之禄、不义之食,所以,陈仲子的思想观念是错误的、荒诞的。按照陈仲子的思想观念生活,一个人是很难在社会上立足和活下去的。如果像陈仲子那样生活,只有做蚯蚓才能活下去。

【释解】

(1)匡章:又称章子、匡子、田章,战国时期齐国名将,可能是孟子的学生。

(2)陈仲子:世称陈仲、田仲、於陵仲子,齐国人。

(3)於(wū)陵:古地名,主要在今山东省淄博市周村区及滨州市邹平市东南。

(4)井上有李,螬食实者过半矣,匍匐往将食之,三咽:井边有棵李子树,树上的果实已经被金龟子吃掉一多半了,他爬过去摘了一颗拿着吃,吞咽了三口。李:李子树,蔷薇科李属植物。螬:即蛴螬,金龟子的幼虫。实者:果实,指李子。将:拿取,摘取。咽:吞咽。

(5)巨擘:大拇指,指某一方面首屈一指或比较杰出的人物。

(6)充仲子之操,则蚓而后可者也:完全达到陈仲子的操守,只有变成蚯蚓才可以。充:满足,完全达到。操:操守,节操。蚓:蚯蚓。

(7)上食槁壤,下饮黄泉:吃着地上的干土,喝着地下的泉水。槁壤:干土。黄泉:地下的泉水。

(8)盗跖(zhí):姬姓,展氏,名跖,又名柳下跖、柳展雄,春秋时有名的大盗,柳下惠的弟弟。

(9)彼身织屦,妻辟纑,以易之也:他自己编织鞋子,妻子绩麻和练麻,把麻搓成线,用这些交换所需的生活用品。彼身:他自己。辟纑(pì lú):绩麻和练麻,把麻搓成线。

(10)兄戴,盖禄万钟:(陈仲子的)哥哥陈戴,在其封地盖有几万石的俸禄。盖(gě):邑名,陈戴的封地。万钟:几万石,形容俸禄优厚。钟:古代容量单位。

(11)辟兄离母,处于於陵:躲避哥哥,离开母亲,住在於陵。辟:通"避",躲避。

(12)频顣(cù):同"频蹙",皱着眉头,愁眉苦脸的样子。

(13)鶂鶂(yì):同"鹝鹝",鹅叫声,借指鹅。

(14)哇:呕吐。

(15)是尚为能充其类也乎:这还是能尽量推广的(廉洁)典范吗。是:这。尚为:还是。充其类:尽量推广其类型。充:扩展,扩充,推广。

【译文】

匡章说:"陈仲子难道不是真正的廉洁之士吗?他住在於陵,三天没吃东西,耳朵都听不见声音了,眼睛都看不见东西了。井边有棵李子树,树上的果实已经被金龟子吃掉一多半了,他爬过去摘了一颗拿着吃,吞咽了三口,然后耳朵能听见声音,眼睛能看见东西了。"

孟子说:"在齐国的士人中,我一定把陈仲子视为首屈一指的人物。虽然这样,但陈仲子又怎能算廉洁之士呢?完全达到陈仲子的操守,只有变成蚯蚓才可以啊。蚯蚓,吃着地上的干土,喝着地下的泉水。陈仲子所居住的房屋,是伯夷所建造的呢?还是盗跖所建造的呢?他所吃的粮食,是伯夷所种的呢?还是盗跖所种的呢?这还是无法知道的。"

匡章说:"这有什么关系呢?他自己编织鞋子,妻子绩麻和练麻,把麻搓

成线,用这些交换所需的生活用品。"

孟子说:"陈仲子的家,是齐国的世家。他的哥哥陈戴,在其封地盖有几万石的俸禄。他认为他哥哥的俸禄属于不义之禄而不吃,认为他哥哥的房屋是不义之室而不住,于是他躲避哥哥,离开母亲,住在於陵。有一天,他回到他母亲和哥哥所住的家里,看到有人给他哥哥送了一只活鹅,他皱起眉头,不悦地说:'用这呱呱叫的东西能干什么呢?'过了一些时日,他母亲把这只鹅杀了,做熟给陈仲子吃。他正吃的时候,他的哥哥从外面回来了,对他说:'这是那只呱呱叫的东西的肉。'陈仲子听说后,跑出屋外,呕吐了起来。因为食物是其母亲做的就不吃,是其妻做的就吃;因为房屋是其哥哥的房屋就不住,因为房屋在於陵就住。这还是能尽量推广的(廉洁的)典范吗?要像陈仲子这样,只有变成蚯蚓而后才能完全达到他的操守。"

【拓展】

朱熹注解说:"言仲子以母之食、兄之室为不义而不食不居,其操守如此。至于妻所易之粟、於陵所居之室,既未必伯夷之所为,则亦不义之类耳。今仲子于此则不食不居,于彼则食之居之,岂为能充满其操守之类者乎?必其无求自足如蚯蚓然,乃为能满其志而得为廉耳,然岂人之所可为哉?范氏曰:'天之所生,地之所养,惟人为大。人之所以为大者,以其有人伦也。仲子避兄离母,无亲戚、君臣、上下,是无人伦也。岂有无人伦而可以为廉哉?'"①

杨治国评论说:"匡章所谓仲子之廉,超乎人情,已矫枉过正,极不可取。难怪夫子说:此种操守,只有把人变成蚯蚓才能行,否则不能算合格。赵岐言:圣人之道,亲亲尚和;志士之操,耿介特立;可以激浊,不可常法,是以孟子喻以蚯蚓,比诸巨擘也。《尸子·君治篇》云:水有四德,扬清激浊。《汉书·王贡两龚鲍传》赞云:清节之士,大率多能自治而不能治人,所以不可常法也。凡事物极必反;做人亦不可求极,求极必反。廉亦仁之一义。廉义合仁,合仁则合人。必行一者,亦是廉也。"②

水至清则无鱼,人至察则无徒。陈仲子做人太过苛求,导致自己顾忌太

---

① 孟子[M].朱熹,集注.上海:上海古籍出版社,2013:87.
② 杨治国.小人物评《孟子》[M].北京:中国工人出版社,2008:118.

多,也导致自己在世俗生活中格格不入。但仔细想来,只要兢兢业业,恪尽职守,不违法乱纪,做官得官禄,不也是天经地义的吗?外人送他哥哥一只鹅,只要符合正常的礼尚往来,不也是很正常的吗?俗话说,诸葛一生唯谨慎,吕端大事不糊涂。做人处世,应抓大放小。有原则,有底线,又能通权达变,方是正理。

离娄章句

《离娄章句》共计六十一章,分为《离娄章句上》和《离娄章句下》两部分。《离娄章句上》共计二十八章,第十七章是孟子和淳于髡之间的辩论,第十八章是孟子和公孙丑之间的对话,第二十四章是孟子和乐正子之间的对话,其余各章均是孟子的语录。本篇主要涉及王道仁政、君主自身修养、君主的作用、仁义的作用、民心民意、如何治国理政、如何为人处世、观人方法、教育、事亲之道等内容。《离娄章句下》共计三十三章,第三章是孟子和齐宣王之间的对话,第十八章是孟子和徐辟之间的对话,第二十四章是孟子和公明仪之间的对话,第二十七章是孟子和王驩之间的对话,第三十章是孟子和公都子之间的对话,第三十一章是孟子对曾子和子思曾经做过的事情所发的评论,第三十二章是孟子和储子之间的对话,第三十三章是孟子所讲的一则意味深长的寓言故事,其余各章均是孟子的语录。本篇主要涉及治国之道、对等义务君臣关系观、君主自身修养对于国家或天下的作用、道德修养的重要性、学习之道、为人处世之道、对热衷于名利和虚荣的人和事进行批评,以及对子产、孔子、大禹、商汤、周文王、周武王和周公等历史人物进行评论等内容。

4.1 离娄章句上

《离娄章句上》共计二十八章。具体而言,第一章,孟子阐发遵从先王之道、施行王道仁政的重要性和必要性。第二章,孟子主张所有君主都应效法尧、舜实行王道仁政。第三章,孟子指出仁义和不仁义会带来截然不同的结果,夏、商、周三代的开国君主都是仁义之君,而亡国之君也都是不仁不义之君。第四章,孟子阐述和强调君主应加强自身道德修养,"行有不得者皆反求诸己"。第五章,孟子阐述天下、诸侯国和家庭本是一体的道理。第六章,孟子强调治国理政要善于利用世家望族的力量。第七章,孟子阐述和强调君主为仁对于使一个国家强大的重要性。第八章,孟子指出为仁由己,作恶也由己,"自作孽,不可活"。第九章,孟子阐述和强调民心是最大的政治,只有施行仁政才能获得民心。第十章,孟子指出人们要走仁义之路,要住仁义之宅。第十一章,孟子强调人们只有从修身齐家开始才能渐次达到治国和平天下的宏大目的。第十二章,孟子阐述和强调真诚和明善在孝敬父母、交友、获得领导信任等方面的重要性。第十三章,孟子阐述周文王实行王道仁政得到天下民心、最终得到天下的道理。第十四章,孟子鲜明地表明自己支持王道仁政、反对霸道功利的态度。第十五章,孟子提出"听其言也,观其眸子"的观人方法。第十六章,孟子指出恭敬和节俭是两种优秀的品质,不仁不义的君主是没有这两种品质的。第十七章记述的是孟子和淳于髡之间的对话,孟子和淳于髡都认可事急从权的道理,孟子坚持遵循先王之道,即坚持施行王道仁政,而淳于髡认为,这先王之道属于过去的治国理论和方法,不适用于今天已经变化了的社会实际,因此应该用变通的新理论和新方法来救民于水火。第十八章,孟子阐述"易子而教"的道理。第十九章,孟子阐述用心侍奉父母和守护自身自由与安全的重要性。第二十章,孟子阐述君主在君主制国家治理中的决定性作用。第二十一章,孟子指出君子做事总免不了毁誉参半,身正不怕影子斜。第二十二章,孟子评论说,人们之所以轻易讲话,是因为没有追责机制。第二十三章,孟子评述说人有一个坏毛病,那就是好为人师。第二十四章记述孟子和其学生乐正子之间的对话,孟子看到乐正子跟着王驩出行,担心其学坏,就借机警示他。第二十五章,孟子继续对乐正子跟从王子敖"混吃混喝"的行为进行严厉批评。第二十六章记述孟子"不孝有三,无后为大"的思想。第二十七章,孟子阐释仁、义、礼、智、乐五者的实质。第二十八章,孟子称赞大舜的事亲之道,并认为大舜的事亲之道属于"大孝",是天下人学习的楷模。

4.1.1 不以规矩,不能成方圆

【原文】

孟子曰:"离娄之明,公输子之巧,不以规矩不能成方圆;师旷之聪,不以六律不能正五音；尧、舜之道，不以仁政不能平治天下。今有仁心仁闻而民不被其泽，不可法于后世者，不行先王之道也。故曰：徒善不足以为政，徒法不能以自行。《诗》云：'不愆不忘，率由旧章。'遵先王之法而过者，未之有也。圣人既竭目力焉，继之以规矩准绳，以为方圆平直，不可胜用也；既竭耳力焉，继之以六律正五音，不可胜用也；既竭心思焉，继之以不忍人之政，而仁覆天下矣。故曰，为高必因丘陵，为下必因川泽。为政不因先王之道，可谓智乎？是以惟仁者宜在高位。不仁而在高位，是播其恶于众也。上无道揆也，下无法守也，朝不信道，工不信度，君子犯义，小人犯刑，国之所存者幸也。故曰：城郭不完，兵甲不多，非国之灾也；田野不辟，货财不聚，非国之害也。上无礼，下无学，贼民兴，丧无日矣。《诗》曰：'天之方蹶，无然泄泄。'泄泄，犹沓沓也。事君无义，进退无礼，言则非先王之道者，犹沓沓也。故曰：责难于君谓之恭，陈善闭邪谓之敬，吾君不能谓之贼。"

【引言】

　　这一章，孟子在阐发遵从先王之道、施行王道仁政的重要性和必要性。孟子认为，没有规矩不成方圆，没有六律不能正五音，没有仁政不能平治天下。"孟子从实际观察中发现，如今有的君王虽有仁爱之心和仁爱之名，但老百姓却并没享受到恩泽，其政治也不可为后世所奉行，这都是因为'不行先王之道'的缘故。所以说，仅仅有好的心肠不足以为政，仅仅有法度也不足以自动运行。因此，必须要'遵先王之法'，这正是关于实施仁政的借鉴。"①

【释解】

　　（1）离娄：传说中古代的一个视力超强的人。

　　（2）公输子：即鲁班，姓公输，名般，又称公输子、公输盘、班输、鲁般，春秋时鲁国的能工巧匠。

　　（3）师旷之聪，不以六律不能正五音：即使拥有师旷那样的音乐天赋，不用六律也不能校正五音。师旷：春秋时晋平公的乐师，拥有杰出的音乐才能。聪：听力好，指辨音的能力强。六律：即六阳律，指黄钟、太簇、姑洗、蕤

---

① 东篱子.孟子全鉴[M].北京:中国纺织出版社,2010:133-134.

宾、夷则、无射六个音律。除此之外，还有六阴律，又称六吕，即大吕、夹钟、仲吕、林钟、南吕、应钟六个音律。五音：中国古代音阶名称，即宫、商、角、徵、羽。

（4）仁心仁闻：仁爱的心灵，仁爱的名声。

（5）徒善不足以为政，徒法不能以自行：光有善心不足以治国理政，光有好的法度也不能自动实施。徒：仅有，光有。

（6）不愆不忘，率由旧章：这两句出自《诗·大雅·假乐》，不犯错误不忘记，完全遵循旧规章。愆(qiān)：罪过，错误。率由：遵循，遵行。

（7）遵先王之法而过者：遵循先王的法度还会犯错误的。过：犯错误，有过失。

（8）不可胜用：用之不尽，用之不竭。胜：尽，完。

（9）上无道揆也，下无法守也：在上位的没有（治国理政的）准则，在下位的没有可遵守的法度。道揆(kuí)：道理，准则。

（10）朝不信道，工不信度，君子犯义，小人犯刑：朝廷不相信道义，工匠不信守尺度，做官的人违反仁义，百姓触犯刑律。工：工匠。君子：指做官的人。小人：指百姓。

（11）城郭不完：城墙不坚固。完：坚固，牢固。

（12）田野不辟：土地没有扩大。辟：开辟。

（13）天之方蹶，无然泄泄：这两句出自《诗·大雅·板》，上天正要颠覆他，就不要妄加议论了。蹶(jué)：颠覆，挫败。泄泄(yì)：妄加议论，多嘴多舌。

（14）沓沓：同"泄泄"，多嘴多舌的样子。

（15）责难于君谓之恭，陈善闭邪谓之敬，吾君不能谓之贼：勉励和要求君主做难为之事叫作"恭敬君主"，向君主宣讲仁政之道、摈斥邪说邪见叫作"敬重君主"，认为君主无法施行仁政叫作"贼害君主"。责难(nàn)：勉励和要求他人做难为之事。陈善：讲述好的东西，指讲说王道仁政。闭邪：阻塞邪说邪见。贼：贼害，残害。

【译文】

孟子说："即使拥有离娄那样超强的视力，公输班那样的技艺，不用圆规、曲尺也无法画出方、圆；即使拥有师旷那样的音乐天赋，不用六律

也不能校正五音;即使掌握尧、舜之道,不施行仁政也无法平治天下。现在有些诸侯,有仁爱之心和仁爱的名声,而百姓却得不到其恩泽,他们自己也不能被后世所效法,这是因为他们不实行先王之道。所以说:光有善心不足以治国理政,光有好的法度也不能自动实施。《诗》上说:'不犯错误不忘记,完全遵循旧规章。'遵循先王的法度还会犯错误的,还从来没有发生过。圣人既用尽自己的眼力,接着使用圆规、曲尺、水准和墨线,来画方、圆、平、直,用之不尽;既用尽自己的耳力,接着利用六律来校正五音,用之不竭;既用尽自己的心思,接着依靠施行不忍人的仁政,使得仁义遍及天下。所以说,建造高台必须凭借丘陵,建造深池必须凭借川泽。治国理政不凭借先王之道,能说是聪明睿智吗?因此,只有仁义的人才适合处在高位。不仁义的人处在高位,就是把自己的邪恶传播给社会大众。在上位的没有(治国理政的)准则,在下位的没有可遵守的法度,朝廷不相信道义,工匠不信守尺度,做官的人违反仁义,百姓触犯刑律,国家还能存在那是侥幸而已。所以说:城墙不坚固,兵器不多,不是国家的灾难;土地没有扩大,货物钱财没有积聚,也不是国家的危害。在上位的人没有礼义,在下位的人没有教育,作奸犯科的人多起来了,国家灭亡的日子就不远了。《诗》上说:'上天正要颠覆他,就不要妄加议论了。'妄加议论就是多嘴多舌的意思。侍奉君主没有忠义,进退没有礼义,开口说话就非议诋毁先王之道,就是多嘴多舌。所以说:勉励和要求君主做难为之事叫作'恭敬君主',向君主宣讲仁政之道、摈斥邪说邪见叫作'敬重君主',认为君主无法施行仁政叫作'贼害君主'。"

【拓展】

朱熹注解说:"范氏曰:'人臣以难事责于君,使其君为尧、舜之君者,尊君之大也。开陈善道以禁闭君之邪心,惟恐其君或陷于有过之地者,敬君之至也。谓其君不能行善道而不以告者,贼害其君之甚也。'邹氏曰:自《诗》云'天之方蹶'至此,所以责其臣。邹氏曰:'此章言为治者,当有仁心仁闻以行先王之政,而君臣又当各任其责。'"[①]

杨治国评论说:"治国务政,宜乎勤,尽心竭力为要。然仅此还不足,关

---

① 孟子[M].朱熹,集注.上海:上海古籍出版社,2013:89-90.

键还须制为法度。赵岐言:虽有巧智,犹须法度。以规矩,以六律,以不忍人之心,则斯仁斯义可以涵泽天下。为高下者必因之丘泽,是为乘势;治天下者顺民心且行仁政,是为应天。顺民应天,为政大要。"①

总之,治国理政需要遵循相应的法度。施行仁政之君主,必须拥有不忍人之心,必须掌握尧、舜之道,必须抓紧抓好仁、义、礼、智、信的教育,必须以百姓心为心,先天下之忧而忧,后天下之乐而乐。而作为忠义的臣属,要做真正的恭敬、敬重君主的人,不要做放任和贼害君主的人。

4.1.2 殷鉴不远,在夏后之世

【原文】

孟子曰:"规矩,方圆之至也;圣人,人伦之至也。欲为君,尽君道;欲为臣,尽臣道。二者皆法尧、舜而已矣。不以舜之所以事尧事君,不敬其君者也;不以尧之所以治民治民,贼其民者也。孔子曰:'道二:仁与不仁而已矣。'暴其民甚,则身弑国亡;不甚,则身危国削。名之曰'幽''厉',虽孝子慈孙,百世不能改也。《诗》云:'殷鉴不远,在夏后之世。'此之谓也。"

【引言】

这一章,孟子阐述和强调尧、舜是人君的楷模,他主张所有君主都应效法尧、舜,施行王道仁政,不要做不仁、不义、幽暗、暴戾的亡国之君。

【释解】

(1)暴其民甚,则身弑国亡;不甚,则身危国削:暴虐百姓太过分了,就会身死国亡;不过分,也会使自身处于危险之中,使国家力量遭到削弱。暴:暴虐,摧残。甚:过分。削:削弱。

(2)幽、厉:评价昏暗、暴虐君主的谥号,如周幽王、周厉王等。

(3)殷鉴不远,在夏后之世:这两句出自《诗·大雅·荡》,殷商可借鉴的教训离得并不远,就在夏朝君主的时代——夏朝。鉴:借鉴,指教训。后:君主。世:世代,时代。

---

① 杨治国.小人物评《孟子》[M].北京:中国工人出版社,2008:121.

【译文】

孟子说:"圆规和曲尺,是画方和圆的极致;圣人,是处理父子、君臣、夫妇、兄弟、朋友之间关系的极致。想要做君主,就必须履行君主的道义;想要做臣子,就必须履行臣子的道义。这两者都是效法尧、舜罢了。不用舜之所以侍奉尧帝的道理和方式来侍奉君主,就是不尊敬其君主;不用尧帝之所以治理百姓的道理和方法来治理百姓,就是贼害其百姓。孔子说:'道义有两种:仁义和不仁两种罢了。'暴虐百姓太过分了,就会身死国亡;不过分,也会使自身处于危险之中,使国家力量遭到削弱。如果君主死后被赐以'幽''厉'这样的谥号,即使有孝子慈孙,一百世之后这些谥号都不会被改变的。《诗》上说:'殷商可借鉴的教训离得并不远,就在夏朝君主的时代——夏朝。'说的就是这个意思。"

【拓展】

朱熹注解说:"法尧、舜,则尽君臣之道而仁矣;不法尧、舜,则慢君贼民而不仁矣。二端之外,更无他道。出乎此,则入乎彼矣,可不谨哉?"①

杨治国评论说:"方圆因规矩而成,人伦因圣人而明。人伦不明,天下失之礼,丧其义;礼义失,天下乱。夫子谓君君、臣臣,即君安其道,臣尽其职。古人有致君尧舜上之说,夫子有治民法尧舜之论。君、臣,治国之至要。"②

在古代儒者的眼中,尧舜成了做仁义之君的标杆。遵从尧舜之道,就是仁义之君;不遵从,就是不仁之君。再者,没有规矩,就不成方圆。因此,君有君道,臣有臣道。不走君道,是不仁不义之君,不走臣道则是不仁不义之臣。

4.1.3 三代之得天下也以仁,其失天下也以不仁

【原文】

孟子曰:"三代之得天下也以仁,其失天下也以不仁。国之所以废兴存

---

① 孟子[M].朱熹,集注.上海:上海古籍出版社,2013:91.
② 杨治国.小人物评《孟子》[M].北京:中国工人出版社,2008:122.

亡者亦然。天子不仁,不保四海;诸侯不仁,不保社稷;卿大夫不仁,不保宗庙;士庶人不仁,不保四体。今恶死亡而乐不仁,是犹恶醉而强酒。"

【引言】

这一章,孟子指出仁义和不仁义会带来截然不同的结果,夏、商、周三代的开国君主都是仁义之君,而亡国之君也都是不仁不义之君。

孟子认为,夏、商、周三代的开国君主之所以能够得到天下,是因为仁义;亡国之君失去天下,是因为末代君主失去了仁义。无论是天子、诸侯、卿大夫还是士庶人,不仁不义都将导致致命的后果,因此应当"克己复礼为仁"①。

【释解】

(1)三代:指夏朝、商朝和周朝。

(2)国之所以废兴存亡者亦然:诸侯国之所以衰微、兴盛、存在和灭亡也是因为这个原因。国:指诸侯国。废:衰败,衰微。然:这样。

(3)社稷:土神和谷神的总称,泛指国家以及政权。

(4)宗庙:古人供奉和祭祀祖先的场所。这里指卿大夫的宗庙以及封邑。

(5)四体:人的四肢。

(6)是犹恶醉而强酒:这就犹如厌恶喝醉却硬要多喝酒一样。恶:厌恶,讨厌。强:硬要,偏要,强求。

【译文】

孟子说:"夏、商、周三代得到天下也是因为开国君主仁义,其失去天下也是因为末代君主不仁义。诸侯国之所以衰微、兴盛、存在和灭亡也是因为这个原因。天子不仁义,就无法保住其拥有的天下;诸侯不仁义,就无法保住其拥有的国家;卿大夫不仁义,就无法保住其宗庙和封地;士人和普通百姓不仁义,就无法保全自己的四肢。现在人们厌恶死亡却乐于行不仁义之事,这就犹如厌恶喝醉却硬要多喝酒一样。"

---

① 安德义.论语解读[M].北京:中华书局,2007:346.

【拓展】

杨治国评论说:"得仁者得天下,失仁者失天下。古来兴废存亡,莫不在一个'仁'字上。君臣士庶,仁可保其所有,不仁则失其所有。君失其国,天下共逐之,实为君失其仁,天下共讨之。不仁者,必以不仁终,无求自保。赵岐言:人所以安,莫若为仁;恶而勿去,患必在身,自上达下,其道一也。余以为,自古迄今,其道不殊也。"①

善有善报,恶有恶报。积德虽无人见,行善自有天知。仁义的人每天想着的是多做善事,行善积德,福荫子孙;不仁义的人每天想着的是损人利己,满足私欲,不管未来是否会给自己带来灾祸。刘备临终时候叮嘱儿子刘禅说:"勿以善小而不为,勿以恶小而为之。"②他认为,行善总比作恶好。总之,"一日行善,福虽未至,祸自远矣;一日行恶,祸虽未至,福自远矣。行善之人,如春园之草,不见其长,日有所增;行恶之人,如磨刀之石,不见其损,日有所亏。损人益己,切宜戒之"③。

4.1.4 行有不得者,皆反求诸己,其身正而天下归之

【原文】

孟子曰:"爱人,不亲,反其仁;治人,不治,反其智;礼人,不答,反其敬。行有不得者,皆反求诸己。其身正而天下归之。《诗》云:'永言配命,自求多福。'"

【引言】

这一章,孟子在阐述和强调君主应加强自身道德修养,"行有不得者皆反求诸己"。遇到他人无礼对待和冷落时,首先要从自己身上找原因,要"反求诸己",只有这样才能不断校正自己,使自己归于仁。君主归于仁,归于正直,天下人心自然就会归向他。

---

① 杨治国.小人物评《孟子》[M].北京:中国工人出版社,2008:123.
② 罗贯中.三国演义[M].长沙:岳麓书社,1986:447.
③ 明心宝鉴[M].李朝全,译.北京:华艺出版社,2006:126.

【释解】

(1)爱人,不亲,反其仁:喜爱他人,他人却不亲近自己,就要反省自己的仁爱是否足够。

(2)智:(治理的)智慧,知识,方法。

(3)敬:诚敬,敬意。

(4)反求诸己:反求之于自己,从自己身上找原因。诸:之于。

(5)永言配命,自求多福:这两句出自《诗·大雅·文王》,自己永远要配合天命,努力追求更多的幸福。言:语气助词。配:配合,顺从。命:天命,天意。

【译文】

孟子说:"喜爱他人,他人却不亲近自己,就要反省自己的仁爱是否足够;治理百姓,百姓却得不到治理,就要反省自己的智慧和方法是否适当或足够;给他人行礼,他人却不答礼,就要反省自己的敬意是否足够。凡是做事不成功的,都要从自己身上找原因。只有自己身正了,天下人心才会归向自己。《诗》上说:'自己永远要配合天命,努力追求更多的幸福。'"

【拓展】

朱熹注解说:"不得,谓不得其所欲,如不亲、不治、不答是也。反求诸己,谓反其仁、反其智、反其敬也。如此,则其自治益详,而身无不正矣。天下归之,极言其效也。"[1]

杨治国评论说:"人有行诸不得,当反求诸己。必以自省者而后知不足,反思而后知有过。人必知己而后知人,进而知事。赵岐言:行有不得于人,一求诸身,责己之道也。改行饬躬,福则至也。赵公之谓,不过慎己省身之义,于人大有裨益。人必合应天意,祸福自求。"[2]

世界是一面镜子,他人也是一面镜子。从他人的反应中,从他人这面

---

[1] 孟子[M].朱熹,集注.上海:上海古籍出版社,2013:92.
[2] 杨治国.小人物评《孟子》[M].北京:中国工人出版社,2008:124.

镜子中,我们可以观照到自己的行为和心境。严于律己,宽以待人。我们更多时候无法改变他人和外在环境,但可以随时调整和改变自己。我们如果仁爱不够,则继续努力让自己更加仁爱;如果智慧和方法不够,那就继续努力学习,不断扩大自己的心胸和视野;如果礼仪修养不够,那就继续加强自身的礼仪修养。只有这样不断地完善自己,才能得到他人的认可和信赖。

4.1.5 天下之本在国,国之本在家,家之本在身

【原文】

孟子曰:"人有恒言,皆曰'天下国家'。天下之本在国,国之本在家,家之本在身。"

【引言】

这一章,孟子在阐述天下、诸侯国和家庭本是一体的道理。《大学》说:"古之欲明明德于天下者,先治其国;欲治其国者,先齐其家;欲齐其家者,先修其身;欲修其身者,先正其心;欲正其心者,先诚其意;欲诚其意者,先致其知;致知在格物。物格而后知至,知至而后意诚,意诚而后心正,心正而后身修,身修而后家齐,家齐而后国治,国治而后天下平。自天子以至于庶人,壹是皆以修身为本。"①这段话很好地诠释了"天下国家"的意义。

【释解】

(1)恒言:老话,口头禅,常说的话。
(2)天下国家:天下、诸侯国和家庭是一体的。
(3)本:根本,关键。

【译文】

孟子说:"人们有句老话,都说'天下国家'。天下的根本在于诸侯国,诸侯国的根本在于家庭,家庭的根本在于每个家庭成员自身。"

---

① 大学中庸集注[M].梁振杰,注说.郑州:河南大学出版社,2016:98-99.

【拓展】

　　杨治国评论说:"国以民为本,民以家为基,家以人为体。人若其身不正,则不仁,不仁则危,危及家;民皆危其家,岂不危国。赵岐曾注云:'治天下者,不得良诸侯,无以为本。治其国者,不得良卿大夫,无以为本。治其家者,不得良身,无以为本。'又云:'天下国家,各依其本;本正则立,本倾则踣。虽曰常言,必须敬慎也。'所言精要,尽当深思。"①

　　天下是由众多的国家组成的,国家是由诸多的家庭组成的,家庭是由所有的家庭成员组成的。如果说家庭是社会的细胞,那个人就是家庭的细胞。个人的素质决定着家庭整体的素质,同样,家庭的素质决定着国家的素质,国家的素质决定着天下的素质。因此,从小抓好个体的道德文明教育是重中之重。

4.1.6　为政不难,不得罪于巨室

【原文】

　　孟子曰:"为政不难,不得罪于巨室。巨室之所慕,一国慕之;一国之所慕,天下慕之。故沛然德教溢乎四海。"

【引言】

　　这一章,孟子强调治国理政要善于利用世家望族的力量。在古代,世家望族往往有着优良的教育和修养,并且家族势力比较庞大。一个诸侯国的政治权力又往往落到势力最大的卿大夫手里,所以要想把国家治理好,必须首先搞好与众多卿大夫之间的关系,要能够善于利用这些世家望族的力量,并要能够发扬光大世家大族重视德教的传统。

【释解】

　　(1)巨室:指德高望重、势力大的世家望族,有贤德的卿大夫家。
　　(2)故沛然德教溢乎四海:因此,盛大宽广的道德教育便洋溢于天下四方。沛然:盛大宽广的样子。溢:洋溢,飘溢,充溢。

---

① 杨治国.小人物评《孟子》[M].北京:中国工人出版社,2008:124.

【译文】

孟子说:"治国理政并不难,不要得罪那些德高望重、势力大的世家望族或卿大夫家。这些德高望重的世家望族或卿大夫家所爱慕的东西,全国的人都会爱慕;全国的人所爱慕的东西,全天下的人都会爱慕。因此,盛大宽广的道德教育便洋溢于天下四方。"

【拓展】

朱熹注解说:"盖巨室之心,难以力服,而国人素所取信;今既悦服,则国人皆服,而吾德教之所施,可以无远而不至矣。此亦承上章而言。盖君子不患人心之不服,而患吾身之不修。吾身既修,则人心之难服者先服,而无一人之不服矣。林氏曰:战国之世,诸侯失德,巨室擅权,为患甚矣。然或者不修其本而遽欲胜之,则未必能胜而适以取祸。故孟子推本而言,惟务修德以服其心。彼既悦服,则吾之德教无所留碍,可以及乎天下矣。裴度所谓'韩弘舆疾讨贼,承宗敛手削地,非朝廷之力能制其死命,特以处置得宜,能服其心故尔',正此类也。"①

杨治国评论说:"为政之难,正在于得罪巨室。为政之谨,亦在于不得罪巨室。驯服之不易,开罪其则有危。天下养巨室必有为政之患。"②

在春秋战国时期,世家大族的力量不可小觑。孔子在鲁国任大夫期间,因为要削弱"三桓"的力量而得罪了季孙氏,最终不得不辞职和周游列国。孟子对世家大族的力量有着十分清醒的认识,因此才提出治国理政必须善于利用世家大族的力量,千万不要得罪他们,并希望积极依靠有贤德的豪门巨室发扬德教的传统,大力推行德教,使国人或天下人都能知晓起码的人伦道德教育。一旦德教普及,则君子之德风,必然飘溢于天下。

---

① 孟子[M].朱熹,集注.上海:上海古籍出版社,2013:92-93.
② 杨治国.小人物评《孟子》[M].北京:中国工人出版社,2008:124-125.

4.1.7 顺天者存,逆天者亡

【原文】

孟子曰:"天下有道,小德役大德,小贤役大贤;天下无道,小役大,弱役强。斯二者,天也。顺天者存,逆天者亡。齐景公曰:'既不能令,又不受命,是绝物也。'涕出而女于吴。今也小国师大国而耻受命焉,是犹弟子而耻受命于先师也。如耻之,莫若师文王。师文王,大国五年,小国七年,必为政于天下矣。《诗》云:'商之孙子,其丽不亿。上帝既命,侯于周服。侯服于周,天命靡常。殷士肤敏,祼将于京。'孔子曰:'仁不可为众也。夫国君好仁,天下无敌。'今也欲无敌于天下而不以仁,是犹执热而不以濯也。《诗》云:'谁能执热,逝不以濯?'"

【引言】

这一章,孟子在阐述和强调君主为仁对于使一个国家强大的重要性。在天下有道的时候,贤德小的人都会仰慕和仿效贤德大的人;在天下无道的时候,人们不再看重贤德,而只是比拼力量的强弱。所有这一切都是天命所决定的,顺天应命的人能存活下来,那些逆天而行的人就会死亡。但仁者无敌,只有仁者才能改变命运。周文王就是从弱小变强大的典范,因此君主好仁,天下无敌。

【释解】

(1)小德役大德,小贤役大贤:德行低下的人听命于德行高尚的人,贤能小的人听命于贤能大的人。役:"役"后省略了"于",役于,听命于。

(2)小役大,弱役强:力量小的人听命于力量大的人,势力弱的人听命于势力强的人。

(3)绝物:断绝人事交往,走向绝路。

(4)涕出而女于吴:(齐景公)流着眼泪把女儿嫁给吴王阖闾。齐景公畏惧吴王阖闾攻打齐国,无奈把女儿嫁给吴王阖闾。涕:眼泪。女:嫁女。

(5)如耻之,莫若师文王:如果以之为耻,还不如师法周文王。耻:以……为耻。师:师法,学习效法,以……为师。

(6)商之孙子,其丽不亿。上帝既命,侯于周服。侯服于周,天命靡常。殷士肤敏,祼将于京:这八句出自《诗·大雅·文王》,意思是:商朝的后裔,其数量不下十万。上帝既然下了命令,他们不得不向周国臣服。他们向周国臣服,可见天命并非固定不变。殷代的臣子虽然长得壮美,行为敏捷,也必须到周国国都镐京来助祭。孙子:子孙后代,后裔。丽:数量,数字。亿:十万,古人以十万为亿。侯:发语词,不译。靡常:变化无常。殷士:指归降周国的殷商臣子、贵族。肤:壮美。敏:敏捷。祼(guàn):同"灌",古代一种献酒祭祀的仪式,灌祭祀时以酒浇地以求被祀者降临。将:助祭,辅助君主祭祀。京:周国国都镐京,今陕西省西安市。

(7)仁不可为众也:仁德的力量不等于人多,仁德的力量不可以按人数多少来计算。为(wéi):是,等于。众:人多。

(8)是犹执热而不以濯也:这就犹如手里拿着烫手的东西而不用水冲凉一样。执热:拿着烫热的东西。濯(zhuó):清洗,冲洗,洗涤。

(9)谁能执热,逝不以濯:这两句出自《诗·大雅·桑柔》,意思是:谁能够做到手里拿着烫热的东西而不用水冲凉呢。逝:发语词,不译。

【译文】

孟子说:"天下有道的时候,德行低下的人听命于德行高尚的人,贤能小的人听命于贤能大的人;天下无道的时候,力量小的人听命于力量大的人,势力弱的人听命于势力强的人。这两种情况都是天意。顺从天意而行的就能存活下来,逆着天意而行的人就会灭亡。齐景公说:'既不能够命令他人,又不能接受他人的命令,这是走向绝路啊!'于是,齐景公流着眼泪把女儿嫁给吴王阖闾。现在小国师从大国却以接受大国的命令为耻,这就犹如学生以接受老师的命令为耻。如果以之为耻,还不如师法周文王。如果师法周文王,大国只需五年,小国只需七年,就一定能够施政于全天下了。《诗》上说:'商朝的后裔,其数量不下十万。上帝既然下了命令,他们不得不向周国臣服。他们向周国臣服,可见天命并非固定不变。殷代的臣子虽然长得壮美,行为敏捷,也必须到周国国都镐京来助祭。'孔子说:'仁德的力量不等于人多,只要国君喜好仁义,那就天下无敌了。'现在有些国君想要无敌于天下却不依靠仁义,这就犹如手里拿着烫手的东西而不用水冲凉一样。《诗》上说:'谁能够做到手里拿着烫热的东西而不用水冲凉呢?'"

【拓展】

朱熹注解说:"有道之世,人皆修德,而位必称其德之大小。天下无道,人不修德,则但以力相役而已。"又说:"此章言不能自强,则听天所命;修德行仁,则天命在我。"①

杨治国评论说:"仁惟难行,在于治政者不修其德,心于贼而言于仁,以仁诓天下,以巧弄天下。故为君者不行仁政,为民者不信于天下。"②

俗话说:"一时强弱在于力,千古胜负在于理。"这个理就是天理、仁理和仁德。为什么说仁者无敌?这是因为仁德就像阳光一样,万物生长靠太阳,而人类社会的和谐和温暖就靠仁德的光辉照耀。天命无常,唯有德者据之。因此,孟子极力劝说大小诸侯潜心修德,但行好事,莫问前程。

4.1.8 夫人必自侮,然后人侮之;家必自毁,而后人毁之

【原文】

孟子曰:"不仁者可与言哉?安其危而利其菑,乐其所以亡者。不仁而可与言,则何亡国败家之有?有孺子歌曰:'沧浪之水清兮,可以濯我缨;沧浪之水浊兮,可以濯我足。'孔子曰:'小子听之!清斯濯缨,浊斯濯足矣,自取之也。'夫人必自侮,然后人侮之;家必自毁,而后人毁之;国必自伐,而后人伐之。《太甲》曰:'天作孽,犹可违;自作孽,不可活。'此之谓也。"

【引言】

这一章,孟子指出为仁由己,作恶也由己。孟子提醒不行仁义的人,多行不义必自毙,"自作孽,不可活"。

【释解】

(1)安其危而利其菑,乐其所以亡者:他们处于危险之中却觉得还安全,他们处于灾难中却还觉得有利可图,他们即将败亡却还乐在其中。

---

① 孟子[M].朱熹,集注.上海:上海古籍出版社,2013:93-94.
② 杨治国.小人物评《孟子》[M].北京:中国工人出版社,2008:126.

安：以……为安全。利：以……为有利。菑(zāi)：古同"灾"，灾难。乐：以……为乐。

(2)孺子歌：小孩子传唱的先秦民歌，见于《楚辞·渔父》，作者不详。

(3)沧浪之水清兮，可以濯我缨：沧浪的水清澈啊，可以用来洗涤我的帽缨。沧浪：水名，汉水的支流，在今湖北境内。缨：帽缨，指系帽子的带子或帽子上的穗状装饰物。

(4)自取之也：(这是水的状况)自己招致的结果。取：招致。

(5)《太甲》：《书》中的一篇。太甲：成汤的嫡长孙，太丁之子，叔仲壬病死后继位，商朝第四位君主。

(6)天作孽，犹可违；自作孽，不可活：上天造作的恶事，还可以避开；自己造作的罪孽，必当自食其果，难以存活。孽：恶事，罪恶，罪孽。违：避开，躲开。

【译文】

孟子说："可以和不仁义的人交谈吗？他们处于危险之中却觉得还安全，他们处于灾难中却还觉得有利可图，他们即将败亡却还乐在其中。如果可以和不仁义的人交谈，哪还有什么亡国败家的事情发生呢？有小孩子传唱的民歌说：'沧浪的水清澈啊，可以用来洗涤我的帽缨；沧浪的水浑浊啊，可以用来洗涤我的双脚。'孔子说：'学生们听着！河水清澈就洗涤帽缨，浑浊就洗涤双脚，这是水的状况自己招致的结果。'人必自己先欺侮自己，然后他人才会欺侮他；家必定自己先毁坏自己，而后他人才会毁坏它；国家必定自己先攻伐自己，而后他人才会攻伐它。《太甲》上说：'上天造作的恶事，还可以避开；自己造作的罪孽，必当自食其果，难以存活。'说的就是这个意思。"

【拓展】

朱熹注解说："此章言心存则有以审夫得失之几，不存则无以辨于存亡之著。祸福之来，皆其自取。"①

杨治国评论说："夫子此论极为警人。人必自侮，然后人侮之；家必自

---

① 孟子[M].朱熹,集注.上海：上海古籍出版社,2013:95.

毁,然后人毁之;国必自伐,而后人伐之。此诚取祸由人,自取之道。所谓'天作孽,犹可违;自作孽,不可活',确为千古警训,人当谨记。赵岐曰:人之安危,皆由于己,先自毁伐,人乃攻讨,甚于天孽,敬慎而已,如临深渊,战战恐栗也。"①

事出有因,因果相依。祸兮福所倚,福兮祸所伏。每个人的祸福、吉凶、得失,其实是由自己造作或积累出来的。做正当人,干正当事,遵纪守法,情理不亏,就不会招惹灾祸;反之,做坏人,干坏事,违法乱纪,侵吞公共财产,以权谋私,贪污受贿,必然触碰法律准绳,司法机关也断然不会坐视不理。在古代,杀人或谋反,都是杀头之罪,人若犯了这等罪必然遭受极刑,难以存活。

4.1.9 桀纣之失天下者,失其民也

【原文】

孟子曰:"桀、纣之失天下者,失其民也;失其民者,失其心也。得天下有道:得其民,斯得天下矣;得其民有道:得其心,斯得民矣;得其心有道:所欲与之聚之,所恶勿施尔也。民之归仁也,犹水之就下、兽之走圹也。故为渊驱鱼者,獭也;为丛驱爵者,鹯也;为汤、武驱民者,桀与纣也。今天下之君有好仁者,则诸侯皆为之驱矣。虽欲无王,不可得已。今之欲王者,犹七年之病求三年之艾也。苟为不畜,终身不得。苟不志于仁,终身忧辱,以陷于死亡。《诗》云:'其何能淑,载胥及溺。'此之谓也。"

【引言】

这一章,孟子在阐述和强调民心是最大的政治,只有施行仁政才能获得民心。

得民心者得天下,失民心者失天下。夏桀、商纣失去天下,是因为失去了民心;尧、舜、禹、汤、文、武、周公得到了天下,是因为得到了民心。如何才能得到民心呢?那当然是施行仁政,敬德保民,以仁取天下。

---

① 杨治国.小人物评《孟子》[M].北京:中国工人出版社,2008:127.

【释解】

（1）得天下有道：得到天下是有方法的。道：原则，方法。

（2）所欲与之聚之，所恶勿施尔也：他们想要的就为他们积聚起来，他们厌恶的就不要施加给他们而已。与：为，给。施：施加，强加。尔也：而已，罢了。

（3）犹水之就下、兽之走圹也：犹如水往低处流、野兽奔向旷野一样。就：趋，往。圹：原野，旷野。

（4）故为渊驱鱼者，獭也；为丛驱爵者，鹯也：所以为深渊驱赶鱼群的是水獭；为树丛驱赶雀鸟的是猛禽鹯。獭：水獭。丛：树丛，林丛。爵：通"雀"，雀鸟。鹯(zhān)：鹯类猛禽，似鹞鹰。

（5）虽欲无王，不可得已：即使不想称王天下，也是不可能的。无：不。王：称王天下。

（6）今之欲王者，犹七年之病求三年之艾也：现在想要称王天下的人，犹如患了七年之久的疾病需要求到晾干三年之久的艾草才能得到治愈。艾：艾草，又称艾蒿，多年生草本植物，可入药，内服可做止血剂，存放时间越久，疗效越好。

（7）苟为不畜，终身不得：(这样的艾草)如果平时不积蓄的话，一辈子也得不到。畜：积蓄，积存。

（8）其何能淑，载胥及溺：这两句出自《诗·大雅·桑柔》，那怎么能有好结果呢？只有相继溺水淹死而已。淑：善，好，指有好结果。载：语气助词，不译。胥：相继，一个接一个。及溺：溺水淹死。

【译文】

孟子说："夏桀、商纣之所以失去天下，是因为失去了百姓的支持；失去了百姓的支持，是因为失去了民心。得到天下是有方法的：得到百姓的支持，就能够得到天下；得到百姓的支持是有方法的：得到民心就能得到百姓的支持；得到民心是有方法的：他们想要的就为他们积聚起来，他们厌恶的就不要施加给他们而已。百姓归向仁义，犹如水往低处流、野兽奔向旷野一样。所以为深渊驱赶鱼群的是水獭；为树丛驱赶雀鸟的是猛禽鹯；为商汤、周武王驱赶百姓的是夏桀和商纣王。如果现在天下有喜好仁义的君主，那诸侯们都会把百姓驱赶到他这里来。即使他不想称王天下,也是不可能的。现在想要称王天下的人,犹如患了七年之久的疾病需要求到晾干三年之久的艾草才能得到治愈。(这样的艾草)如果平时不积蓄的话,一辈子也得不到。如果不志在追求仁义仁政,那就会一辈子陷于忧愁屈辱,以至于死亡。《诗》上说:'那怎么能有好结果呢?只有相继溺水淹死而已。'说的正是这个意思。"

【拓展】

朱熹注解说:"民之所欲,皆为致之,如聚敛然。民之所恶,则勿施于民。晁错所谓'人情莫不欲寿,三王生之而不伤;人情莫不欲富,三王厚之而不困;人情莫不欲安,三王扶之而不危;人情莫不欲逸,三王节其力而不尽',此类之谓也。"①

杨治国评论说:"夫子此乃至论,天下为君为政者当谨铭记之。得民心者得天下,失民心者失天下。民心乃为天。欲得民心,必顺民心。急民之所急,利民之所利,恶民之所恶,天下方得归心。纵观万世,朝代更迭,兴衰更替,不论君何其霸,国何其强,无一不是江山生于民心,亦亡于民心。水性趋下,民乐归仁。赵岐所言,秉于自然。"②

古往今来,百姓为什么喜爱包公、狄仁杰、海瑞、焦裕禄等清官、好官?这是因为他们获得了民心。当官不为民做主,不如回家卖红薯。做一个好官、清官,就是要全心全意为人民服务,急人民之所急,想百姓之所想。百姓需要长寿、富裕、安逸,就往这些方面努力;百姓厌恶的事情,就不做,己所不欲,勿施于人。这样就很容易获得民心。民心就是天,得民心者就必得天下。这不就是"周公吐哺,天下归心"的道理吗?

4.1.10 仁,人之安宅也;义,人之正路也

【原文】

孟子曰:"自暴者,不可与有言也;自弃者,不可与有为也。言非礼义,谓之自暴也;吾身不能居仁由义,谓之自弃也。仁,人之安宅也;义,人之正路

---

① 孟子[M].朱熹,集注.上海:上海古籍出版社,2013:95.
② 杨治国.小人物评《孟子》[M].北京:中国工人出版社,2008:127-128.

也。旷安宅而弗居,舍正路而不由,哀哉!"

【引言】

这一章,孟子强调和指出人们要走仁义之路,要住仁义之宅。凡是违背仁义的做法都是自暴自弃。自暴自弃,只有死路一条,不可不慎,不可不警醒。

【释解】

(1)自暴:自己糟蹋自己。暴:糟蹋,损害。
(2)有言:(正常的)交谈,言语交流。
(3)自弃:自己放弃自己。弃:放弃,舍弃。
(4)有为:干一番事业,做一些有价值、有意义的事情。
(5)言非礼义:一说话就诋毁礼义。非:非议,诋毁。
(6)居仁由义:心存仁爱,做事遵循公义。居:安居于,处于。由:遵循,遵行。
(7)旷安宅而弗居:空着安适的住宅而不住。旷:空着,空置。弗:不。

【译文】

孟子说:"自己糟蹋自己的人,不可以与他们有正常的言语交流;自己放弃自己的人,不可以与他们干一番事业。一说话就诋毁礼义,叫作自己糟蹋自己;自身不能心存仁爱,做事不能遵循公义,叫作自己放弃自己。仁爱是人们安适的住宅;公义是人们正确的道路。空着安适的住宅而不住,舍弃正确的道路而不走,真是可悲啊!"

【拓展】

朱熹注解说:"自害其身者,不知礼义之为美而非毁之,虽与之言,必不见信也。自弃其身者,犹知仁义之为美,但溺于怠惰,自谓必不能行,与之有为必不能勉也。程子曰:'人苟以善自治,则无不可移者,虽昏愚之至,皆可渐磨而进也。惟自暴者拒之以不信,自弃者绝之以不为,虽圣人与居,不能化而入也。此所谓下愚之不移也。'"又说:"此章言道本固有而人自绝之,是可哀已。此圣贤之深戒,学者所当猛醒也。"①

孔子说:"唯上智与下愚不移。"②对于自暴自弃、唯利是图的人来说,要改变这样的品行很难。所以这些人的生活和结局往往是很可悲的。天堂有路你不走,地狱无门你偏行,说的就是这种人。谋事在人,成事在天。如果自己都不愿意亲近仁义,走正确的道路,那谁又能改变他呢?

4.1.11 人人亲其亲、长其长而天下平

【原文】

孟子曰:"道在迩而求诸远,事在易而求诸难。人人亲其亲、长其长而天下平。"

【引言】

这一章,孟子强调人们只有从修身齐家开始,才能渐次达到治国和平天下的宏大目的。孟子的思想是典型的儒家思想。其为政的基本路径是修身、齐家、治国、平天下。修身而后齐家,齐家而后治国,治国而后平治天下。因此,《大学》中说:"自天子以至于庶人,壹是皆以修身为本。"③

【释解】

(1)道在迩而求诸远:道在近处却在远处寻找。道:指治国理政之道。迩:近,近处。

(2)亲其亲、长其长:亲爱自己的父母,尊敬自己的长辈。亲:第一个"亲"为动词,亲爱、亲近的意思;第二个"亲",指父母。长:第一个"长"为动词,尊敬、敬重的意思;第二个"长"是长辈的意思。

【译文】

孟子说:"治国理政之道在近处却在远处寻找,为政之事本来很容易,却

---

① 孟子[M].朱熹,集注.上海:上海古籍出版社,2013:96.
② 安德义.论语解读[M].北京:中华书局,2007:565.
③ 大学中庸集注[M].梁振杰,注说.郑州:河南大学出版社,2016:99.

把简单的事情搞得那么复杂。只要人人亲爱自己的父母,尊敬自己的长辈,(修身、齐家、治国)而后天下就会太平无事。"

【拓展】

朱熹注解说:"亲、长,在人为甚迩;亲之、长之,在人为甚易,而道初不外是也。舍此而它求,则远且难而反失之。但人人各亲其亲、各长其长,则天下自平矣。"①

杨治国评论说:"亲其亲,长其长,友其友,虽极易为之,却未能人皆为之。仁义,说来极易,行来极难,虽在为与不为之间,却犹天地悬隔,泾渭分明。故人不能孝其亲,何能仁义天下?"②

孟子说修身、齐家是最容易的事,实际上也不尽然。仁义听起来很美、很温暖、很好,但仁义的实质是自觉克制和约束自我的利益而时时处处以天下、国家、集体、社会和他人的利益为先为重。仁义是一种个人利益和天下利益、国家利益等其他利益的权衡和平衡。正因为仁义是一种利益的取舍,所以要做到仁义很难。自古迄今,有多少起初廉洁正直的官员最终因腐败而锒铛入狱了?有多少起初立志为国为民的人却舍弃了初衷,背叛了国家和人民?在巨大的权势、利益、美色等诱惑面前,修身齐家这个看起来最容易的事,事实上却成为世上最难做的事之一。曾子一天多次反省自己,并能坚持不懈,这种修养有多少人能做到呢?所以,"舍近求远"中的"近",很可能是"遥不可及"的事。

4.1.12 是故诚者,天之道也;思诚者,人之道也

【原文】

孟子曰:"居下位而不获于上,民不可得而治也。获于上有道:不信于友,弗获于上矣。信于友有道:事亲弗悦,弗信于友矣。悦亲有道:反身不诚,不悦于亲矣。诚身有道:不明乎善,不诚其身矣。是故诚者,天之道也;思诚者,人之道也。至诚而不动者,未之有也;不诚,未有能动者也。"

---

① 孟子[M].朱熹,集注.上海:上海古籍出版社,2013:97.
② 杨治国.小人物评《孟子》[M].北京:中国工人出版社,2008:129.

【引言】

这一章,孟子在阐述和强调真诚和明善在孝敬父母、交友、获得领导信任等方面的重要性。诚信诚意是符合天道的,学会诚信诚意是做人的准则。至诚可以感天动地,因此,至诚是生活幸福和事业成功的必要条件。此外,"这一章除了最后两句外,几乎与《中庸》第二十章里面的一段文字完全相同。这说明《中庸》与'思孟学派'之间的密切关系"①。

【释解】

(1)居下位而不获于上:处于下级的位置而不被上级所信任。获:获信任。

(2)不信于友:不能被朋友信任。信:取信。

(3)事亲弗悦:侍奉父母,父母却不高兴。

(4)反身不诚:反省自身却发现自己没有足够的诚意。反身:反省自身。

(5)诚身有道:想要让自己做到真诚是有方法的。诚身:使自己真诚。

(6)不明乎善:不明白什么是善。明乎:对……明白。

(7)思诚者,人之道也:反思自身的行为是否达到与天道合一的至诚境界,是做人应该遵循的原则和道理。

(8)至诚而不动者:做到至诚还不能打动他人的事情。动:打动,感动。

【译文】

孟子说:"如果处于下级的位置而不被上级信任,百姓就不可能治理好。获得上级信任是有方法的:如果不能被朋友信任,就不能被上级信任。被朋友信任是有方法的:如果侍奉父母,父母却不高兴,就不会被朋友信任。使父母悦纳是有方法的:如果反省自身却发现自己没有足够的诚意,就不会被父母悦纳。想要让自己做到真诚是有方法的:如果不明白什么是善,就不会让自己做到真诚。因此,真诚是天道(即自然运行的法则),反思自身的行为是否达到与天道合一的至诚境界,是人道(即做人应该遵循的原则和道理)。做到至诚还不能打动他人的事情,是从未

---

① 东篱子.孟子全鉴[M].北京:中国纺织出版社,2010:142.

发生过的;不真诚,从未能打动他人。"

【拓展】

朱熹注解说:"此章述《中庸》孔子之言,见思诚为修身之本,而明善又为思诚之本。乃子思所闻于曾子,而孟子所受乎子思者,亦与《大学》相表里,学者宜潜心焉。"①

杨治国评论说:"臣不信于君,无以尽忠;下不信于上,无以恭敬。孝于其亲,友于其友,可以信其上。亲亲、友友,忠敬之道,尽在心性之至诚。诚乃天之道,持诚人之道:诚,信之根本,仁之大要,义之极重,忠之依托;无诚,忠信仁义皆陷于无,礼必发乎虚,智必成奸巧,则无以论善。"②

总之,精诚所至,金石为开。真诚是信任的基石,是无形的资产,是成功的伙伴;真诚是与道合契的基础,是诚意满满的表现,是使父母悦纳、朋友信赖、上级信任的前提。

4.1.13 诸侯有行文王之政者,七年之内,必为政于天下矣

【原文】

孟子曰:"伯夷辟纣,居北海之滨,闻文王作兴,曰:'盍归乎来!吾闻西伯善养老者。'太公辟纣,居东海之滨,闻文王作兴,曰:'盍归乎来!吾闻西伯善养老者。'二老者,天下之大老也,而归之,是天下之父归之也。天下之父归之,其子焉往?诸侯有行文王之政者,七年之内,必为政于天下矣。"

【引言】

这一章,孟子在阐述周文王实行王道仁政得到天下民心,最终得到天下的道理。周文王施行仁政,天下各处的贤人如伯夷、姜太公等以及众多百姓都归向周国。最终,在周武王的领导下,团结各诸侯,讨伐倒行逆施的商纣王,成功建立周朝,称王天下。

---

① 孟子[M].朱熹,集注.上海:上海古籍出版社,2013:97.
② 杨治国.小人物评《孟子》[M].北京:中国工人出版社,2008:129-130.

【释解】

(1)伯夷辟纣,居北海之滨,闻文王作兴:伯夷为躲避商纣王,就逃到北海之滨居住,听说周文王兴起了。辟:同"避",躲避,逃避。北海之滨:在今河北省昌黎县西北一带,濒临渤海。作兴:兴起。

(2)盍归乎来:何不归向西伯(即周文王)呢。盍:何不。来:句末助词,不译。

(3)西伯:即周文王。

(4)太公辟纣,居东海之滨:姜太公为了躲避商纣王,就逃到东海之滨居住。太公:即姜太公,姜姓,吕氏,名尚,字子牙,后人多称其为姜子牙、姜太公,西周著名政治家、军事家和谋略家。东海之滨:在今山东省莒县东部。

(5)大老:德高望重的老者,年高德劭的人。

(6)其子焉往:他们的儿女还能往哪里去呢。焉:哪里。

【译文】

孟子说:"伯夷为躲避商纣王,就逃到北海之滨居住,听说周文王兴起了,便说:'何不归向西伯呢!我听说西伯善于奉养老人。'姜太公为了躲避商纣王,就逃到东海之滨居住,听说周文王兴起了,便说:'何不归向西伯呢!我听说西伯善于奉养老人。'二位老者,都是天下年高德劭的人,他们归向西伯,就是天下的父亲归向西伯。天下的父亲都归向西伯了,他们的儿女还能往哪里去呢?诸侯中如果有能够施行周文王的仁政的,七年之内,一定能够为政于天下了。"

【拓展】

杨治国评论说:"爱老乃可敬老,敬老方可忠老,忠老乃为善待老者之先。能善待老者,乃为孝。君能孝,乃有天下之孝。人皆孝其亲,天下有仁。有仁,天下安,老者归已,天下归心。故老吾老,以及人之老,天下皆孝。赵岐言:养老尊贤,国之上务。忠与孝,以孝为先。内不能孝其亲长,外必生奸诈之忠。"①

---

① 杨治国.小人物评《孟子》[M].北京:中国工人出版社,2008:130.

忠孝乃治天下之本,孝则是道德之根本。自汉武帝抑黜百家、独尊儒术以来,儒家的忠、孝、仁、义思想就成为国家治理和教化的指导思想。《孝经·开宗明义》上说:"夫孝,天之经也,地之义也,民之行也。"①"人之行,莫大于孝。"②有子说:"其为人也孝悌,而好犯上者,鲜矣;不好犯上,而好作乱者,未之有也。君子务本,本立而道生。孝悌也者,其为仁之本与。"③孝是诸德之本,君主以孝治国、平天下,百姓以孝修身、齐家。古人云:"求忠臣必于孝子之门。"可见,能孝顺父母的,有很大可能成为国家的忠臣良将;而连孝顺父母都做不到的人,又岂能对国家忠诚呢?!

4.1.14 争地以战,杀人盈野;争城以战,杀人盈城

【原文】

孟子曰:"求也为季氏宰,无能改于其德,而赋粟倍他日。孔子曰:'求非我徒也,小子鸣鼓而攻之可也。'由此观之,君不行仁政而富之,皆弃于孔子者也。况于为之强战?争地以战,杀人盈野;争城以战,杀人盈城。此所谓率土地而食人肉,罪不容于死。故善战者服上刑,连诸侯者次之,辟草莱、任土地者次之。"

【引言】

这一章,孟子鲜明地表明自己支持王道仁政、反对霸道功利的态度。孟子认为,为了执政者的利益,而提高税收搜刮百姓财富的行为是可耻的;为了扩张土地而不惜发动侵吞他国的战争,这就是残害百姓,罪不容诛。由此可见孟子对王道仁政的推崇程度。

【释解】

(1)求也为季氏宰:冉求做季孙氏的家宰。求:冉求,冉氏,名求,字有,通称冉有,春秋末鲁国人,孔子的学生。季氏:即季孙氏,鲁桓公少子季友的后裔,"三桓"之首,掌握着鲁国实权。与叔孙氏、孟孙氏一起被称为"三

---

① 曾参.孝经[M].李新路,编.郑州:河南人民出版社,2008:14.
② 曾参.孝经[M].李新路,编.郑州:河南人民出版社,2008:20.
③ 安德义.论语解读[M].北京:中华书局,2007:4.

桓",他们都是鲁桓公的后代。宰:家宰,家臣,管家。

(2)赋粟倍他日:征收田赋比过去翻了一倍。赋粟:向百姓征收粟作为田赋。倍:比……翻倍。

(3)小子鸣鼓而攻之可也:你们可以大张旗鼓地声讨他。鸣鼓:击鼓。攻:声讨,攻击。

(4)况于为之强战:更何况为了掠夺财富而强行发动战争。况于:况且,何况。强战:强行发动战争以达到其目的。

(5)盈:充满。

(6)服上刑:受最重的刑罚。服:承受,承当。

(7)连诸侯者:联络诸侯的人,指在诸侯之间推行合纵连横主张的人。连:联络,联系。这一句是指张仪、苏秦等推行连横合纵主张的人士。

(8)辟草莱、任土地者:(主张)开辟荒地、广泛耕种土地的人。草莱:杂草,指荒地。任:劳役,使用,指广泛耕种。这一句是指提出耕战思想和策略的法家人物,如李悝、商鞅等。

【译文】

孟子说:"冉求做季孙氏的家宰,未能改变季孙氏的德行,却帮助季孙氏征收了比过去翻了一倍的田赋。对此,孔子愤怒地说:'冉求不是我的学生,你们可以大张旗鼓地声讨他。'由此可见,君主不施行仁政而依靠增加税赋使自己富裕起来,都是孔子所唾弃的。更何况为了掠夺财富而强行发动战争呢?为了争夺土地而战争,杀死的人充满整个田野;为了争夺城池而战争,杀死的人充满城池。这就是率领土地来吃人肉,其罪恶极大,就是将其处死也无法与其所犯的罪恶相抵消。所以,善于作战的人(指孙膑、吴起等兵家人物)应当承受最重的刑罚,联络诸侯的人(指张仪、苏秦等推行合纵连横主张的人物)应当承受比最重的刑罚次一等的刑罚,而主张开辟荒地、广泛耕种土地的人(指李悝、商鞅等提出耕战思想和策略的法家人物)应当承受再次一等的刑罚。"

【拓展】

朱熹注解说:"林氏曰:'富其君者,夺民之财耳,而夫子犹恶之。况为土地之故而杀人,使其肝脑涂地,则是率土地而食人之肉。其罪之大,虽至于

死,犹不足以容之也。'"又说:"善战,如孙膑、吴起之徒。连结诸侯,如苏秦、张仪之类。辟,开垦也。任土地,谓分土授民,使任耕稼之责,如李悝尽地力、商鞅开阡陌之类也。"①

杨治国评论说:"闻夫子言,可知孔子对百姓之同情心至诚至甚。其二夫子皆痛重赋沉徭,战乱不断,舍身而痛斥攻城掠地之人。即令学者亦不稍容。二夫子皆反对战争,反对争夺土地城池,反对涂炭生灵,祸害百姓;大斥不仁而富,不仁而战,率土地以食人肉之行径,无私无畏,奔走呼号。惊天地,泣鬼神。"②

作为儒者,孟子推崇儒家的仁政思想,反对兵家、纵横家、法家、农家、墨家、杨朱学派等其他学派的思想。他反对增加税赋,反对战争,主张施行王道仁政。他认为,"民为贵,社稷次之,君为轻"③。他的民贵君轻思想在历史上震耳欲聋,使封建君主提心吊胆,难怪朱元璋看到孟子的"君之视臣如手足,则臣视君如腹心;君之视臣如犬马,则臣视君如国人;君之视臣如土芥,则臣视君如寇仇"④等民贵君轻意思的话语,颇感不悦,下令将《孟子》中这些传递"危险"思想的言语统统删掉,于是,《孟子节文》这个删减本便诞生了。

4.1.15 听其言也,观其眸子,人焉廋哉

【原文】

孟子曰:"存乎人者,莫良于眸子。眸子不能掩其恶。胸中正,则眸子瞭焉;胸中不正,则眸子眊焉。听其言也,观其眸子,人焉廋哉?"

【引言】

这一章,孟子提出"听其言也,观其眸子"的观人方法。孔子认为,观察一个人心志如何,需听其言,观其行。而孟子在这里提出"听其言也,观其眸子"。听他人的言语,观察他人的眼睛或眼睛的瞳仁,就能够看出一个人是否真诚。这的确是比较好的观人方法。

---

① 孟子[M].朱熹,集注.上海:上海古籍出版社,2013:99.
② 杨治国.小人物评《孟子》[M].北京:中国工人出版社,2008:131.
③ 杨伯峻.孟子译注:简体字本[M].北京:中华书局,2008:258.
④ 杨伯峻.孟子译注:简体字本[M].北京:中华书局,2008:142.

【释解】

(1)存乎人者,莫良于眸子:对一个人进行观察,没有比观察他的眼睛更好的方法了。存:观,观察。乎:于,对。眸子:瞳仁,指眼睛。

(2)瞭:明亮,明净,清晰。

(3)眊(mào):(眼睛)浑浊,昏聩,蒙眬不清。

(4)人焉廋哉:这个人(心中的善恶)能隐藏到哪里去呢。廋(sōu):隐藏,藏匿。

【译文】

孟子说:"对一个人进行观察,没有比观察他的眼睛更好的方法了。眼睛不能掩饰人的邪恶。胸怀坦荡正直,眼睛就会明净;胸怀邪恶不正,眼睛就会浑浊不明。听一个人说话,同时观察他的眼睛,这个人心中的善恶能隐藏到哪里去呢?"

【拓展】

朱熹注解说:"盖人与物接之时,其神在目,故胸中正则神精而明,不正则神散而昏。"①

杨治国评论说:"夫子言之有理。目为心灵之窗,心明则眼亮,心正则眼正。观人实莫过其眼睛,又谓人眼可以讲话,实为心眼相通,心眼一致。"②

眼睛是心灵的窗户。心胸坦荡,则眼睛纯净,目光自然坚定;心怀恶意或不信任,心中有鬼,则其眼神游移不定,不敢正眼看人。

4.1.16 恭者不侮人,俭者不夺人

【原文】

孟子曰:"恭者不侮人,俭者不夺人。侮夺人之君,惟恐不顺焉,恶得为恭俭?恭俭岂可以声音笑貌为哉?"

---

① 孟子[M].朱熹,集注.上海:上海古籍出版社,2013:99.
② 杨治国.小人物评《孟子》[M].北京:中国工人出版社,2008:131.

【引言】

这一章,孟子指出恭敬和节俭是两种优秀的品质,但人们在不仁不义的、习惯了欺侮和抢夺他人的君主身上是看不到这两种品质的。

【释解】

(1)夺:抢夺,掠夺。
(2)惟恐不顺焉:唯恐他人不顺从自己。
(3)恭俭岂可以声音笑貌为哉:恭敬和节俭难道可以用声音和笑貌来表现吗。为:做到,表现。

【译文】

孟子说:"恭敬的人不会欺侮他人,节俭的人不会抢夺他人。欺侮和抢夺他人的君主,唯恐他人不顺从自己,他怎么能够做到恭敬和节俭呢?恭敬和节俭难道可以用声音和笑貌来表现吗?"

【拓展】

朱熹注解说:"惟恐不顺,言恐人之不顺己。声音笑貌,伪为于外也。"①

杨治国评论说:"恭乃谦之本义、敬之先决、礼之要害;不恭乃非礼。俭乃勤之必然、持身之要害、天地之生法。不污人格,不夺人之美,诚君子也。赵岐曰:人君恭俭,率下移风;人臣恭俭,明其廉忠;侮夺之恶,何由干之而错其心。"②

温、良、恭、俭、让,是古人崇尚的五大美德。其中,"恭"是谦恭、恭敬的意思,对他人谦恭,是尊重他人的问题。敬人者,人恒敬之。因此,尊敬他人实质上就是尊敬自己。"俭"是节俭、节约的意思,在任何时候,节俭过日子,就会越过越好。俗话说,吃不穷,穿不穷,不会计划一辈穷。如果不知节俭,不能节俭,那么,即使拥有金山银山,家底也会败光的。

---

① 孟子[M].朱熹,集注.上海:上海古籍出版社,2013:99.
② 杨治国.小人物评《孟子》[M].北京:中国工人出版社,2008:131.

4.1.17 天下溺,援之以道

【原文】

淳于髡曰:"男女授受不亲,礼与?"

孟子曰:"礼也。"

曰:"嫂溺,则援之以手乎?"

曰:"嫂溺不援,是豺狼也。男女授受不亲,礼也;嫂溺,援之以手者,权也。"

曰:"今天下溺矣,夫子之不援,何也?"

曰:"天下溺,援之以道;嫂溺,援之以手。子欲手援天下乎?"

【引言】

这一章是孟子和淳于髡之间的对话。事缓从恒,事急从权。平常的时候,我们习惯于用常规方法来解决问题,但事情紧急的时候,就不能墨守成规,而是要有所变通。孟子和淳于髡都认可事急从权的道理。但关于用什么道理和方法来救天下,二人所持意见不一。孟子坚持遵循先王之道,即坚持实行王道仁政,而淳于髡认为,这先王之道属于过去的治国理论和方法,不适用于今天已经变化了的社会实际,因此应该用变通的新理论和新方法来救民于水火。显而易见,二人的看法是有分歧的。历史事实证明,孟子所提倡的先王之道并没有被诸侯采纳,由此可见"先王之道"在当时已经脱离了社会现实。

【释解】

(1)淳于髡(kūn):姓淳于,因受髡刑,而称"淳于髡",齐国人,战国时期齐国稷下学宫著名学者,博学多才,能言善辩,对齐威王和齐宣王时期稷下之学的发展作出了重要贡献。

(2)男女授受不亲:(古时礼制规定,)男女之间不能直接接触、交谈和传递物件。授:给予。受:接受,接收。亲:亲自接触,直接接触。

(3)援之以手:用手进行救援。援:援助,救援。

(4)权:权变,变通。

(5)天下溺,援之以道:全天下人都落入水中,要用王道来援救。道:指王道仁政。

【译文】

淳于髡说:"男女之间不能直接接触、交谈和传递物件,这是礼制规定吗?"

孟子说:"是礼制规定。"

淳于髡问:"如果嫂子落入水中,要用手进行救援吗?"

孟子回答说:"嫂子落入水中而不伸手去救援,那就是豺狼。男女之间不能直接接触、交谈和传递物件,这是礼制规定;嫂子落水,用手进行援救,这是变通。"

淳于髡又问:"现在全天下人都落入水中了,您却不援救,这是为什么呢?"

孟子回答说:"全天下人都落入水中,要用王道来援救;嫂子落入水中,要用手进行救援。您想用手来援救全天下人吗?"

【拓展】

朱熹注解说:"言天下溺,惟道可以救之,非若嫂溺可手援也。今子欲援天下,乃欲使我枉道求合,则先失其所以援之之具矣。是欲使我以手援天下乎? 此章言直己守道,所以济时;枉道徇人,徒为失己。"①

古代有个刻舟求剑的故事。刻舟求剑就是教条主义,不懂得权变,也就不可能找到丢失的剑。淳于髡批评孟子固守先王之道而不知变通,在某种程度上是对的。战国时期是大争之世,各国都想通过霸道的兼并战争,吞并对方,所以当时各国都不具备施行王道仁政的主客观条件。孟子所推崇的先王之道在现实社会中没有落脚之处,他却不想改变自己的理想,以与时俱进,这就注定了孟子英雄落寞的结局。他如果能退而求其次,学习管仲的治国理政方式,也许就能施展才华,对当时的社会也能作出一些力所能及的贡献。

---

① 孟子[M].朱熹,集注.上海:上海古籍出版社,2013:100.

4.1.18 古者易子而教之

【原文】

公孙丑曰:"君子之不教子,何也?"

孟子曰:"势不行也。教者必以正,以正不行,继之以怒。继之以怒,则反夷矣。'夫子教我以正,夫子未出于正也。'则是父子相夷也。父子相夷,则恶矣。古者易子而教之,父子之间不责善。责善则离,离则不祥莫大焉。"

【引言】

这一章,孟子在阐述"易子而教"的道理。

【释解】

(1)教者必以正:教育必须用正确的道理、原则和方法。正:正道,正确的道理、原则和方法。

(2)继之以怒,则反夷矣:接着发怒,就反而会伤害彼此的感情了。反:反而。夷:伤,伤害。

(3)夫子教我以正,夫子未出于正也:老师您教我正确的道理,您却没有遵循正确的教育原则和方法。夫子:先生,老师,您。未出于正:没有遵循正确的教育原则和方法。换言之,发怒不是正确的教育原则和方法。

(4)易子而教之:交换子女来教育他们。易:交换。

(5)责善则离,离则不祥莫大焉:因教育向善的问题而相互责备,父子之间就会产生隔阂,产生了隔阂,就没有比这更糟糕的事情了。责善:因教育向善的问题而相互指责。离:产生隔阂,疏远。不祥:糟糕,不善,不好。

【译文】

公孙丑问道:"君子不自己教育自己的儿女,这是为什么呢?"

孟子回答说:"因为情势上行不通。教育必须用正确的道理、原则和方法,这样还行不通,接着就会发怒。接着发怒,就反而会伤害彼此的感情了。'老师您教我正确的道理,您却没有遵循正确的教育原则和方法。'这样父子就会相互伤害。父子之间相互伤害,这就不好了。古代的人交换子女来教

育他们,父子之间就不会因教育向善的问题而相互责备。因教育向善的问题而相互责备,父子之间就会产生隔阂,产生了隔阂,就没有比这更糟糕的事情了。"

【拓展】

朱熹注解说:"教子者,本为爱其子也,继之以怒,则反伤其子矣。父既伤其子,子之心又责其父曰:'夫子教我以正道,而夫子之身未必自行正道。'则是子又伤其父也。"①

杨治国评论说:"夫子论父不亲教其子,易子而教,发乎情,顺乎理,合乎道,符合教育规律。由此推知:养不教,父之过,当指父当为其子女接受教育创造条件,创造环境,以身作则,匡正家风,治家有道,重于仁义;以其为仁、为义、为孝、为忠,示范德育,以身教人,则父无过,父尽教道。赵岐言:父子至亲,相责离恩;易子而教,相成以仁,教之义也。此说可谓深知夫子之心耳。"②

百年大计,教育为本,这是对国家建设和发展而言的。对于一个家庭的建设和发展来讲,孩子的基础教育,即从学前教育到高中教育阶段,这十几年时间的教育至为关键。在现代,父母对孩子的教育,更多地集中在从孩子呱呱坠地到小学教育阶段这十二年间。而父母给孩子教育的内容可能不会过多,更多的是教育孩子如何待人接物,如何做人处事罢了。所以,在现代社会,父母不需要像古人那样易子而教,更多的还是交给托儿所、幼儿园、小学的老师来教育了。

4.1.19 守身,守之本也

【原文】

孟子曰:"事孰为大?事亲为大。守孰为大?守身为大。不失其身而能事其亲者,吾闻之矣;失其身而能事其亲者,吾未之闻也。孰不为事?事亲,事之本也。孰不为守?守身,守之本也。曾子养曾晳,必有酒肉。将彻,必请所与;问有余,必曰'有'。曾晳死,曾元养曾子,必有酒肉。将彻,不请所

---

① 孟子[M].朱熹,集注.上海:上海古籍出版社,2013:100.
② 杨治国.小人物评《孟子》[M].北京:中国工人出版社,2008:133.

与;问有余,曰'亡矣',将以复进也。此所谓养口体者也。若曾子,则可谓养志也。事亲若曾子者,可也。"

【引言】

这一章,孟子在阐述侍奉父母和守护自身自由与安全的重要性。侍奉父母,不仅体现在日常的衣服、饮食等供养上,而且体现在用心孝敬父母上。供养和孝敬对于侍奉父母是缺一不可的。此外,侍奉父母要建立在守护好自身自由和安全的基础上。如果自己违法乱纪,连自己的人身自由都保不住,又怎么能供养和孝敬父母呢?

【释解】

(1)事亲为大:侍奉父母最重要。

(2)守身:守护自身自由和安全。

(3)失其身:失去自身自由和安全。

(4)曾晳:又称曾点,字子晳,鲁国人,曾参的父亲,和儿子曾参都是孔子的学生。

(5)将彻,必请所与:(就餐完毕,)将要撤下吃剩下的饭菜和酒水时,一定会请示剩余的饭菜和酒水给谁。彻:撤席,撤下吃剩下的饭菜和酒水。与:给予。

(6)曾元:曾参的儿子。

(7)亡矣:没有了。

(8)将以复进也:将用来(在下次进餐时)再次进奉(给曾子)。

(9)养口体:供养躯体,满足口腹之欲。口体:口腹和身体。

(10)养志:供养心志,满足(父母的)心意,指孝敬和顺从父母的心意。

【译文】

孟子说:"侍奉谁最重要?侍奉父母最重要。守护谁最重要?守护自身的自由和安全最重要。没有失去自身的自由和安全而能侍奉父母的人,我听说过了;失去自身的自由和安全而能侍奉父母的人,我还从未听说过。谁不侍奉人呢?侍奉父母,是侍奉的根本。谁不守护人呢?守护自身的自由和安全,是守护的根本。曾子供养他的父亲曾晳,每顿饭一定有酒和肉。就餐完毕,曾子将要撤下吃剩下的饭菜和酒水时,一定会请示父亲曾晳剩余的饭菜和酒水给谁;如果曾晳询问是否有剩余的饭菜和酒水,曾子一定会说'有'。曾晳死后,曾元供养父亲曾子,每顿饭也一定有酒水和肉。就餐完毕,曾元将要撤下吃剩下的饭菜和酒水时,他不请示父亲曾子剩余的饭菜和酒水给谁;如果曾子询问是否有剩余的饭菜和酒水,曾元一定会说'没有了',这次剩下来的饭菜和酒水将用来(在下次进餐时)再次进奉给曾子。这就是所谓供养口腹和躯体。像曾子那样供养,才可以叫作供养和满足父母的心意。侍奉父母能做到像曾子那样就可以了。"

【拓展】

朱熹注解说:"言当如曾子之养志,不可如曾元但养口体。程子曰:'子之身所能为者,皆所当为,无过分之事也。故事亲若曾子可谓至矣,而孟子止曰可也,岂以曾子之孝为有余哉?'"①

杨治国评论说:"人能秉守良心方能守其节,而后存乎义。如朱子之言,'可以事亲以孝,忠可移于君,顺可移于长。'身正则家齐、国治、天下平。孟子曰:'事亲乃事之本,守身乃守之本',即从事亲、守义而知忠君爱国。有此则仁心足矣,忠心生矣。"②

总之,守护好自己,孝顺好父母,是人生中的两件大事。一般来说,供养父母吃喝穿戴是容易做到的,但能像曾子那样时时处处让父母称心如意,就难上加难了。在看待孝顺方面,孔子和孟子有着非常相似的看法。例如,子游问孝。子曰:"今之孝者,是谓能养,至于犬马,皆能有养;不敬,何以别乎?"③又如,子夏问孝。子曰:"色难。有事,弟子服其劳;有酒食,先生馔,曾是以为孝乎?"④

4.1.20 君仁莫不仁,君义莫不义

【原文】

孟子曰:"人不足与适也,政不足间也。惟大人为能格君心之非。君仁,

---

① 孟子[M].朱熹,集注.上海:上海古籍出版社,2013:101.
② 杨治国.小人物评《孟子》[M].北京:中国工人出版社,2008:133.
③ 安德义.论语解读[M].北京:中华书局,2007:32.
④ 安德义.论语解读[M].北京:中华书局,2007:32-33.

莫不仁;君义,莫不义;君正,莫不正。一正君而国定矣。"

【引言】

这一章,孟子在阐述君主在君主制国家治理中的决定性作用。君主仁义,则国人不敢不仁义;君主端正,则国人不敢不正。

【释解】

(1)人不足与适也,政不足间也:一般的人没有能力去指摘君主用人方面的不当,也没有能力非议君主施政上的过失。人:指与大人相对的"小人",即普通人,一般人。适:同"谪",责备,指摘。政:行政,施政。间:非议。

(2)格君心之非:纠正君主思想上的错误。格:纠正。非:不是,过错。

【译文】

孟子说:"一般的人没有能力去指摘君主用人方面的不当,也没有能力非议君主施政上的过失。只有大仁大义的人才能纠正君主思想上的错误。君主仁爱,国人没有不仁爱的;君主忠义,国人没有不忠义的;君主身正,国人没有不身正的。一旦君主身正,国家也就安定了。"

【拓展】

朱熹注解说:"言人君用人之非,不足过谪;行政之失,不足非间。惟有大人之德,则能格其君心之不正以归于正,而国无不治矣。大人者,大德之人,正己而物正者也。程子曰:天下之治乱,系乎人君之仁与不仁耳。心之非,即害于政,不待乎发之于外也。昔者孟子三见齐王而不言事,门人疑之,孟子曰:'我先攻其邪心,心既正,而后天下之事可从而理也。'夫政事之失,用人之非,知者能更之,直者能谏之。"[1]

一个国和一个人身体的运行有着类似的道理。一个人由头脑、四肢、五脏六腑等部分组成。其中,头脑是最重要的部分。头脑出现损伤,就可能会引起四肢不协调、五脏六腑紊乱等。而一个国家的首脑则直接关系到整个

---

[1] 孟子[M].朱熹,集注.上海:上海古籍出版社,2013:102.

国家机器的运转,在古代君主社会更是如此。因此,孟子非常强调君主仁爱、忠义和身正的重要性。心正而后身正,身正而后天下正。

4.1.21 有不虞之誉,有求全之毁

【原文】

孟子曰:"有不虞之誉,有求全之毁。"

【引言】

这一章,孟子指出,君子做事,总免不了毁誉参半。身正不怕影子斜,只要遵循良心做事,就不要惧怕那些罔顾事实的社会评价。

【释解】

(1)虞:料想,预料。
(2)求全:苛求完美,吹毛求疵,鸡蛋里挑骨头。
(3)毁:诋毁,毁谤。

【译文】

孟子说:"(君子做事,)有料想不到的赞誉,也有鸡蛋里挑骨头的毁谤。"

【拓展】

朱熹注解说:"虞,度也。吕氏曰:'行不足以致誉而偶得誉,是谓不虞之誉。求免于毁而反致毁,是谓求全之毁。言毁誉之言,未必皆实,修己者不可以是遽为忧喜,观人者不可以是轻为进退。'"[1]

杨治国评论说:"不虞之誉,求全之毁,皆世事特殊规律。做人但有仁心,无愧于天地;但行仁义,无心于私利,自可以坦坦荡荡。赵岐言:不虞获誉,不可为戒;求全受毁,未足征咎。君子正行,不由斯二者也。"[2]

众口铄金,积毁销骨。君子做事,本来坦坦荡荡,无愧于天地,但如果任由小人诋毁、进谗言、挑拨离间、无事生非,那君子也会被弹劾、调查或下狱

---

[1] 孟子[M].朱熹,集注.上海:上海古籍出版社,2013:102.
[2] 杨治国.小人物评《孟子》[M].北京:中国工人出版社,2008:134.

的。这就是劣币驱逐良币效应或者"沉默的螺旋"效应。

4.1.22 人之易其言也,无责耳矣

【原文】

孟子曰:"人之易其言也,无责耳矣。"

【引言】

这一章,孟子评论说,人们之所以轻易讲话,是因为没有追责机制。说过的话,不管有多大危害或影响,不用承担责任,那人人都可以随意讲话了。在孟子的内心,他还是非常赞同孔子的"欲讷于言而敏于行"[①]的思想。

【释解】

(1)易其言:轻易发言,随便讲话。易:轻易,随便,肆意。

(2)无责耳矣:不承担责任罢了,不受处罚罢了。无:不。责:处罚,鞭打,指承担责任。耳矣:罢了。有的学者把"无责"解释为"不值得责备"或"没有责任心"[②],我认为,这在逻辑上过于牵强或不妥。

【译文】

孟子说:"人随随便便讲话,是因为不受处罚罢了。"

【拓展】

朱熹注解说:"人之所以轻易其言者,以其未遭失言之责故耳。盖常人之情,无所惩于前,则无所警于后。非以为君子之学,必俟有责而后不敢易其言也。然此岂亦有为而言之与?"[③]

与俞樾、方勇、鲁国尧、马智强、刘建生等学者相比,朱熹将"无责耳矣"

[①] 安德义.论语解读[M].北京:中华书局,2007:102.
[②] 例如,俞樾《孟子平议》云:"无责耳矣,乃言其不足责也。"方勇译注的《孟子》和鲁国尧、马智强的《〈孟子〉注评》也解释为"不值得责备",见:孟子[M].方勇,译注.北京:中华书局,2010:145;鲁国尧,马智强.《孟子》注评[M].南京:凤凰出版社,2006:130.刘建生的《孟子精解》解释为"没有责任心",见:刘建生.孟子精解[M].北京:海潮出版社,2012:173.
[③] 孟子[M].朱熹,集注.上海:上海古籍出版社,2013:103.

解释为"以其未遭失言之责故耳",是比较妥当的。如果不用承担责任,不受处罚,那么人人都可以在公众场合肆意讲话,那就有可能扰乱和影响社会秩序,给国家和百姓造成危险和伤害。在互联网和自媒体时代,智能手机和电脑更容易让人们在公开场合表达观点和意见。如果没有传媒方面的法律法规和政策的及时制定和出台,那各种不堪入耳的、粗俗的、传布暴力和色情的、散布仇恨的言论就可能在抖音、今日头条等媒体平台上泛滥成灾,因此,除了教育引导之外,还应当有严格的法律法规来规范和约束人们的社会行为,将不良社会影响降到尽可能低的程度。

4.1.23 人之患,在好为人师

【原文】

孟子曰:"人之患,在好为人师。"

【引言】

这一章,孟子评述说人有一个坏毛病,那就是喜好做他人的老师。自高自大的人,往往觉得自己在许多方面胜过他人,总是保持一种高高在上的姿态,随时找机会教育教育他人,给他人上上课,以显示自己的优越感。对此,孟子提出严厉批评。

【释解】

(1)患:毛病,疾患,疾病。
(2)好:喜好,喜欢。

【译文】

孟子说:"人的坏毛病,在于喜好当别人的老师。"

【拓展】

朱熹注解说:"王勉曰:'学问有余,人资于己,不得已而应之可也。若好为人师,则自足而不复有进矣,此人之大患也。'"①

---

① 孟子[M].朱熹,集注.上海:上海古籍出版社,2013:103.

杨治国评论说："好为人师，其患在'好'字上。如果真可以为人师而不为之，乃无仁心，亦不义耳，为失其化育之德也。不可为人师而强为之，亦失仁心，不义耳，误人也。不知己可以为人师而自为人师者，不亦悲夫！"①

谦虚使人进步，骄傲使人落后。自以为是，喜欢教育他人，就是不谦虚和骄傲的表现，这样的人已经不可能进步了。书山有路勤为径，学海无涯苦作舟。要想不断进步，必须甘于板凳一坐十年冷，以谦虚为友，以自满为敌，勤奋刻苦学习，扎扎实实提高自我认知和本领，如此才可能做他人的良师益友。

4.1.24 乐正子从于子敖之齐

【原文】

乐正子从于子敖之齐。乐正子见孟子。孟子曰："子亦来见我乎？"

曰："先生何为出此言也？"

曰："子来几日矣？"

曰："昔者。"

曰："昔者，则我出此言也，不亦宜乎？"

曰："舍馆未定。"

曰："子闻之也，舍馆定，然后求见长者乎？"

曰："克有罪。"

【引言】

这一章是孟子和其学生乐正子之间的对话。乐正子跟从王驩到了齐国。第二天才来拜见孟子，孟子批评乐正子看望老师有点晚，最终乐正子认识到了自己的错误。王驩是齐王的宠臣，气势凌人，对孟子不太尊重。所以，孟子对王驩没有好感。这次看到自己的学生乐正子跟着王驩出行，担心其学坏，就借机警示他。

【释解】

（1）乐(yuè)正子：复姓乐正，名克，一说为孟子学生。

---

① 杨治国.小人物评《孟子》[M].北京：中国工人出版社，2008：135.

(2)子敖：姓王，名驩（huān），字子敖，齐宣王时为盖邑大夫，后为右师，齐王的宠臣。

(3)昔者：指昨天。

(4)舍馆：馆舍，客舍，招待所，宾馆。

(5)克有罪：我乐正克犯了过错。克：即乐正子，乐正克。罪：过错，错误。

【译文】

乐正子跟从王子敖到了齐国。乐正子去拜见孟子。孟子说："你也来看我啊？"

乐正子说道："先生为什么这么说呢？"

孟子问道："你来多少天了？"

乐正子回答说："昨天到的。"

孟子说："昨天到的，那我说这话不也适宜吗？"

乐正子说："因为客舍没有定下来。"

孟子说："你听说过客舍定下来之后再求见长辈的吗？"

乐正子说："我错了。"

【拓展】

朱熹注解说："陈氏曰：'乐正子固不能无罪矣。然其勇于受责如此，非好善而笃信之，其能若是乎？世有强辩饰非、闻谏愈甚者，又乐正子之罪人也。'"①

杨治国评论说："人若勇于自责，乃好善笃信者，亦君子耳。世人多有闻过则怒，文过饰非，知过不认，闻谏愈甚者，其亦不义矣。知过近于勇，自责人亦圣。君子生于天地间，不可但为生存，当修身善性，习其所能。以仁心义德，利于百姓，事于国家，益于天下，舍此其生命则无意义。赵岐言：尊师重道，敬贤事长，人之大纲。学优则仕，仕以行道；否则隐逸，免置穷处。"②

---

① 孟子[M].朱熹,集注.上海：上海古籍出版社,2013：103.
② 杨治国.小人物评《孟子》[M].北京：中国工人出版社,2008：135.

君子知错就改,闻过则喜,善莫大焉。人一辈子不可能不犯错误,但聪明正直的人绝不会犯同样的和致命的错误。

4.1.25 我不意子学古之道,而以餔啜也

【原文】

孟子谓乐正子曰:"子之从于子敖来,徒餔啜也。我不意子学古之道,而以餔啜也。"

【引言】

这一章接续上一章,孟子继续对乐正子跟从王子敖"混吃混喝"的行为进行严厉批评。"乐正子的最大优点是喜欢听取善言,所以在孟子批评后,很快就改正了错误。后来他在鲁国赢得很好的声誉,鲁国国家想聘他从政(参看《告子章句下》第十三章和《尽心章句下》第二十五章)。"①

【释解】

(1)徒餔啜也:只是吃喝。徒:仅是,只是。餔(bū):吃,食用。啜(chuò):喝,饮。

(2)不意:不料,想不到。

(3)古之道:古代的道理。

【译文】

孟子对乐正子说:"你跟从王子敖来到齐国,只是混吃混喝罢了。我想不到你学习古代的道理,竟然是为了混吃混喝。"

【拓展】

朱熹注解说:"言其不择所从,但求食耳。此乃正其罪而切责之。"②

吃饭是为了活着,活着却不仅仅为了吃饭。君子当立志高远,以百世流芳。君子活着,每时每刻都应想着修身、齐家、治国和平天下。北宋思想家

---

① 刘建生.孟子精解[M].北京:海潮出版社,2012:176.
② 孟子[M].朱熹,集注.上海:上海古籍出版社,2013:104.

张载的名言"为天地立志,为生民立道,为去圣继绝学,为万世开太平"①,即"横渠四句",可谓振聋发聩,气势不同凡响。

4.1.26 不孝有三,无后为大

【原文】

孟子曰:"不孝有三,无后为大。舜不告而娶,为无后也。君子以为犹告也。"

【引言】

这一章记述孟子"不孝有三,无后为大"的思想。古人特别重视传宗接代,所以能否生育和抚养更多的子孙后代成为衡量一个人是否孝顺父母的最重要的标准。舜帝在没有禀告父母的情况下娶妻生子,本来在古人看来是一种过错,但他不告而娶是为了避免没有后代,所以孟子才认为这样就等同于他禀告了父母。这种认知,与其说是一种对舜帝不告而娶过错的掩饰,不如说是一种权变。

【释解】

(1)不孝有三:不孝顺的事情有三件。第一,对父母的过错"阿意曲从",使父母陷入不义的境地;第二,家庭贫困,父母年迈,却不愿意做官,赚取俸禄供养父母;第三,不娶妻生子,断绝后代和对先祖的祭祀。

(2)无后为大:没有生育后代是最大的不孝。

(3)舜不告而娶:舜没有事先禀告父亲,就娶妻了。舜的父亲对舜极为恶劣,如果舜把自己的婚事禀告父亲,很难得到父亲的准许,为了娶妻生子,生育后代,舜只好不告而娶。

【译文】

孟子说:"不孝顺的事情有三件,其中以没有生育后代为最大的不孝。舜没有事先禀告父亲,就娶妻了,这是因为他怕没有子嗣。君子认为,舜的

---

① 张载.张载集[M].章锡琛,点校.北京:中华书局,1978:320.后来这四句演变为:"为天地立心,为生民立命,为往圣继绝学,为万世开太平。"这四句被哲学家冯友兰称为"横渠四句"。

做法犹如禀告了父亲一样。"

【拓展】

朱熹注解说:"舜告焉则不得娶,而终于无后矣。告者礼也,不告者权也。犹告,言与告同也。盖权而得中,则不离于正矣。范氏曰:'天下之道,有正有权。正者万世之常,权者一时之用。常道人皆可守,权非体道者不能用也。盖权出于不得已者也。若父非瞽瞍,子非大舜,而欲不告而娶,则天下之罪人也。'"①

现代社会,出现了丁克族、啃老族,他们不生孩子,或者干脆待在家里不工作,就靠父母而生活。这在"不孝有三"的观念中,就属于不孝的范畴。毫无疑问,现在关于生育和婚姻的观念比过去的传统观念有很大改变。原来认定为不孝的事,到了今天也无所谓孝与不孝,"无后为大"的观念也基本上被颠覆了。所以,某种程度上来说,人活的就是一种观念,有什么样的观念,就过什么样的生活,就满足于什么样的生活。而人的观念也并非一成不变,年少的时候并不一定与壮年或老年时的观念一致。无论怎样,只要不违法乱纪,不损害他人和社会,自己觉得好,那就是好。

4.1.27 仁之实,事亲是也;义之实,从兄是也

【原文】

孟子曰:"仁之实,事亲是也;义之实,从兄是也;智之实,知斯二者弗去是也;礼之实,节文斯二者是也;乐之实,乐斯二者,乐则生矣。生则恶可已也?恶可已,则不知足之蹈之、手之舞之。"

【引言】

这一章,孟子在阐释仁、义、礼、智、乐五者的实质。仁的本质是孝,义的本质是悌,智的本质就是紧紧抓住仁和义、孝和悌。礼的本质就是对仁和义、孝和悌形成规范,使它们不至于走向极端。而乐的本质就是以仁和义、孝和悌为乐,乐在其中,回味无穷。

---

① 孟子[M].朱熹,集注.上海:上海古籍出版社,2013:104.

【释解】

(1)知斯二者弗去是也:明白这两者的道理而不违背罢了。知:知道,懂得,明白。去:离开,违背。是也:罢了。

(2)节文:调节和修饰。

(3)乐之实,乐斯二者:音乐的实质,就是以这二者为乐。乐:第一个"乐"是音乐的意思,第二个"乐"是以……为快乐的意思。

(4)乐则生矣,生则恶可已也:快乐就产生了,快乐一旦产生又怎么能停下来。恶:怎么,如何。已:停止,停下来。

(5)不知足之蹈之、手之舞之:不知不觉地手舞足蹈。不知:不知不觉地,情不自禁地。

【译文】

孟子说:"仁爱的实质就是侍奉父母罢了;忠义的实质就是顺从兄长罢了;智慧的实质就是明白这两者的道理而不违背罢了;礼仪的实质就是调节和修饰这二者罢了;音乐的实质就是以这二者为快乐罢了,快乐从仁和义、孝和悌中产生。快乐一旦产生又怎么能停下来?快乐不能停下来,人们就会不知不觉地手舞足蹈。"

【拓展】

朱熹注解说:"仁主于爱,而爱莫切于事亲;义主于敬,而敬莫先于从兄。故仁义之道,其用至广,而其实不越于事亲从兄之间。盖良心之发,最为切近而精实者。有子以孝悌为为仁之本,其意亦犹此也。"又说:"此章言事亲、从兄,良心真切,天下之道,皆原于此。然必知之明而守之固,然后节之密而乐之深也。"①

杨治国评论说:"封建宗法,源于仁义。夫子此语乃开孝父、敬长为仁义之体法。以父兄为仁义之体,礼、智、乐皆为其用;仁义为纲,礼、智、乐为目;仁义为干,礼、智、乐为其枝叶;仁义根深干壮,礼、智、乐必枝繁叶茂。是以齐家必由仁义始,治国必由齐家始。赵岐言:仁义之本,在于孝悌;孝悌之

---

① 孟子[M].朱熹,集注.上海:上海古籍出版社,2013:104-105.

至,通于神明。百善孝为先,正义于此矣。"①

有子说:"其为人也孝弟,而好犯上者,鲜矣;不好犯上,而好作乱者,未之有也。君子务本,本立而道生。孝弟也者,其为仁之本与!"②孔子、有子和孟子有着相同的认识,那就是孝悌是仁义的根本。"求忠臣必于孝子之门"③、得仁义必于悌爱之家也是这个道理。

4.1.28 不得乎亲,不可以为人;不顺乎亲,不可以为子

【原文】

孟子曰:"天下大悦而将归己。视天下悦而归己犹草芥也,惟舜为然。不得乎亲,不可以为人;不顺乎亲,不可以为子。舜尽事亲之道而瞽瞍厎豫,瞽瞍厎豫而天下化,瞽瞍厎豫而天下之为父子者定,此之谓大孝。"

【引言】

这一章,孟子称赞大舜的事亲之道,并认为大舜的事亲之道属于"大孝",是天下人学习的楷模。

【释解】

(1)草芥:小草,比喻没有多少价值的微不足道的东西。

(2)不得乎亲:不能获得父母的欢心。

(3)瞽瞍:舜的父亲。瞽瞍对舜极为不好,但舜依然孝顺着父亲。最终瞽瞍被舜的孝心感动了。

(4)厎豫:得到快乐,高兴。厎(zhǐ):致,获得,得到。豫:快乐。

(5)天下之为父子者定:天下人如何做父亲和子女的道理就确定下来了。定:确定,奠定。

【译文】

孟子说:"天下人都非常高兴,并将要归顺自己。把天下人非常高兴并

---

① 杨治国.小人物评《孟子》[M].北京:中国工人出版社,2008:136.
② 安德义.论语解读[M].北京:中华书局,2007:4.
③ 司马光.资治通鉴:第2册[M].长沙:岳麓书社,2009:362.

将要归顺自己视为草芥一般,只有舜能做到这样。不能获得父母的欢心,不可以做人;不能顺从父母,不配做子女。舜尽力履行侍奉父母的道理,使得父亲瞽瞍高兴了。瞽瞍高兴了,天下人随之被感化。瞽瞍高兴了,天下人如何做父亲和子女的道理就确定下来了,这叫作大孝。"

【拓展】

朱熹注解说:"瞽瞍至顽,尝欲杀舜,至是而厎豫焉。《书》所谓'不格奸,亦允若'是也。盖舜至此而有以顺乎亲矣。是以天下之为子者,知天下无不可事之亲,顾吾所以事之者未若舜耳。于是莫不勉而为孝,至于其亲亦厎豫焉,则天下之为父者,亦莫不慈,所谓化也。子孝父慈,各止其所,而无不安其位之意,所谓定也。为法于天下,可传于后世,非止一身一家之孝而已,此所以为大孝也。李氏曰:'舜之所以能使瞽瞍厎豫者,尽事亲之道,其为子职,不见父母之非而已。昔罗仲素语此云:只为天下无不是厎父母。了翁闻而善之曰:惟如此而后,天下之为父子者定。彼臣弑其君、子弑其父者,常始于见其有不是处耳。'"①

儒家的修身齐家之道,也可以称为明人伦之道。人有五伦:父子、君臣、夫妇、兄弟、朋友。古人认为,父子有亲,君臣有义,夫妇有别,长幼有序,朋友有信,是天下之达道。其中,父子有亲是最为根本的人伦之道。天下有善君善父,也有恶君恶父。舜的父亲瞽瞍就是恶父,最终被舜的孝心感化。可见,只要子女尽心尽力孝顺父母,也是有可能感化恶父恶母的。但如果是恶君,不知贤臣如何能感化恶君,使其不再为恶于天下呢?商纣王是个恶君,身边有三位仁人——微子、箕子和比干,但"微子去之,箕子为之奴,比干谏而死"②,最终没能感化商纣王。这徒然让孔子发出"殷有三仁焉"③的感叹。

4.2 离娄章句下

《离娄章句下》共计三十三章。具体而言,第一章,孟子比较先圣舜和后

---

① 孟子[M].朱熹,集注.上海:上海古籍出版社,2013:105.
② 安德义.论语解读[M].北京:中华书局,2007:598.
③ 安德义.论语解读[M].北京:中华书局,2007:598.

圣文王的异同,二人一个是东夷人,一个是西夷人,但都推行王道仁政,称王天下。第二章,孟子批评郑国国相子产做了国家管理者不该做的惠民小事(指子产用自己的车载着百姓过河),孟子认为子产应带领百姓修桥而不是用自己的车辆载着百姓过河。第三章,孟子阐述他的君臣观,孟子认为君臣关系应是对等的义务关系,"君之视臣如手足,则臣视君如腹心;君之视臣如犬马,则臣视君如国人;君之视臣如土芥,则臣视君如寇雠"。第四章,孟子仍然在阐述他的对等义务君臣观,认为君不君,臣就可以不臣。第五章,孟子谈论仁义的君主对于国家或天下人的巨大作用。第六章,孟子断言道德高尚的人不会做出非礼、非义之事。第七章,孟子强调贤者对不贤者负有不可推卸的教育责任。第八章,孟子强调有志之人应当有所为、有所不为。第九章,孟子奉劝人们不要背后诋毁或诽谤他人,否则后果会很严重。第十章,孟子评价孔子是个遵循中庸之道、做事从不过分的人。第十一章,孟子提出"言不必信,行不必果,惟义所在"的观点,强调君子应当顾大节不拘小节。第十二章,孟子继续对"大人"的德行进行描述。第十三章,孟子重申为父母服丧送终之礼的重要性和必要性。第十四章,孟子阐述君子学习、深造、自得、居安、资深、左右逢源的道理。第十五章,孟子继续谈论学习方面的道理,认为学习要能博览群书和精练概括。第十六章,孟子强调道德教育的重要性和必要性。第十七章,孟子强调说话要有真凭实据,否则后果自负。第十八章,孟子对水的特征和意义做了不同于孔子的解释,孟子把水分为有源之水和无源之水。第十九章,孟子指出人和禽兽的区别在于人有良知良能。第二十章,孟子简要评述大禹、商汤、周文王、周武王和周公的贤能和高贵品格。第二十一章,孟子褒扬孔子创作《春秋》的目的、价值和意义。第二十二章,孟子指出"君子之泽""小人之泽"都是"五世而斩"的历史规律。第二十三章,孟子阐述"伤廉""伤惠""伤勇"三种情形的道理。第二十四章,孟子讲述师傅接收徒弟不可不慎、必须把道德品行放在第一位的道理。第二十五章,孟子指出善恶转化、祸福转化的道理。第二十六章,孟子阐述他对人性的看法,孟子认为性本善。第二十七章记录和描述孟子不愿趋炎附势、阿谀奉承而坚持自由独立人格的个性。第二十八章,孟子阐述君子与普通人的区别所在。第二十九章,孟子指出仁义之人不论地位高低、职业如何,都始终坚持同样的仁义之道。第三十章,孟子列出对父母不孝的五个表现,而匡章一个也没有,以此证明人们认为匡章不

孝顺父母是错误的看法。第三十一章,孟子指出处于不同身份和地位的君子,面对同样的危机可能会做出不同的选择。第三十二章,孟子提出"尧、舜与人同耳"的观点,君子和小人在躯体构造上没有多大不同,但君子能做到仁、义、礼、智、信,而小人却做不到。第三十三章,孟子通过"齐人有一妻一妾而处室者,其良人出,则必餍酒肉而后反"的故事,对那些不择手段追求名利的人进行尖锐的讽刺。孟子批判不择手段追求富贵利达就像沿街乞讨一般,是一种令人不齿的乞丐行为。

4.2.1 得志行乎中国,若合符节

【原文】

孟子曰:"舜生于诸冯,迁于负夏,卒于鸣条,东夷之人也。文王生于岐周,卒于毕郢,西夷之人也。地之相去也,千有余里;世之相后也,千有余岁。得志行乎中国,若合符节。先圣后圣,其揆一也。"

【引言】

这一章,孟子比较了先圣舜和后圣文王的异同。舜是东夷人,文王是西夷人,他们是相距一千多年的人物,但都称王于天下,这是因为二人都推行王道、施行仁政。

【释解】

(1)舜生于诸冯,迁于负夏,卒于鸣条:舜出生于诸冯,迁居到负夏,死在鸣条。诸冯、负夏、鸣条:皆是古地名,现今地址不明。一说这几处皆在今山东省境内。

(2)文王生于岐周,卒于毕郢:周文王出生于岐周,死于毕郢。岐周:岐山下的周国旧邑。岐,今陕西省岐山县东北的岐山;周,国名。毕郢:古地名,在今陕西省咸阳市东。

(3)相去:相隔,相距。

(4)相后:(在时间上)相差,相隔。

(5)符节:如兵符、虎符等用来传达命令、征调军队的分成两半的信物,用时双方各执一半,合起来以验真假。

(6)其揆一也:他们遵循的治国理政道理是相同的。揆(kuí):道理,准则。

【译文】

孟子说:"舜出生于诸冯,迁居到负夏,死在鸣条,是东边民族的人。周文王出生于岐周,死于毕郢,是西边民族的人。他们从小生活的地方相距有一千多里;他们生活的时代相隔有一千多年。他们彼此为实现为政于中原大地的志向所做的,就像符节的两半彼此吻合一样。先圣舜和后圣周文王,他们遵循的治国理政道理是相同的。"

【拓展】

杨治国评论说:"先贤古圣,其时远距,其道相因,乃其贤也相似,其圣也相似。"①

在孟子和其他儒者的眼中,凡是被称为"圣"的君主,他们所遵循的治国理政道理都是一样的,那就是王道仁政。仁者爱民。爱民者,民自然爱之,这就叫作得民心,得民心者得天下,所以仁者无敌。

4.2.2 故为政者,每人而悦之,日亦不足矣

【原文】

子产听郑国之政,以其乘舆济人于溱、洧。

孟子曰:"惠而不知为政。岁十一月,徒杠成;十二月,舆梁成,民未病涉也。君子平其政,行辟人可也,焉得人人而济之?故为政者,每人而悦之,日亦不足矣。"

【引言】

这一章,孟子批评郑国国相子产做了国家管理者不该做的惠民小事(指子产用自己的车载着百姓过河),孟子认为子产应带领百姓修桥,而不应当用自己的车载着百姓过河。

子产在郑国执掌国政的时候,进行了一系列有利于国家进步的改革,如

---

① 杨治国.小人物评《孟子》[M].北京:中国工人出版社,2008:138.

整顿吏治,对土地制度进行改革,对土地所有权进行确权,建立健全考核官员的制度,推行军制改革,把原来不纳税的私田列入军赋的征收范围,把刑书铸在鼎上公之于众,等等。子产的"铸刑书"开创了古代成文法的先例。孟子认为,子产用自己的车载着百姓过河,不如带领百姓修桥。乍看起来,这种批评似乎没有毛病。但是,桥还没建好的时候,看到百姓过河有困难,能否坐视不理呢?具体问题还得具体分析。

【释解】

(1)子产听郑国之政:子产主持郑国的政务。子产:姬姓,公孙氏,名侨,字子产,又字子美,郑国国相。听:主持,执掌。

(2)以其乘舆济人于溱、洧:用他自己乘坐的车子帮助他人渡过溱水和洧水。舆:车子。济:帮助。溱(zhēn):古水名,源于今河南省新密市白寨镇。洧(wěi):古水名,大致源出今河南省登封市阳城山,东流到达新密市曲梁镇交流寨村与溱水交汇,称双洎河,最后注入贾鲁河。

(3)惠:小恩小惠。

(4)岁十一月:指周历十一月,即夏历九月。

(5)徒杠:供行人通过的独木桥。

(6)十二月:指周历十二月,即夏历十月。

(7)舆梁:供车辆通过的桥梁。

(8)民未病涉也:百姓就不会为过河发愁。未:不。病:担忧,为……发愁。

(9)君子平其政,行辟人可也:做官的人做好自己的政务,出行时让行人回避即可。君子:指为政做官的贵族。平:搞好,做好。行:出行。辟:通"避",使……回避。

(10)日:日子,时间。

【译文】

子产主持郑国的政务,用他自己乘坐的车子帮助他人渡过溱水和洧水。

对此,孟子评论说:"子产只知道给百姓小恩小惠,却不知道如何为政做官。十一月建成供行人通过的独木桥;十二月建成供车辆通过的桥梁,百姓就不会为过河发愁。做官的人做好自己的政务,出行时让行人回避即可,怎能一个个地帮助他人过河呢？所以，为政做官的人，如果要使每个人都对他满意和喜悦，那时间也不够啊。"

【拓展】

朱熹注解说："言每人皆欲致私恩以悦其意，则人多日少，亦不足于用矣。诸葛武侯尝言'治世以大德，不以小惠'，得孟子之意矣。"①

杨治国评论说："平政，平天下之大要，有公平、公见、公道、公理、公义、公法、公众、公正诸义在内。为政不平，则天下不可以平。不平则鸣，鸣即天下怨声。政生怨声，必难以平天下。悦一人，天下怨；平其政，天下悦。况如夫子、朱子所言：人众事繁，日少时欠，欲逐人施惠，情何得也？诸葛亮曾言'治世以大德，不以小惠'，正是此谓。"②

为政做官，是为整个国家或地方的百姓服务，要惠及所管辖的所有人，所要思考的事情都应该是全民所关切和着急的事情，因此，修路修桥要比帮少数人过河更有德。尽管如此，碰到小惠于民的事就可以心安理得地旁观吗？两者如果能够兼顾，岂不更好？因此，不能教条主义地行事，权变还是要有的。

4.2.3 君之视臣如手足，则臣视君如腹心

【原文】

孟子告齐宣王曰："君之视臣如手足，则臣视君如腹心；君之视臣如犬马，则臣视君如国人；君之视臣如土芥，则臣视君如寇雠。"

王曰："礼，为旧君有服，何如斯可为服矣？"

曰："谏行言听，膏泽下于民；有故而去，则君使人导之出疆，又先于其所往；去三年不反，然后收其田里。此之谓'三有礼'焉。如此，则为之服矣。今也为臣，谏则不行，言则不听；膏泽不下于民；有故而去，则君搏执之，又极之于其所往；去之日，遂收其田里。此之谓'寇雠'。寇雠何服之有？"

---

① 孟子[M].朱熹，集注.上海：上海古籍出版社，2013：107.
② 杨治国.小人物评《孟子》[M].北京：中国工人出版社，2008：139.

【引言】

这一章,孟子阐述他的君臣观,认为君臣关系应是对等的义务关系。孟子说:"君之视臣如手足,则臣视君如腹心;君之视臣如犬马,则臣视君如国人;君之视臣如土芥,则臣视君如寇雠。"如果君主把臣子视为手足兄弟,那么臣子就会把君主视为心坎上的宝贝;如果君主把臣子视为犬马,那臣子就会把君主视为普通的人;如果君主把臣子视为微不足道的东西,那臣子也会把君主视为敌人。孔子说:"君使臣以礼,臣事君以忠。"①由此可见,孟子的君臣观是对孔子君臣观的继承和发展。

【释解】

(1)国人:普通人,陌生人。

(2)土芥:泥土和小草,比喻微贱的东西。

(3)寇雠:寇仇,强盗和仇敌。

(4)为旧君有服,何如斯可为服矣:离职的臣子要为原先侍奉过的君主服丧,君主怎么做臣下才肯为他服丧呢。旧君:原先侍奉过的君主。服:服丧。斯:就,才。

(5)谏行言听,膏泽下于民:臣子的劝谏得到采纳,进言被听取,恩泽惠及普通百姓。谏:劝谏。膏泽:滋润作物的雨水,比喻恩惠。

(6)导之出疆:(派人)引导他出境。疆:边境,国境。

(7)又先于其所往:又事先派人到他要去的地方做好安排。

(8)去三年不反,然后收其田里:离去了三年仍不返回,然后才收回臣子的田地和住所。反:通"返",返回。田里:田地和住所。

(9)搏执:拘捕,逮捕。

(10)极之:刁难,使陷入困境。

【译文】

孟子告诉齐宣王说:"君主把臣子视为自己的手和足,那臣子就会把君主视为自己的心和腹;君主把臣子视为自己的狗和马,那臣子就会把君主视

---

① 安德义.论语解读[M].北京:中华书局,2007:71.

为陌生人;君主把臣子视为泥土和草芥,那臣子就会把君主视为强盗和仇敌。"

齐宣王问:"礼制规定说,离职的臣子要为原先侍奉过的君主服丧,君主怎么做臣下才肯为他服丧呢?"

孟子回答说:"臣子的劝谏得到采纳,进言被听取,恩泽惠及普通百姓;臣子因故要离开,君主派人引导他出境,又事先派人到他要去的地方做好安排;离去了三年仍不返回,然后才收回臣子的田地和住所。这就叫作'三有礼'。这样做,臣子就会为君主服丧。现在做臣子,劝谏得不到采纳,进言不被听取;恩泽无法惠及普通百姓;臣子因故要离开,君主就拘捕他,又刁难他,使他在其要去的地方无法待下去;离开的当天,就收回他的田地和住所。这就叫作'强盗和仇敌'。君主是强盗和仇敌,臣子还会为他服丧吗?"

【拓展】

朱熹注解说:"杨氏曰:君臣以义合者也。故孟子为齐王深言报施之道,使知为君者不可不以礼遇其臣耳。若君子之自处,则岂处其薄乎?孟子曰:'王庶几改之,予日望之。'君子之言盖如此。"①

杨治国评论说:"君臣关系,关乎国政。君欲亲其民,必先亲其臣。即待之以礼,示之以法,教之以德,行之以理,呵斥有度。臣近民远,臣非君非民,上敬君,下爱民。故君王之道,先使臣服,然后服民,再服天下。为君不能服臣,无以服天下。为君之要,亲臣有道。赵岐言:君臣之道,以义为表,以恩为里;表里相应,犹若影响。赵公所言,不过君臣主义也。"②

总之,在人格上,人人平等。上下级只是职务、社会分工不同,是领导和被领导的关系,但在人格上要相互尊重,要按照礼仪规范来相处。如果领导民主开明、包容信任,那做下属的就会当谏尽谏、当说尽说,使领导的决策不至于出现错误;上下齐心,劲往一处使,国家就会风清气正,安享太平。

---

① 孟子[M].朱熹,集注.上海:上海古籍出版社,2013:107-108.
② 杨治国.小人物评《孟子》[M].北京:中国工人出版社,2008:139.

4.2.4 无罪而戮民,则士可以徙

【原文】

孟子曰:"无罪而杀士,则大夫可以去;无罪而戮民,则士可以徙。"

【引言】

这一章,孟子仍然在阐述他的对等义务君臣观。孟子强调,君臣应是一种对等责任和义务的上下级关系。当君不君的时候,臣就可以不臣了。如果遇到暴君、昏君,那大夫和士人就可以远走高飞了。有志之士,志在四方,不可愚忠。

【释解】

(1)去:离开(暴君)。

(2)徙:迁徙(他国)。

【译文】

孟子说:"士人无罪而被杀,大夫就最好离开目前所侍奉的君主;百姓无罪而被杀,士人就最好迁徙到其他国家。"

【拓展】

朱熹注解说:"言君子当见机而作,祸已迫,则不能去矣。"①

杨治国评论说:"君掌天下生杀大权,然而,其若滥杀无辜,臣士庶民皆可弃之。"②

孔子说:"天下有道则见,无道则隐。"③当天下无道的时候,当暴君、昏君在位的时候,人人自危,伴君如伴虎,天天和暴君打交道的大臣更是处于危险之中。这时候,即使是贤能之士,也将无所作为,不如暂且隐居起来,留得青山在,不愁没柴烧。君不见,箕子、比干之事乎?

---

① 孟子[M].朱熹,集注.上海:上海古籍出版社,2013:108.
② 杨治国.小人物评《孟子》[M].北京:中国工人出版社,2008:140.
③ 安德义.论语解读[M].北京:中华书局,2007:236.

4.2.5 君仁,莫不仁

【原文】

孟子曰:"君仁,莫不仁;君义,莫不义。"

【引言】

这一章,孟子在谈论仁义的君主对于国家或天下人的巨大作用和影响。

【释解】

(1)莫:没有人。

【译文】

孟子说:"如果君主仁爱,就没有人不仁爱;如果君主忠义,就没有人不忠义。"

【拓展】

朱熹注解说:"张氏曰:'此章重出。然上篇主言人臣当以正君为急,此章直戒人君,义亦小异耳。'"①

孔子说:"上好礼,则民莫敢不敬;上好义,则民莫敢不服;上好信,则民莫敢不用情。"②《资治通鉴》说:"吴王好剑客,百姓多创瘢;楚王好细腰,宫中多饿死。"③总之,上有所好,下必甚焉;上有所恶,下必不为。

4.2.6 非礼之礼,非义之义,大人弗为

【原文】

孟子曰:"非礼之礼,非义之义,大人弗为。"

---

① 孟子[M].朱熹,集注.上海:上海古籍出版社,2013:108.
② 安德义.论语解读[M].北京:中华书局,2007:387.
③ 司马光.资治通鉴:第1册[M].长沙:岳麓书社,2009:523.

【引言】

这一章,孟子断言,道德高尚的人不会做出非礼、非义之事。

【释解】

(1)非:不符合。
(2)大人:道德高尚的人,德高望重的人。

【译文】

孟子说:"不符合礼法的礼,不符合正义的义,道德高尚的人是不会做的。"

【拓展】

朱熹注解说:"察理不精,故有二者之蔽。大人则随事而顺理,因时而处宜,岂为是哉?"①

杨治国评论说:"礼义施于时事,君子当察而辨之。以大礼大义随时而因义,随事而顺理,因时而处宜,不可为非礼非义之礼义。"②

大丈夫,有所为有所不为,有所舍有所不舍。有德行的人不会干违法乱纪之事,不会干悖逆礼法的事,不会干损人利己的事。"富贵不能淫,贫贱不能移,威武不能屈,此之谓大丈夫。"③

4.2.7 中也养不中,才也养不才,故人乐有贤父兄也

【原文】

孟子曰:"中也养不中,才也养不才,故人乐有贤父兄也。如中也弃不中,才也弃不才,则贤不肖之相去,其间不能以寸。"

【引言】

这一章,孟子强调贤者对不贤者负有不可推卸的教育责任。如果贤

---

① 孟子[M].朱熹,集注.上海:上海古籍出版社,2013:109.
② 杨治国.小人物评《孟子》[M].北京:中国工人出版社,2008:141.
③ 杨伯峻.孟子译注:简体字本[M].北京:中华书局,2008:105.

能的人任由不贤能的人堕落腐败,那贤能之人和不贤能的人也就相差无几了。

【释解】

(1)中也养不中,才也养不才:道德修养好的人教养那些道德修养差的人,有才干的人教养那些没有才干的人。中:掌握中庸之道的人,指道德修养好的人。养:教养,教育。才:有才干的人,有才能的人。

(2)贤不肖:品行正和品行不正的人。不肖:品行不正。

(3)其间不能以寸:他们之间的差距(小得)不能按寸来计量。间:间隔,距离,差距。以寸:指"以寸量",即按寸来计量。

【译文】

孟子说:"道德修养好的人教养那些道德修养差的人,有才干的人教养那些没有才干的人,所以人人都喜欢拥有贤能的父兄。如果道德修养好的人嫌弃而不教养那些道德修养差的人,有才干的人嫌弃而不教养那些没有才干的人,那品行正和品行不正的人,他们之间相隔的差距就小得不能按寸来计量了。"

【拓展】

朱熹注解说:"无过不及之谓中,足以有为之谓才。养,谓涵育薰陶,俟其自化也。贤,谓中而才者也。乐有贤父兄者,乐其终能成己也。为父兄者,若以子弟之不贤,遂遽绝之而不能教,则吾亦过中而不才矣,其相去之间,能几何哉?"[1]

杨治国评论说:"德者教人,才者育人。贤者以诲人尽其责,智者以度人尽其性。"[2]

孔子不仅自己酷爱学习,还时常教诲他人。当叶公问子路孔子是什么样的人时,子路不知如何回答。当子路把问题告知孔子之后,孔子告诉子路说,应该这样描述你的老师:"其为人也,发愤忘食,乐以忘忧,不知老之将至

---

[1] 孟子[M].朱熹,集注.上海:上海古籍出版社,2013:109.
[2] 杨治国.小人物评《孟子》[M].北京:中国工人出版社,2007:141.

云尔。"①当有人问孔子身上有何过人之处时,孔子这样回答说:"默而识之,学而不厌,诲人不倦,何有于我哉?"②显而易见,孟子继承了孔子"诲人不倦"的思想,并把是否教诲他人视为有德无德的表现之一。

4.2.8 人有不为也,而后可以有为

【原文】

孟子曰:"人有不为也,而后可以有为。"

【引言】

这一章,孟子强调有志之人应当有所为、有所不为。人的精力是有限的,不可能事必躬亲,所以,我们要把有限的生命投入更有价值和意义的事情中。

【释解】

(1)不为:不做的事。为:指做的事。
(2)有为:有所作为,做成大事。为:指做成的大事。

【译文】

孟子说:"人要有不做的事,然后才可以做成大事。"
(或,孟子说:"人要有所不为,然后才可以有所作为。")

【拓展】

朱熹注解说:"程子曰:'有不为,知所择也。惟能有不为,是以可以有为。无所不为者,安能有所为邪?'"③

杨治国评论说:"事有繁简,才有长短;君子必有所为,有所不为。故求全必毁,欲速不达。"④

---

① 安德义.论语解读[M].北京:中华书局,2007:200.
② 安德义.论语解读[M].北京:中华书局,2007:181.
③ 孟子[M].朱熹,集注.上海:上海古籍出版社,2013:109.
④ 杨治国.小人物评《孟子》[M].北京:中国工人出版社,2008:141.

三十六行,行行出状元。每个人的志愿、天赋、身体条件都不同,因此面临不同的职业或事业选择。选择了一种行业或事业,意味着放弃了其他众多的行业或事业。有的人想要当画家,他就必须致力于绘画艺术,而放弃其他爱好;有的人想要当科学家,他就必须献身于科学研究事业,而这是以牺牲他其他方面的兴趣和才能为代价的。有的人说,他可以精通好多才艺,但这只局限于天赋异禀、精力特别旺盛的人。对于绝大多数人来说,样样通,样样松。这是因为生有涯而知无涯啊。

4.2.9 言人之不善,当如后患何

【原文】

孟子曰:"言人之不善,当如后患何?"

【引言】

这一章,孟子奉劝人们不要背后诋毁或诽谤他人,否则后果会很严重。孟子指出,不要讲他人的坏话。爱讲他人的坏话,或者挑拨离间,都会给他人和自己造成恶劣的影响,甚至带来致命的后果。

【释解】

(1)不善:不好,指坏话。
(2)后患:后果,不良结果。

【译文】

孟子说:"说他人的坏话,招惹来了后果该怎么办?"

【拓展】

杨治国评论说:"君子当面责善,小人背后议人。赵岐言:好言人恶,殆非君子。"[1]

喜欢说他人坏话的人,不仅有一天坏话可能会传到被说的人耳朵里,继而引起二人之间严重的冲突和不良后果,还影响自己进德修业。因此,喜欢

---

[1] 杨治国.小人物评《孟子》[M].北京:中国工人出版社,2008:141.

说坏话是道德修养欠缺的一种表现。

4.2.10 仲尼不为已甚者

【原文】

孟子曰:"仲尼不为已甚者。"

【引言】

这一章,孟子评价孔子是个遵循中庸之道、做事从不过分的人。

【释解】

(1)仲尼:孔子的字。
(2)已甚:太过分,很过分。已:太,很。甚:过分,极端。

【译文】

孟子说:"孔子是不做太过分之事的人。"

【拓展】

朱熹注解说:"杨氏曰:'言圣人所为,本分之外,不加毫末。非孟子真知孔子,不能以是称之。'"①

杨治国评论说:"圣人做事无过无不及,不偏不倚,取之中庸。君子为人处世,须知有过必有所不及,祸患多由此生。事缓则圆,太过则折。"②

孔子一生重视礼义,信奉中庸之道,无论做什么都要求中规中矩,反对过和不及。他反对悖逆君上、僭越礼义的行为,也反对同流合污、谁都讨好的好好先生。孔子说:"乡愿,德之贼也。"③他批评谁都想讨好的好好先生是道德的破坏者。之所以这么说,是因为他们没有起码的是非美丑观念,是道德教育方面的助纣为虐者。

---

① 孟子[M].朱熹,集注.上海:上海古籍出版社,2013:110.
② 杨治国.小人物评《孟子》[M].北京:中国工人出版社,2008:142.
③ 安德义.论语解读[M].北京:中华书局,2007:578.

4.2.11 言不必信,行不必果,惟义所在

【原文】

孟子曰:"大人者,言不必信,行不必果,惟义所在。"

【引言】

这一章,孟子提出"言不必信,行不必果,惟义所在"的观点。这个观点和孔子的"君子贞而不谅"的观点是完全一致的。君子应当顾大节不拘小节;应当固守正道,而不应当拘泥于小信小义。

【释解】

(1)果:有结果,完成,实现。
(2)惟义所在:只要符合道义即可,只要遵循道义即可。

【译文】

孟子说:"道德崇高的人,说出的话不一定每句都信守,做的事情不一定每件都有结果,只要符合道义即可。"

【拓展】

朱熹注解说:"大人言行,不先期于信果,但义之所在,则必从之,卒亦未尝不信果也。尹氏曰:'主于义,则信果在其中矣;主于信果,则未必合义。'王勉曰:'若不合于义而不信不果,则妄人尔。'"[1]

君子言行需不需要一致?说了不算,答应了不信守诺言,做事有始无终,这样的人还算君子吗?"誉由信生,义由信生;如若失信,焉可言义"[2]?被誉为"亚圣"的孟子,自然是懂得言、行和义之间的辩证关系的。但为什么孟子还允许"言不必信,行不必果"这种状况存在呢?显然,孟子的"言不必信,行不必果,惟义所在"和孔子的"君子贞而不谅",都有一个前提,那就是君子万一发现曾经的许诺是小信小节,不合道义或大信,就可以放弃小信小

---

[1] 孟子[M].朱熹,集注.上海:上海古籍出版社,2013:110.
[2] 杨治国.小人物评《孟子》[M].北京:中国工人出版社,2008:142.

节,而果断履行大道、大义。如果君子被胁迫答应做某事,在脱离胁迫之后,君子就可以推翻这一承诺。总之,君子把道义、大信作为判断个人言行是否履行的标准,而不拘泥于小信、小节。

4.2.12 大人者,不失其赤子之心者也

【原文】

孟子曰:"大人者,不失其赤子之心者也。"

【引言】

这一章,孟子继续对"大人"的德行进行描述。

【释解】

(1)赤子:初生的婴儿,比喻纯洁无瑕、天真淳朴。

【译文】

孟子说:"道德崇高的人,就是没有失去婴儿般纯真淳朴之心的人。"

【拓展】

朱熹注解说:"大人之心,通达万变。赤子之心,则纯一无伪而已。然大人之所以为大人,正以其不为物诱,而有以全其纯一无伪之本然。是以扩而充之,则无所不知,无所不能,而极其大也。"[1]

上一章描述了大人"惟义所在",这一章又描述大人拥有赤子之心。大人不仅一言一行符合道义、大信,还拥有一颗纯真无暇的心灵。这样的人,纯粹是与道合契,或者说是其人性和道性高度吻合,他们能在保持天真无邪的状态下通权达变,道法自然。

4.2.13 养生者不足以当大事,惟送死可以当大事

【原文】

孟子曰:"养生者不足以当大事,惟送死可以当大事。"

---

[1] 孟子[M].朱熹,集注.上海:上海古籍出版社,2013:110.

【引言】

这一章,孟子在重申为父母服丧送终之礼的重要性和必要性。曾子说:"慎终追远,民德归厚矣。"①可见,举办丧礼有着道德宣化、净化社会人心的作用和价值。

【释解】

(1)养生:养活父母,供养父母。
(2)送死:为父母送终,举办好丧礼。
(3)大事:重大的事情。

【译文】

孟子说:"养活父母不足以当成大事,只有为父母送终,举办好丧礼,才可以当成大事。"

【拓展】

朱熹注解说:"事生固当爱敬,然亦人道之常耳。至于送死,则人道之大变,孝子之事亲,舍是无以用其力矣。故尤以为大事,而必诚必信,不使少有后日之悔也。"②

杨治国评论说:"养生乃善始,送死为善终。尽孝之道,善始易,善终难。赵岐曰:养生竭力,人情所勉。哀死送终,行之高者。事不违礼,可谓难矣,故谓之大事。"③

在孟子看来,父母活着的时候,子女孝顺父母是一种孝;父母去世,子女给父母好好办一场丧礼,更是一种孝。这种孝,不仅可以尽孝子之心,还具有教化社会道德、净化人心的作用。

---

① 安德义.论语解读[M].北京:中华书局,2007:13.
② 孟子[M].朱熹,集注.上海:上海古籍出版社,2013:110.
③ 杨治国.小人物评《孟子》[M].北京:中国工人出版社,2008:142-143.

4.2.14 君子深造之以道,欲其自得之也

【原文】

孟子曰:"君子深造之以道,欲其自得之也。自得之,则居之安;居之安,则资之深;资之深,则取之左右逢其原。故君子欲其自得之也。"

【引言】

这一章,孟子在阐述君子学习、深造、自得、居安、资深、左右逢源的道理。"学习能'自得',才能有积累,才能有深入,才能有提高,才能成为有道德的人。所谓'德者,得也',就是这个道理。"①

【释解】

(1)深造之以道:遵循学习规律更进一步学习和研究,以达到精深的程度。道:指学习规律。

(2)自得之:自己有丰硕的收获。

(3)居之安:(收获丰硕,学问扎实,才能)心安理得。居安:处于安全的环境中,指因为学问精深牢固而在心理上有安全感。

(4)资之深:根底深厚,学问工夫到家。资:指学问工夫、根底和积累。

(5)取之左右逢其原:运用起(知识和学问)来就能得心应手,左右逢源。原:同"源"。

【译文】

孟子说:"君子遵循学习规律深造精研,是希望自己有丰硕的收获。自己有丰硕的收获,学问扎实,才能心安理得;心安理得,才能学问根底深厚、工夫到家;学问根底深厚、工夫到家,运用起知识和学问来就能得心应手,左右逢源。所以,君子真心希望自己有丰硕的收获。"

【拓展】

朱熹注解说:"言君子务于深造而必以其道者,欲其有所持循,以俟夫默

---

① 刘建生.孟子精解[M].北京:海潮出版社,2012:190.

识心通,自然而得之于己也。自得于己,则所以处之者安固而不摇;处之安固,则所藉者深远而无尽;所藉者深,则日用之间取之至近,无所往而不值其所资之本也。程子曰:'学不言而自得者,乃自得也。有安排布置者,皆非自得也。然必潜心积虑,优游厌饫于其间,然后可以有得。若急迫求之,则是私己而已,终不足以得之也。'"①

杨治国评论说:"君子深造,重在自得;自得之道,在于觉悟。自觉觉己,自悟悟己;觉己悟己,而后可以觉人悟人。"②

学而不思则罔,思而不学则殆。君子学习,不仅要专心,还要用心体悟和思考。学思结合,才能有所长进。学问搞扎实了,才能自信自如地运用所学的知识和智慧,以经世致用、服务个人和社会发展。

4.2.15 博学而详说之,将以反说约也

【原文】

孟子曰:"博学而详说之,将以反说约也。"

【引言】

这一章,孟子接着上一章继续谈论学习方面的道理。孟子认为,学习要博览群书,并且要对所阅读的内容进行详细解说和描述,其目的就是为了能对所学内容用三言两语进行精练概括。

【释解】

(1)详说:详细说明,详细描述。
(2)反说约:反过来说明要点,反过来能做到简要说明问题的关键或要点。反:通"返",返回,回归,反过来。约:要点,中心思想,简要内涵。

【译文】

孟子说:"广博地学习并能详细描述或说明所学内容,是为了反过来能做到简要说明问题的关键或要点。"

---

① 孟子[M].朱熹,集注.上海:上海古籍出版社,2013:111.
② 杨治国.小人物评《孟子》[M].北京:中国工人出版社,2008:143.

【拓展】

朱熹注解说:"言所以博学于文,而详说其理者,非欲以夸多而斗靡也,欲其融会贯通,有以反而说到至约之地耳。盖承上章之意而言,学非欲其徒博,而亦不可以径约也。"①

杨治国评论说:"博学说约,学问之道。不博,学成空悟;不约,失于浮华。如朱子所注:'学非欲其徒博,在于融会贯通。'不通,愈博愈昏;不约,通而不精。惟通而且约,深入浅出,方成学问。"②

博而精,繁而简,多而少,都是对立统一体。追求广博,不是为了广博而广博,也不是为了浮夸和炫耀,而是为了深入浅出,由博返约,由繁至简,学以致用。书要越读越薄,无论多么繁多的知识,要尽量做到用精练的语言描述或概括,这样才能迅速地抓住要害,一语中的。所以,与其说是广博地读书,详细地描述,不如说是为了锻炼人的精深思维和高度概括能力,这种能力是生产生活、为政做官、解决疑难、应对危机等所不可或缺的。

4.2.16 以善养人,然后能服天下

【原文】

孟子曰:"以善服人者,未有能服人者也;以善养人,然后能服天下。天下不心服而王者,未之有也。"

【引言】

这一章,孟子强调道德教育的重要性和必要性。他认为,道德感化比以力服人效果更好。

【释解】

(1)服人:使人佩服,使人心服。

(2)以善养人:用(仁、义、礼、智、信等)善来教养人。养:教养,教育,熏陶,感化。

---

① 孟子[M].朱熹,集注.上海:上海古籍出版社,2013:111.
② 杨治国.小人物评《孟子》[M].北京:中国工人出版社,2008:144.

【译文】

孟子说:"如果用(仁、义、礼、智、信等)善来强硬使人心服,那就没有能使他人心服的人;如果先用(仁、义、礼、智、信等)善来教养、熏陶人,然后就能使天下人心服。做不到使天下人心服而能称王天下的人,从来没有过。"

【拓展】

朱熹注解说:"服人者,欲以取胜于人;养人者,欲其同归于善。盖心之公私小异,而人之向背顿殊。学者于此不可以不审也。"[1]

杨治国评论说:"仁义之内核在于一'善'字。而天下人服于善,归于善,止于至善,全在化育教养。"[2]

一时强弱在于力,千秋胜负在于理。力能强迫人口服,但不能使人心服。唯有动之以情,晓之以理,感之以德,才能使人心服口服。"以力假仁者霸……以德行仁者王"[3],只有王道才能使天下人心服口服。

4.2.17 言无实,不祥

【原文】

孟子曰:"言无实,不祥。不祥之实,蔽贤者当之。"

【引言】

这一章,孟子强调说话要有真凭实据,否则后果自负。

【释解】

(1)言无实:口说无凭,说话没有事实根据。

(2)蔽贤者当之:阻碍任用贤能的人应承担(后果)。蔽:遮蔽,阻碍,阻挡。

---

[1] 孟子[M].朱熹,集注.上海:上海古籍出版社,2013:111-112.
[2] 杨治国.小人物评《孟子》[M].北京:中国工人出版社,2008:144.
[3] 杨伯峻.孟子译注:简体字本[M].北京:中华书局,2008:55.

【译文】

孟子说:"说话没有事实根据,是不好的。不好的后果,由阻碍任用贤能的人承担。"

【拓展】

朱熹注解说:"或曰:'天下之言无有实不祥者,惟蔽贤为不详之实。'或曰:'言而无实者不详,故蔽贤为不祥之实。'二说不同,未知孰是,疑或有阙文焉。"①

杨治国评论说:"蔽贤因于嫉贤,嫉贤源于不贤。不贤何能言而有实,惟一皮囊而已。《晏子春秋·谏下篇》云:'国有三不祥:有贤而不知,一不祥;知而不用,二不祥;用而不任,三不祥也。'"②

嫉贤妒能的人往往会给领导进谗言,而领导往往爱听谗言。领导之所以爱听谗言,是因为谗言往往是悄悄话、私密话,说悄悄话和私密话,能拉近双方的心理距离,所以,谗言往往比有事实根据的话更容易被倾听,而喜欢对领导说谗言的人往往又是领导跟前的红人或"宠臣"。因为爱听信谗言的君主多,所以历史上明君相对少,昏君相对多。

4.2.18 原泉混混,不舍昼夜

【原文】

徐子曰:"仲尼亟称于水,曰:'水哉,水哉!'何取于水也?"

孟子曰:"原泉混混,不舍昼夜,盈科而后进,放乎四海,有本者如是,是之取尔。苟为无本,七八月之间雨集,沟浍皆盈;其涸也,可立而待也。故声闻过情,君子耻之。"

【引言】

这一章,孟子对水的特征和意义做了不同于孔子的解释。孔子说:"知

---

① 孟子[M].朱熹,集注.上海:上海古籍出版社,2013:112.
② 杨治国.小人物评《孟子》[M].北京:中国工人出版社,2008:144.

者乐水,仁者乐山。知者动,仁者静。知者乐,仁者寿。"①又说:"逝者如斯夫,不舍昼夜。"②可见孔子喜欢水的机智灵活和不停运动,也感叹时间像水一样流逝和物是人非。而孟子看到的是有源之水和无源之水二者结果的不同。

【释解】

(1)徐子:徐辟,孟子的学生。

(2)仲尼亟称于水:孔子多次称赞过水。亟:多次。称:称赞。

(3)何取于水也:选取水的哪一点(来称赞)呢？取:选取。

(4)原泉混混:源泉滚滚。原:同"源"。混混:同"滚滚",水势浩大的样子。

(5)盈科而后进:填满了低洼处,就继续向前奔流。科:坎,低洼处。

(6)有本者如是,是之取尔:有本源的事物都是如此,孔子就选取这一点罢了。是之取尔:倒装句,即"取是尔",选取这一点罢了。

(7)七八月:周历七、八月,相当于夏历五、六月。

(8)沟浍皆盈:沟渠和田间水道都充满了。浍(kuài):田间水沟或水道。

(9)可立而待:可立刻等到,指用时很短。待:等到,等着。

(10)声闻过情:名过其实,名声超过了实际情况。声闻:名声。

【译文】

徐子问:"孔子多次称赞过水,他说:'水啊,水啊！'那他选取水的哪一点(来称赞)呢？"

孟子回答说:"源泉之水滚滚涌出,昼夜不停,填满了低洼处,就继续向前奔流,直到奔腾到大海,有本源的事物都是如此,孔子就选取这一点罢了。如果水没有源头,就像七、八月期间的雨水倾盆而下,把沟渠和田间水道都充满了,但是这些雨水的干涸,却用时很短。所以,名过其实,君子以之为耻。"

---

① 安德义.论语解读[M].北京:中华书局,2007:168.
② 安德义.论语解读[M].北京:中华书局,2007:266.

【拓展】

朱熹注解说:"林氏曰:'徐子之为人,必有躐等干誉之病,故孟子以是答之。'邹氏曰:'孔子之称水,其旨微矣。孟子独取此者,自徐子之所急者言之也。孔子尝以闻达告子张矣,达者有本之谓也,闻则无本之谓也。然则学者其可以不务本乎?'"①

杨治国评论说:"水德,古语谓之美德。盖由其归海之志不屈,盈'科'而进,不舍昼夜,不馁不挠,经耐曲折,风为之助,雷为之喝,云为之张,电为之光;其以天下之至柔,克天下之至刚,穿林越谷,拍岸穿石,不畏严寒,不畏酷暑,不骄不淫,不燥不急,直至归于河海,终毕其功,终达其志。且不鸣其志,不扬其功,有实行而无虚誉,有虚怀而无傲腹,直实止于至善。"②

仁者乐山,智者乐水。古往今来,许多思想家都寄情于山水,如老子、孔子、孟子,等等。水有有源之水和无源之水之分,有源之水奔流到大海而永不止息,而无源之水则丰沛时丰沛,枯竭时也迅速枯竭。《道德经》说:"上善若水。水善利万物而不争,处众人之所恶,故几于道。居善地,心善渊,与善仁,言善信,政善治,事善能,动善时。夫唯不争,故无尤。"③水最接近道的本质,它不仅善于利益万物,还具有虚怀若谷、以柔克刚的美德。没有水,就不会有生命,因此,水的美德成为人类学习和效仿的榜样。

4.2.19 由仁义行,非行仁义也

【原文】

孟子曰:"人之所以异于禽兽者几希,庶民去之,君子存之。舜明于庶物,察于人伦,由仁义行,非行仁义也。"

【引言】

这一章,孟子指出人和禽兽的区别在于人有良知良能。孟子认为,人和禽兽的差别很少,君子却把这很少的部分——人的良知良能,即仁义保存下

---

① 孟子[M].朱熹,集注.上海:上海古籍出版社,2013:112-113.
② 杨治国.小人物评《孟子》[M].北京:中国工人出版社,2008:145.
③ 黄朴民.道德经讲解[M].长沙:岳麓书社,2005:18.

来,所以君子能从普通百姓中脱颖而出。舜对仁义的实践是出自本心,而不是矫揉造作出来的。

【释解】

(1)几希:不多,很少,稀少。
(2)去之:丢弃它。
(3)明于庶物:了解万物存在的道理。明:明白,了解。

【译文】

孟子说:"人与禽兽不同的地方很稀少,普通百姓把这很稀少的差别丢弃了,君子却保存了它。舜帝了解万物存在的道理,懂得人与人之间关系的道理,遵循本心的仁义良知而行事,并不是强行推行仁义。"

【拓展】

朱熹注解说:"物理固非度外,而人伦尤切于身,故其知之有详略之异。在舜则皆生而知之也。由仁义行,非行仁义,则仁义已根于心,而所行皆从此出。非以仁义为美,而后勉强行之,所谓安而行之也。此则圣人之事,不待存之而无不存矣。尹氏曰:'存之者,君子也。存者,圣人也。君子所存,存天理也。由仁义行,存者能之。'"①

孟子所说的人和禽兽的差别就是人的善性,即良知、良能或仁义。人的善性与兽性大不同,失去了人的所有善性,只保留兽性,与禽兽无异。君子保留着善性,不断地学习和巩固,而像尧舜一样的圣人,他们自然地被仁义充满,因而一举一动、一言一行,莫不是出自仁义,莫不契合仁义之道。这是圣人之所以为圣人的根本原因。

4.2.20　仰而思之,夜以继日;幸而得之,坐以待旦

【原文】

孟子曰:"禹恶旨酒而好善言。汤执中,立贤无方。文王视民如伤,望道而未之见。武王不泄迩,不忘远。周公思兼三王,以施四事,其有不合者,仰

---

① 孟子[M].朱熹,集注.上海:上海古籍出版社,2013:113.

而思之,夜以继日,幸而得之,坐以待旦。"

【引言】

这一章,孟子简要评述大禹、商汤、周文王、周武王和周公的贤能与高贵品格。孟子认为,他们都是常人应该学习和追思的圣人。特别是周公旦"夜以继日""坐以待旦"的勤政为民精神,堪称万世师表。

【释解】

(1)恶旨酒而好善言:厌恶美酒,喜好良言。恶:厌恶,讨厌。旨:美味的。

(2)执中,立贤无方:坚持中庸之道,不拘一格选贤任能。中:指中庸之道。无方:不墨守成规,不拘一格。

(3)视民如伤,望道而未之见:把百姓看作受了伤害或委屈的人,望见了前进的道路却好像没有看到一样(,继续探索努力)。伤:受伤,受委屈。

(4)不泄迩,不忘远:不轻慢朝廷中的近臣,也不忘记远在四方的诸侯。泄:狎,亲昵而不庄重,轻慢。迩:近,指朝廷中的近臣。远:指远在四方的诸侯。

(5)思兼三王,以施四事:心里想着夏、商、周三朝君王的功业,准备践行禹、汤、文、武四人的善行和美德。三王:指夏、商、周三代君王的功业。四事:指禹、汤、文、武四人的善行和美德。

(6)坐以待旦:坐等着天亮(付诸实施)。旦:旭日东升,天亮,天明。

【译文】

孟子说:"大禹厌恶美酒,喜好良言。商汤坚持中庸之道,不拘一格选贤任能。周文王把百姓看作受了伤害或委屈的人,望见了前进的道路却好像没有看到一样(,继续探索努力)。周武王不轻慢朝廷中的近臣,也不忘记远在四方的诸侯。周公心里想着夏、商、周三朝君王的功业,准备践行禹、汤、文、武四人的善行和美德,如果遇到不能符合的地方,便仰起头来细细思考,夜以继日,直到有幸想通了,坐等着天亮(付诸实施)。"

【拓展】

朱熹注解说:"三王,禹也,汤也,文、武也。四事,上四条之事也。时异势殊,故其事或有所不合。思而得之,则其理初不异矣。坐以待旦,急于行也。此承上章言舜,因历叙群圣以继之,而各举其一事,以见其忧勤惕厉之意。盖天理之所以常存,而人心之所以不死也。程子曰:'孟子所称,各因其一事而言,非谓武王不能执中立贤,汤却泄迩忘远也。人谓各举其盛,亦非也,圣人亦无不盛。'"①

杨治国评论说:"禹恶旨酒,不幸言中。自酒酿成,后世以酒亡国者多多,以酒误事坏事者多多。酒色财气,四恶之首,取祸之首。余又信,酒不醉人人自醉;自古非酒乱人性;乱人性者,人也。立贤有方,古之正理。果能如此,天下归心。然而,当政者不贤,何以立贤?当路者私己,以与己顺逆为方,取用官吏,何能守正执中?更无夜以继日,坐以待旦者。为政者必勤,勤政者爱民。勤政守正,国民之幸。"②

当官不为民做主,不如回家卖红薯。君主或领导应该客观公正,不偏不倚,不拘一格亲贤人,远佞人,不贪图美酒佳肴、美色享受,始终以百姓利益为追求,勤政爱民,夙夜在公,鞠躬尽瘁,死而后已。这才是为政做官的神圣职责、价值和意义。

4.2.21 《诗》亡然后《春秋》作

【原文】

孟子曰:"王者之迹熄而《诗》亡,《诗》亡然后《春秋》作。晋之《乘》,楚之《梼杌》,鲁之《春秋》,一也。其事则齐桓、晋文,其文则史。孔子曰:'其义则丘窃取之矣。'"

【引言】

这一章,孟子褒扬孔子创作《春秋》的目的、价值和意义。孔子曾说:"知我者其惟《春秋》乎!罪我者其惟《春秋》乎!"③可见孔子对自己所编订的《春秋》的大义和价值寄予厚望。《春秋》继承了《诗》扬善止恶、褒善贬恶的价值和特征,君子、贤人喜欢《春秋》,而乱臣、贼子、小人、坏人则惧

---

① 孟子[M].朱熹,集注.上海:上海古籍出版社,2013:114.
② 杨治国.小人物评《孟子》[M].北京:中国工人出版社,2008:146.
③ 杨伯峻.孟子译注:简体字本[M].北京:中华书局,2008:116.

怕《春秋》的影响力。

【释解】

(1)迹熄而《诗》亡:古代采集诗歌的官职取消了,《诗》就没人采编了。迹:当为"迒"之误。迒(jì):古代的逎人,即古代为君主采集歌谣或诗歌的官吏。熄:指采集民间歌谣或诗歌的官职取消,也意味着采集歌谣的制度消亡。亡:指不再有官吏采编《诗》了。

(2)《乘》《梼杌(táo wù)》《春秋》:分别是晋国、楚国和鲁国史官所编纂的史书的书名。

(3)其文则史:指《乘》《梼杌》《春秋》等各国史书的文字都是各国的史官根据历史事实客观记录、秉公直书而成,其中不夹杂史官个人的立场、好恶和褒贬。

(4)窃取:私下取用,私下运用。

【译文】

孟子说:"古代为君王采集诗歌的官职取消了,《诗》就没人采编了;《诗》没人采编了之后,孔子编撰的《春秋》就应运而生了。晋国的《乘》、楚国的《梼杌》和鲁国的《春秋》都同样是史官记述的史书。这些史书记载的事件不过是齐桓公、晋文公之类的事件,记载这些事件的文字都是史官根据历史事实客观记录、秉公直书而成,其中不夹杂史官个人的立场、好恶和褒贬(,而孔子所编撰的《春秋》则蕴含孔子个人的立场、好恶和褒善贬恶)。孔子说:'《诗》中所蕴含的褒善贬恶大义及原则,我私下运用到我所编撰的《春秋》一书中了。'"

【拓展】

朱熹注解说:"王者之迹熄,谓平王东迁,而政教号令不及于天下也。《诗》亡,谓《黍离》降为《国风》而《雅》亡也。《春秋》,鲁史记之名,孔子因而笔削之,始于鲁隐公之元年,实平王之四十九年也。"又说:"尹氏曰:'言孔子作《春秋》,亦以史之文载当时之事也,而其义则定天下之邪正,为百王之大法。'此又承上章历叙群圣,因以孔子之事继之。而孔子之事莫大于《春秋》,故特言之。"①

杨治国评论说:"历史经验,后世之鉴。韦编《三绝》,春秋笔法,万世景仰,孔子之功。世道顺流而衰,百姓应时而苦,乱世随日而兴。仲尼作《春秋》扬善贬恶,以大义挽狂澜,欲救百姓出于水火,岂非法天之道哉?孔子曾自谓:'誉也《春秋》,毁亦《春秋》。'圣人自知深也。盖《春秋》以天理厘正天下之谬,以仁心遏制天下之暴。令祸乱百姓者汗颜,助纣为虐者羞生,使士庶百姓觉醒,故执天下牛耳者恼,坏纲纪伦常者恨。誉之者矣、毁之者矣,吾深知之耳。"②

孔子以褒善贬恶的春秋笔法撰写或编写《春秋》,其目的是让君子、贤人心安理得,使乱臣贼子胆战心惊。以百姓利益为本、急百姓之所急、想百姓之所想的人,百姓也急他之所急,想他之所想。金杯、银杯不如老百姓的口碑,金奖、银奖不如老百姓的夸奖。天地之间有杆秤,秤砣就是老百姓。为政做官,做得究竟好不好?用老百姓这个秤砣称一称就知道了。

4.2.22 君子之泽,五世而斩

【原文】

孟子曰:"君子之泽,五世而斩;小人之泽,五世而斩。予未得为孔子徒也,予私淑诸人也。"

【引言】

这一章,孟子指出"君子之泽""小人之泽"都是"五世而斩"的历史规律,并且说明他自己尽管未能生活在孔子的时代而成为孔子的亲传弟子,但也是儒家的信徒。据考证,孟子是孔子—曾子—子思一派思想的传人。

【释解】

(1)泽:恩泽,流风余韵,影响。
(2)斩:断绝,中断。

---

① 孟子[M].朱熹,集注.上海:上海古籍出版社,2013:114-115.
② 杨治国.小人物评《孟子》[M].北京:中国工人出版社,2008:146.

(3)予私淑诸人也:我私下向他人学习拾取的。予:我。私:私下。淑:通"叔",拾取。

【译文】

孟子说:"君子的影响五世之后就会断绝;小人的影响也是五世之后就会断绝。我(与孔子相隔一百多年,)未能成为孔子的亲传弟子,但我私下向他人学习拾取了他的思想和学问。"

【拓展】

朱熹注解说:"自孔子卒,至孟子游梁时,方百四十余年,而孟子已老。然则孟子之生,去孔子未百年也。故孟子言,予虽未得亲受业于孔子之门,然圣人之泽尚存,犹有能传其学者。故我得闻孔子之道于人,而私窃以善其身,盖推尊孔子而自谦之辞也。此又承上三章,历叙舜、禹,至于周、孔,而以是终之。其辞虽谦,然其所以自任之重,亦有不得而辞者矣。"①

孟子学习于子思的门人,是孔子思想的信徒和传承者。他继承和发展了孔子的德政礼治思想,明确提出王道仁政的思想主张。他认为,仁者无敌,只要君主实行仁政,以仁取天下易如反掌。在霸道占上风的战国时代,人们崇尚以力取天下,故孟子的王道仁政主张未有君主采信。像孔子老年回到鲁国潜心于删订"六经"一样,孟子老年也无奈回到邹地老家,与几个学生潜心于著述,以流传后世。事实证明,孟子最终实现了"为往圣继绝学"的愿望。

4.2.23 取,伤廉;与,伤惠

【原文】

孟子曰:"可以取,可以无取,取,伤廉;可以与,可以无与,与,伤惠;可以死,可以无死,死,伤勇。"

【引言】

这一章,孟子阐述"伤廉""伤惠""伤勇"三种情形的道理。他认为,在

---

① 孟子[M].朱熹,集注.上海:上海古籍出版社,2013:115.

可以取和可以不取的情况下,还是不取为好;在可以给予和可以不给的情况下,还是不给为好;在可以献身也可以不献身的情况下,还是不献身为好。"孟子的'三无'主张是针对时弊的,为人们如何正确对待'取和与''生和死'指明了方向。因为战国时代的风气是崇尚豪爽,可以一掷千金;赞美勇敢,可以视死如归。孟子认为,这样的'一掷千金',这样的'视死如归',只考虑个人的'声闻',并没有考虑国家和人民的利益,所以没有太大的意义与价值。"①

【释解】

(1)无:不。

(2)取,伤廉:拿了,就会伤害其廉洁的品质。取:拿。廉:廉洁,指廉洁的品质。

(3)与,伤惠:给了,就会伤害其恩惠的品质。与:给。惠:恩惠,指恩惠的品质。

(4)死,伤勇:死了,就会伤害其勇敢的品质。勇:勇敢,指勇敢的品质。

【译文】

孟子说:"可以拿,可以不拿,拿了,就会伤害其廉洁的品质;可以给,可以不给,给了,就会伤害其恩惠的品质;可以死,可以不死,死了,就会伤害其勇敢的品质。"

【拓展】

朱熹注解说:"先言可以者,略见而自许之辞也。后言可以无者,深察而自疑之辞也。过取固害于廉,然过与亦反害其惠,过死亦反害其勇,盖过犹不及之意也。林氏曰:'公西华受五秉之粟,是伤廉也。冉子与之,是伤惠也。子路之死于卫,是伤勇也。'"②

杨治国评论说:"夫子此三伤,寓意深矣:实乃廉于义、惠于仁、勇于智。知此而可知仁、知义、知智也。"③

---

① 刘建生.孟子精解[M].北京:海潮出版社,2012:197.
② 孟子[M].朱熹,集注.上海:上海古籍出版社,2013:115-116.
③ 杨治国.小人物评《孟子》[M].北京:中国工人出版社,2008:147.

战国时期,有的士人一掷千金,豪爽慷慨;有的士人重义轻生,慷慨赴义。例如,像公西华出使他国,领着丰厚的薪酬,冉有还多给了他的家人一些粮食作为补贴,一个敢给,一个敢收。结果是,公西华伤害了自己廉洁的品质,而冉有伤害了自己给人恩惠的品质。而有的刺客本可以不死,却因为虚名而慷慨赴死,死得可悲,死得不得其所,这伤害了他们勇敢的品质,把勇敢变成了一种愚蠢的鲁莽。像这样得不偿失的行为,孟子不屑为之。

4.2.24 抽矢扣轮,去其金,发乘矢而后反

【原文】

逄蒙学射于羿,尽羿之道,思天下惟羿为愈己,于是杀羿。

孟子曰:"是亦羿有罪焉。"

公明仪曰:"宜若无罪焉。"

曰:"薄乎云尔,恶得无罪?郑人使子濯孺子侵卫,卫使庾公之斯追之。子濯孺子曰:'今日我疾作,不可以执弓,吾死矣夫!'问其仆曰:'追我者谁也?'其仆曰:'庾公之斯也。'曰:'吾生矣。'其仆曰:'庾公之斯,卫之善射者也,夫子曰吾生,何谓也?'曰:'庾公之斯学射于尹公之他,尹公之他学射于我。夫尹公之他,端人也,其取友必端矣。'庾公之斯至,曰:'夫子何为不执弓?'曰:'今日我疾作,不可以执弓。'曰:'小人学射于尹公之他,尹公之他学射于夫子,我不忍以夫子之道反害夫子。虽然,今日之事,君事也,我不敢废。'抽矢扣轮,去其金,发乘矢而后反。"

【引言】

这一章,孟子讲述师傅接收徒弟不可不慎、必须把道德品行放在第一位的道理。

逄蒙是后羿的学生,其射箭技艺学自后羿,结果他却把后羿杀害了;子濯孺子是郑国人,庾公之斯是卫国人,子濯孺子将射箭技艺教给了尹公之他,尹公之他又将射箭技艺教给了庾公之斯。结果,在战场上,郑国的子濯孺子和卫国的庾公之斯相遇了,因为庾公之斯是品行端正的君子,所以患病拿不起弓箭的子濯孺子最终得以活命。孟子用这两个结果相反的例子告诉人们,选取学生必须把道德品行放在首位,否则受到致命伤害的恐怕

是老师。依此类推,招聘人才或选拔官员,也都必须把道德品质放在第一位。

【释解】

(1)逢蒙学射于羿,尽羿之道:逢蒙跟从后羿学习射箭技艺,全部掌握后羿射箭的本领。逢(páng)蒙:后羿的学生和家族人,后来背叛了后羿,并帮助有穷国国相寒浞杀死了后羿。羿:夏朝有穷国的国君,善于射箭。

(2)愈己:超过了自己。愈:通"逾",超过,超越。

(3)公明仪:孟子的学生。

(4)宜若:好像。

(5)薄乎云尔,恶得无罪:罪过轻一些罢了,怎能没有罪过呢。薄:轻。云尔:如此而已,如此罢了。恶:怎么,如何。

(6)子濯孺子:郑国大夫。

(7)庾公之斯:卫国大夫。

(8)仆:驾车的人。

(9)尹公之他(tuō):卫国人。

(10)端人:品行端正的人。

(11)君事:君主命令做的事情,国家之事,公事。

(12)抽矢扣轮,去其金,发乘矢而后反:抽出弓箭来,在车轮上敲打,把箭头敲掉,射了四箭之后就返回了。矢:箭。扣:扣击,敲击。金:金属制造的箭头。乘(shèng)矢:四支箭。反:通"返",返回。

【译文】

逢蒙跟从后羿学习射箭技艺,全部掌握了后羿射箭的本领。他心想全天下只有后羿是超过自己的人,于是杀死了后羿。

孟子说:"就这事而言,后羿也有罪过啊。"

公明仪说:"好像后羿没有罪过啊。"

孟子说:"罪过轻一些罢了,怎能没有罪过呢?郑国派子濯孺子侵略卫国,卫国派庾公之斯追击他。子濯孺子说:'今天我疾病发作了,不能拿弓,我必死无疑了!'他问给他驾车的人:'追击我的人是谁呢?'车手说:'是庾公之斯。'子濯孺子说:'那我能活下去了。'他的车手说:'庾公之斯是卫国善于射箭的人,先生您说您能活下去,这是什么道理呢?'子濯孺子说:'庚公之斯跟从尹公之他学的射箭技艺,而尹公之他又是跟从我学的射箭技艺。尹公之他是个品行端正的人,他选择交的朋友也一定是品行端正的人。'庚公之斯追到了,对子濯孺子说:'先生为什么不拿弓呢?'子濯孺子说:'我今天疾病发作了,不能拿弓。'庚公之斯说:'我跟从尹公之他学的射箭技艺,尹公之他又是跟从您学的射箭技艺,我不忍心用先生的射箭技艺反过来伤害先生您。即使这样,今天的事情,是君主命令做的事情(国家公事),我不敢以私废公。'说罢,便抽出弓箭来,在车轮上敲打,把箭头敲掉,射了四箭之后就返回了。"

【拓展】

朱熹注解说:"孟子言使羿如子濯孺子,得尹公之他而教之,则必无逢蒙之祸。然夷羿篡弑之贼,蒙乃逆俦;庚斯虽全私恩,亦废公义。其事皆无足论者,孟子盖特以取友而言耳。"①

杨治国评论说:"自我立身,务求其正。自古如逢蒙者,极其多广。先师而后妒,妒而后生仇,仇而后毒手弑师。殊恶鄙夫!然而,为师立身不正,不可等闲视之。羿篡夏自立,先行不义;为师不正,择徒不端,自酿恶果。因果相陈,报应不爽。自身端,择徒正。君子择徒必求其品质端正,传艺先教修为,授法先告仁术,不使徒只知有箭,不知有仁。古之授艺,先教艺德,无德之艺,祸乱至危。为徒者当以为人为本,学徒者当以学会做人为本,学术次之。若不知为人,则本领愈大,私欲愈大,危害亦愈大。"②

现代教育强调德、智、体、美、劳全面发展,以德为先。仁义是人的良知良能,没有仁义,人与禽兽何异?因此,做人要以仁义为本,行事要义字当头。老师要首先教授人的道德,而后才传授技艺。学生要首先尊师爱师,以修行仁义道德为先,以学习知识和技能次之。这样,老师爱护学生,学生尊重师长,其乐融融,岂不很好?择友交友,亦当如此。患难朋友才是真朋友,交友不慎,必遭其害。

---

① 孟子[M].朱熹,集注.上海:上海古籍出版社,2013:116.
② 杨治国.小人物评《孟子》[M].北京:中国工人出版社,2008:148.

4.2.25 西子蒙不洁,则人皆掩鼻而过之

【原文】

孟子曰:"西子蒙不洁,则人皆掩鼻而过之。虽有恶人,齐戒沐浴,则可以祀上帝。"

【引言】

这一章,孟子指出善恶转化、祸福转化的道理。西施再美,如果身上沾上肮脏的东西,路人都会掩鼻而过;丑人即使面貌再丑,斋戒沐浴之后,也可以亲近和祭祀上帝。

【释解】

(1)西子蒙不洁:西施那样的美女身上披上或盖上不洁净的东西。西子:即春秋时越国美人西施,泛指美女,美人。蒙:遮蔽,覆盖,披上。

(2)恶人:指面貌丑陋的人。

(3)齐戒:即斋戒。齐:通"斋"。

【译文】

孟子说:"如果像西施那样的美女身上披上或盖上不洁净的东西,那人们在她们身边走过时都会捂着鼻子。即使是面貌丑陋的人,斋戒沐浴之后也能够祭祀上帝。"

【拓展】

朱熹注解说:"尹氏曰:'此章戒人之丧善,而勉人以自新也。'"①

杨治国评论说:"人之美,在心、在性、在行,不在貌、不在形。心仁、性善、行义,自然之美也。人与圣贤,皆会有过;过而能改,复归于善。善则美也。"②

美是多种多样的,只要懂得审美,各种各样的风景美不胜收。天生丽质

---

① 孟子[M].朱熹,集注.上海:上海古籍出版社,2013:117.
② 杨治国.小人物评《孟子》[M].北京:中国工人出版社,2008:148.

是一种美,皮肤白皙是一种美;万马奔腾是一种美,慷慨激昂是一种美;富丽堂皇是一种美,简洁质朴是一种美;天真无邪是一种美,成熟稳重是一种美;心胸开阔是一种美,含蓄内敛是一种美;含苞待放是一种美,尽情绽放是一种美;纯净是一种美,善良是一种美;等等。

人只要心地纯净、善良敦厚,就是美的。孟子说"爱人者,人恒爱之;敬人者,人恒敬之"①,岂是虚言哉!长相、身高很大程度上由遗传基因决定,我们是否足够善良敦厚、干净平和、快乐愉快,却由自己决定。天高任鸟飞,海阔凭鱼跃。让我们自己决定自己的未来,用双手去创造光明灿烂的明天。

4.2.26　天下之言性也,则故而已矣

【原文】

孟子曰:"天下之言性也,则故而已矣。故者以利为本。所恶于智者,为其凿也。如智者若禹之行水也,则无恶于智矣。禹之行水也,行其所无事也。如智者亦行其所无事,则智亦大矣。天之高也,星辰之远也,苟求其故,千岁之日至,可坐而致也。"

【引言】

这一章,孟子在阐述对人性的看法。人性是人固有的本然状态。孔子认为"性相近也,习相远也"②,他没有对人性做出善或恶的判断。孟子认为,人性本善,但随着后天习染增多,性善就不一定能保持下去了。与之相反,荀子则提出"性恶论",他认为,人本来具有主观恶性,要想使主观恶性去除,就必须依靠后天的教育来"化性而起伪",所谓"伪"是指后天的教化。殊途同归,无论是孟子的性善论,还是荀子的性恶论,最终都导向强调后天教育的重要性和必要性。孟子认为需要通过教育来扩充人的善能,使善性发扬光大;而荀子认为需要通过教育来净化人的主观恶性,同时需要通过法治来杜绝人的主观恶性,这样才能保证国家长治久安。

---

① 孟子[M].万丽华,蓝旭,译注.北京:中华书局,2007:185.
② 安德义.论语解读[M].北京:中华书局,2007:564.

【释解】

(1)故:人固有的本然状态,人的本来自然状态。

(2)以利为本:以顺势或顺利为根本原则。利:顺利,顺势。

(3)所恶于智者,为其凿也:人们之所以讨厌小聪明人,是因为他们喜欢穿凿附会。恶:厌恶,讨厌。智者:指喜欢故弄玄虚、穿凿附会的耍小聪明的人。为:因为。凿:穿凿附会。

(4)行水:引导水流。行:引导,疏导。

(5)行其所无事:顺势引导,顺势而为。无事:指顺势而为,不穿凿附会。

(6)日至:二十四节气中的冬至和夏至,这里应指冬至,因为周历以冬至之月为元月。

(7)可坐而致:可坐着推算出来,指很容易推算出来。致:推知,推算出来。

【译文】

孟子说:"全天下人所谈论的人性,不过是人固有的本然状态罢了。所谓人固有的本然状态,是以顺势或顺利为根本原则。人们之所以讨厌耍小聪明的人,是因为他们喜欢穿凿附会。如果聪明人能像大禹引导水流那样(顺势而为),那人们就不会讨厌他们的聪明了。大禹引导水流,是顺着水势来引导。如果聪明人也顺势而为,那他们的聪明也就大了。天如此之高,星辰如此之远,如果探求它们固有的本来状态,那千年后的日至,就可坐着推算出来。"

【拓展】

朱熹注解说:"天虽高,星辰虽远,然求其已然之迹,则其运有常。虽千岁之久,其日至之度,可坐而得。况于事物之近,若因其故而求之,岂有不得其理者,而何以穿凿为哉?必言日至者,造历者以上古十一月甲子朔夜半冬至为历元也。程子曰:'此章专为智而发。'愚谓事物之理,莫非自然。顺而循之,则为大智。若用小智而凿以自私,则害于性而反为不智。程子之言,

可谓深得此章之旨矣。"①

杨治国评论说:"夫子此论,要言人性,重言求故,实亦实事求是。则故而知性,乃知其然,知其所以然,进而应其规律,顺其自然。如朱子所注:'非所矫揉造作,违背客观之势,自取其辱也。'事物皆有其一般规律与特殊规律。为政者当顺其规律以求无患,不可背其规律以招其祸,祸必为害百姓。然而,纵览古史,天子以下,或自命不凡,或随心所欲,或图谋天下,或嗜求私得者,无不以利己者始,以害人者终。"②

万事万物都有其天理,日月星辰都有其固有的运行规律。人们做人处世,也必须遵循自然的规律。顺者昌,逆者亡。遵循自然规律的,事半功倍;背逆自然规律的,事倍功半,甚至劳而无功。因此,道法自然,自然而然,为善之善者也。

4.2.27 公行子有子之丧,右师往吊

【原文】

公行子有子之丧,右师往吊,入门,有进而与右师言者,有就右师之位而与右师言者。孟子不与右师言,右师不悦曰:"诸君子皆与驩言,孟子独不与驩言,是简驩也。"

孟子闻之,曰:"礼,朝廷不历位而相与言,不逾阶而相揖也。我欲行礼,子教以我为简,不亦异乎?"

【引言】

这一章记录和描述了孟子不愿趋炎附势、阿谀奉承而坚持自由独立人格的个性。王驩是齐王身边的宠臣,又当了名为右师的高官,自然免不了被许多人巴结逢迎。但孟子看不惯王驩颐指气使、独断专行的霸道行为,故采取不搭理的态度。这引起王驩的不满,孟子根据礼制规定予以辩解和反驳。

【释解】

(1)公行子:齐国大夫。

---

① 孟子[M].朱熹,集注.上海:上海古籍出版社,2013:117-118.
② 杨治国.小人物评《孟子》[M].北京:中国工人出版社,2008:149.

(2)右师:官职名,这里指齐王的宠臣王驩,王驩此时担任右师之职。

(3)简驩:简慢王驩。简:简慢,轻慢,怠慢。驩:即王驩,字子敖,战国时齐宣王时盖邑大夫,后为右师。

(4)历位:越位,越过位次。

(5)逾阶:越过台阶。逾:逾越,越过。

(6)相揖:拱手行礼,作揖。

(7)子敖:齐国大夫王驩的字。

【译文】

齐国大夫公行子的儿子死了,右师王驩前往吊唁。他走进门,有的人上前和他说话,有的人走近他的座位和他说话。孟子不和他说话,他不高兴地说道:"各位君子都和我说话,孟子却不和我说话,这是简慢我王驩啊。"

孟子听到了王驩所说的,就接话说:"按照礼制规定,朝廷上不能越过位次说话,不能越过台阶拱手行礼。我想要按照礼制规定行礼,王子敖却认为我在简慢他,不也很奇怪吗?"

【拓展】

朱熹注解说:"是时齐卿大夫以君命吊,各有位次。若《周礼》,凡有爵者之丧礼,则职丧莅其禁令,序其事,故云朝廷也。历,更涉也。位,他人之位也。右师未就位而进与之言,则右师历己之位矣;右师已就位而就与之言,则己历右师之位矣。孟子、右师之位又不同阶,孟子不敢失此礼,故不与右师言也。"①

杨治国评论说:"礼,秩序也。朝无秩序则危,君无秩序则昏,官无秩序则乱,民无秩序则罔。秩序之于天下,至重至要也。夫子待右师以礼,乃极重秩序。其不因私而害公,不因小节而害大礼。君子以礼为大,以礼自重其身。赵岐言:循礼而动,不合时人;阿意事实,协肩所尊,俗之情也。是以万物皆流,而金石独止。余谓:随波逐流,乡愿伪诚;高古亮节,品如金石。"②

公共场合礼仪是人们在公共场所应遵守的礼仪规范和行为准则。孟子

---

① 孟子[M].朱熹,集注.上海:上海古籍出版社,2013:118.
② 杨治国.小人物评《孟子》[M].北京:中国工人出版社,2008:149-150.

不以私废公,坚持遵守公共场合礼仪;王骥却喜欢人情世故,喜欢他人巴结逢迎,所以不惜以私废公。孰是孰非,清清楚楚。今人与古人相比,礼仪修养可能更逊色些。因此,现代教育应该重视从小培养孩子们的现代礼仪文明修养,让我国成为名副其实的礼仪之邦。

4.2.28 爱人者人恒爱之,敬人者人恒敬之

【原文】

孟子曰:"君子所以异于人者,以其存心也。君子以仁存心,以礼存心。仁者爱人,有礼者敬人。爱人者,人恒爱之;敬人者,人恒敬之。有人于此,其待我以横逆,则君子必自反也:我必不仁也,必无礼也,此物奚宜至哉?其自反而仁矣,自反而有礼矣,其横逆由是也,君子必自反也:我必不忠。自反而忠矣,其横逆由是也,君子曰:'此亦妄人也已矣。如此,则与禽兽奚择哉?于禽兽又何难焉?'是故,君子有终身之忧,无一朝之患也。乃若所忧则有之:舜,人也;我,亦人也。舜为法于天下,可传于后世,我由未免为乡人也,是则可忧也。忧之如何?如舜而已矣。若夫君子所患则亡矣。非仁无为也,非礼无行也。如有一朝之患,则君子不患矣。"

【引言】

这一章,孟子在阐述君子与普通人的区别所在。君子心中有仁义,有爱敬。如果有人对君子不敬,那君子就会自我反省。时刻自我反省,不断纠正自己的缺点,是君子不断走向完美的必要条件。

【释解】

(1)存心:存在心中,或指存在心中的东西。

(2)横逆:蛮横无理。

(3)自反:自我反省。

(4)此物奚宜至哉:这种事情怎么会发生到我头上呢。物:指事情。奚宜:怎么会。

(5)由是:犹是,仍然这样。由:同"犹"。

(6)妄人:狂妄自大的人。

(7)奚择:有什么区别。

(8)何难:有什么可责难的呢。难:责难,责备。

(9)无一朝之患:没有一时的祸患。一朝:一时。患:祸患。

(10)乃若:至于。

(11)为法于天下:为天下树立了楷模。法:榜样,楷模。

(12)乡人:普通人。

(13)若夫君子所患则亡矣:至于君子(其他)的忧虑就没有了。若夫:至于。亡:没有,消失。

(14)非仁无为也,非礼无行也:不合乎仁爱的事情不做,不合乎礼义的事情不做。为、行:做,履行。

(15)如有一朝之患,则君子不患矣:即使有一时的祸患,君子也不用忧虑了。患:第一个"患",名词,祸患;第二个"患",动词,忧虑,忧患,担心。

【译文】

孟子说:"君子之所以与常人有所不同,是因为他存在心中的东西有所差别。君子把仁爱存在心中,把礼义存在心中。仁爱的人爱护他人,有礼貌的人敬重他人。爱护他人的人,人们都时时爱护他;敬重他人的人,人们都时时敬重他。假如这里有个人,对我蛮横无理,那么君子一定会自我反省:我一定不够仁爱,我一定不够有礼,否则,这种事情怎么会发生到我头上呢?于是,君子自我反省,让自己更仁爱一些,自我反省让自己更有礼一些,但是那人仍然蛮横无理,君子一定会更加自我反省:我一定不够忠诚。于是,君子继续自我反省,直到更加忠诚,结果那人还是那样蛮横无理。君子说:'这个人也一定是个狂妄自大的人罢了。这样,那与禽兽有什么区别呢?对于禽兽又有什么可责难的呢?'因此,君子有一辈子的忧患,但无一时的祸患。至于君子的忧患就有这样的:舜是人,我也是人。舜为天下树立了楷模,并且其名声和楷模可传给后世,我可能还免不了只是一个普通人,这才是我要忧虑的。忧虑这个做什么呢?不过想像舜那样罢了。至于君子其他的忧虑就没有了。不合乎仁爱的事情不做,不合乎礼义的事情不做。即使有一时的祸患,君子也不用忧虑了。"

【拓展】

朱熹注解说："君子存心不苟,故无后忧。"①

杨治国评论说："心存礼存仁,内可慎独其身,外可受人尊敬。存仁,可以爱人,恻隐之心生;存礼,可以明人伦,廉耻之心生。仁礼存于心,可以不取祸,可以不惑。妄人如禽兽,由此可知。人之初自有秉诸恶性者,不取礼,不取仁,由衷而恶,不可教人,冥顽不及禽兽。君子终身之忧,在于仁礼不行;小人一朝之忧,在于私利不得。故君子坦荡荡,小人常戚戚。非仁无为,非礼无行。君子长于自责,小人羞于人责。"②

仁者无敌。君子重义轻利,存仁义于心,心中无敌,故君子坦荡荡,光明磊落,豁达乐观。但君子也有忧虑,这忧虑是为国家、为民族、为社会、为百姓。小人重利轻义,不讲仁义,只讲利益,多行不义必自毙,故小人虽无眼前之忧虑,但有终身之祸害。

4.2.29 禹、稷当平世,三过其门而不入

【原文】

禹、稷当平世,三过其门而不入,孔子贤之。颜子当乱世,居于陋巷,一箪食,一瓢饮,人不堪其忧,颜子不改其乐,孔子贤之。

孟子曰:"禹、稷、颜回同道。禹思天下有溺者,由己溺之也;稷思天下有饥者,由己饥之也,是以如是其急也。禹、稷、颜子易地则皆然。今有同室之人斗者,救之,虽被发缨冠而救之,可也。乡邻有斗者,被发缨冠而往救之,则惑也,虽闭户可也。"

【引言】

这一章,孟子指出,仁义之人不论地位高低、职业如何,都会始终坚持仁义之道。具体而言,这仁义之道就是"穷则独善其身,达则兼济天下"。例如,大禹、后稷身为君主,因此以拯救天下为己任;而颜回只是一个贫穷的普通百姓,只能居住在简陋的巷子里,吃着粗茶淡饭,维持着基本生计,尽管这

---

① 孟子[M]. 朱熹,集注. 上海:上海古籍出版社,2013:119.
② 杨治国. 小人物评《孟子》[M]. 北京:中国工人出版社,2008:150.

样,颜回却一心向道,乐在其中。总之,大禹、后稷和颜回都是圣贤之人。

【释解】

(1)当平世:处于太平的时代。

(2)贤之:以之为贤,认为他们是贤人。

(3)颜子当乱世:颜回处于乱世,处于混乱的时代。颜子:即颜回,又称颜渊,曹姓,颜氏,名回,字子渊,春秋末期鲁国人,孔子最得意的弟子。

(4)一箪食,一瓢饮:用竹器盛饭吃,用木瓢舀水喝;或有一碗饭吃,有一瓢水喝。箪(dān):古代用来盛饭食的竹器。

(5)同道:遵循同样的道理。

(6)溺之:使之溺,使他们溺水。

(7)饥之:使之饥,使他们忍饥挨饿。

(8)如是其急:这么焦急,如此着急。

(9)易地则皆然:交换一下地位也都是这样子。易地:交换一下地位或位置。

(10)被发缨冠:披散着头发(来不及将头发束好),把帽子扣在头上用帽带系上。古人平时出门之前,都花时间先把头发束好,然后用簪子把帽子固定到头发上,再系好帽带。紧急情况时,来不及束好头发,也来不及用簪子把帽子固定到头发上,只是把帽子扣在头上,用帽带系好就出门了。这就是"被发缨冠"的意思,这个词形容情况紧急,来不及按常规戴帽子。被:同"披"。缨:帽带,名词动用,用帽带把帽子系好。冠:帽子。

(11)惑:疑惑,糊涂。

【译文】

大禹、后稷处于太平的时代,三过家门而不入,孔子以他们为贤人。颜回处于混乱的时代,住在简陋的巷子里,用竹器盛饭吃,用木瓢舀水喝,人们都忍受不了这种清苦忧愁,他却不改变他的这种快乐生活,孔子也以他为贤人。

孟子说:"大禹、后稷和颜回都遵循同样的道理。大禹想到天下有溺水的人,就好像自己使他们溺水一般;后稷想到天下有忍饥挨饿的人,就好像自己使他们忍饥挨饿一般,所以他们是那么焦急。大禹、后稷和颜回交换一

下地位也都是这样子。假设现在住在同一个房间的人在打斗,为了让他们停止打斗,即使披散着头发(来不及将头发束好),把帽子扣在头上用帽带系上就去劝架,也是可以的;但假设同住在一个乡里的人或同住在一个村的邻居在打斗,如果披散着头发,把帽子扣在头上用帽带系上就去劝架,那就糊涂了,对这样的事情,即使把门关上不去管,也是可以的。"

【拓展】

朱熹注解说:"圣贤之道,进则救民,退则修己,其心一而已矣。""圣贤之心无所偏倚,随感而应,各尽其道。故使禹、稷居颜子之地,则亦能乐颜子之乐;使颜子居禹、稷之任,亦能忧禹、稷之忧也。"又说:"此章言圣贤心无不同,事则所遭或异,然处之各当其理,是乃所以为同也。尹氏曰:'当其可之谓时,前圣后圣,其心一也,故所遇皆尽善。'"[1]

杨治国评论说:"夫子此处论圣贤以天下之忧为忧,以天下之乐为乐。颜子独善其身,自得其乐,对百姓陷溺水火,不能挺其身。沧海滥而大禹出,桀纣暴而汤武兴,凡圣贤之所出,必为百姓苦痛。颜子不过自得其乐,洁身自好之君子也。若天下皆若颜子,岂非虎狼更患,如此是否也可谓助纣为虐者矣?纣兴于民之善,桀暴于君子仁。"[2]

范仲淹在《岳阳楼记》中写道:"不以物喜,不以己悲。居庙堂之高则忧其民,处江湖之远则忧其君。是进亦忧,退亦忧。然则何时而乐耶?其必曰:'先天下之忧而忧,后天下之乐而乐'乎!"[3]无论是身在其位的圣贤,还是不在其位的圣贤,遵循着同样的道理,这些道理可以用许多词句来表述,如"先天下之忧而忧,后天下之乐而乐""穷则独善其身,达则兼济天下""进则救民,退则修己",等等。孔子一生提倡在其位谋其政,"不在其位,不谋其政"[4],但杨治国所提出的问题也不应被忽视。如果人人都像颜回那样,自得其乐,洁身自好,那在商纣、夏桀当政的时代,几乎算是助纣为虐了。孔子的主张对,还是杨治国的意见对,恐怕是一个"仁者见仁,智者见智"的问题。

---

[1] 孟子[M].朱熹,集注.上海:上海古籍出版社,2013:120.
[2] 杨治国.小人物评《孟子》[M].北京:中国工人出版社,2008:151.
[3] 诸葛忆兵.范仲淹传[M].北京:中华书局,2012:198.
[4] 安德义.论语解读[M].北京:中华书局,2007:238.

4.2.30 好勇斗很,以危父母,五不孝也

【原文】

公都子曰:"匡章,通国皆称不孝焉。夫子与之游,又从而礼貌之,敢问何也?"

孟子曰:"世俗所谓不孝者五:惰其四支,不顾父母之养,一不孝也;博弈好饮酒,不顾父母之养,二不孝也;好货财,私妻子,不顾父母之养,三不孝也;从耳目之欲,以为父母戮,四不孝也;好勇斗很,以危父母,五不孝也。章子有一于是乎?夫章子,子父责善而不相遇也。责善,朋友之道也;父子责善,贼恩之大者。夫章子,岂不欲有夫妻子母之属哉?为得罪于父,不得近。出妻屏子,终身不养焉。其设心以为不若是,是则罪之大者,是则章子已矣。"

【引言】

这一章,孟子列出不孝的五个表现,而匡章一个也没有,以此证明人们认为匡章不孝顺父母是错误的看法。孟子认为,不孝的五个表现如下:一是懒惰成性,不赡养父母;二是嗜好赌博游戏和饮酒,不赡养父母;三是贪恋钱财,偏私妻子和儿女,不赡养父母;四是贪图感官享受,使父母失去脸面;五是喜欢打架斗殴,危及父母。这五个方面,匡章一个都没有,因此,他人认为匡章不孝顺父母是偏听偏信而已。

【释解】

(1)通国:全国,举国上下。

(2)四支:四肢。支:同"肢"。

(3)博弈:当时的棋类游戏,也可用于赌博。

(4)从耳目之欲,以为父母戮:放纵自己耳目的欲望,结果让父母蒙受羞辱。从:同"纵",放纵。戮:指蒙受羞辱。

(5)好勇斗很:即好勇斗狠。很:通"狠",凶狠,凶悍,残暴。

(6)章子有一于是乎:匡章在(不孝顺)这方面有一种这样的情形吗。章子:指孟子的学生匡章。于是:在这方面。

(7)责善:责求向善,因为想让对方好而责备。

(8)贼恩:贼害恩情,伤害感情。

(9)为得罪于父,不得近:因为得罪了父亲,不能亲近他们。匡章的母亲得罪了他的父亲,他的父亲把他的母亲给杀死了,匡章因此而责备其父,遂导致父子失和。

(10)出妻屏子:赶走了妻子,疏远了儿女。屏(bǐng):摒弃,放弃,疏远。子:儿女。

(11)其设心以为不若是,是则罪之大者:他心里这样设想:如果不这样做,这罪过就更大了。设心:心里设想。是则:这就,这就是。

(12)已矣:啊,罢了。

【译文】

公都子说:"匡章,举国上下都认为他对父母不孝顺。先生却和他一起交往游玩,又对他以礼相待,敬重有加,敢问您这是为什么呢?"

孟子说:"世俗人所说的不孝顺有五种情形:四肢不勤,懒惰成性,不管父母的赡养,这是一不孝顺;喜好赌博游戏和饮酒,不管父母的赡养,这是二不孝顺;贪恋钱财和物品,偏私妻子和儿女,不管父母的赡养,这是三不孝顺;放纵自己耳目的欲望,结果让父母蒙受羞辱,这是四不孝顺;好勇斗狠,危及父母,这是五不孝顺。匡章在不孝顺方面有一种这样的情形吗?匡章,是因为父子之间责求向善而关系失和。责求向善是朋友之间相处之道;父子之间责求向善,严重伤害彼此之间的亲情。那匡章难道不想拥有夫妻、母子的团聚吗?因为得罪了父亲,不能亲近他们罢了。于是,他赶走了妻子,疏远了儿女,终身不要他们赡养。他心里这样设想:如果不这样做,这罪过就更大了。这就是匡章啊!"

【拓展】

朱熹注解说:"朋友当相责以善,父子行之,则害天性之恩也。"又说:"言章子非不欲身有夫妻之配、子有子母之属,但为身不得近于父,故不敢受妻子之养,以自责罚。其心以为不如此,则其罪益大也。此章之旨,于众所恶而必察焉,可以见圣贤至公至仁之心矣。杨氏曰:'章子之行,孟子非取之也,特哀其志而不与之绝耳。'"①

杨治国评论说:"未有君子者不孝也,未有不孝者君子也。夫子不孝五则,全在深阐人伦之要、孝道之则。朋友相责善,乃诤友,可以为师。相交有德,君子之交。父子相责善,乃贼恩,害于天性,违于人伦。古者父有教子之责,子无责父之权。"②

古时候,人有五伦:父子有亲,长幼有序,夫妇有别,君臣有义,朋友有信。父子伦、兄弟伦、夫妇伦、君臣伦、朋友伦,各有其道。相互责善,是朋友相处之道;父爱子敬是父子相处之道;兄友弟恭是兄弟相处之道;男主外、女主内,彼此相敬若宾是夫妻相处之道;君礼臣忠,是君臣相处之道。匡章以朋友之道责善于父亲,导致父子关系违和。后来,匡章自我反思,诚恳认错,并以"出妻屏子"的做法自我惩罚,以使良心稍安。匡章有错就改,君子人也。

4.2.31 曾子居武城,有越寇

【原文】

曾子居武城,有越寇。或曰:"寇至,盍去诸?"

曰:"无寓人于我室,毁伤其薪木。"寇退,则曰:"修我墙屋,我将反。"寇退,曾子反。

左右曰:"待先生,如此其忠且敬也。寇至,则先去以为民望;寇退,则反,殆于不可。"

沈犹行曰:"是非汝所知也。昔沈犹有负刍之祸,从先生者七十人,未有与焉。"

子思居于卫,有齐寇。或曰:"寇至,盍去诸?"

子思曰:"如伋去,君谁与守?"

孟子曰:"曾子、子思同道。曾子,师也,父兄也;子思,臣也,微也。曾子、子思易地则皆然。"

---

① 孟子[M].朱熹,集注.上海:上海古籍出版社,2013:121.
② 杨治国.小人物评《孟子》[M].北京:中国工人出版社,2008:152.

【引言】

　　这一章,孟子指出处于不同身份和地位的君子,面对同样的危机可能会做出不同的选择。这就像本篇第二十九章讲到的,大禹、后稷和颜回,因为有不同的身份和地位,所以大禹、后稷选择了"达济天下",而颜回选择了"独善其身"。曾子居住在武城,遇到越国人入侵,因为自己是长辈和老师,所以在越国人到来之前先期离开,以免自己遇祸身死而陷武城人、学生以及晚辈于不义;子思居住在卫国,遇到齐国人入侵,因为自己在卫国做官,与卫国国君是君臣关系,所以他有责任留下与卫国共存亡。曾子和子思其实都遵循着同样的仁义道理。

【释解】

　　(1)武城:鲁国城邑名,故城在今山东省费县西南九十里。

　　(2)有越寇:有从越国来的贼寇来侵略。越国吞灭吴国后,越国和鲁国成为邻国,所以越国的贼寇时而会侵入鲁国境内。

　　(3)盍去诸:何不离开这里。盍:何不。

　　(4)无寓人于我室,毁伤其薪木:不要让他人住我的房间,毁伤那里的树木。寓:使……住。

　　(5)修我墙屋,我将反:把我原来住的房间和墙壁修缮一下,我要回去了。反:通"返"。

　　(6)左右:指曾子的学生或门客。

　　(7)先去以为民望:(先生)先离开(武城),使百姓看着而纷纷效仿。民望:使百姓看着而纷纷效仿。望:望着,看着。

　　(8)殆于不可:几乎不可以,恐怕不太好。殆于:近于,几乎。

　　(9)沈犹行:姓沈犹,名行,曾子的学生或门人。

　　(10)昔沈犹有负刍之祸:从前我沈犹遭遇负刍作乱的灾祸。负刍:人名,负刍曾作乱,带人攻打沈犹氏。一说"负刍"是指背着柴草的人。今采用人名说。

　　(11)未有与焉:没有人参与。与:参与,参加。

　　(12)子思:即孔伋,子姓,孔氏,名伋,字子思,孔子的嫡孙,孔鲤的儿子。相传曾子是子思的老师。

(13) 如伋去,君谁与守:如果我孔伋离开,卫国国君将与谁守护城池呢。伋:子思(孔伋)的名。守:守护,保卫。

(14) 微也:(身份或地位)低微。

【译文】

曾子居住在鲁国武城,有从越国来的贼寇来侵略。有人说:"贼寇来了,我们何不离开这儿呢?"

曾子说:"(我离开之后,)不要让他人住我的房间,毁伤那里的树木。"贼寇退走了,曾子则说:"把我原来住的房间和墙壁修缮一下,我要回去了。"贼寇退走了,曾子就返回了武城所住之地。

曾子左右的门人说:"武城的人对待先生是如此忠敬啊。贼寇来了,可先生却先离开(武城),使百姓看着而纷纷效仿;贼寇退走了,先生您又马上返回,这恐怕不太好吧。"

沈犹行说:"这不是你们能知道的。从前我沈犹遭遇负刍作乱的灾祸,跟从先生的学生有七十人之多,但没有一个人参与其中。"

子思居住在卫国,遭遇来自齐国的敌寇入侵。有人说:"敌寇来了,我们何不离开这儿呢?"

子思说:"如果我孔伋离开,卫国国君将与谁守护城池呢?"

孟子说:"曾子、子思遵循着相同的道理。曾子是老师,是父兄(长辈);子思是臣子,身份和地位低微。如果曾子、子思相互交换身份和地位,也都会那样做。"

【拓展】

朱熹注解说:"尹氏曰:'或远害,或死难,其事不同者,所处之地不同也。君子之心,不系于利害,惟其是而已,故易地则皆能为之。'孔氏曰:'古之圣贤,言行不同,事业亦异,而其道未始不同也。学者知此,则因所遇而应之,若权衡之称物,低昂屡变,而不害其为同也。'"[1]

杨治国评论说:"曾子居武城遇寇而迁,在明主客之礼。主待客以礼,不

---

[1] 孟子[M].朱熹,集注.上海:上海古籍出版社,2013:121.

可轻慢,明主人知仁守上,不违礼。客受之无愧。主客各守礼义。"①

总之,一个人是什么身份和地位,就做什么身份和地位的人该做的事。权利和义务相称,享受什么样的权利,就尽什么样的责任和义务。做人处世,以仁义为根本,以礼义来节制自己的思想行为,诚恳做人,踏实做事,不僭越,不越俎代庖。

4.2.32 尧舜与人同耳

【原文】

储子曰:"王使人瞷夫子。果有以异于人乎?"

孟子曰:"何以异于人哉?尧、舜与人同耳。"

【引言】

这一章,孟子提出"尧、舜与人同耳"的观点,君子和小人在躯体构造上没有多大不同,但君子都能做到仁、义、礼、智、信,而小人却做不到。

齐王听到孟子的名声很大,就想知道孟子和他人有什么不同。于是,齐王派人专门打听和观察,齐国人储子就把这个信息透露给孟子。储子自己也想知道孟子和其他人究竟有什么不同,于是借机请教孟子。孟子直截了当地告诉储子,从外表上而言,尧、舜和一般人都是相同的,都有着一样的肉体;但是从存心上讲,则不尽相同。在本篇第二十八章,孟子明确指出:"君子所以异于人者,以其存心也。君子以仁存心,以礼存心。仁者爱人,有礼者敬人。爱人者,人恒爱之;敬人者,人恒敬之。"也就是说,像尧舜一样的君子(当然也包括孟子自己),始终能坚守仁、义、礼、智、信,而这却是小人或普通人(包括许多君主)所做不到的。

【释解】

(1)储子:齐国人,生平事迹不详。

(2)王使人瞷夫子:齐王派人窥视先生。瞷(jiàn):窥视,窥探,偷看。

(3)果:真的,确实。

---

① 杨治国.小人物评《孟子》[M].北京:中国工人出版社,2008:152.

(4)何以异于人哉:为什么和常人不同呢。何以:为什么,凭什么。人:常人,普通人。

【译文】

储子说:"齐王派人窥视先生(,来看先生与常人有何不同)。先生真的不同于常人吗?"

孟子说:"为什么不同于常人呢?尧、舜和常人都是一样的啊!"

【拓展】

朱熹注解说:"圣人亦人耳,岂有异于人哉?"①

杨治国评论说:"夫子视君为轻,民为贵,此处又道圣贤亦与常人同。此观点非大圣大贤不能有。夫子此论亦当讲'人皆可以为尧舜'。"②

常人和圣贤在外表上相同,但在存心上不尽相同。常人只要发心也与圣贤相同,那么"涂之人可以为禹"③。

4.2.33 齐人有一妻一妾而处室者

【原文】

齐人有一妻一妾而处室者,其良人出,则必餍酒肉而后反。其妻问所与饮食者,则尽富贵也。其妻告其妾曰:"良人出,则必餍酒肉而后反。问其与饮食者,尽富贵也,而未尝有显者来,吾将瞷良人之所之也。"蚤起,施从良人之所之,遍国中无与立谈者。卒之东郭墦间,之祭者,乞其余,不足,又顾而之他,此其为餍足之道也。其妻归,告其妾,曰:"良人者,所仰望而终身也。今若此!"与其妾讪其良人,而相泣于中庭。而良人未之知也,施施从外来,骄其妻妾。由君子观之,则人之所以求富贵利达者,其妻妾不羞也,而不相泣者,几希矣!

【引言】

这一章,孟子通过"齐人有一妻一妾而处室者,其良人出,则必餍酒肉而

---

① 孟子[M].朱熹,集注.上海:上海古籍出版社,2013:122.
② 杨治国.小人物评《孟子》[M].北京:中国工人出版社,2008:153.
③ 张觉.荀子译注[M].上海:上海古籍出版社,2012:345.

后反"的故事,对那些不择手段追求名利的人进行尖锐的讽刺。孟子批判他们不择手段追求富贵利达,就像沿街乞讨一般,是一种道貌岸然的令人不齿的乞丐行为。

【释解】

(1)处室:住在同一个房屋。

(2)良人:古代妇女对丈夫的称呼。

(3)必餍酒肉而后反:必定是吃饱了肉、喝够了酒才回家。餍(yàn):吃饱喝足。反:同"返"。

(4)显者:地位显赫的人。

(5)吾将瞷良人之所之也:我将暗中察看丈夫都到哪些地方去。瞷(jiàn):窥视,偷看。之所之:到所到的地方。之:到。

(6)蚤起:早起。蚤:同"早"。

(7)施(yí)从:(一路)斜行跟踪,斜行跟从。

(8)遍国中无与立谈者:整个都城中都没有和他站立谈话的人。国中:都城中。

(9)卒之东郭墦间,之祭者,乞其余:最后到了东边外城的坟墓间,走向祭坟扫墓的人,向这些人乞讨些剩余的饭菜。卒:最后,最终。之:到,走向。东郭:东边的外城。古代内城称为"城",外城称为"郭"。墦(fán):坟墓。

(10)与其妾讪其良人,而相泣于中庭:妻子便和妾一同讥讽丈夫,在厅堂里相对哭泣。讪:讥讽。中庭:厅堂,庭院,大厅。

(11)施施从外来,骄其妻妾:(仍然像往常一样,)装出心满意足的样子从外面走回来,在其妻妾面前又继续表现出一副傲慢自负的做派。施施(shī):喜悦自得或心满意足的样子。骄:骄傲自大,傲慢自负,轻慢。

(12)富贵利达:功名利禄。

(13)几希:不多,很少,无几。

【译文】

齐国有户人家,一个妻子和一个妾住在同一个房屋。丈夫每次出去,必定是吃饱了肉、喝够了酒才回家。他妻子问他都和什么样的人在一起吃饭,他就说都是富贵之人。他妻子对他的妾说:"我们的丈夫每次出去,必定是吃饱了肉、喝够了酒才回家。问他都和什么样的人在一起吃饭,他就说都是富贵之人。但是到现在都没有一个身份显赫的人来过我们家,我将暗中察看丈夫都到哪些地方去。"早上起来,妻子一路斜行跟踪丈夫到他平时所到的地方,发现整个都城中都没有和他站立谈话的人。最后他到了东边外城的坟墓间,走向祭坟扫墓的人,向这些人乞讨些剩余的饭菜。还不够的话,就又东张西望向其他人乞讨,这就是他每天吃饱喝足的方法。他的妻子回到家,告诉他的妾说:"丈夫,是我们仰望着托付终身的人。现在却是这个样子!"妻子便和妾一同讥讽丈夫,在厅堂里相对哭泣。丈夫还不知道妻妾已经发现了自己的秘密,(仍然像往常一样,)装出心满意足的样子从外面走回来,在其妻妾面前又继续表现出一副傲慢自负的做派。在君子看来,人们追求功名利禄的方法或手段,能让其妻妾不感到羞耻也不使她们相对哭泣的,实在是不多啊!

【拓展】

朱熹注解说:"孟子言自君子而观,今之求富贵者,皆若此人耳。使其妻妾见之,不羞而泣者少矣。言可羞之甚也。赵氏曰:'言今之求富贵者,皆以枉曲之道,昏夜乞哀以求之,而以骄人于白日,与斯人何以异哉?'"①

杨治国评论说:"夫子此处表层在于明夫道:夫为妻所托,为夫不可失夫道使妻失其所望。深层在于指斥时人为求富贵利达,夜则枉曲、乞怜,无所不用其极;昼则冠冕堂皇,威仪华表,实则令妻妾羞泣。如此求富贵利达者,人性尽失,礼义不存,利令智昏,灭绝人伦。赵岐曰:小人苟得,谓不见知;君子观之,与正道乖。妻妾犹羞,况于国人,著以为戒,耻之甚焉。余觉反观世代,何不如此?乃人性之失,尽在苟得。治国平天下,当以仁为根,以人为本,以善为养,以礼法为度。治政者当秉治政之纲要,为民者当本为民之准则。治政不枉礼法,为人求富贵利达不失人性礼义,不枉求曲取。"②

君子爱财,取之有道。富贵利达或功名利禄,本是中性词,只要持守正道,人人可以追求。但纵观历朝历代,君子少,小人多,处于君子和小人之间的人最多。劣币驱逐良币法则,使得不少人在追求富贵利达的过程中使用

---

① 孟子[M].朱熹,集注.上海:上海古籍出版社,2013:122.
② 杨治国.小人物评《孟子》[M].北京:中国工人出版社,2008:153-154.

了有违道德、法律法规、礼法和良心的手段,从而使得富贵利达或功名利禄偏向了贬义。社会的乌烟瘴气就由此而来。

礼义廉耻,国之四维。要使政治清明,社会和谐,国强民富,必须加强社会公德教育,大力弘扬社会正气,使仁爱、忠义、诚信、孝顺、礼敬、勤劳朴实、善良、勇敢、奉献、担当等正能量的东西遍及社会的各个角落。须知,一个民族只有物质文明没有精神文明,是没有希望的民族;有物质文明又有精神文明,才能屹立于世界民族之林。

参考文献

1. 安德义.论语解读[M].北京:中华书局,2007.
2. 班固.汉书[M].赵一生,点校.杭州:浙江古籍出版社,2000.
3. 鲍鹏山.鲍鹏山说孟子[M].杭州:浙江古籍出版社,2012.
4. 贝冢茂树.孟子读本:诸子的精神[M].李斌,译.北京:北京联合出版公司,2019.
5. 曾参.孝经[M].李新路,编.郑州:河南人民出版社,2008.
6. 大学中庸集注[M].梁振杰,注说.郑州:河南大学出版社,2016.
7. 东篱子.孟子全鉴[M].北京:中国纺织出版社,2010.
8. 董洪利.孟子研究[M].南京:江苏古籍出版社,1997.
9. 黄朴民.道德经讲解[M].长沙:岳麓书社,2005.
10. 黄宗羲.宋元学案:第三册[M].全祖望,补修.陈金生,梁运华,点校.北京:中华书局,1986.
11. 蒋国保,余秉颐,李季林.孟子外传 孟子百句[M].合肥:安徽人民出版社,2001.
12. 降大任.论毛泽东的"文化扬弃论"[J].哲学研究,1994(2):3-10.
13. 金良年.孟子译注[M].上海:上海书店出版社,2009.
14. 李觏.李觏集[M].王国轩,点校.北京:中华书局,2011.
15. 李有光.孟子解读[M].贵阳:贵州人民出版社,2009.
16. 刘建生.孟子精解[M].北京:海潮出版社,2012.
17. 刘培桂.孟子志[M].济南:山东人民出版社,2009.
18. 刘亚丹.孟子通译[M].北京:北京理工大学出版社,2009.
19. 六韬[M].陈曦,译注.北京:中华书局,2016.
20. 鲁国尧,马智强.《孟子》注评[M].南京:凤凰出版社,2006.
21. 陆九渊.陆九渊集[M].钟哲,点校.北京:中华书局,1980.
22. 罗贯中.三国演义[M].长沙:岳麓书社,1986.

23. 孟子[M]. 方勇,译注. 北京:中华书局,2010.
24. 孟子[M]. 万丽华,蓝旭,译注. 北京:中华书局,2007.
25. 孟子[M]. 朱熹,集注. 上海:上海古籍出版社,2013.
26. 明心宝鉴[M]. 李朝全,译. 北京:华艺出版社,2006.
27. 尚书[M]. 王世舜,王翠叶,译注. 北京:中华书局,2012.
28. 诗经[M]. 华夏出版社,编. 北京:华夏出版社,2003.
29. 司马光. 资治通鉴:第1册[M]. 长沙:岳麓书社,2009.
30. 司马迁. 史记 全四册[M]. 萧枫,主编. 哈尔滨:北方文艺出版社,2007.
31. 王德明. 孔子家语译注[M]. 桂林:广西师范大学出版社,1998.
32. 王通. 中说[M]. 李古寅,主编. 北京:中国文史出版社,2012.
33. 王阳明. 传习录[M]. 于自力,孔薇,杨骅骁,注译. 郑州:中州古籍出版社,2008.
34. 夏长朴. 司马光疑孟及其相关问题[J]. 台大中文学报 1997(9):115-144.
35. 杨伯峻. 孟子译注[简体字本][M]. 北京:中华书局,2008.
36. 杨泽波. 孟子评传[M]. 南京:南京大学出版社,1998.
37. 杨治国. 小人物评《孟子》[M]. 北京:中国工人出版社,2008.
38. 臧克家. 臧克家[M]. 刘增人,冯光廉,编选. 北京:人民文学出版社,1994.
39. 张觉. 荀子译注[M]. 上海:上海古籍出版社,2012.
40. 张载. 张载集[M]. 章锡琛,点校. 北京:中华书局,1978.
41. 诸葛亮. 诸葛亮集[M]. 段熙仲,闻旭初,编校. 北京:中华书局,2012.
42. 诸葛忆兵. 范仲淹传[M]. 北京:中华书局,2012.
43. 左丘明. 左传[M]. 杜预,注. 上海:上海古籍出版社,2016.

后 记
——与现实和解,享受惬意睿智人生

孔子与孟子的出生地相距不到百里,一个在鲁国陬邑昌平乡(今山东省泗水县东南),另一个在邹国(今山东省邹县)。两人都幼年丧父,家庭经济条件都不好,但都少年立定旨在实现王道仁政的宏大志向,也都做过官,也都最终不被重用。孔子周游列国,绕了一大圈,快七十岁的时候,无奈回到鲁国家乡,从此专心于编订"六经",以传给后世。孟子也在六十多岁的时候对仕途失望至极,回到邹国家乡,从此醉心于和万章、公孙丑等学生著述《孟子》,以传于后世。

孟子与孔子的身世和家庭状况有些相似之处,他们的人生志向也非常类似。但由于他们所处的时代背景和状况不同,因此与孔子相比,孟子在很多方面还是做了很大的变通。例如,孔子处在春秋末年,还幻想着各个诸侯克己复礼,回归到西周初年那样的统治秩序中,而孟子处在战国中期,周天子实力衰微,已经沦为事实上的小国地位,大国争竞,小国仰人鼻息,所以,孟子不会产生孔子那样的想法,即各个诸侯克己复礼,回归到周天子治下,听从周天子号令,施行德政礼治。孟子的想法是,只要有一个大国的君主能有做尧舜之君的想法,他就去辅佐他称王天下,在天下普遍施行王道仁政。具体而言,就是:孔子认为,为仁由己,克己复礼,天下归仁,而孟子认为,仁者爱人,推己及人,扩充善性,推行仁政,称王天下;孔子认为,"君子喻于义,小人喻于利"①,因此君子应见利思义,义胜于利,而孟子认为,只要做到仁义,利就在其中,因此他主张义利对立,去利怀义;孔子认为"性相近也,习相远也"②,而孟子明确提出性本善,他认为"恻隐之心,人皆有之;羞恶之心,人皆有之;恭敬之心,人皆有之;是非之心,人皆有之。恻隐之心,仁也;羞恶之

---

① 论语[M].陈晓芬,译注.北京:中华书局,2016:43.
② 安德义.论语解读[M].北京:中华书局,2007:564.

心,义也;恭敬之心,礼也;是非之心,智也。仁、义、礼、智,非由外铄我也,我固有之也,弗思耳矣"①,将仁、义、礼、智看作人固有的社会属性,并认为仁、义、礼、智是人本身所拥有的天理,即"万物皆备于我矣"②;等等。

孔子和孟子一生都乐天知命,充满乐观主义精神,胜不骄,败不馁。这是因为他们都相信生死有命,富贵在天,顺天者昌,逆天者亡。例如,孔子说过:"君子有三畏:畏天命,畏大人,畏圣人之言。小人不知天命而不畏也,狎大人,侮圣人之言。"③"文王既没,文不在兹乎?天之将丧斯文也,后死者不得与于斯文也;天之未丧斯文也,匡人其如予何?"④"道之将行也与,命也;道之将废也与,命也。公伯寮其如命何!"⑤"不知命,无以为君子也;不知礼,无以立也;不知言,无以知人也。"⑥孟子则说过:"莫之为而为者,天也;莫之致而至者,命也。"⑦"行,或使之;止,或尼之。行止,非人所能也。吾之不遇鲁侯,天也。臧氏之子焉能使予不遇哉?"⑧等等。

除了孔子和孟子乐天知命之外,老子、庄子、颜渊等都具有乐天知命的性格特质。老子曾说:"人法地,地法天,天法道,道法自然"⑨,"反者道之动,弱者道之用"⑩,"柔弱胜刚强"⑪,"夫唯不争,故天下莫能与之争"⑫。庄子曾说:"死生、存亡、穷达、贫富、贤与不肖、毁誉、饥渴、寒暑,是事之变,命之行也"⑬,"知其不可奈何而安之若命,德之至也"⑭,"知穷之有命,知通之有时,临大难而不惧者,圣人之勇也"⑮。

孔子称赞颜渊说:"贤哉,回也!一箪食,一瓢饮,在陋巷,人不堪其忧,

---

① 杨伯峻.孟子译注:简体字本[M].北京:中华书局,2008:200.
② 杨伯峻.孟子译注:简体字本[M].北京:中华书局,2008:234.
③ 安德义.论语解读[M].北京:中华书局,2007:550.
④ 安德义.论语解读[M].北京:中华书局,2007:254.
⑤ 安德义.论语解读[M].北京:中华书局,2007:475.
⑥ 安德义.论语解读[M].北京:中华书局,2007:656.
⑦ 杨伯峻.孟子译注:简体字本[M].北京:中华书局,2008:171.
⑧ 杨伯峻.孟子译注:简体字本[M].北京:中华书局,2008:39.
⑨ 黄朴民.道德经讲解[M].长沙:岳麓书社,2005:53.
⑩ 黄朴民.道德经讲解[M].长沙:岳麓书社,2005:87.
⑪ 黄朴民.道德经讲解[M].长沙:岳麓书社,2005:77.
⑫ 黄朴民.道德经讲解[M].长沙:岳麓书社,2005:47.
⑬ 庄子[M].方勇,译注.北京:中华书局,2010:86.
⑭ 庄子[M].方勇,译注.北京:中华书局,2010:61.
⑮ 庄子[M].方勇,译注.北京:中华书局,2010:272.

回也不改其乐。贤哉,回也!"①如果人们倾听以上这些富有哲理韵味的话语,或者坦然接受"谋事在人,成事在天"的天命观,那么,无论是成功还是失败,无论是做事顺利还是不顺利,无论是结果如意还是不如意,他们都会坦然处之,默然接受,都会胜不骄败不馁,都会心平气和地与现实和解。有了这样豁达乐观、活得通透的平常心态,又怎么会怨天尤人呢?生活又怎么能不幸福呢?树立自己的远大理想,拼搏努力了,至于成功不成功,结果如何,那已经不重要了,重要的是我们自己认真地经历了一个努力的、不屈不挠的、充实的人生过程,我们知道了我们所处的时代环境条件和自身能力以及努力所允许我们达到的最大限度,知道了作为宇宙客观规律的"天命"对我们这一生一世的安排。

  我们的宇宙是一个浑然不可分割的整体,天地万物包括人在内,都是这个宇宙中的一分子,彼此相对而存在,彼此相互作用,相互依存。太阳再大,在宇宙中也是渺小的存在,它无力改变它的运行轨道;地球再大,在宇宙中也是渺小的存在,它也无力改变它的运行轨道;我们人类,尽管是万物之灵的存在,也无力改变"天命"给我们安排好的运行轨道。"天无私覆,地无私载"②,在我们做好充分的人生努力之后,坦然接受这种"天命"的安排,保持平常心,乐天知命,随缘自在,随遇而安,淡泊名利,宁静致远,知足常乐,又何尝不是一种最佳、最幸福的人生智慧呢?

秦学智于北京陋室
2024 年 10 月 27 日

---

① 安德义.论语解读[M].北京:中华书局,2007:156.
② 庄子[M].方勇,译注.北京:中华书局,2010:120.